養子縁組の社会学

〈日本人〉にとって〈血縁〉とはなにか

野辺陽子

新曜社

養子縁組の社会学——目次

装幀――小野寺健介（odder or mate）

はじめに――非血縁親子における〈血縁〉とは何か

私は次第に事件そのものよりも、親子とは何か、血のつながりとは何か、といったものに関心が集中していった。事件は忘れられても、親と子のあいだにある「血と情」は永遠のテーマであるはずだ。答えのない方程式を、彼らはどのように解こうとしているのか、私はますます興味を持つようになった。
（奥野修司　二〇〇二『ねじれた絆』三九八頁）

古くて新しい問題

「血を分ける」「血は争えない」「血は水よりも濃い」

親子や家族は、しばしば「血」という言葉を使って表現される。普段、改めて考えてみることすらないが、私たちはそこにどのような意味合いを込めているのだろうか。切れない絆だろうか。宿命だろうか。それとも、連綿と続く命だろうか。

冒頭で引用した文章は、赤ちゃん取り違え事件を取材したルポルタージュ『ねじれた絆』を書いた作者の言葉である。『ねじれた絆』は、出産時に産院で取り違えられた子どもを、のちに元の家族同士が交換し、その後、二〇年以上にわたって続く二つの家族の交流を取材している。そこでは、取り違えられた後に子どもを交換したことで、「情と血の、二者択一などできるはずもない課題」を「背負わされることにな」（奥野 二〇〇二：六六）った二つの家族の苦悩が描かれている。

親子と血縁は、永遠のテーマのようだ。その時その時で、取り上げられる事例は異なっても、特に「血縁関係のない」親子（以下、非血縁親子）を取り上げて、「親子とは何か」「血縁とは何か」という解けない問いが問われ続ける。ひと昔には、いわゆる「母もの」映画で、複数の母（産みの母、育ての母、義理の母など）の苦悩や子どもの出生の秘密がしばしば描かれたが（坂本 一九九七）、最近では、卵子提供、精子提供、代理出産などの第三者が関わる生殖補助医療のめぐるましい発展によって、血縁を与件とする親子観が揺さぶられ、この「親子とは何か」「血縁とは何か」という問いが再び提起されている。

親子には血縁があるのが当たり前？——血縁に対する批判の噴出

なぜ、親子と血縁は問い続けられるのだろうか。

多くの人は「父、母、その間に生まれた子」という親子を「当たり前」で「普通」の親子だと考えているのではないだろうか。だからこそ、そうでない親子は、文学や映画のテーマとなったり、メディアで取り上げられたりするのだ。

しかし、このような親子観は、いつの時代でも、どこの社会でも「当たり前」で「普通」の親子観というわけではない。このような親子観は、実はそれほど歴史は古くなく、近代化という歴史の流れのなかで徐々に創られたイメージにすぎない。しかし、それにもかかわらず、親子のあるべき姿として普遍化され、現代でも法律的・社会的に強固に守られており、動かしえないものとして、個人の生き方を縛っている（野辺・松木 二〇一六）。そのため、このような血縁を与件とする従来の親子観は窮屈だとして、「家族に血のつながりは関係ない」（下重 二〇一五：一四〇）、「なぜ日本人は血のつながりにこだわるのか」（下重 二〇一五：一四二）と、しばしば批判が行われるのだ。

血縁を与件とする親子観の問題点は、第一に、時として親（主に母親）に育児を抱え込ませ、外部に助けを求められないことで、育児ストレスや児童虐待の一因になる閉鎖的な関係となることである。そして、第二に、非血縁親子を「普通ではない」と逸脱視する原因にもなり、親子関係の多様化を阻む原因にもなることである。

血縁が批判されるにつれ、最近では、「血縁を超える」というキーワードで、「生みの親が子どもを育てる」以外のさまざまな親子、例えば、養子縁組、里親養育、ステップファミリー（子連れ再婚家族）、第三者が関わる生殖補助医療（精子提供、卵子提供、代理出産）による親子など（親は異性カップルの場合もあれば同性カップルの場合もある）が、閉鎖的な血縁親子のオルタナティヴである「新しい親子」だと期待を込めてメディアなどで取り上げられている。

しかし、私たちは非血縁親子のことをいったいどこまで知っているのだろうか？

「子どものため」の血縁？

また、近年では、親子と血縁をめぐる新しい動きがみられる。非血縁親子では、「子どものため」に、子どもと血縁が新たな形で急速に接続され始めているようだ。例えば、養子縁組においては、子どもがルーツ探しをすることは当たり前のことと考えられるようになり、生みの親との交流がある養子縁組が新しい形の養子縁組として紹介されている。第三者の関わる生殖補助医療では、子どもの出自を知る権利が強固に主張され、出自を知ることによって子どもの「アイデンティティ」が安定するという主張はもはや議論の余地のない自明のものとなりつつある。離婚・再婚家庭で育つ子どもについては、子どもが別居親と交流することは「子どもの権利」なのだと主張されつつある。また、生みの親と離されて暮らす里子についても、家族再統合が優先順位の高い目標として設定される。

なぜ、非血縁親子において、子どもと血縁を（再）接続しようとするのか。それは誰が主張しているものであり、誰にとってのメリットなのか。それは本当に「子どものため」になっているのか。いったい、今、親子と血縁に何が起こっているのか。

「子どものため」になされる主張について注意深く検討してみると、現在、日本国内には実証研究があまりないことに驚かされる。つまり国内でエビデンスが充分ではないにもかかわらず、海外での研究結果が輸入され、それが批判的に検証されないまま普及している状況なのだ。このような状況のもとで、当事者、すなわち子ども自身と、子どもを育てている親は一体何を感じているのだろうか。海外の法律・判例・支援を批判的に検討せずに導入した政策や支援は当事者のリアリティやニーズと乖離しないだろうか。これは家族の「多様化」「個人化」時代のマクロな家族政策、ミクロな支援にも密接に関わる問いである。

本書の問いと対象

本書では、冒頭で挙げた「親子とは何か」「血縁とは何か」という古くて新しい問いを、血縁に対する批判と、新しい形での血縁への接続が同時にみられる社会状況をふまえ、「今、非血縁親子に何が起こっているのか」「非血縁親子の当事者にとって、血縁とは何か」という問いに変換して考察していく。具体的には「子どものため」の血縁の主題化はどのような社会的文脈のもとで起こっているのか、そして当事者にどのような効果を及ぼしているのか、という問いを立て、この問いを解くために、以下のリサーチクエスチョンを設定する。

問い：「子どものため」の〈血縁〉の主題化はどのような社会的文脈のもとで起こっているのか、それは当事者にどのような効果を及ぼしているのか。

リサーチクエスチョン：

（α）制度はどのように非血縁親子を構築するのか

（β）非血縁親子の当事者はどのように親子関係や自己を構築するのか

事例として、非血縁親子のなかでも、特に養子縁組を取り上げる。ただし、養子縁組のなかでも、本書が扱うのは〈子どものための養子縁組〉である。本書でいう〈子どものための養子縁組〉というのは、子どもの養育を一義的な目的として、未成年児と行なう養子縁組のことである（詳しくは本書のなかで説明する）。そのため、節税目的の孫養子や、家を継承するための婿養子などの成人間の養子縁組については本書では扱わない。

この〈子どものため養子縁組〉を事例として取り上げる理由は、以下の通りである。第一に、血縁に対する批判と新しい形での血縁への接続は、この〈子どものための養子縁組〉という領域で顕著に起こっているからである。〈子どものための養子縁組〉は不妊当事者の不妊治療以外の代替策として、かつ親が養育できない子どもに対する児童福祉策として活用されており、子どもの出自を知る権利が論点となっている。

第二に、この〈子どものための養子縁組〉という領域での子どもの養育をめぐる議論は、第三者が関わる生殖補助医療で生まれた子どもなどの先行事例として参照されており、現在、隣接領域において一定の影響力をもっているからである。

しかし、第三に、一定の影響力があるにもかかわらず、〈子どものための養子縁組〉に関する研究は、臨床的な研究以外はほとんどなく、メディアでも、一面的で固定的なストーリーしか伝えていないのが現状である（「血縁なくても幸せ親子　不妊治療一〇年、迎えた養子」『朝日新聞』二〇一六年四月一二日など）。

本書では、政策や世論をミスリードしないためにも、この〈子どものための養子縁組〉を事例としてとりあげ、当事者のリアリティや当事者をとりまく社会的文脈を明らかにしたい。そのために、〈子どものための養子縁組〉という枠組みを、その形成過程（↓リサーチクエスチョンα）と当事者への効果（↓リサーチクエスチョンβ）を分析することで考察する。具体的には、制度がどのように非血縁親子を構築しているのかを、〈子どものための養子縁組〉に特化して創られた特別養子縁組とその隣接領域の制度を対象として分析し、また、当事者（養親候補者、養親、養子）五一名に対するインタヴュー調査から、当事者がどのように親子関係と「アイデンティティ」を構築しているのかを明らかにする。

本書の学問的な意義

本書の学問的意義をここで述べておこう。本書は社会学の研究であり、特に家族社会学に貢献することを目指している。親子と血縁の関連は、（家族）社会学でも、社会変動を把握するうえでのひとつの重要なテーマになっているにもかかわらず、現代の事例を分析・考察するための理論と方法、それにもとづく経験的研究が不足している状態である。

現代の親子関係については、「親子関係は血縁にこだわっていく」「親子関係は血縁にこだわらなくなっていく」という二つの相反する主張が並存している。

例えば、後期近代の文脈では、親密な関係性の「純粋な関係」への変容（Giddens 一九九二＝一九九五）という議論と、家族・親子関係の血縁へ回帰（Giddens 一九九一＝二〇〇五：Young 一九九九＝二〇〇七）という議論の、相反するような議論がある。しかしどちらも抽象度の高い、理論が先行した議論であり、経験的研究の蓄積が十分ではない。また、家族社会学でも、近年、「親子関係は血縁にこだわっていく」「親子関係は血縁にこだわらなくなっていく」という相反する指摘がある。しかし、これらの指摘は、家族形態＝家族意識という前提に立った「非血縁親子＝血縁にこだわらない」「血縁親子＝血縁にこだわる」という枠組みにもとづいており、現代で主題化されている事象を分析するには限界がある（詳しくは本書の中で説明する）。

さらに、近年の親子と血縁に注目する研究は、これら二つの研究群ともに、「子どものため」という言説に関心を払っていない。

血縁と子どもの再接続について、「子どものため」という言説の下に行われる血縁との（再）接続が、具体的にどのような社会的文脈のもとで、どのような利害関係者が関わって形成され、当事者のリアリティにどのような影響を与えているのかについて、さらなる経験的研究を積み上げていくことが、現代の親子と血縁を把握するために、求められているのである。そのため、（α）制度はどのように非血縁親子を構築するのか、（β）非血縁親子の当事者はどのように親子関係や自己を構築するのか、というリサーチクエスチョンに挑む本書の事例研究は、従来の議論に多くの示唆を提示することができるだろう。

本書の構成

本書は理論的な検討を行なう《理論編》（一～三章および一〇、一一章）と経験的なデータを分析する《実証編》に分けられる。《理論編》では、親子と血縁と養子縁組に関する先行研究の論点を整理し、その弱点と盲点を指摘する作業を行なう。この部分は理論的なことに関心がない読者は飛ばしていただいても構わない。《実証編》（四～八章）は制度の分析（四・五章）と当事者の分析（六～九章）に分けられる。制度の分析に関心のない読者は四・五章を飛ばして、六章から読んでいただきたい。六章～九章では、私がインタヴュー調査を行なった五一名の当事者（養親候補者、養親、養子）の声が詰まっている。当事者の語りに興味のある読者の方はここから読んでいただいても構わない。

《理論編》①先行研究の批判的検討

一章では、血縁についての先行研究を、二章では、養子縁組に関する先行研究を批判的に検討している。

一章・二章で取り上げる先行研究の限界として、①説明項としての〈血縁〉（〈血縁〉の定義については後述する）の限界、②行為と意識を等値する解釈図式の限界、の二点を指摘する。そして、先行研究の問題点を乗り越える本書の分析視点を明示する。

三章では、本書が採用した方法上の戦略について論じる。本書では分析対象として（a）制度、（b）当事者、の二つの水準を設定する。（a）制度は特別養子縁組とその隣接領域（里親制度、不妊治療）の法律と運用を扱い、（b）当事者については養親（候補者）および養子に行なったインタヴュー調査の結果を用いる。三章ではこれらのデータの収集方法や分析手法について説明を行なう。

《実証編》①制度の分析

四～五章は、（α）制度はどのように非血縁親子を構築するのか、というリサーチクエスチョンに対応している。

四章では、特別養子縁組の立法過程を分析する。立法をめぐる議論において「子どものため」に、どのような専門家言説が引用され、どのようなレトリックが使用されて特別養子縁組が成立したのかを分析する。

五章では、養子縁組の運用過程の分析を行なう。さらに、特別養子縁組だけではなく、里親制度、不妊治療という隣接領域も比較対象として取り上げ、①制度に現われる親子観、②その親子観の背景、③運用の場面で実際に課せられている条件などについて分析を行なう。

《実証編》②当事者の分析

六～九章は、（β）非血縁親子の当事者はどのように親子関係や自己を構築するのか、というリサーチクエスチョンに対応している。

六章では、親子形成過程でどのように〈血縁〉が意識され、語られ、求められるのかを分析するために、不妊当事者がいかにして養子縁組を選択するのか／選択しないのかについて、インタヴューデータ四一事例を対象に分析を行なう。最終的な選択肢（不妊治療、子どものいない人生、養子縁組、里親）に至るまでのプロセスを比較分析する。

七章では、養子縁組後の親子関係でどのように〈血縁〉が浮上するのかを分析するために、養親となった一八事例のインタヴューデータを対象とし、親子関係の局面（親子関係の初期、告知、子どものルーツ探しなど）ごとに分析を行なう。

八章では、親子関係でどのように〈血縁〉が浮上するのかを子どもの立場から分析するために、養子として育った一〇事例のインタヴューデータを対象とし、養親子関係、「アイデンティティ」の葛藤、生みの親に対する定義などについて分析を行なう。

九章では、養子自身が親になるという役割移行の際にどのように〈血縁〉が浮上するのかを分析するため、八章と同じ十事例のインタヴューデータを対象とし、役割移行を画期点とした際の親子観の変化と養子縁組をする意向について分析を行なう。

《理論編》②本書の知見

十章では、四章~九章までの分析結果を統合して考察する。これらの結果から、「子どものため」に血縁を重視する近年の動向は当事者に葛藤を引き起こしている側面があることを主張する。

十一章では、本書の意義と家族社会学に対しての示唆を論じる。具体的には、従来の行為と意識を等値し、血縁の強弱をとらえようとする研究に対して、〈血縁〉が浮上する局面、その時の他の知・言説との結びつき、その効果など、〈血縁〉が浮上するダイナミズムについて分析する本書の分析枠組みの現代的な意義を示し、それが他の非血縁親子の分析にも応用可能な点を論じる。また、家族社会学に対する理論的な示唆として、①血縁を強調する議論と血縁を捨象する議論の架橋、②二分法を超えた家族変動を分析する視点を提起する。

第一章　問いの設定——〈血縁〉の社会学的分析へ向けて

本書の目的は、「子どものため」の〈血縁〉の浮上はどのような社会的文脈のもとで起こっているのかという問いに取り組むことであると、「はじめに」で述べた。本第一章では、今までの議論が上記の問いについて、どこまで明らかにしたのかを確認し、その限界を確認する。そして、それらを補い、「血縁」問題のできうる限りの全体をとらえるための本書の枠組みを説明する。

一　家族変動と親子——非血縁親子という指標

1　後期近代の親子関係——純粋な関係性への変化か？／生物的本質への回帰か？

血縁は、後期近代という文脈でひとつの論点となっている[1]。ここでは血縁について、二つの相反するような指摘が存在する。

ひとつは、後期近代においては「血縁が重視されなくなる」という議論である。後期近代とは、絶対的な規範が消失した時代である。人びとは今までの慣習や規範に従うのではなく、自らがあらゆることを選択をして決定していかなければならない。それは、家族関係にもおよび、「血縁、社会的責務あるいは伝統的義務などの基準」（Giddens 一九九一＝二〇〇五：七）だけでは、家族関係の維持が困難になってきている。社会学者のギデンズは、家族を含む親密な関係が、「純粋な関係」に変化していると指摘する。純粋な関係とは、「社会関係を結ぶというそれだけの目的のために、つまり、互いに相手との結びつきを保つことから得られるもののために社会関係を結び、さらに互いに相手との結びつきを続けたいと思う十分な満足感を互いの関係が生み出していると見なす限りにおいて関係を続け」（Giddens 一九九二＝一九九五：九〇）るような関係のことである。つまり、当事者が付き合いたいと思う限りで付き合い、付き合いたくないと思えば、付き合いをやめられるような関係のことである。ギデンズが念頭においている関係は主に成人のカップル関係ではあるが、ギデンズは親子関係も、純粋な関係に変化しつつあると指摘している。具体的には、親子関係においても、信頼関係や互いに対する思いやりや気遣いという関係の質が重視されるようになり、ただ血縁関係があるだけでは、親子関係の維持は期待できなくなっていると指摘している[2]（Giddens 一九九一＝二〇〇五：一〇九－一一〇）。

一方で、後期近代においては「血縁が重視されるようになる」という議論もある。純粋な関係への変化を論じたギデンズも、絶対的な規範が消失した後期近代の根本的な心的問題は、個人の無意味感であると主張している。そして、関係性が、個人の選択によって形成したり、離脱したりできる純粋な関係性になるにつれ、抑圧されたもの、すなわち生物的なつながりが回帰すると指摘している[3]（Giddens 一九九一＝二〇〇五：二二九）。人びとは「自分は何者なのか、いかに生きるべきか」という存在論的不安を抱え、不安から逃れるために伝統に回帰したり、保守化したりする傾向があると指摘されている。社会学者のヤングも同様に、日常生活の流動化、価値の多元化、個人主義の進展によって、人びとはかなりの存在論的不安を感じ、本質主義的なものへ回帰すると指摘している（Young 一九九九＝二〇〇七：二四五－三〇八）。

このような例として、近年では、親子関係において、生物的事実にもとづく本質、すなわち血縁への回帰がみられると指摘されている。夫婦関係は当事者の意思で終わらせることができ、排他的な関係ではなくなってきているが、親子関係においては、ステップファミリーやひとり親家庭などの多様な親子関係が増加するにつれて、権利と義務の両方で、生みの親の重要性が強調され、生みの親と子どもの関係は当事者の意思により終わらせることができず、親は子どもと一緒に住んでいなくても子どもに責任があるという考え方が広がっているといわれている（Allan et al. 二〇〇一：Edwards et al. 一九九九：丸山 二〇〇三：斎藤 二〇〇六)。同時に、親子関係は愛情に基づく関係というよりも、遺伝子の共有に基づく関係として表象されるようになってきていると指摘されている（Nelkin & Lindee 一九九五＝一九九七：八四)。家族の境界が流動化してきた現代で、「生物学的関係を特別視することは、曖昧性を払拭し感情の紛争を解決する一つの方法として魅力的」(Nelkin & Lindee 一九九五＝一九九七：二一六) であるため、血縁は、家族の境界を画定するために決定的な基準であると考えられているという（Allan, et al. 二〇〇一：八三二)。

血縁が論点となるのは、第二に、医療・生命科学分野の先端技術が登場したからである。「不妊治療として展開されてきた生殖技術であるが、血縁を切断することを前提とするこの技術は、現代の日本の社会では、逆に血縁への欲望を喚起しているようにも思える」(浅井 二〇〇〇：七八)、「新しい生殖技術が『血のつながり』を重視する傾向にあるのは、決して血統主義のような旧いイデオロギーからだけではなく、『遺伝的つながり』という医学・生物学的な知識の普及とともに強化されたイデオロギーに支えられているからだ」(柘植 一九九五：八二) という指摘があるように、血のつながりを重視する傾向は昔からあったとしても、先端技術によって変化した血縁の意味内容がそこに重なることで、さらに血縁への志向性が強化されたという指摘がある。先端技術の登場は家族にも影響を及ぼし、特にアメリカでは、家族が生物遺伝的な概念に回帰していると論じられ、「家族・親族の医療化」(Finkler 二〇〇〇) という、家族の変化をとらえる新しい概念も提示されている。人類学者のファインクラー (二〇〇〇) は、家族の意味を医療の側面から考える「家族・親族の医療化」を通じて、家族から解放された個人は再び家族に引き戻され、血縁を中心とした関係性が再び強化されると指摘している。

このように、後期近代において、親子関係では、①「血縁より、愛情や選択が重視される」あるいは「愛情や選択より、血縁が重視される」という正反対の指摘が行なわれており、その要因として、②後期近代化という社会変動や、特に後者の指摘については、生殖補助医療などの先端技術の登場が指摘されているが、これらの指摘が経験的データを用いて実証されているわけではない。「家族・親族の医療化」という概念を提示したファインクラー自身も、遺伝のイデオロギーがどの程度浸透しているかについては、十分に検証されていないため、経験的研究で検証すべきであると指摘している（Finkler 二〇〇〇）。

社会の「後期近代化」「（生物）医療化」といった抽象度の高い社会変動の指摘の次に必要なのは、そうした概念で表現される現象のより細部に踏み入る理論・方法論だろう。そのためには、後期近代化・（生物）医療化という抽象度の高い社会的要因に還元することなく、事例独自の論理と動態に着目して、現代の親子関係を検証する必要があり、そのためには親子の動態の内実により深く切り込むための新しい枠組みが必要されている。

また、これらの議論は、本書の問いである、なぜ非血縁親子において「子どものため」に血縁が浮上するのかという問いについても説明していない。子どもと血縁を接続する際には「子どものため」という言説がしばしば持ち出されることは既に指摘した。「子どものため」の血縁の浮上が、どのような社会的文脈のもとで、どのようなアクターが関わって起こっているのか、さらに、非血縁親子の当事者がどのような意識をもっているのかを検証する経験的研究と、そのための枠組みが、今、必要とされているのである。

2　血縁への再注目と迷走する議論

次に、家族社会学において血縁がいかにして捉えられてきたかを確認し、その弱点と限界を確認したい[4]。

家族社会学では、血縁は、家族変動の文脈で論点となってきた。親子関係の変化を把握する際に、血縁は重要な指標の一つになっており、具体的には、生みの親と育ての親が一致しない非血縁親子の増減が親子関係における「血縁へのこだわり」の強弱の指標（具体的には、「非血縁親子の増加＝血縁にこだわらなくなった」「非血縁親子の減少＝血縁にこだわるようになった」）となってきた。

しかし、現代の親子関係については、「親子関係は血縁にこだわっていく」「親子関係は血縁にこだわらなくなっていく」という二つの相反する主張が並存している。前者の主張は主に養子縁組や里親の減少や生殖補助医療の利用者の増加を根拠にしており、後者の主張は主にステップファミリーの増加を根拠にしている。

第一次大戦で大量発生した孤児救済策として、子の福祉のための養子・里子という近代養子制度が整備され（中略）ステップファミリーの増加など、新たな家族形態の多様化のなかで、欧米の親子関係は、よりいっそう血縁外に開かれていくのに比べ、日本ではむしろ逆にオヤコは血縁に収斂されていく動きが見出せる（岩本 二〇〇二b：一一九）

現実には、生物学的、すなわち、血縁に固執する意識は現代ではますます強くなっているように思われる。（中略）不妊治療として展開されてきた生殖技術であるが、血縁を切断することを前提とするこの技術は、現代の日本の社会では、逆に血縁への欲望を喚起しているようにも思える（浅井 二〇〇〇：七八）

結婚にこだわらない性や出産というライフスタイルの変化のなかで、親子関係の特定をめぐって一部にこうした「血縁」への傾斜が強まっている一方、「血のつながらない親子」をめぐる新たなテーマも数多く発生している。その一つが、離婚率の高い欧米でしばしばみられる、再婚した相手の子どもと新たに親子関係を構築するステップ・ファミリー（子連れの再婚家族）の増加である（岩上 二〇〇三：一〇七）

このように、論者が着目する親子形態や、比較する社会と時代によって、近年の親子は「血縁にこだわっていく」のか、あるいは「血縁にこだわらなくなっていく」のか、解釈が異なっている。しかし、解釈は正反対だが、これらの主張に共通している点は、「家族形態＝家族意識」という前提に立った「非血縁親子＝血縁にこだわらない」「血縁親子＝血縁にこだわる」という枠組みを用いて親子関係の変化を解釈していることである。次に、この枠組みの問題点について検討していきたい。

二　迷走する議論の要因――血縁の浮上に関する社会学的説明とその限界

1　行為＝意識という枠組みの限界

先に紹介したさまざまな主張では、「非血縁親子の増加＝血縁にこだわらなくなっている」「非血縁親子の減少＝血縁にこだわるようになっている」という家族形態と家族意識の対応関係を前提とした枠組みが用いられていた。「子どものため」の血縁の浮上とその効果を検証する本書では、まずこの枠組みの弱点について確認したい。結論を先取りすれば、この枠組みを用いても、①社会全体が親子関係において「血縁を重視する」のか「血縁を重視しない」のか結論がクリアではない点、②血縁親子／非血縁親子の中間形態が扱えない点、③意識と形態のズレを考慮してない点、④非血縁親子が形成された後を扱わない点、などが弱点として挙げられる。順に説明していこう。

（1）親子の形態による違い

まず、非血縁親子の動向から確認したい。ここでは非血縁親子を、①夫婦関係の変化に連動して発生する非血縁親子と、②夫婦関係の変化とは連動せずに発生する非血縁親子の二つに分けて、動向を確認する。

夫婦関係の変化に連動して発生する非血縁親子について見れば、非血縁親子は増加していると推測される。離婚件数を確認すれば、二〇〇二年の二八万九八三六組をピークに、二〇〇五年は二六万一九一七組、二〇一〇年は二五万一三七八組、二〇一五年は二二万六二一五組と漸減しているが（厚生労働省 二〇一六）、婚姻件数に占める再婚の割合は増加している。一九六〇年代には婚姻総数の約一割であった再婚は、一九七〇年代後半から次第に増え、二〇一五年には二六・八％に達した（厚生労働省 二〇一七）。このように離婚率の上昇や再婚件数の増加はステップファミリーを増加させていると推測される（野沢 二〇〇四：二二七‐八）。

次に、夫婦関係の変化とは独立して発生する非血縁親子をみてみよう。養子縁組をみると、未成年の普通養子縁組の許容件数は二〇〇〇年で九九四件、二〇〇五年で一〇三七件、二〇一〇年で九二六件、二〇一五年で七二八件と漸減しており、一九四八年の三万六七七八件、一九五八年の二万一八一四件と比較すると激減している。また、一九八七年に新設された特別養子縁組の許容件数は二〇〇〇年に三二六件、二〇〇五年に三〇五件、二〇一〇年に三二五件と三〇〇件台を推移しており、低い水準で横ばいにある[5]（司法統計年報 各年度）。里親制度をみると、委託里親数は、厚生労働省の政策転換により、二〇〇〇年で一六九九人、二〇〇五年で二三七〇人、二〇一〇年で二九二二人、二〇一五年で三八一七人と増加しているものの（福祉行政報告 各年度）、現在では、委託里親数がピークに達した一九五八年の九四八九人には遠く及ばない水準に落ち込んでいる。

このように、①夫婦関係の変化に連動して発生する非血縁親子と、②夫婦関係の変化とは連動せずに発生する非血縁親子の二つに分けて確認すると、異なる傾向が浮かび上がってくる。以上のことから、従来の枠組みを用いて実態を見ても、日本人・日本社会全体が「血縁にこだわる」のか「血縁にこだわらない」のか、そんなに単純に答えられるものではないことがわかるだろう。近年、増加している非血縁親子と減少している非血縁親子があるからだ。そうであるならば、日本全体の血縁意識の強弱について解釈しようとするよりも、個別の親子形態について、丁寧に検証していく必要があるのではないだろうか。親子関係の変動の重要な論点である血縁についての議論の混乱を整理するためには、非血縁親子ひとつひとつの類型について、その内部の多様性にも目配りしながら経験的研究を積み上げていくことが、現代の社会変動・家族変動を把握するための重要な作業となると考える。そのような検証を積み重ねることによって、血縁が社会のなかにどう偏在し、重複し、すみ分けられているのか。また何がそれを産出しているのか。全体として、どのような血縁のあり方が優位になってきているのか、という、より多元的な視点から親子と血縁を問うことができるだろう。

(2) 中間形態の解釈の仕方

さらに、「非血縁親子の増加＝血縁にこだわらなくなっている」「非血縁親子の減少＝血縁にこだわるようになっている」という家族形態と家族意識の対応関係を想定した枠組みの弱点は、中間形態が上手く分析できない点である。

増加しているとされているステップファミリーは非血縁親子の一形態ととらえられることもあるが、子どもと同居の保護者との関係を改めて考えると、実は血縁親子なのか非血縁親子なのかあいまいである。なぜなら、子どもは、同居親の一方とは血縁関係がない（継母・継父）が、もう一方とは血縁関係がある（実母・実父）からだ。そして、そもそも同居している生みの親のパートナーに対して、親という認識を子どもがもっていないことも考えられる（野沢・菊地 二〇一四）。また、同様に非血縁親子の一形態に分類されることがある第三者が関わる生殖補助医療によって生まれた子どもの家族も、精子提供、卵子提供、代理出産の事例を考えれば、子どもは同居親の片方もしくは双方とは血縁関係があることになる（精子・卵子のいずれも同居父・同居母のものではない場合のみ、非血縁親子ということになる）。このような親子形態を非血縁親子と分類するのは適切だろうか。このように考えると、血縁／非血縁の二分法は単純であり、ステップファミリーや第三者が関わる生殖補助医療のような中間形態を非血縁／血縁のどちらかに無理に分類しようとすると、捨象されるものがあり、当事者のリアリティや当事者に影響を与える社会がみえてこないのではないか。

父親と母親が実子を育てるという近代家族ではない新しい親子に注目が集まっているならば、血縁親子と非血縁親子の中間形態のような親子についても、今までとは異なるとらえ方で研究する必要があるだろう。

(3) 意識と行為のズレの等閑視

また、従来の枠組みは、家族形態と家族意識が対応しているという前提に基づいており、家族形態と家族意識がズレる可能性にはそもそも注意を払っていない。

既述したように、夫婦関係の変容に付随するステップファミリーは増加しているが、子どもとの継親関係は離婚・

再婚という夫婦関係の変化に付随して生じた関係であり、親と子が積極的に選択した親子関係ではない。とするならば、ステップファミリーの増加が血縁意識の弱化を意味するかはわからないだろう。継親子関係の当事者が血縁にこだわっていないかどうかは、外部から家族形態だけを観察してもわからない。なぜなら、家族形態は、個人の選択にもとづいた結果という側面と、貧困などの経済的要因やエスニシティなどの文化・社会的要因といった構造的制約にもとづいた結果という側面があるからだ（野々山 一九九九：渡辺 一九九五：四九－五〇）。ゆえに、非血縁親子を形成していたとしても、それが選好によるものではなく、制約によって仕方なく形成してものであれば、「非血縁親子の形成＝血縁にこだわらない」ということにはならないのではないか（この点については第二章でも詳述する）。

（4）親子関係形成後の意識

最後に、本書の「はじめに」で指摘した、非血縁親子が形成されたとしても、その後に子どもが再び生みの親と接続される動きがあることをみていこう。これらは親子の形成過程だけを見ていては浮かび上がってこない論点である。具体的にはどのような現象が観察されるのか。ここでは、①離婚後の親権、面会交流、養育費についての言説と、②第三者が関わる生殖補助医療で生まれた子ども、養子、里子などで論点となる出自を知る権利についての言説を指摘する。

離婚後の子どもの養育に関しては、もともと別居している生みの親と交流しない方が子どもにとって良いと日本では考えられていた。しかし、最近では別居している生みの親との交流を継続し、子ども自身が父親、母親の直接的な存在を感じることができる環境の方が子どもの成長にとって有益であるという考えに変化してきている（野沢ほか編 二〇〇六：一五五－八）。

また、子どもが生みの親について知ることが、子どもの「アイデンティティ」の確立と良好な親子関係の形成にとって重要であるという専門家言説が主に「出自を知る権利」という用語で流通している。この専門家言説は、具体的には制度改革や支援の議論に現われ、離婚家庭で育つ子ども、養子、里子、第三者が関わる生殖補助医療で生まれた子どもなど、非血縁親子のタイプにかかわらず横断的に観察される。

養子縁組や里親においては、かつては子どもに出自を隠し、生みの親との交流を断絶させることが子どもにとって良いと考えられていたが、[6]現在では反対に、子どもに生みの親の存在を明らかにするほうが子どもにとって良いという考え方が優勢になってきている。そこには生みの親について確認したいという強い子どもの要求が存在するという認識の広がりがあったという（厚生労働省雇用均等・児童家庭局家庭福祉課 二〇〇三）。さらに、子どもから生みの親を離すべきではないという考えは、養子縁組後も生みの親が養子と交流を持ち続ける開放的養子縁組という新しい養子縁組の仕組みを生み出している（Bartholet 一九九九：xl）。

生殖補助医療においては、生殖に夫婦以外の第三者が関与する場合、第三者の匿名性が守られてきたが、近年では「提供者の個人情報を知ることは精子・卵子・胚の提供により生まれた子のアイデンティティの確立などのために重要なもの」（厚生労働省 二〇〇三a）と主張され、子どもの「アイデンティティ」におけるドナー（精子提供者、卵子提供者、胚提供者）の重要性が認識され、ドナーの匿名性の廃止がひとつの論点になっているところである（厚生労働省 二〇〇三a）。

非配偶者間人工授精（DI）の研究をしている南貴子は「DIによって生まれたことを知った子どもたちが、ドナーの情報を含め、自己の出自を知る権利を求めて声を上げ始め」（南 二〇一〇：ⅲ）た動きは、「ドナーの人間化」であり、「世界的規模で家族変動が起こっていることのひとつの指標」（南 二〇一〇：ⅲ）であると指摘する。南はこの動きを「かつて精子という『モノ』を提供するだけの存在としてとらえられたドナーが、子どもを含むDI家族全体にとって重要なつながりを持つひとりの『人間』として受けいられようとするまでに至った、家族、そして家族を巡る社会の変容」（南 二〇一〇：ⅲ）だと強調している。

しかし、「非血縁親子の増加＝血縁にこだわらなくなっている」「非血縁親子の減少＝血縁にこだわるようになっている」という家族形態と家族意識の対応関係を想定した枠組みでは、親子形成後の血縁（親子形成後の新しい動き）を主題化することが困難である。なぜなら、この枠組みでは「非血縁親子＝血縁にこだわらない」ということになってしまうからである。

このように、既存の「非血縁親子の増加＝血縁にこだわらなくなっている」「非血縁親子の減少＝血縁にこだわるようになっている」という家族形態と家族意識の対応関係を前提とした枠組みは、国際比較や歴史的変動をみる際には比較が容易であるという点で有用であるが、①社会全体が「血縁を重視する」のか「血縁を重視しない」のか結論がクリアではない点、②血縁親子／非血縁親子の中間形態が扱えない点、③意識と形態のズレを考慮してない点、④親子形成後を扱わない点、という弱点があり、本書が挑むような現在起こっている事象についてては的確にとらえることができず、さらに、当事者のリアリティとも乖離するのではないか。親子と血縁について論じる際には、親子関係における血縁の有無に着目し、それを血縁意識の強弱として、リニアな順位尺度的なとらえ方をするよりも、親子関係における血縁の性質や特徴などの質の変化をつかむことが重要なのではないか。

2 「主義」としての血縁の限界

もっとも、形態と意識を等値する枠組み以外に、血縁を主題化し、分析の対象とする議論が家族社会学に存在しないわけではない。特に血縁を歴史化（歴史的に相対化）するような議論として、家族社会学には、血縁主義、実子主義（田間 二〇〇一）という概念があり、また最近ではこれらの概念では捉えられない現実を言語化するために遺伝子本質主義（あるいは遺伝子決定論）[7]という類似の概念が登場してきた。これらの概念の問題点と、これらの概念に対する本書の立場をここで論じよう。

（1）血縁主義／実子主義／遺伝子本質主義

血縁主義、実子主義、遺伝子本質主義という用語は定義されず、文脈によってさまざまな使われ方をするが、親子関係についての議論の文脈でそれらの用語が使用される時、それらの用語の含意を最大公約数的に述べれば、血縁主義は「親子間には血縁があるべき」、実子主義は「親子は実親子であるべき」、遺伝子本質主義は「親子間には遺伝的つながりがあるべき」という定義になるだろう。だが、ここでそれらの概念を原点に立ち返って内容を確認したい。

血縁主義とは、もともとはモルガンやエンゲルスが用いた集団を形成する上での原理であり、地縁または同居と比較した際に優先される原則が血縁であることを示す概念である[8]。

実子主義は、社会学者の田間泰子が「近代家族の理念に不可欠な、血縁主義の一種」(田間 二〇〇一:二二六)と記述しているように、血縁主義の一種であるとされ(ただし、田間は血縁主義の定義については記述していない)、特に妻が夫の子どもを産むべきという近代的な実母実子主義に力点を置いて定義している。

遺伝子本質主義は、医療社会学や文化人類学などで最近用いられる用語である(出口 一九九九:加藤 二〇〇七:Nelkin & Lindee 一九九五=一九九七)。遺伝子本質主義を最大公約数的に定義したものとしては「人間とその社会のさまざまな要素を遺伝子に還元して説明するやり方」(加藤 二〇〇七:二二)がもっともシンプルでわかりやすいだろう。この定義からわかるように、遺伝子本質主義は家族関係だけに関わるものではなく、社会秩序や身体的差異、具体的には国民、人種、民族などについても使われる概念である(Brodwin 二〇〇二:加藤 二〇〇七)。だが、ここでは本書の問題関心にてらして、家族関係、特に親子関係に関わる部分に焦点化して議論を行なう。

(2) 血縁主義から遺伝子本質主義へ?

遺伝子本質主義という概念は、生殖補助医療の登場を画期点にした、二種類の社会変動を示唆している。ひとつは親子関係の定義が遺伝的つながりに収斂するという変化であり、もうひとつは人間をパーツとして認識するようになるという変化である。例えば、医療人類学者の柘植あづみは、以下のように指摘する。

親子の「遺伝的つながり」の強調が、親子の定義や概念を狭め、家族や親子の枠組みが柔軟性を失いながら強固になっていくのではないか(柘植 一九九五:八一)

一方、浅井美智子は、生殖補助医療の登場によって、異性のパートナーを持たずとも女性の場合は精子提供を受ければ子どもを出産することができ、男性の場合は代理出産を通じて子どもをもつことが可能になった状況から、第三者と親密な人間関係を経由せずに子どもが自由に作れることが、従来の人間観や家族観を変えると危惧する。

このような人工生殖の未来には、当然、人間を「パーツ（部分）の集合」とする、すなわち人間を科学の対象（もの）とする視点が前提とされねばならない。これは、近代人の見出した冒すべからざる「個人」という全体性や近代人の意思の源である主体が否定されるということでもある（浅井 一九九五：九九）。

さらに、このような状況によって家族の概念が変化するという。

先端生殖技術が開示したことは、「家族」という名称さえ不要な個人の集積としての社会や、細胞・遺伝子にまで還元された身体の集合としての人間を産出することなのである。人工生殖は、血縁の家族や親子の物語が生み出させた「血縁の実子」を持ちたいという欲望をより忠実に実現しえると同時に、その物語を破壊してしまう技術でもあるのだ（浅井 一九九五：九九）。

人工生殖は、究極的には「父、母、子」という名称の意味や「家族」という概念すら無効とするような世界を生み出しえるのである（浅井 一九九五：九八）。

柘植の指摘は、生殖補助医療が従来の家族内、つまり法律婚の夫婦の間で使用される場合に起こることを想定しており、浅井の指摘は従来の家族の範囲を超えるようなところで使用される場合に起こることを主に念頭に置いている。[9]

さらに、ここでもうひとつ重要な点は血のつながりと遺伝的つながりは異なるものだという指摘である。

「血のつながり」は、現代的な用語を使えば「遺伝子のつながり」となるだろう。ただし、厳密に言えば「血のつながり」と「遺伝子のつながり」は異なる。歴史的に日本における「血」とされてきたのは「遺伝子」よりも幅広い概念であり、たとえば「家」を継承するために血族以外から養取をした際などにも、また擬制的親子関係であっても、「血のつながり」があるとみなすことがある。「血」というのは、「○○家の血が流れている」とか「日本人の血が流れている」という表現が論理的に考えると矛盾をきたすことから見ても、どこかへの強い帰属意識を表現し、それによって帰属を同じとする者の紐帯を確認する際の象徴であると見ることができる（柘植二〇一二：一五一－一二）。

ここで確認すべき点は、血縁主義と遺伝子本質主義は異なるものであること、また、近年になって遺伝子本質主義が影響力を強めているという認識である。

『DNA伝説』の著者であるネルキンとリンディは、アメリカにおいては一九九〇年代に家族の社会的意味が変わり、遺伝学的類似性が親子関係の核であるという考え方が大衆文化に表われたと指摘する。そして、「遺伝子関係をつくること自体が目的となるときには、社会の関心や情緒の絆に対する法的保護は弱められる」（Nelkin & Lindee 一九九五＝一九九七：二一二）と遺伝子という概念が社会に与えた影響について指摘する。また、人類学者の出口顯は遺伝子本質主義の影響について、関係性の軽視と「アイデンティティ」の重視を主張している。出口は家族について「器としての家族の獲得こそが重要なのであり、獲得後に形成される関係には、世間はさほど関心を示さな」（出口一九九九：一五二）く、出自・血縁によるつながりは人間関係を前提としていたが、遺伝子・DNAが普及すると人間関係は軽視されると関係性が軽視される点を主張し（出口 一九九九：五）、同時に「人の特徴は生まれる前から決まってしまっている」（出口一九九九：四）と「アイデンティティ」が遺伝子に規定される可能性を指摘している。ここで確認すべきことも、遺伝子本質主義と血縁主義との差異である。

（3）これらの概念の問題点

このような血縁主義、実子主義、遺伝子本質主義という概念は社会の変化を大まかに把握するのに役立つ概念である。しかし、これらを説明項として経験的な研究に応用しようとすると、データを適切に解釈できないという問題点が発生する。それは、①これらの概念が相互排他的かつ包括的に類型化されているわけではないという点と、②血縁、実子、遺伝子という語彙と人びとの意味づけが必ずしも一致しないという点に起因している。

①概念の相互排他性と包括性に関する問題点

先に、血縁主義は「親子間には血縁があるべき」、実子主義は「親子は実親子であるべき」、遺伝子本質主義は「親子間には遺伝的つながりがあるべき」という最大公約数的な定義を提示したが、これらは相互排他的な概念だろうか。特に遺伝子本質主義については、血縁主義との差異が強調されることをすでに確認した。

しかし、実際に人びとが子どもを持とうとする時の行為や意識を、上述した三つの概念で分析することは難しい。遺伝子という概念が存在しなかった時代には、確かに遺伝子本質主義も存在しなかったであろう。しかし、現代において、人びとが「血のつながりのある子どもをもつべきだ」と語った時に、それはどの概念に該当するのか。三つの概念すべてに該当可能ではないだろうか。

ほかにも分析に戸惑う事例は多い。例えば、親族から養子を引きとって育てる場合は、他人が生んだ子どもを育てているから血縁主義ではないと判断できるか。非親族ではなく親族から養子を引き取っているから血縁主義であるという反論があったらどうするか。また、他人が生んだ子どもを引き取って、戸籍上は「実子」として育てるような事例はどうか。他人が生んだ子どもを育てているから実子主義ではないと判断できるか。「実子」という記載にこだわっているから実子主義であるという反論があったらどうするか。第三者から精子提供を受けて子どもを産み、夫婦の「実子」として育てる事例は夫の遺伝子が不在であるから遺伝子本質主義ではないと判断できるか。戸籍上「実子」であるから実子主義であるという反論があったらどうするか。このような事例では別の概念、例えば「（家族の）形式主義」「戸籍主義」という概念を作りだせば、混乱は解決できるのか。このように上述した三つの概念では適切に分析できない事例は多いと思われ、また、これらの概念は包括性にも問題がある。

さらに、同じ概念でも微妙に異なる含意で用いられることがある。最近、論点となっている子どものルーツ探しや出自を知る権利を例に確認してみよう。例えば、子どもの出自を知る権利とは、子どもが「血縁にこだわる」（南二〇一〇：一四二）ことだという評価がある。一方で、出自を知ることは、親の立場からみれば、実子の偽装の放棄を意味するため、「血縁主義への固執の放棄」（南二〇一〇：二三八）だという評価もある。子どもの立場に立つか、親の立場に立つかで、出自を知る権利を認めることが、血縁主義的な行為なのか、非血縁主義的な行為なのか、評価が反対になっている（出自を知る権利を認めることは、子どもの血縁主義が、親の血縁主義を破壊するということになる）が、出自を知りたいという子どもの意識と、出自を隠したいという親の意識に影響を及ぼしている血縁主義とは、全く同じものなのだろうか。しかし、血縁主義という概念を用いることで、そのような問いが出てこなくなってしまうのではないか。

実際に存在する多様な事例を考えると、血縁主義、実子主義、遺伝子本質主義の概念のどれか一つにのみ当てはまる事例はそれほど多くなく、またこれらの概念では上手く分析できない事例が多いように思われる。つまり、上記三つの概念を用いると捨象されてしまう部分が多いのではないか。ゆえに、これらの概念は説明項として限界を抱えているといえる。

②血縁、実子、遺伝子という語彙に対する人びとの意識

また、これらの概念の問題点は、相互排他的・包括的な類型ではないという点だけではない。当事者の意識とずれる可能性があるという点でも問題がある。

明治期の民法論争を言説分析した與那覇潤は、先行研究をレビューする中で、①生物学的ないし社会的系譜関係を「血」で表象するのは必ずしも自明のことではなく、[10] ②また逆に「血」の語が用いられているからといってそれが含

意している関係性が同一であるとも限らないことを指摘している（與那覇 二〇〇六：九〇－九一）[11]。與那覇はそのため、単に史料上の「血」を含む概念の有無を確認するだけでなく、それがいかなる意味において用いられているのかを明らかにしている（與那覇 二〇〇六：九一）。

また、同様に岩本通弥は、人びとの意識の差異に着目して、以下のように指摘する。

多少なりとも人類学的な親族論に基づいて家族研究に携わってきた者の立場からいえば、審議会の議事録やインターネット内での議論では、「血のつながり」とはいっても、それは親族論の血縁概念、descent（出自）やconsanguinity（血縁）といった分析概念や、厳密な意味での生物学的血縁とは全くの別物だといってよい。そこでの議論は、指示する内容が微妙に異なっているにもかかわらず、一括して「血のつながり」という言葉で、互いに通じてしまう感覚的傾向が濃厚であるが、それらが具体的にどういう意味で理解されているのか、現代における普通の人々の認識、それ自体を学問的に分析対象化する必要もあるだろう。（中略）同じ「血のつながり」「血縁」という表現を用いていても、人によって指示内容が異なる一方で、父系、母系、双系の別も問わず、無限定的・共系的（cognatic）に関係性を辿る手立てとして、無限定に用いられている。後述するように、かつての西欧や中国・韓国などにおける血縁原理を、絶対的な血縁観念と称するとすれば、日本のそれは相対的血縁観念、あるいは素朴な血縁信仰とでも称せるが、ところが、これに加えて近年では、オヤコの関係性＝絆を表象するのに、血という身体的要素を、一種のメタファーとして充てているにもかかわらず、血を隠喩ではなく、科学的根拠のある実体的なものとして、さらには遺伝学以上の何物かを伝達する媒体として、認識しているかのような性向も生じてきている。（岩本 二〇〇六：七七）

このような血縁の意味内容や使用をめぐる混乱の指摘を踏まえると、まさに「現代における普通の人々の認識、それ自体を学問的に分析対象化する」（岩本 二〇〇六：七七）ことが求められているといえる。

それは遺伝子という概念・用語も例外ではない。ネルキンとリンディは「遺伝子はむしろ象徴であり、隠喩であって、個性、アイデンティティ、対人関係等々を社会的に有意味な方法で定義づける一つの便法である」(Nelkin & Lindee 一九九五＝一九九七：三〇)と遺伝子を解釈資源としてとらえ、「個人のアイデンティティ、家族の結合、社会的つながりなどが脅かされ、社会の約束事が意味を失っているように見えるときには、古い思想に新たな生命が吹き込まれる」(Nelkin & Lindee 一九九五＝一九九七：二)と指摘する。ここから言えることは、科学的に厳密な定義があるようにみえる遺伝子でさえ、人びとはさまざまな意味づけをして使用していることである。[12] ネルキンとリンディの議論をふまえると、血縁や実子だけではなく遺伝子も人びとがどのような場面で、どのようにその語彙を用いて、何を達成しようとするのかを見ていく必要がある。

ここまで検討してきたように、①血縁に関する既存の概念は相互排他的、包括的な概念ではないこと、②人びとの行為と意識が常に対応するわけではないという意味で経験的データの分析に使うには限界がある。そこで本書では「〇〇主義」という枠・説明項で事例を見ていくのではなく、人びとの意識と語りに特に焦点を当てる。血縁については、単に概念化することで脱自然化したり、相対化したりするだけでは足りない。人びとがどのような文脈で、どう使っているのか、その効果はいかなるものなのか、ということについて知見を積み重ねることが必要なのだ。

3　パッケージ化された概念の限界

最後に、間接的に血縁を歴史化してきた議論として、近代家族論の議論を取り上げ、批判的に検討しよう。

西欧の家族史研究を出自にもつ近代家族論では、一組の親子のなかで血縁と愛情が一致することを求める規範の成立過程を記述・検証してきた(Shorter 一九七五＝一九八七；落合 一九八九；山田 一九九四など)。近代家族論はそもそも血縁ではなく愛情の分析に重点を置く傾向があるが、近代家族論の知見によって、前近代においては親子関係と血縁が現在のように緊密に接続していなかったことが間接的に発見された。しかし、従来の近代家族論は、近代家族成立以降に親子と血縁が分離する際、どのように親子関係と血縁の関係を把握できるのかという課題にまでは答えてくれない。
その理由のひとつは、近代家族論が提示した既存の概念（近代家族規範、母性愛規範、愛情規範、子ども中心主義［落合 一九八九：山田 一九九四］など）にある。これらは、愛情という規範を析出する一方で、血縁の存在を自明視し、親子関係を構成している愛情以外の構成要素への関心を後退させてしまったからだと思われる。

一方、「現代の日本の社会では、逆に血縁への欲望を喚起しているようにも思える」（浅井 二〇〇〇：七八）と、生殖補助医療により親子と血縁の接続が強化される社会状況を指摘する議論もある。しかし、ここでは、逆に血縁しか議論の対象とせず、血縁への強い志向性が指摘されるにとどまり、親子関係を構成する血縁以外の構成要素、例えば、近代家族論が精力的に批判してきた愛情や子ども中心主義などが分析から抜け落ちている。

現在では、さまざまな家族規範が併存し、同調と対抗を繰り返している（丸山 二〇〇四：四：田渕 一九九八：八〇）。近代家族規範といわれるものは、実はさまざまな構成要素（規範）で成り立っているパッケージ化された概念であるため、生みの親と育ての親が分離する際にこれらの構成要素がどう組み替えられるのかという状況を適切に分析できなかった。そのため、構成要素が対立し、交渉し、妥協する動的なプロセスを観察・分析しやすいように近代家族規範を脱パッケージ化する必要がある。

近代家族論の知見を踏襲しつつ、主に生殖補助医療の導入過程や社会の受容のありかたを事例に、近代家族規範を脱パッケージ化し、構成要素とその意味関連を分析する研究もある（門野 二〇〇六：森岡 二〇〇二）。しかし、これらの研究の問題点は、生殖と性愛の分離というように、夫婦関係を主題化していたり、親子関係に焦点を当てていても、落合恵美子の近代家族（落合 一九八九）の特徴から、近代家族の構成要素を演繹的に導出していたりするため（門野 二〇〇六）[13]、近代家族論が親子の与件として主題化してこなかった血縁という構成要素を十分に析出していない。また、愛情以外の近代家族規範の構成要素にも着目した研究もあるが、「近代家族規範を壊す／近代家族規範を強化する」という角度からしか現状を検証しておらず（横山・難波 一九九二：森岡 二〇〇二）、近代家族規範を脱パッケージ化して構成要素の組み換えそのものを分析するような研究はほとんど行われていない。

山田昌弘は、今後の家族社会学の課題として、現実の変化に応じた概念や枠組みなどの分析道具の開発を挙げている（山田一九九九b：一二〇）。本書が挑む問いも、今までの概念や分析枠組みでは解けない。そのため、これまでとは異なる角度から血縁に光を当て、把握することができる理論と方法が要請されているといえる。そこで、このような考え方の補助線として、文化人類学の議論を検討してみよう。

三　分析対象としての〈血縁〉——説明項から被説明項へ

1　文化人類学の視点の導入

家族社会学では親子関係における血縁を相対化するような概念や枠組みを十分に議論してこなかった。よってここでは、親族の多様なあり方を通じて親族を相対化してきた文化人類学の親族論（出自理論、生殖理論など）を参照する。古典的な議論（シュナイダー）から最先端の議論（ストラザーン、カーステンなど）までをフォローし、血縁を被説明項として対象化する枠組みを検討する。なお、本書の視点は社会構築主義（上野編二〇〇一）や科学技術の社会学（松本一九九八）の議論からも多くを学んでいる。

まず、文化人類学の親族のとらえ方を確認すると、自然／社会という区別がある。世界各地の親族関係を調査すると、生物的父と社会的父が常に一致するとは限らず、同様に生物的母と社会的母が常に一致するとも限らない。そこで、生物的父・生物的母を genitor, genetrix と呼び、社会的父・社会的母を pater, mater と呼んで区別した。社会生活にとって重要なのは、社会関係としての親族であるため、文化人類学は社会的親がどのようなルールに従って決定されるのかについて関心を払ってきた（Parkin & Stone 二〇〇四：清水一九八九：四九）。

だが、このような自然／社会という区分に疑問が突きつけられた。その理由のひとつは何を「自然」すなわち生物的とみなすか、つまり生殖のメカニズムについての理解は社会によって異なり（これを「民俗生殖理論」[14]という）、われわれが生物的だと認識している生殖観や親子観は西欧に特徴的な考え方にすぎず（Schneider 一九八四）[15]、ゆえに、生まれ／育ちの線引きは恣意的であることが民族誌的研究から明らかになったからである（Parkin & Stone 二〇〇四）。もうひとつの理由は、身体に関する「本源的自然」が、その時々の科学と技術の水準に規定された相対的なものであると認識され始めたからである（清水 一九八九：五〇）。特に生殖補助医療の登場以後は、西欧の文化的な文脈での「自然」とは、文化的な構築であるとみなされるようになった[16]（Stone 二〇〇四：三三一）。

2　実践される〈血縁〉

そこで、自然／社会の二項対立の克服が試みられるようになった（河合 二〇一二：三〇－二）。具体的には、生殖や親族に関する当事者の概念に注目が集まった（Parkin & Stone 二〇〇四）。西欧の生物学の概念を一般化するのではなく、むしろ生殖に関する当事者概念がカギだと人類学者に認識されるようになったのである（Parkin & Stone 二〇〇四）。例えば、イギリスの文化人類学者のカーステンは、西欧で生物的つながりを意味する親族 kinship の代わりに関係性 relatedness という概念を使う。この視点は、分析者が自然／社会を予め設定するのではなく、当事者が何を自然あるいは文化として語り、行為するのかを分析するという視点である。そのような分析であれば、観察者による自然／社会の恣意的な区別に頼らなくてすむ。今まで用いられてきた、身体的構成要素／法体系、真実／虚偽、生物的／社会的という単純化された二項対立では当事者の意識を正確にとらえられない。これらの二項対立は、ある文脈では交換可能であり、また、これらの二項対立では捉えられないような新しい絆がうまれたりもしているからだ。当事者が語り、実践する関係性はもっと動態的で創造的なのである（Carsten 二〇〇〇 a：二一－四）。

文化人類学では、シュナイダーの研究以後は、親族における血縁の分析は、財の流れではなく、意味が主題化されるようになった。そして、文化人類学の現代の主題は血縁の静態的な意味の解読から、当事者が血縁をどのように活用するかという動態的な意味づけのプロセスへとシフトしている（Parkin & Stone 二〇〇四）。

3 血縁から〈血縁〉へ

さて、本書の問いは、「子どものため」の血縁の浮上はどのような社会的文脈のもとで起こっており、その効果は何か、であった。

しかし、今まで検討してきたように、家族形態（生物的な意味で血縁があるか／ないか）という点と、家族意識（血縁に対するこだわり）が対応することを前提に分析を行なう先行研究の枠組みや概念では、本書の問いを解くことは困難である。本書で扱うのは非血縁親子の養子縁組であるため、従来の枠組みでは、「養子縁組する＝血縁にこだわらない」と結論づけられてしまい、血縁とのかかわりで、養子縁組する際の意思決定や、縁組後の親子の意識や行為を分析することが困難になってしまう。

そこで、本書では、家族形態と人びとの意識は独立しているという立場をとる。そして、人びとが血縁をどのような文脈で、どう使うのか、その効果はいかなるものなのか、ということを明らかにする。そのために、血縁を、人びとが自己や関係性を含むものごとを理解可能なものにするために用いる解釈図式・解釈資源であるととらえ、「当該社会において社会的・文化的に形成された生殖や世代継承についての知識や社会通念」と定義する。そして、これを〈血縁〉と表記する。本書では、人びとが活用する〈血縁〉を研究者の立場から記述・分析することになる。

生物的な意味での血縁に対する〈血縁〉を、生物的な意味での「男／女」に対する「ジェンダー」とパラレルに考えればわかりやすいだろう（図表1）。

ジェンダーとは、「当該社会において社会的・文化的に形成された性別・性差についての知識」（江原 二〇〇八：五）であり、その概念を用いることで、生物的・身体的な性別である男／女という区分は、その時点での学問や科学によって社会的・文化的に形成された区分だとして、「男／女」と括弧が付けられることになる。

しかし、ジェンダーという用語が学術用語として確立しているのに対して、本書が用いる〈血縁〉に該当するような学術用語は存在しない。そのため、紛らわしくなるが山括弧を付けた〈血縁〉を用いることにする。これによって、

日常言語	生物的実体 （だと思われている分類）	知識・社会通念
男、女	「男／女」	ジェンダー
血縁	「血縁」※煩雑になるため特に強調するときのみ括弧を付ける	〈血縁〉

図表1　本書で用いる用語の意味

人びとが活用する被説明項としての〈血縁〉を、生物的に実体視せず、同時にそれが社会的に規定力をもつことを、より適切に把握できるだろう。

なお、生物的な（と思われている）意味で、血縁があるか／ないかという区分は、当該社会・時代での暫定的な区分であると認識しつつも、この区分を本書のなかでも使用する。なぜなら、この区分は現代社会では無視できない強い影響力をもっているからである（ジェンダー分析も、同様に、「男／女」という区分が当該社会・時代での暫定的な区分であると認識しつつも、同時に従来の「男／女」という区分をジェンダー変数として用いて分析を行なっている）。

生物的とみなされる血縁の指示対象も流動的であるため、本来は血縁という用語自体にも「血縁」と鍵括弧を付けるべきであるが、本書中に「血縁」が頻出し、あまりにも煩雑になるため鍵括弧はつけないこととする（ここまでの記述においても鍵括弧はつけていない）。

ここまで、本書は、生物的な意味で血縁があるか／ないかと、人びとの知識や社会通念を分離し、後者を〈血縁〉と概念化して、人びとが〈血縁〉をどのような文脈で、どう使うのか、その効果はいかなるものなのかを検証すると論じた。だが、このような当事者の意味づけのプロセスは、社会的文脈と合わせて考察することが欠かせないだろう。ここからは本書の問いを解くうえでの、〈血縁〉が活用される社会的文脈を組み込む分析枠組みを具体的に議論していきたい。

四　〈血縁〉の政治

ここまでなぜ〈血縁〉を説明項から被説明項へ転換する必要があるのかについて議論してきた。以下では、〈血縁〉を説明するための本書の分析枠組みを、（A）〈血縁〉はどの制度のなかで扱われるのか、（B）〈血縁〉は他のどの知・言説と結びつくのか、（C）〈血縁〉は関係性や自己の構築にどのように関わるのか、という三つに分解して提示する。

1　社会的文脈

「(A)〈血縁〉はどの制度のなかで扱われるのか」から議論しよう。ここでは〈血縁〉と隣接した概念として、「母性」を例に考えてみたい。江原由美子は「母性」の歴史的社会的構築を分析する上では、「母性」という言葉を、誰がどのような社会的背景のもとで、どのような事柄に対し、どのようなことをいうために使用してきたのか、それがどのような効果を生んできたのかを明らかにすることが必要であると主張する。また、その作業と同時に女性の避妊・妊娠・出産・中絶・子育てなどの具体的な営みがどのような社会的影響を受けているのか、どのように変化してきたのかを分析することが「母性の政治学」にとって必要であると主張する（江原 二〇〇九：五－一一）。

このような視点は〈血縁〉の分析にも応用可能であろう。江原の主張を敷衍すれば、〈血縁〉という解釈図式・解釈資源は誰がどのような社会的背景のもとで、どのような事柄に対し、どのようなことをいうために使用してきたのか、さらにはそれがどのような効果を生んできたのかを明らかにすること。また、養子縁組という制度はどのような社会的影響を受けているのか、どのように変化してきたのかを明らかにすること。このような問題設定は〈血縁〉の政治を明らかにする上でも必要である。

もっとも、〈血縁〉と社会的文脈をリンクさせるような視点が今まで存在しなかったわけではない。戦前まで遡れば、新明正道は、血縁は「地縁などと相並んで人間の社会を構成する最も基本的な紐帯である」（新明 一九三七：二）が、血縁の形成が時代的に不規則に変化するのは「これを決定するものが血縁のそとにあることを意味している」（新明 一九三七：五）と指摘し、さらに、「血縁そのものは自然的状態において単純で有力な社会維持の力をもつものでない。家族において血縁が作用していると見える部面でも純粋に血縁の支配している場合は少ないのであって、血縁は常に他の社会的作業を中心とした制度とむすびついてその働きをなす状態である」（新明 一九三七：一五）と血縁の上位に血縁を規定する要因が存在することを示唆している。[17]

しかし、家族社会学においては、血縁が結びつく「他の社会的作業を中心とした制度」に関しては、家制度に関心が集中する傾向があったようだ。

家制度に限らず、制度が〈血縁〉を利用する事例がある。本書の関心は非血縁の未成年子との親子関係（以下、前期親子関係）なので、その範囲で確認してみよう。例えば、前期親子関係において現在主題化している論点のひとつは、誰が親なのか、すなわち誰に親の権利・義務を与えるか、誰が子どもに対して責任をもつのかという論点である。この親子関係に関する政治に〈血縁〉が使用される。

例えば、英国の政策と法律では、近年になって、生みの親の権利と義務の重要性を強調する傾向がある（Edwards et al. 一九九九）。その背景には、家族の境界が流動化してきた現代で、血縁は家族の境界を画定するために決定的な基準であると強調する考えがあり、親は子どもと一緒に住んでいなくても子どもに責任があるという考え方の広がりがある（Allan et al. 二〇〇一）。

米国においても類似した傾向が確認される。離婚の際に親権を決定する原則は、両親が結婚中に行なった／行なわなかった親業とは無関係に、親権は双方対等にあるというものである（Fineman 一九九五＝二〇〇三：八七）。また、米国の立法は非監護者の訪問権を「子どもの最善の利益にかなうときに付与する」のではなく、「子どもに害を与えない限り付与する」としている（山口 一九九九：三一七）。米国ではさまざまな文脈で父親へ注目が集まっており、既婚／未婚を問わず、父親の権利が上昇すると、血のつながりが絶対視されることが指摘されている（Fineman 一九九五＝二〇〇三：一〇九）。

このような父親の権利の上昇と血のつながりの絶対視という動きは養育費の支払いの議論においてもみられる。スウェーデンでは、DNA鑑定の発達[18]により、父親と子どもの血縁関係の有無を科学的に判断することが容易となった。そのため、婚姻制度を通じて父子関係を定める必要性は低下し、嫡出性の推定の規定そのものの存在意義が問われるようになったという（善積 二〇〇三：一六八）。

このように、制度や政策についての分析は、〈血縁〉の政治の社会的文脈を考察する上で欠かせない。さらに、制度における〈血縁〉を考察する際には、制度の経路依存性と制度間の関連を考察する必要がある。再度「母性」を例に出せば、「母性」を生物的事実として扱うことは、妊娠や出産を医療制度の管轄下に置くことと密接に関わっている。また、「自然としての母性」という観念は、医療保険制度・保育制度・教育制度などとのかかわりのなかで生成されてきたものだと指摘されている（江原 二〇〇九：五）。

本書が着目する非血縁親子について、この指摘を敷衍すれば、ある非血縁親子がどのような制度、例えば、家族法のなかで扱われるのか、福祉制度のなかで扱われるのか、医療制度のなかで扱われるのか、また、隣接した制度とどのような影響関係があるのかが〈血縁〉の政治的文脈を読み解く際に考察されるべき点であろう。

このような考察が必要な理由は、自明視されてきた血縁という観念を相対化できるからである。何に〈血縁〉が使われるかによって、〈血縁〉が引く境界線や血縁そのものの定義は変化する。代理出産の事例で考えてみよう。代理出産における代理母の位置づけは現在のところ曖昧であり、代理母を産みの母に含めるか否かで混乱があるという。米国は代理母よりも遺伝の母を強調するが、英国では遺伝の母より産みの母（代理母）を強調する。代理出産の関係者たちが家族、親族、関係性の定義をどのように修正するのかはアプリオリには決まっていない（Ragone［一九九四］二〇〇四：三四四－三四五）。それは政治的に決定されるものである。このような事例からも、不変の事実にみえる血縁が画定する境界線も血縁自体の境界線も流動的であり、境界線を定める社会的文脈を考察に含める必要があることがわかる。

2 〈血縁〉と他の知・言説との関連

（1）他の知・言説との接合

今度は「（B）〈血縁〉は他のどの知・言説と結びつくのか」について議論しよう。再度〈血縁〉と隣接した「母性」という概念を例に挙げよう。「母性」に含まれるもののなかで母性愛についての神話を、客観的な動かせない事実として支えてきたものは、医学、精神分析学、心理学であることが指摘されている（小沢 一九八六：田間 一九九八五：一九)[19]。

では、〈血縁〉はいかなる知と結びつくのだろうか。どのような知と結びつくかは、その〈血縁〉がどの制度のなかで扱われているかによってかなりの部分が規定されるだろう。家族法のなかで扱われれば法学の知と、福祉制度のなかで扱われれば心理学や社会福祉学の知と、医療制度のなかで扱われれば医学の知と結びつきやすいと考えられる。そして、それらの制度間を横断して存在するのが「子どものため」という言説である。本書ではこの「子どものため」という言説にも注目したい。

(2)「子どものため」の専門家言説と言説間の緊張関係

既述した諸外国の例(離婚後の親権、DNA鑑定など)をみてもわかるように、近年の血縁への動きは「子どものため」という言説とも結びついている。「子どものため」という言説が政策や制度改革のスローガンになっている状況をみると、「子どものため」という言説がどのような知と結びつき、どのように用いられるのか、その効果はいかなるものかについて分析する必要がある。本書では「子どものため」の知と結びついた言説を「子どものため」の専門家言説と呼び(以下、「専門家言説」)、ここで、それらを分析する際の論点について議論したい。

第一に、政策との結びつきである。専門家言説が政策に影響を及ぼす場合がある。例えば、スウェーデンでの離婚後の養育裁判では、離婚後の養育のあり方についての学問的知見が変化しており、それによって養育裁判における裁判所の「子どもの最善の利益」の判断も流動的であることが指摘されている。つまり「子どもの最善の利益」をめぐる専門家言説の状況により、裁判所の「子どもの最善の利益」の判断内容も変動しているのである(善積 二〇一二)。専門家言説は政策に影響を及ぼすが、その一方で、政策の根拠として引用される専門家言説のなかには経験的なエビデンスがないようなものもある。このような状況を鑑みれば、どのような専門家言説が恣意的に政策に導入されるのかを注視する必要がある。さらに、そのような政策の当事者への効果も分析されるべきである。なぜなら、当事者を代弁するような専門家言説が当事者のニーズと乖離している可能性もあるからだ。例えば、生みの親の重要性を強調する最近の英国の家族法を例にとれば、このような家族法の改正は大衆の要求によって生じたものではなく、専門家の関心の結果であり、中間層の特定のセクション、特に圧力団体と政府の経済的思惑によってトップダウンに生じたものだと指摘されている。その結果、当事者のリアリティと乖離し、法的な扱いとステップファミリー当事者の経験の間に分断が広がっているという（Edwards et al. 一九九九）。このような指摘をふまえると「子どものため」の専門家言説やそれを導入した政策を当事者への効果から相対化する視点が必要となる。

第二に、親に提供されるさまざまな「子どものため」の専門家言説は常に整合的とは限らない点である。同じ事象に対する複数の専門家言説が相反する知見を提供する事例も見られる。再度ステップファミリーの例を挙げれば、核家族では相補的だった、「子どもは生物的親を必要とする」という規範的言説と「子どもは社会的家族を必要とする」という規範的言説は核家族では補強しあうが、ステップファミリーでは緊張がある[20]。英国の法言説では前者を強調し始めており、「子どもは生物的親を必要とする」という規範的言説がある一方で、実際の離婚後の共同養育では、離婚後交流がない事例よりも葛藤が起きやすく（Allan et al. 二〇〇一：八三〇）、共同養育は望ましいと考えられているものの、元配偶者が新しいパートナーを得た場合は親同士が衝突することもあり、現実的ではないとも指摘されている。（Edwards et al. 一九九九）[21]。このような専門家言説間の緊張関係は当事者に影響を及ぼすと考えられるため、検討すべき点である。

第三に、専門家言説によって当事者がエンパワーメントされ、主体化されるのではなく、むしろ客体化され、力を失う側面もあるという点である。子どもの発達、教育、子ども期の経験の質に対する親の関心は過去と比較して高まっている（Allan et al. 二〇〇一：八二九）。子どもに対する親の責任の増加は、子どもの発達に親が影響を及ぼすという大衆的な心理学の影響を反映しており、現代では子どもの発達が子育ての成功の基準となっている（Cheal 二〇〇八：一〇三－五）。一方で、何がよい子育てなのかあいまいな状況もあり、そのため親はますます専門家に頼るようになり（Allan & Crow 二〇〇一：二〇二）、その時点で支配的な知と専門家が、子どもにとって何が良いかという「子どもの最善の利益」についての考え方を提供し、それが親は何をするべきか／するべきでないかを明示的・暗示的に指示し、親であることを構築する。このような専門家言説に依存する状況は当事者（親）から力を奪うとも指摘されている（Ambert 一九九四）。専門家言説のなかでも、特にソーシャルワークや医療の言説はクライアントの自己決定を尊重しつつも、当事者をクライアントという客体としてとらえるため、当事者が客体化される側面が顕著に現われる。このような点も専門家言説の効果として注視すべき点である。

「子どものため」の政策と当事者のリアリティが乖離している現実があるならば、専門家言説や政策の効果について、事例ひとつひとつを、当事者の視点から丁寧に検証していくことが求められるだろう。

3　〈血縁〉を資源とする関係性と自己

最後に、「(C)〈血縁〉は関係性や自己の構築にどのように関わるのか」について議論しよう。[22]〈血縁〉を解釈図式・解釈資源としてとらえる視点は、自己や関係性の構築にも応用可能である。

かつて血縁関係は属性原理の極にあるものと考えられ、運命として受容されていたが、現在においては選択可能なものとなった（江原 一九八八：一九四）。それは親の立場からすれば、「産む／産まない」がある程度コントロールできるようになったからである。また、子どもの立場でも、ある側面では血縁は選択可能なものとなった。子どもの立場からは、子どもは産まれ方や親を選べないという意味においては、依然として血縁関係は選択不可能である（栗田 一九九三：一九九九）。しかし、血縁関係のある者との間にどのような関係を形成するか、さらに血縁を自己にとってどのように意味づけるかは個人の選択のうちにあり、その意味では完全に選択不可能というわけではない。特に血縁と切り離される非血縁親子にとって、血縁はある局面で選択するものであり、獲得するものである。その意味で、血縁は操作の対象なのである。

一九九〇年代に誕生した文化人類学の新しい親族研究は、生殖補助医療や同性カップルの親族関係、離婚・再婚によるステップファミリー、開放的養子縁組という新しい養子縁組などのトピックに焦点を当てた（Parkin & Stone 二〇〇四：二四二）。これらの新しい親族研究では、親族を固定した構造ではなく、過程として捉える視点を採用している（Parkin & Stone 二〇〇四：五）。そこでは、個人が成長する過程で動的に絆を結び直すことや、多様な民俗カテゴリーの連鎖の形成などを研究対象としている（小川 二〇一二：六五）。血縁もまた絆を結ぶ際の資源であり、民俗カテゴリーのひとつである。特に現代では血縁を選択できるようになったことで、血縁は取捨選択や駆け引きの対象であるという意味で操作可能な側面がある。

このような事例としてはレズビアンカップルの子育てがある。精子提供を受けて子どもをもったレズビアンカップルは、精子提供者をどの程度カップルの生活や親子関係に関与させるかを調整する。精子提供者を子どもに関与させることは遺伝子を重要することの証明であると考えられる。しかし一方で、関与の程度をレズビアンカップル自身がコントロールしているという意味において、遺伝子の持ち主とレズビアンカップルの家族を切り離す行為でもある。遺伝的つながりはここでは親族にとって決定的なものだとは理解されておらず、遺伝的つながりにも多様な意味がある（Hayden 一九九五）。そのため、遺伝的つながりは所与のものでも、証明でもなくなった代わりに、偶発的で可変的なものとなったと指摘される（Carsten 二〇〇〇a：一三）[23]。

「自己」についてもそうである。非血縁親子にとって、血縁とは所与のものではなく、獲得したり、育んだりするものである。ギデンズは選択不可能だったものが選択可能になると、自己を構築する資源になると主張する。例えば、セクシュアリティは自由に塑形できると、生得的な身体条件ではなく、獲得し、育むものとなる（Giddens 一九九二＝一九九五）。ギデンズによれば、選択の自由は自己の本質に直接影響を及ぼす。再帰性の高い社会では自己の「アイデンティティ」は常に開かれており、個人は選択することでライフスタイルや「アイデンティティ」を構築すると指摘する（Giddens 一九九一＝二〇〇五）。このような指摘をふまえれば、個人は選択可能となった血縁を用いて自己や関係性を構築していくと考えられる。

五　本書の事例と用語説明

ここまで本書の理論的問い、リサーチクエスチョン、そしてそれを解くための分析枠組みについて論じてきた。ここからは本書が分析する対象と使用する用語について説明する。

1　〈子どものための養子縁組〉

本書では非血縁親子の事例として養子縁組を取り上げる。本書の関心の背景には、血縁に対する批判と、新しい形での血縁への接続が同時に起こっている社会状況があるため、その動きが顕著に観察できる〈子どものための養子縁組〉を取り上げる。

では、〈子どものための養子縁組〉とは何か。本書では、「養育者のいない子ども、もしくは生みの親が育てない子どもの養育を一義的な目的とする養子縁組」と定義しておく。そのため、成人間の養子縁組は扱わない。本書では、さらに、児童福祉サービスとして行なわれており、「実子のいない夫婦が子どもを育てる目的で乳幼児と養子縁組を行い、養親が子どもに告知を行い、継続的に養親子が生みの親と交流がない」タイプの養子縁組を念頭におく。その理由は、このようなタイプの養子縁組において、血縁に対する批判と、新しい形での血縁への接続が同時に観察されるからだ。親の立場からみれば、養子縁組は不妊治療の代替選択肢という側面があり（六章）、養親候補者の不妊治療を選好する態度が「血縁にこだわる」態度だとして、しばしば批判の対象となっている。また、子どもの立場からみれば、出自を知る権利など、告知や生みの親との交流などが「子どものため」に論点となっているのは、このようなタイプの養子縁組だからだ。

日本においては、養子縁組は民法で規定される私的な親子関係でありながら、「子どものため」に再編され、〈子どものための養子縁組〉という新しい認識枠組みおよびそれに特化した制度（特別養子縁組）が登場している（四章）。

また、運用の場で児童福祉制度である里親制度を経由することで、「子どものため」の専門家言説にいっそう接触している（五章）。本書では、この新しい養子縁組がいかなる文脈の下で構築されてきたのか、当事者は〈血縁〉を自己や親子関係の構築にどのように用いているのか、制度と当事者の関連はどのようなものなのかについて考察することで、近年の「子どものため」に血縁へ向かう動きを検証する。

2　血縁／「血縁」／〈血縁〉

本書の立場は、ここまで論じてきたように、血縁をアプリオリに定義することで脱歴史化・脱文脈化したり、血縁をアドホックに説明項としたりする危険を回避し、〈血縁〉を被説明項として、歴史化・文脈化していくことを目指すものである。

何が生物的な血縁だと考えられるかは、当該社会・時代によって異なるため、生物的な意味で考えられている血縁は、「血縁」と括弧をつけて表記するべきである。また、親族、生殖、生物的、出自なども、同様に、その指示内容が社会・時代によって異なるため（例えば、誰を近しい関係と考え、何が子どもを生むための行為だと考えるかは社会・時代によって異なる）、本来は括弧をつけるべきであるが、これらの用語が本書中に頻出し、括弧をつけると、あまりにも煩雑になるため、特に強調したい時以外は、括弧はつけない。

また、「血縁」とは独立した「当該社会において社会的・文化的に形成された生殖や世代継承についての知識や社会通念」を〈血縁〉と定義し、これを人びとが自己や関係性を含むものごとを理解可能なものにするために用いる解釈図式・解釈資源であるととらえる。これによって、人びとに活用される〈血縁〉を生物的に実体視せず、同時にそれが社会的に規定力をもつことを、より適切に把握できるだろう。〈血縁〉は、具体的には、血縁という用語以外に、生殖、実子、実親、実親子、遺伝、遺伝子、精子、卵子、出産、生育歴、出自という用語などを用いて語られる。本書では、〈血縁〉を分析する上で、これらの用語がどのような文脈で、どのような意味で使われるのかを分析していく。

3　生みの親／育ての親、実親／養親、実子／「実子」

本書では、子どもの出生に関与した者を生みの親と表記する（親という含意を脱色するため、本来は、生殖者と表記したいが、日本語として少々不自然であるため、生みの親と表記する）。実親とは、法律上の用語で、子どもとの間に生物的な血のつながりがあると法律上認められる者のことを意味する。通常、生みの親は法律上の実親であることが想定されているため、本書では、生みの親（生みの親が女性で、出産する場合は「産みの親」と表記する）と実親を互換的に使用する。ただし、常に生みの親＝実親とは限らず、子どもの出生に関与していても、法律上の実親にならない場合（認知していない父や精子提供者など）や、法律上の実親でも、子どもの出生に関与していない場合（精子提供を受けて子どもを産んだ女性の夫や、実子入籍を行なった場合など）があるため、その場合は、「実親」と括弧をつけて表記する。同様に、カップルの間に出生した子どもであり、法律上の実子の場合は、括弧をつけず実子と表記し、法律上の実子（扱い）であるが、カップルの間に出生した子どもではない場合は、「実子」と括弧をつけて表記する。

また、子どもを養育している者を育ての親と表記する（親という含意を脱色するため、本来は養育者と表記したいが、生みの親と語感をあわせて育ての親と表記する）。養親とは、法律上の用語で、生物的な関係がない者の間に養子縁組の手続によって、法律上の親子関係を形成し、親となった者のことを意味する。ただし、常に育ての親＝養親とは限らず、子どもの養育を行なっていても、法律上の養親にならない場合（里親など）、法律上の養親でも、子どもの養育を行なわない場合（相続のため便宜上、養子縁組する場合など）がある。しかし、本書で扱う養親は子どもの養育を行なう者を想定しているため、育ての親と養親を互換的に使用する。

4　自己と「アイデンティティ」

本書で関係性と自己といった場合、関係性は主に親子関係、自己は個人的同一性、すなわち「私とは何者であるかをめぐる私自身の観念」としての自己意識を意味している。養子縁組を事例とする本書の分析中には「アイデンティティ」という用語が頻出するが、そこでの「アイデンティティ」は個体識別という意味での「私らしさ」や「ほかでもない私」、過去から現在まで一貫した物語で語れる「一貫した私」、自己肯定感としての「かけがえのない私」、家族に帰属意識をもつ「ファミリー・アイデンティティ」（上野 一九九四：五）などが混在して使われている。ゆえに、それらの意味が未分化で使用されている場合は、「アイデンティティ」と括弧をつけて表記し、それ以外の特定の意味で用いる場合は、地の文で書き分けることにする。養子縁組の領域で「アイデンティティ」という用語で提示されている論点については二章で詳述する。

第二章　養子縁組研究の批判的検討と本書の分析視点

一章では本書の課題として、「子どものため」に〈血縁〉が浮上する近年の非血縁親子のトレンドを批判的にとらえる視座を獲得するために、〈子どものための養子縁組〉を事例に、（α）制度はどのように非血縁親子を構築するのか、（β）非血縁親子の当事者はどのように親子関係や自己を構築するのか、という二点について経験的な研究を行なうとを論じた。

本章では四章以降の実証分析の準備作業として、先行研究における（A）養子縁組と血縁に関する議論および（B）養子縁組と「子どものため」に関する議論を整理し、本書が照準する現代の課題を解く上で、それらの研究のどこが有効であり、また有効でないのかを検討する。

（A）養子縁組と血縁に関する議論については、①水準／指標／基準の混乱、②行為と意識を等値する解釈図式、③血縁の擬制の解釈、④実親子関係の等閑視を指摘し、（B）養子縁組と「子どものため」をめぐる課題については、①血縁モデル／養育モデルという図式、②客体＝支援対象としての養親子について指摘する。そして、これらの研究の盲点を指摘する作業を通じて、本書の分析視点を明確にする。

一　養子縁組と血縁をめぐる課題

養子縁組と血縁に関する議論に入る前に、養子縁組全体の通時的な量的変化を確認しよう。戦前期は全国規模の養子縁組件数の統計がないため、戦後からの統計を検討の素材とする。図表1を見ればわかるように、日本では、成人

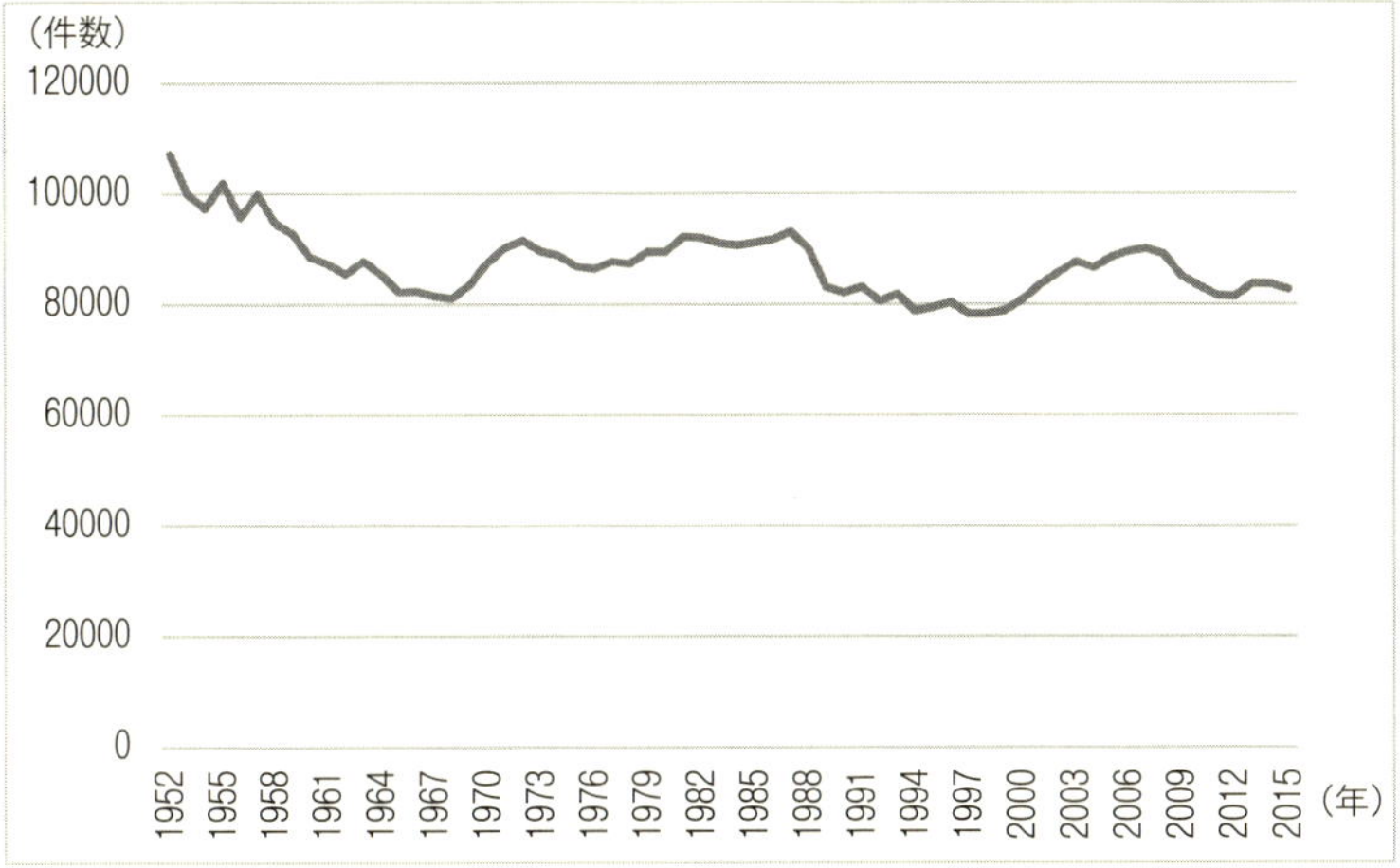

図表１　養子縁組届出全件数（1952 ～ 2015 年）　出典：法務年鑑各年度

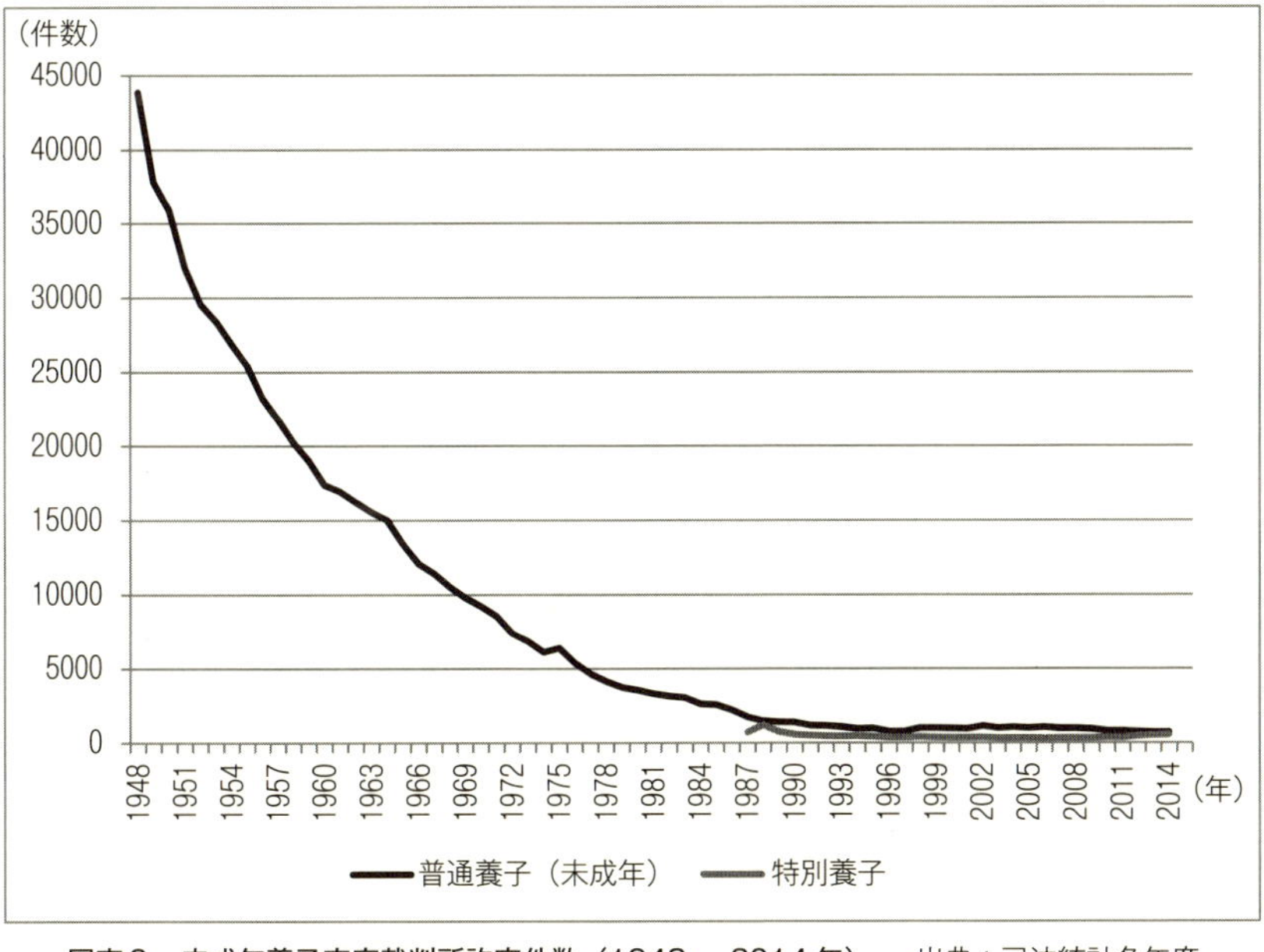

図表２　未成年養子家庭裁判所許容件数（1948 ～ 2014 年）　出典：司法統計各年度

間の養子縁組も含めた養子縁組件数は毎年八万件前後であり、世界的な「養子大国」（湯沢 二〇〇一b：一三）であるといわれている。

一方、このなかから養子となる者が未成年の場合だけ抜き出してみると、異なる変化をよみとれる（図表2）。未成年養子縁組は戦後一貫して減少しており、未成年養子縁組だけをみれば、むしろ「養子小国」（湯沢 二〇〇一b：一三）だと指摘されている。

養子縁組という概念は、血縁という概念を基盤にして成り立っている関係的な概念である（Modell 一九九四）。血縁関係のない者の間に人為的に親子関係をつくるのが養子縁組であり[1]、血縁という概念が存在しないところでは、養子縁組は意味をなさない。ゆえに、養子縁組に関する議論においては血縁という概念がクローズアップされざるを得ないし、また、血縁に対する意識により養子縁組のあり方が左右され、逆に養子縁組のあり方から血縁に対する意識が析出できると考えられてきた。そのため、戦後、養子縁組が減少していることを根拠に、親子における血縁意識について、さまざまな解釈と主張がなされてきた。

例えば、未成年養子縁組の減少について、「日本人は家の存続を重んじ、血縁関係に重点をおく」（松本 一九七七：六）、「血と先祖を重視する態度が蔓延している」（Hayes & Habu 二〇〇六＝二〇一一：七七）と、実子もしくは親族にこだわる日本人の血縁意識が養子縁組を阻害する背景にあると、しばしば主張されてきた。このような主張には、さらに二種類あり、①日本では近年になって血縁意識が強まったという主張、②日本では伝統的に血縁意識が強いという主張の二つがある。しかし、これらの主張にはさまざまな混乱が見られる。以下ではその混乱を整理する作業を通じて、血縁意識を養子縁組減少の説明項とする視点を批判し、本書の分析視点を明確にしていく。

1 水準／指標／基準の混乱

現代の日本には、日本人は「伝統的に血にこだわる」「伝統的に血にこだわらない」という二つの見方が並存し、〈血縁〉に対する認識をめぐって混乱が生じている。例えば、民俗学者の岩本通弥や與那覇潤は、人類学、民俗学、社会学などの学問が「日本人（日本社会）は伝統的に血のつながりを重視しない」と分析してきたにもかかわらず、養子縁組や不妊治療を論ずる場面で、「日本（日本社会）は伝統的に血のつながりを重視する」とする言説（これを與那覇は「『日本人ないし日本社会は血のつながりを重視する』という神話」と呼ぶ）が世間（審議会やメディア）で頻出することに着目し、学問レヴェルの理解と現在の一般常識と思われる認識とのギャップを指摘している[2]（岩本 二〇〇六：與那覇 二〇〇六：八九）。岩本は「社会学や民俗学の実態調査は、戦前のいわゆる家制度下の農村社会を主とし、これを起点に議論してきたがために、その分析や理解の方が間違っていたのか、それとも時代差なのか、あるいはその方法では人々の深い意識や観念まで対象化されていなかったのか」（岩本 二〇〇六：七六－七）と先行研究の妥当性を検証するためにも、専門家と一般人の血縁に関する認識のギャップを埋める必要性を主張している。

対象	指標	
	血縁意識が強い	**血縁意識が弱い**
家	養子縁組しない	養子縁組する
	同姓とのみ養子縁組する	異姓とも養子縁組する
	血縁を擬制する	血縁を擬制しない
近代家族	養子縁組しない	養子縁組する

図表3　養子縁組を対象に血縁意識を測る際の先行研究における指標

なぜ、日本人は「伝統的に血にこだわる」「伝統的に血にこだわらない」という対立する二つの見方が存在するのか。二つの見方は何から導出されたのか。ここからの議論を先取りすれば、養子縁組のあり方から血縁を観察・測定する際に、水準、指標、基準が異なっていれば、異なる解釈を導くという当たり前の点である。

先行研究を検討すると、そこで対象となっている養子縁組の水準について、制度の水準なのか、実態の水準なのかという違いがある。指標については、養子縁組する／しないという指標、養子となる者が同姓（親族）か／異姓（非親族）かという指標、また血縁を擬制するか／否かという指標が用いられてきた。基準については原則を基準とするか例外を基準とするかという違いがある。さらに、戦前期の家制度の視角からの研究と近代家族の視角からの研究という違いもある。これらを整理すると、図表3の通りになる。そこで次項では、戦前期の家制度の視角からの研究と近代家族の視角からの研究を概観することで、これらの混乱を確認したい。

（1）家を対象とした研究

現在、養子縁組を阻害する要因として、伝統や家と結びついた血縁意識が言及されることが多い。そこには、家とは日本社会の伝統であり、家に固有の血縁意識が養子縁組の減少に影響を与えているという解釈図式がある。[3]しかし、この家固有の血縁意識には一見矛盾するような議論が並存している。家は血縁を重視するという議論（家の血縁重視論と呼ぶことにする）と、家は血縁を重視しないという議論（家の血縁軽視論と呼ぶことにする）である。[4]

家の血縁重視論は、家の継承は縦の血の連鎖、すなわち血統原理によって行なわれるととらえ、非親族と養子縁組をしないのは、血統原理へのこだわりのためであり、血統原理とは家の継承のための原理であるから、非親族と養子縁組をしないのは、家意識が残存しているからだと主張する[5]（岩崎 二〇〇四：二一―一二）。つまり、現代でも家意識があるため養子縁組が阻害されると主張する。

一方、家の血縁軽視論は、家制度の下では、非親族との養子縁組が盛んに行なわれており、血縁に優越する家の枠組みが消失したとき、血縁がむき出しになった、換言すれば現代においては、家が消失したから養子縁組が阻害されると主張する（葛野 二〇〇〇[6]）。

本書は、現代に家が残っているか／いないかを論じることが目的ではないので、ここではこれ以上、家の残存という論点については触れないが、では、なぜ家の血縁重視論と家の血縁軽視論という相反する議論が生じたのだろうか。その理由は、①これらの議論がどの水準（制度／実態）を論じているのかあいまいな点、②血縁を生殖に基づく血縁として狭く定義するか、親族を含むものとして広く定義するかあいまいな点、③原則に着目するのか、例外に着目するのかあいまいな点、にある。[8]詳しくは後述するが、家の血縁重視論は主に制度（の原則）から引き出された解釈であり、家の血縁軽視論は主に実態（における例外の多さ）から引き出された解釈であるといえる。

家を対象に、養子縁組と血縁を論じる先行研究を確認すれば、血縁へのこだわりを判断する際に制度と実態という二つの水準と「養子縁組する／しない」「養子となる者が同姓か／異姓か」という二つの指標が存在していることが見出せる。

「養子縁組する／しない」という指標は「養子縁組しない＝血縁にこだわらない」という解釈を導き、「同姓養子か異姓養子か」という指標は、「同姓養子＝血縁にこだわらない」という解釈を導いている。[9] ただし、この二つの指標で判断している血縁の位相は異なることに注意する必要がある。「養子縁組する／しない」という指標が測定する血縁とは生殖にもとづく親子関係であり、「同姓養子か／異姓養子か」という指標が測定している血縁とは親族関係があるか否かという意味での血縁である。では、具体的な研究をみてみよう。

①制度の分析

川島武宜は、明治民法の家族制度における「血縁イデオロギー」について強調した論者である。川島によれば、明治民法の家族制度は、血統の連続を尊重し家系の古さを誇る旧武士層の価値体系に基礎をおいており（川島［一九五七］一九七五：四七）、家は血縁の連続に対する価値体系によって支えられており、世帯の共同とは関係のない血統集団であるという（川島［一九五七］一九七五：三三）。[10]

明治民法における養子縁組に関する規定を確認すると、「法定の推定家督相続人たる男子ある者は男子を養子と為すことを得ず但女婿と為す為にする場合は此限に在らず」（旧民法八三九条）と、跡継ぎになれる男子がいる家が男子を養子とすることを禁じている。もし、養子縁組をする場合は「養子と養親及び其血族との間に於ては養子縁組の日より血族間に於けると同一の親族関係を生す」（旧民法第七二七条）と、男子が血縁を擬制することで家を継承する（正確には家督相続をする）規定をもっていた。この条文からは、実子男子以外との養子縁組へ制限をかけるという点と、養子縁組した場合は血縁を擬制するという点で、「血縁を重視する」と解釈された（川島［一九五七］一九七五：三三）。

一方で、養子となる者の範囲からみれば、中国や朝鮮のように違う姓から養子を取らないという異姓不養の原則がなく、非親族にも家督相続への道が開かれていたため、中国や朝鮮と比較すれば「血縁を重視しない」という解釈もなされている（岩本 二〇〇六）。

②実態の分析

一方、実態のレヴェルでは、生殖による親子関係ではないという意味での非血縁者とも、また異姓という意味での非親族ともに養子縁組することが多かった。養子縁組の実態については主に歴史人口学などの分野で時代差、地域差、階層差に着目した実証研究が積み重ねられてきた（大藤 一九九六：藤井 一九九七：平井 二〇〇九：坪内一九九二：二〇〇一など）。これらの研究の知見をまとめると、原則として家の継承には血縁が重視されたが、家を維持することがより優先順位が高く、下層にいくほど原則から離れて柔軟に対応されたことがわかっている。

例えば近世の山形県の村の養子縁組を分析した大藤（一九九六）によれば、幕藩法は嫡長男子相続主義を建前としたが、それが常に厳格に守られたわけではなく、家の永続という至高の目的にそって柔軟に対処されていたという（大藤 一九九六：七五－七）。山形県の村でも家の血筋の尊重、直系優先、男子優先、長男優先などの観念と、それにそった相続序列がある程度存在し、養子は親族より選ぶのが原則であったが（大藤 一九九六：七五）[11]、下層ほど産児制限が強く（上層と比較して子どもがいない可能性が高く）、養子縁組を行なって相続する事例が発生しやすかったという（大藤 一九九六：二六三）。しかし、同時にできる限り実子に家を継承させたいという願望も強かったとも指摘されている（大藤 一九九六：三八一）。家継承のラインは生物的には決して血筋の連続、父子相承ではないが、擬制という手段によって形式的には原則を守っており、家の存続という絶対的要請と継承ラインの原則という二つの条件を血縁の擬制によって充たしたところに、家の特徴が端的に示されていると指摘されている[12]。

坪内（一九九二：二〇〇一）は実態レヴェルでの家制度においては、例外発生の頻度が高く、制度それ自体がこれらの例外の許容を前提として維持されてきたと指摘する（坪内 一九九二：Ⅰ）。長男による継承を理想としながらも、現実には婿養子や養子を取り、長男あるいは実子男子以外の者が継承にかかわる割合がかなり高く、下層では子どもの数が少ないため養子の割合が高い[13]（坪内 二〇〇一）。また、実子以外の継承者として誰が選ばれるかは地域差、下位文化の差がみられ、誰が養子になるかは状況的要因あるいは地方文化的な要因が影響するという（坪内 二〇〇一）[14]。

以上、家制度の視点から養子縁組の分析を行なっている先行研究を検討してきた。制度面をみれば、中国・朝鮮との比較の上では異姓との養子縁組を許容しているため、「血縁を重視しない」と解釈されたが、一方で、養子縁組へ制限をかけ、養子縁組した場合は血縁を擬制する点から、「血縁を重視する」という解釈もされてきた。実態面をみれば、「血縁が重視」されるものの、非親族との養子縁組が多く行なわれ、実子もしくは親族を選好する「血縁へのこだわり」が厳格に実現したわけではなかったということになる。

（2）近代家族を対象とした研究

次に近代家族の視角から養子縁組を分析する研究を検討する。家制度論の視角とは異なり、近代家族の視角に立つ研究は、養子縁組はたとえ法的には認められていても、社会的に許容されない親子関係という前提に立っている。近代家族論の出自の一つである家族史が実証してきたように、家族が近代家族化する過程で、生みの親、育ての親、法律上の親が一致することが当然視され、そのような親子に正統性が与えられるようになった。この論理に立てば、養子縁組は社会的には認められない親子関係となる。養子縁組が認められるのは、時代が変わり、「子どもの福祉」という家族規範とは異なる論理が強調された時からである（丸山 二〇〇三：一七－八）。

また、養子縁組は当事者によっても忌避される親子関係として解釈されている。例えば、近代的小家族を「家族は夫婦、親子ならびにその近親者の愛情にもとづく人格的融合」（戸田 一九七〇：四八）と定義し、それに着目した戸田貞三は、「親子の結合について観るに、それは血縁連鎖の最も強い者の間に生ずる自然的の愛情にもとづく結合である」（戸田 一九七〇：九一）ため、「実親子の間には隔てなき感情融和が自然的に発露するが、養親子の間にはかかる感情融和の自然的発露が求め難い」（戸田 一九七〇：六一）と、家制度的な視角とは異なる「親密な感情が生じるか／生じないか」という視角から、養子縁組による親子について論じている。

近代家族の視角から養子縁組を分析する研究では、それまでの家制度の視角から養子縁組を分析する研究とは異なり、養子をとる範囲（同姓／異姓）はほとんど論点になっていない。「養子縁組する／しない」という軸が血縁意識の強弱を判断する指標となる。また血縁の価値についての論点が、家制度的な視角による相続・継承という論点ではなく、親子の愛情という論点として考察されている。

このように、先行研究では、養子縁組の制度と実態のどちらを対象とするか、どの指標を用いるか、原則に着目するか例外に着目するか、さらに何（社会、時代、地域、階層）と比較するかなどによって、血縁の強弱に関する解釈が異なっている。もちろん、研究の対象は研究関心との対応関係のなかで妥当性が判断されるべきものであり、絶対的な基準は存在しない。しかし、日本人の血縁意識を論じる際には、どの水準／指標／基準を採用しているのが不明瞭な場合が多い。そのため養子縁組から血縁を分析する際にはどの水準／指標／基準に着目するのかに自覚的になる必要がある。

ここまで確認してくると、養子縁組の減少の解釈はもとより、政策や支援の場面で、何かを根拠づけるために持ち出される日本人の血縁意識、血縁主義なるものが、いかに根拠が薄いものなのかわかるだろう。水準／指標／基準を恣意的に選択すれば、日本人は「血縁意識が強い」とも「血縁意識が弱い」とも、いかようにも主張できるからだ。本書はこれらの点を踏まえて、日本人の血縁意識、血縁主義をアプリオリに想定するのではなく、これらの主張自体を分析の遡上に乗せるというスタンスを取りたい（一章の議論も参照）。

2　行為と意識を等値する解釈図式

次に、「養子縁組する／しない」という指標についてさらに検討したい。既述したように、「養子縁組する／しない」という指標は「養子縁組しない＝血縁にこだわる」「養子縁組する＝血縁にこだわらない」という解釈を導いてきた。そのため、本章冒頭の図表2で示した未成年養子縁組数の減少から、戦後になって血縁を重視するようになったという解釈がなされてきた（竹内・樂木 二〇〇六）[15]。この解釈の背後には行為と意識を一対一で対応させる研究者の解釈図式がある。行為から意識の存在を解釈することは社会科学の方法として正しいとする立場があり（杉岡 一九九〇：一二）、「養子縁組をする／しない」という行為を血縁に対するこだわりの強弱とみなす指標は歴史比較や国際比較で使いやすいという利点もある。しかし、この解釈図式には、一章で指摘した以外にも、以下の問題点がある。

（1）トートロジカルな説明と傍証

第一に、養子縁組と血縁との関係性について、トートロジカルな説明に陥りがちな点である。血縁にこだわるから養子縁組を選択しないということを指摘しながらも、そこで「血縁へのこだわり」は証明されず、結局、養子縁組が選ばれないという事実が「血縁へのこだわり」の証左となっていることがある。このようなトートロジカルな図式のなかで養子縁組と血縁を説明する記述がしばしば散見される。また、血縁へのこだわりを生殖補助医療の登場に求める研究（小堀 二〇〇五）もあるが、これはあまりにも技術決定論に陥っている（一章も参照）。

養子縁組の減少と「血縁へのこだわり」の強まりは、核家族率の上昇や（斎藤 二〇〇九）や家と跡継ぎ、子育て観などの意識調査から傍証されているが[16]、いくら傍証的に他の統計や意識調査のデータの動向を提示しても、それが現実の養子縁組の減少とどう関連しているのかを特定することは難しい。このように未成年養子縁組の減少をめぐってはさまざまな解釈が提出されているが、根拠の明らかでないものもあり、印象から述べられているものが多い（庄司・益田 二〇〇一）。

（2）当事者の意思決定プロセス

第二に、行為と意識を等値する解釈図式は「養子縁組する／しない」という結果に至るまでの当事者の解釈図式や意識が主題化されない点で問題がある。「養子縁組する／しない」という行為の結果から「血縁へのこだわり」を導出する際には、当事者の意識がブラックボックスに入ってしまう。当事者の意識をブラックボックスに入れてしまうことのデメリットは、ひとつは、養子縁組を選択しないことが「養子縁組をしたくない」（例えば血縁関係のない子どもを育てることへの忌避感がある）ことなのか、「養子縁組したくてもできない」（例えば制度が求める養親の条件に合わない）ことなのかなど、選択の結果に至るまでのさまざまな違いが捨象されてしまうこと、[17] もうひとつは、選択に至るまでに当事者が用いる〈血縁〉の多義性が捨象されてしまうことである。そもそも、養子縁組をすることと血縁にこだわらないことは完全に一致するのだろうか。また、当事者がこだわっているとされる血縁とは一体何なのだろうか。これらの点を考慮すると、養子縁組の減少に関しては、当事者が養子縁組を選択する／選択しないプロセスと意識の変化、そして、その背後にある当事者の選択に影響を与えている社会的文脈や人間関係などの解明が必要である。

当事者の意思決定プロセスを分析することの重要性は、例えば同居率の動向から家族変動を解釈する際の論点を考えるとわかりやすいだろう。家族意識の変容を実態に即して解釈するためには、老親との同居が家意識によるものなのか、子ども側の自発的な愛情によるものなのか、あるいは経済的な状況によるものなのかを区別しなければならず（光吉　一九八六：三九：杉岡　一九九〇：二二）、区別をするためには当事者たちがおかれている状況や代替選択肢間の関係性、当事者の意識に照準する必要があるからである。ゆえに当事者のミクロな状況に照準して、個人の意思決定に関わる選好や条件を明らかにする必要がある。

3　血縁の擬制の解釈

次に養子縁組から血縁について分析する際に留意すべき点として、血縁の擬制をどのように解釈するかという点について論じたい。

（1）血縁の強さか、血縁の弱さか

特に家を対象とする研究において血縁が言及される際には、その指示対象に注意する必要がある。血縁が生物的事実と考えられているもののことなのか、表象のことなのかがあいまいだからだ。

家を事例に、社会関係を編成する血縁の原理について、表象の側面からのみ考えれば、家は血縁集団ということに

なろう。家への帰属は原則として父系の血統（男子を通して連続する血縁）によって決まるが、血縁は生物的な事実からのみではなく、擬制によっても発生させることができたからである。家の構成員は同一の血縁に属しているものでなければならないという信念が存在し、そのことと関連して、非親族についての擬制的血統についての信念が成立していたという（川島［一九五七］一九七五：三三）。川島は、「日本人においては一般に、ことばの上の類推または擬制によって容易に情緒的反応を生ずることは、顕著な事実」（川島［一九五七］一九七五：五九）であると主張している。これは家族国家観（伊藤 一九八二）などを例にとれば、わかりやすいだろう。

養子縁組と血縁の関係性のわかりにくさは、上述したような血縁関係のないところに、血縁関係を擬制するという点である。例えば、血縁関係のない者を養子とする際に、従来の「養子縁組しない＝血縁にこだわる」「養子縁組する＝血縁にこだわらない」という指標を用いて、血縁のない者を養子にするという点に着目すれば、血縁の有無にこだわらない、すなわち血縁意識が弱いと解釈されることになる。一方、既述した川島武宜の議論のように、血縁の擬制にこだわる点に着目すれば、血縁という表象にこだわる、すなわち血縁意識が強いと解釈されることになる[18]。このように血縁の擬制については、観察者が生物的事実と表象のどちらに着目するかで、血縁に関する意識の強弱に対する評価が変わってしまうのである。

（2）戸籍の記載の解釈

話を現代へ戻そう。現代日本で養子縁組における血縁の生物的事実と表象との関係を考える上で問題となってくるのが戸籍の存在である。血縁という生物的事実は目に見えないが、戸籍はそれを対外的に表象するメディアでもある。生物的事実がなくても、血縁という表象を欲する場合、戸籍の表記によって生物的事実の不在を秘匿することができる。例えば、一九七〇年代までは養子を実子として届出し、戸籍に入籍する場合（＝実子入籍。「わらの上の養子」とも呼ばれる）があることがしばしば問題になった（四章）。では、ここから実子ではない子を育てているから、血縁意識が弱いという解釈が導けるだろうか。実子として届け出ることは、養子であるということを秘匿する効果があるが、生物的事実としての血縁がないにもかかわらず、それを擬制するのは、血縁の表象への強い欲求があるからなのか。

本書ではこのような血縁をめぐる生物的事実と表象の解釈については、あらかじめ基準を設定することは避け、当事者への調査を通して明らかにしたいと考えている。なぜなら、養子ではなく、実子という戸籍の記載を求めることには、血縁にこだわるから（＝血縁があるようにみせたい）という解釈と、血縁にこだわらないから（＝血縁があろうとなかろうと「実子」である）という相反する解釈が導けるからである。そしてそれは当事者の意識とそれが持ち出される文脈を確認することなしにアプリオリに判断することはできない。

4 実親子関係の等閑視

（1）養子縁組における実親子関係の歴史的変容

養子縁組と血縁に関する議論の問題点として、最後に実親子関係の分析の欠如を指摘したい。ここまで取り上げて批判的に検討してきた先行研究はそもそも養親子関係しか分析の対象としていない[19]。しかし、子どもが実親とどのような関係にあるかという点についてもバリエーションや歴史的変化が存在している。例えば、実親と養子との関係は二つの位相から整理できる（図表4）。

ひとつの軸は実親子の間に法律関係があるか否かという点である。養子縁組の法学での類型には、完全養子縁組と単純養子縁組がある。完全養子縁組は婚姻障害を除いて、養子を完全に実方《じつかた》から離脱させ、実親との縁を切って養方にとりこみ、養親の摘出子とし、養親の氏のみを称させ、かつ養親との離縁を認めない養子縁組である。日本では特別養子縁組が完全養子縁組に該当する。単純養子縁組は、養親と養子の間に養親子関係を発生させるが、この養親子関係は解消可能であり、また養子と実親との法律関係は存続する。日本では普通養子縁組が単純養子縁組に該当する（三章）。

もうひとつの軸は日常生活の交流レヴェルで、実親と養子の交流があるか／ないかという位相である。日常生活のレヴェルで実親のことを養子に全く知らせず、実親との交流も全くない養子縁組が閉鎖的養子縁組であり、実親のこ

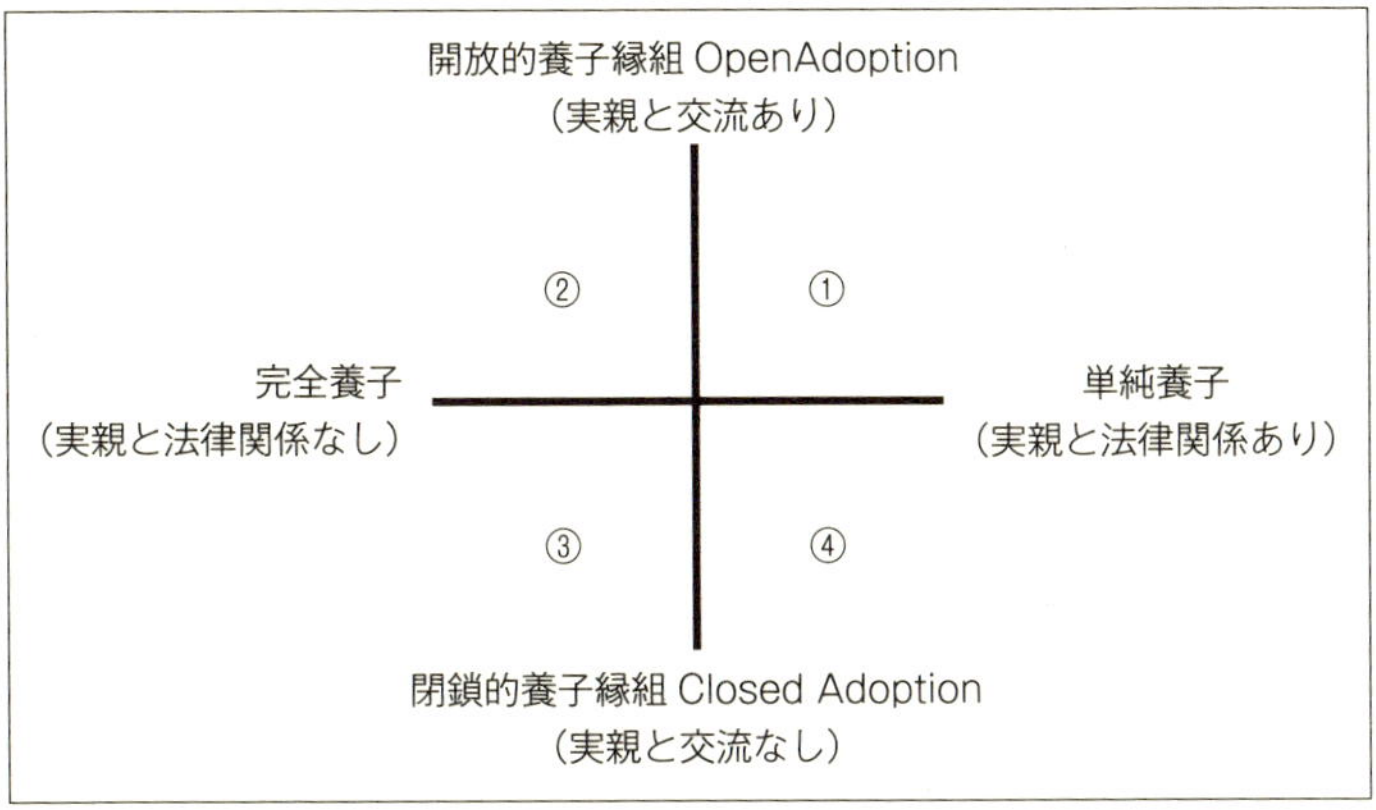

図表4　実親子関係のバリエーション

とを養子に知らせ、養子が実親と手紙や面会などの交流が持てる養子縁組が開放的養子縁組である。閉鎖的養子縁組と開放的養子縁組の間には交流の程度のグラデーションがある[20]（桐野 一九九八）。

欧米の先進諸国では、〈子どものための養子縁組〉のトレンドは、図表4の③から②へ変化してきている[21]。日本の場合は、法律や実務における議論のトレンドを単純化すれば、④→③→②へ変化しているといえる（三、四、五章）。

(2) 養親子関係と実親子関係の連動

養親子関係と実親子関係が連動して変化することがあることは、特別養子縁組の立法過程からも判断できる（四章）。後述するが、普通養子縁組の場合、養子縁組後も、実親子（養子と実親）の間に扶養・相続など法律関係がそのまま残り、法律上の実親子関係に変化はない（ただし、子どもが未成年の場合、子どもの親権は養親に移る）。一方、特別養子縁組では、養子縁組をすれば、法律上の実親子関係は終了する。普通養子縁組では、法律上、実親子と養親子の二組の親子が並存するが、特別養子縁組では、血縁関係のない者の間に親子関係を創出すると同時に、血縁関係のある親子を法的に断絶する。ゆえに、特別養子縁組を正当化するためには、血縁関係のない者の間に親子関係を認めるための正当化と、血縁関係のある実親子間を法的に断絶するための正当化の二つを同時に行なう必要がある。

ここで主張したいことをまとめると、養親子関係だけでなく、実親子関係のあり方まで見なければ、制度による非血縁親子の構築を正確に分析できないということである。また、法律上、実親をどう扱うかは当事者の行為と意識にも影響を与える可能性がある。よって本書では分析のなかで、実親子関係についても適宜、論じていく。

二　養子縁組と「子どものため」をめぐる課題

前節では、養子縁組と血縁に関する議論の問題点を議論してきた。今度は、養子縁組と「子どものため」に関する議論の問題点を指摘したい。

再度確認すれば、本書では「子どものため」に〈血縁〉が浮上する近年の非血縁親子のトレンドを批判的にとらえる視座を獲得するために、〈子どものための養子縁組〉を事例に、（α）制度はどのように非血縁親子を構築するのか、（β）非血縁親子の当事者はどのように親子関係や自己を構築するのか、という二点について経験的な研究を行なうことが目的であった。日本には現在、〈子どものための養子縁組〉に特化した養子縁組として特別養子縁組という制度がある（三、四章で詳述）[22]。ここからは、上記のリサーチクエスチョンに即して、よりブレイクダウンした論点を提示しよう。

1　血縁モデルから養育モデルへ？

「子どものため」という言説が、親子法にどのように介入し、親子法を変容させるのかという論点は、第三者が関わる生殖補助医療やステップファミリーなどのほかの親子に対する法的対応を考える際にも論点となる。なぜなら、「子どものため」に、血縁を前提とした「血縁モデル」から脱却した新しい「養育モデル」が求められているからである[23]（柏木 二〇〇三：金城一九九七：Rothman 一九八九＝一九九六）。本書が制度の分析で対象とする特別養子縁組は、実親子間の法律関係を終了させることから、「親子についての新しい考え方を法制度に導入した」と評価されており、

「血縁モデル」から脱却した新しい「養育モデル」という意味では先駆的なモデルである。例えば、法学者たちは特別養子縁組を以下のように評価している。

特別養子制度は「生みの親より育ての親」を重く見て、養子を家庭の中に包み込んで法律上実子と同様に扱うという意味で、わが国の血縁重視主義の流れのなかに親子についての新しい考え方を導入した点で画期的なものである。（有地 一九九三：二二〇）

特別養子制度は、血縁の要素を払拭した養育の要素の純化である（石川 一九八七：七九）

しかし、この主張をみて、疑問に思うことが二つある。ひとつは「子どものため」言説が血縁モデルと対立してそれを払拭したならば、「子どものため」言説がどのように血縁モデルに介入し、それを変容させたのか、という点である。もうひとつは、血縁は本当に払拭されたのか、という点である。例えば、養育モデルにおける血縁の残滓ともいうべき点について以下のような指摘がある。

本来の血縁関係を捨てて擬制した血縁関係を生かすという考え方は、余りにも血縁絶対主義の神話にこだわりすぎているといえないでしょうか。（中川 一九九四：二六三）

法学者の中川淳（一九九四）は、特別養子制度は実親子間の法律関係を断絶したため、「血縁絶対主義の神話や聖域に少し入り込んで、それを反省する機会を与えた」が、一方で、養親子関係が血縁関係を擬制しているため、「血縁絶対主義」にこだわっていると解釈する。しかし、「血縁主義か否か」「血縁の強化／弱化」という分析枠組みでは特別養子縁組のような事例は分析できないのではないか。二分法の枠組みを用いても、特別養子縁組そのものが「血縁主義的か／否か」という明確な結論は導き出せず、結局、血縁主義に関して「放棄と維持の二重性がある」というような結論しか導き出せないのではないだろうか。また、〈子どものための養子縁組〉である特別養子縁組において、養親子が実親子を擬制するということはどのような意味をもっているのだろうか。これらの問いを解くためには、立法者や当事者が、血縁にいかなる意味づけをして、それを活用するのか、という点を検証しなければならない。

2　客体＝支援の対象としての養親子

次に、〈子どものための養子縁組〉の当事者である養親・養子に関する先行研究を見ていこう。[24] 日本における養親子の研究は、①養親子の実態を把握しようとする研究、②養親子の支援を目的とした研究の大きく二つに分けられる。これらの研究において、養親・養子の行為と意識はどこまで明らかになっているのだろうか。順番に確認してみよう。

（1）養親子関係の特徴の把握

実親と養親を比較した研究[25]では、子どもをもつ意味[26]、子ども観、育児不安、親になることへの感情、配偶者関係[27]などを比較する調査（古澤ほか　一九九七）や養親に「血縁の親子と比較してどうか」を問う意識調査[28]（岩崎　一九九七）などがある。これらの研究においては、養親は自らの親子関係をポジティヴに認識しているという結果がでている（岩崎　一九九七：古澤ほか　一九九七）。しかし、このような比較研究は、実親子関係と養親子関係の違いについて一定の情報を提供してくれるが、なぜそのような結果が出たのかという背景や、親子関係構築のプロセスにおける養親・養子の行為と意識についてまでは明らかにしていない。

養親子関係の実態を把握する研究には、養子縁組に特有の親子関係構築のプロセスを明らかにしようとする研究もある。例えば、養親子関係構築のプロセスを、「①見せかけの時期、②試しの時期、③親子関係の成立する時期」というプロセスに分けたもの（岩崎　二〇〇一）や、「①子どもを待ち望む期間、②子どもとの運命的な出会い、③真実告知とテリングによる親子の絆の再構築、④日々の生活の積み重ね」というプロセスに分けたもの（中野　二〇一三）

がある。これらの研究では、多くの養親子が経験するであろうプロセスについて見取り図を提供してくれる点で有用である。しかし、養親・養子の行為と意識の多様性やその背景については明らかにしていない。

(2) 養親子に対する支援

養親子に対する支援の研究では、養子の支援者たることが期待されている養親や児童福祉関係者に向けて、①良好な養親子関係の形成、②養子の「アイデンティティ」の確立という二つの項目について、望ましい対応を解説・提言してきた。

養子の「アイデンティティ」については、主にエリクソンのアイデンティティ理論に依拠して、養子は遺伝や家系に関する知識の欠如により自己の連続性や一貫性の感覚を持てず「自分は何者なのか」という葛藤を抱えること、出自について知ることは養子の心理的安定につながり、「アイデンティティ」確立に寄与することなどが主張されてきた(Kroger 二〇〇〇=二〇〇五:九七;鑪ほか編 一九八四:一二六)。

自己の出自について知らなければ、養子は「アイデンティティ」が確立できないという専門家言説の形成は、その前提条件として養親が養子にまず「養子であること」を告知しなければならないという告知の重要性を主題化させた。それにともない、養親の告知を支援する体制を社会がいかに構築していくかが養子の「アイデンティティ」確立という課題に対するひとつの重要な論点となってきている(家庭養護促進協会神戸事務所 二〇〇七:森 二〇〇六:安田 二〇〇七:環の会 二〇〇八)[29]。

また、近年では、養子の「アイデンティティ」は出自を知る権利の保障という観点から論じられている。出自を知る権利は、子どもの権利条約が根拠とされることが多い権利であるが、具体的には、子どもが①養親との間に血縁関係がないことを知ること、②実親を特定できる情報を得ることから構成される概念である(両角 二〇〇三:才村編 二〇〇八)。①に関しては親が子どもに「養子である」と伝える(=告知をする)ことが、②に関しては、実親情報の記録と閲覧を法的に保障することが、子どもの「アイデンティティ」の確立のために重要であると主張されてきた(両

角 二〇〇三：才村編 二〇〇八）。日本の養子縁組を確認すれば、実親情報が原則として非公開であった米国[30]などとは異なり、養子は戸籍を通じて実親の名前や本籍地を知ることができる（四章）。日本の養子縁組では、養子の出自を知る権利のうち②の実親を特定できる情報の提供については戸籍制度を通じて法的に保障されているため（ただし、棄児などの例外もある）、①の告知の重要性に議論が集中してきた。

このように告知については、養子の「アイデンティティ」と関連付けて論じられてきたが、養子縁組のマニュアルなどでは、養親子関係と関連付けて説明もなされている。養子縁組の体験談やマニュアルなどは養子の支援者（主に養子を育てる養親）に向けて、①良好な養親子関係の形成、②養子の「アイデンティティ」の確立という二つの項目について、望ましい対応について解説している。良好な養親子関係の形成は（特に幼児期における）告知と関連づけて説明され[31]、養子の「アイデンティティ」確立は、生い立ちや自分の出生の家族について知ろうとするルーツ探しと関連づけて説明されている（厚生労働省雇用均等・児童家庭局家庭福祉課 二〇〇三：一三四-七）。従来の支援に焦点を当てた研究は、子どもの「アイデンティティ」の確立や良好な親子関係のために、望ましい告知のあり方を論じ、どうすればそのような実践ができるのかという視点に立っている。

◆先行研究の問題点

しかし、本書の問題関心に照らし合わせると、これらの研究には問題点が四つある。

第一に、親子関係と「アイデンティティ」という異なる次元の課題が混在して論じられる点である。告知は子どもの「アイデンティティ」確立の出発点であると主張されながらも、告知をしないと親子関係が悪くなると解説される。ここでは、養親子関係と養子の「アイデンティティ」が別の次元のことなのか、あるいは接続していることなのかが明確ではない。この点についての整理が必要である。

第二に、当事者の視点が明らかになっていない点である。支援の研究やマニュアルからは望ましい告知のあり方が紹介されるが、それ以外の事例はあまり紹介されない。そもそも、養子縁組した親は何を感じながら子どもを育てているのか、実際子どもにどうやって関わっているのか、そして、当の子どもは何を感じながら育っているのか、実際に親にどうやって関わっているのか、というリアリティとその多様性が伝わってこない。

特に明らかになっていないのは、告知後の当事者の経験である。告知の実現が重要な論点となる一方で、告知がなされた後に当事者である養親と養子が出自に対してどのような意識を持ち、行為を行なっているのかは明らかにされていない。そのため、従来の意味で出自を知る権利の保障が実現された時、すなわち告知を受け、実親を特定する情報を法的に要求・獲得できた時、子どもの「アイデンティティ」にとって出自や実親がどのような意味をもつのかについてまでは経験的な研究が十分に行なわれていない。告知後の養親子の行為と意識を主題化しないことは、告知後の養親と養子の葛藤と対処を不可視化するという点で問題があるだろう。

告知後の養子の意識や行動については多様性が存在し、必ずしもすべての養子が実親について知りたい、会いたいと思うわけではなく（厚生労働省雇用均等・児童家庭局家庭福祉課 二〇〇三：一三六）、実親に対する関心の程度も情報の取得から再会まで幅があり、関心のあり方が時間を経て変化することもあることが指摘されている（家庭養護促進協会 二〇〇四）。しかし、実親の存在に対して養子がどのような態度をとるかは「本人が決めること」（厚生労働省雇用均等・児童家庭局家庭福祉課 二〇〇三：一三六）、すなわち自己決定であり、個人的な問題であると認識されたためか、告知後に実親の存在をめぐって養子にどのような葛藤が発生し、養子がそれに対してどのように対処しているのかは研究の対象として十分に主題化されてこなかった。

第三に、支援の前提にある図式である。養子縁組に関する文章で用いられる「アイデンティティ」という言葉は意味内容が異なるにもかかわらず、すべて「アイデンティティ」と表記されるため非常に分かりにくいが、そこで主張されていることを最大公約数的にまとめれば、出自や生い立ちを知ることによって、一貫した自己意識が形成され、それによって「かけがえのない私」という自己肯定感が形成される、ということであろう[32]。そして、このような主張の根拠としてはエリクソンの理論と子どもの権利条約が持ち出されることが多い。しかし、エリクソンの理論が理論的にも経験的にも批判的に検討されることはなく[33]、子どもの権利条約を相対化するような視点もない[34]。つまり、根拠が検証されないまま、支援の土台になっている。さらに、これらの専門家言説を実証するような経験的なデータも国内にはほとんどないため、エビデンスも十分ではないといえる。例えば、村瀬嘉代子は、一九九〇年代の初めに以下のように述べている。

「出自を知る権利」というようなことを取り上げて論じることは、我が国ではほとんど行われてこなかった（村瀬 一九九二：三六五）。（中略）「子供の権利条約」には、親を知り、養育される権利（七条）が謳われているが、特別養子や里子の出自を知る権利や、それを告げるかどうかという問題、人工授精児などが生物学上の親を知るべきか、などという問題に対して、検討を迫られる時代が到来した。こういう課題を正面に据えて論じた基礎資料というのは、我が国の心理学や精神医学の文献には見当たらない。（村瀬 一九九二：三六三－四）

そもそも、生い立ちや自分の出生の家族を知ること／一貫した自己認識／自己肯定感の間には上述したような図式が常に成り立つのだろうか。近年では養子縁組に限らず、第三者が関わる生殖補助医療でも告知やルーツ探し、出自を知る権利が論点になっているが、その前提を経験的に検証することなく、このような専門家言説が一人歩きしている状況は大いに問題であろう。

第四に、養親子の行為や意識に影響を及ぼす周囲との人間関係や社会規範が分析されていない点である。養子縁組に関する研究では主に養親を通して養子を支援するという目的から事例がまとめられているため、支援すべき養子の特徴的な意識や（問題）行動については記述されるが、養子の意識や行動に影響を与える要因そのものについては分析されない。しかし、そもそも養子縁組したという単なる事実だけでは養子に違和感や葛藤を生じさせないのであり（Hoopes 一九九〇）、養子が何か違和感や葛藤に直面するのだとしたら、そこには「親子とはこうあるべきだ」「家族とはこうあるべきだ」という社会通念が関わっている（Grotevant et al. 二〇〇七）。もし養子が養親子関係や「アイデンティティ」に何か葛藤を抱えるなら、①養子の個別の経験に加えて、②周囲との人間関係、③社会規範なども詳細に見ていく必要があるだろう[35]。

出自について知らなければ養子は「アイデンティティ」を確立できないという専門家言説が社会的で広く流通しつつあるにもかかわらず、養親と養子自身の声を聴き取り、その意識を分析した研究は管見の限り日本にほとんど存在していない。子どもの「アイデンティティ」や出自を知る権利という論点が当事者への調査が不十分なまま一人歩きしている状況を鑑みれば、何が問題なのかをめぐって、当事者の声を聞くことが要請されているのである（桜井 二〇〇五：一六）。

三　本書の分析視点

ここで一章および二章で検討してきた先行研究の問題点を集約すれば、①説明項としての血縁の限界、②行為と意識を等値する解釈図式の二点に再整理することができるだろう。

そこで、以下ではこれらの問題点を乗り越えるための本書の分析視点を説明する。

1　〈血縁〉の運用

本書は一章で、血縁を生物的なつながり（と当該社会で考えられているもの）と定義し、〈血縁〉を人びとが自己や関係性を含むものごとを理解可能なものにするために用いる解釈図式・解釈資源として「当該社会において社会的・文化的に形成された生殖や世代継承についての知識や社会通念」と定義した。そして、〈血縁〉を説明項ではなく、被説明項として扱うと述べた。〈血縁〉を被説明項とする上で、本書は差異化の実践という分析視点を採用する。この分析視点は『差異の政治学』（上野 二〇〇二）から多くを学んでいる。

本書ではある対象に対して〈血縁〉という解釈図式・解釈資源が用いられる文脈とその内容を分析対象とする。人びと、具体的には政策決定者、支援者、当事者としての親と子どもが多様な文脈のもとで、そのつど実践のなかで

〈血縁〉を使用することで、ものごとを理解可能なかたちにするという視点をとる。そうすれば、既述したような、血縁が強い／弱いというような枠組みでは記述が困難な血縁の擬制なども分析の射程に含めることができる。そもそも、従来の二分法から見た場合、白か黒かにはっきり分けられないグレーゾーンが多く、無理に分けようとすると捨象するものが多くなりすぎる。[36]詳しくは四章以降の実証分析で検証するが、血縁あり／なしの境界線、実子／養子の境界線は実はそれほど自明ではない。現代における人びとの認識とそれに影響を与える社会的文脈を分析対象とするならば、むしろ、人びとの行為と意識のなかで、〈血縁〉がどんな文脈で何を達成するために用いられているのかを分析するという視点が有効だろう。

この視点は養子縁組をした当事者の行為や意識を分析する際にも有効である。「養子縁組する／しない」という行為を血縁意識の強弱とするような従来の指標・視点を採用した場合、本書で扱う養親子は血縁意識の弱い親子ということになり、血縁との関わりでわざわざ分析する意義はなく、当事者のリアリティに迫れるとも思えない。

養子縁組後にどのように親子関係が構築されるのかという点について、当事者の視点から明らかにした研究はほとんどない。そのため、血縁から解放された親子関係である（南 二〇一〇：一四一；武藤 二〇〇一：一〇四）、あるいは社会から差別されるスティグマを負った存在である（古澤 二〇〇五；竹内・樂木 二〇〇六）という一面的・単純なイメージしか存在していないようだ。〈血縁〉を解釈図式・解釈資源として捉え、それが運用されるプロセスに照準することによって、〈血縁〉が文脈によってさまざまな使われ方をすること、〈血縁〉を扱う制度および当事者の実践が記述可能になり、当事者のリアリティに迫ることができると考える。よって、本書ではこの視点を導入して分析を行なう。

なお、本書は当事者の行為と意識の分析においては、「動機の語彙」「同化戦略／異化戦略」「認知的不協和」「認知的意味世界／規範的意味世界」「パッシング」というような概念を用いて分析を行なうが（六〜九章）、その意味で本書は個人の主観的な意味世界に照準し、自明性の相対化を目指す『意味の社会学』（西原 一九九八）とカテゴライズされるような研究群[37]から多くを学んでいる。

2 選好と制約

次には行為と意識を等値する解釈図式を見直すために採用する本書の分析視点について説明しよう。

先行研究には、未成年養子縁組の潜在的養親候補者である不妊当事者の代替選択肢間の選好に着目して養子縁組が排除される理由を説明しようとする研究がある。例えば、不妊治療を血縁、出産、遺伝子への選好の指標とし、養子縁組を愛情、養育への選好への指標として対立的に設定し、不妊治療を受けている患者は養子縁組より不妊治療を選好すること（浅井 二〇〇〇：柘植 一九九九）、不妊治療によって子どもがもてない場合、養子縁組よりも子どものいない人生を選好して、養子縁組という選択肢に対して消極的であること（フィンレージの会 二〇〇〇）などから、生殖補助医療という技術の登場が人びとの「血縁への欲望」を喚起していること（浅井 二〇〇〇：柘植 一九九九）が指摘されてきた。

これらの研究では、行為（選択の結果）と意識を一対一で結びつける解釈図式が採用されているが、ここでの盲点は、不妊当事者が採用する選択肢が変化するプロセスが分析されていないという点である。実態としては養親の大部分は不妊治療を経験した後に養子縁組を選択することが既存の意識調査からわかっており（家庭養護促進協会 一九九八）、不妊治療と養子縁組を対立的に捉えて、不妊治療と養子縁組を選択する夫婦が全く別の選好をする夫婦として捉えることには慎重である必要がある。そのため、不妊当事者がなぜ不妊治療から養子縁組に移行するのか／しないのかを明らかにするためには、不妊治療から養子縁組に移行するプロセスそのものを検証する必要がある。

一方で、不妊当事者が不妊治療を経由して養子縁組を選択するまでのプロセスに着目した研究も存在している（森 二〇〇四：安田 二〇〇五）。これらの研究では不妊治療を経て養子縁組に至るまでに、不妊当事者が産むことから育てることへ意識転換することを指摘している。不妊治療経験をやめて養子縁組に踏み切る場合、「周囲の偏見や差別を認識した上で自分の思いを何度もふるいにかけた末に残った子どものいる生活、子育てしたい思いが強く存在している」（森 二〇〇四：一一二）こと、養子縁組を試みる人は厳しい養子縁組の条件という負荷を与えられることによって

「自分自身の『子どもが欲しい』という想いに向き合い、その真価を問い直す契機が与えられ」（安田 二〇〇五：二一八）、それらを乗り越えていくことが指摘されている。これらの研究は不妊当事者が養子縁組に至るまでに血縁へのこだわりを相対化し、子育て自体を目的とするような意識転換をすることを指摘している。

だが、ここでの盲点も、行為（選択の結果）と意識を一対一で結びつける解釈図式が採用されていることである。これらの研究では、①養子縁組を選択しない人は血縁を重視する、②養子縁組を選択する人は子育てを重視する、という解釈図式を主に用いているからである。

本書はこのような先行研究のなかにある行為の結果と選好（意識）を等値するような解釈からはいったん離れて、従来の研究の解釈図式を再考したい。

そのための方法として、第一に選好と制約の両方について分析する。なぜなら、例えば、家族の多様な形態の存在には、選択にもとづくという側面と、貧困などの経済的要因やエスニシティなどの文化・社会的要因といった構造的制約にもとづく側面とがあるからである[38][39]（野々山 一九九九：渡辺 一九九五：四九－五〇）。養子縁組を事例に考えると、結論を先取りするなら、不妊当事者の選択には、不妊当事者の選好だけではなく[40]、不妊当事者の状況（身体的状況、精神的状況、経済的状況）、人間関係、制度が課す条件などが関わっている（野辺 二〇一一b）。これらの制約についても光を当てることで、当事者が各選択肢に至るプロセスと意識転換の複雑さが浮かび上がってくるだろう。

第二に、代替選択肢を分析の射程に含める。養子縁組の代替選択肢としては、不妊治療だけではなく、里親や子どものいない人生という選択肢もある。不妊であると自己定義し、かつ子どもが欲しい夫婦が取りうる選択肢は現代日本においては、不妊治療、養子縁組、里親制度、子どものいない人生の四つが存在するが、子どものいない人生や里親が養子縁組と競合する選択肢として検討されることは少ない[41]。どのように養子縁組が選択／排除されるのかという全体像を明らかにするためには、これらの選択肢についても検討する必要があるだろう。

以上の議論をまとめると、本書は実際に養子縁組した不妊当事者だけではなく、養子縁組しなかった不妊当事者も対象にし、不妊当事者が不妊治療、里親、子どものいない人生など養子縁組の代替選択肢のなかで、最終的な選択肢に至るまでに、自己の選択に関してどのような意味づけを行ない、さらにその背景にどのような制約条件があるのか／ないのかというミクロな意思決定プロセスに着目する。

3 親の視点と子どもの視点

次に、本書が採用する分析視点として、親の視点を子どもの視点の区別を提示したい。本書の先行研究のなかには、養親子の実態を把握しようとする研究があった。しかし、それらの研究では、養親子関係一つのユニットとして分析を行なっていた。しかし、本書では親からみた親子関係と子どもからみた親子関係の二つに分解して分析を行なう。

家族についての分析では、家族を一つの集団として扱って分析するのではなく、家族成員である個人を扱うことの重要性が指摘されている。それは「個人の析出」という動向のなかで、家族成員間の福祉が一致しない場合や、利害が対立する場面があるからである。親子関係においても、親子関係の構築をどのように経験・解釈するかは、親なのか、子なのかという立場によって異なることが指摘されている（和泉 二〇〇六：二一七）。このような指摘をふまえれば、親子関係も親子というユニットではなく、親と子に分けて把握する必要があるだろう[42]。

本書では親子関係をめぐる行為と意識を、親と子それぞれの立場から分析し、親と子の共通点と差異点を考察するが、それだけにとどまらず、親と子の相互影響関係にも着目する。なぜなら、親子関係では、親と子どもはお互いに影響を与え合っているからである。例えば、育児の場面では、親は子どもに反応し、子どもは親に反応して、自己の欲求や「アイデンティティ」をつくっていくと指摘されている（和泉 二〇〇三：一五三）。ゆえに本書では、親と子に分けて分析し、さらに、親と子がそれぞれどのように影響を及ぼし合っているのかを分析する。

また、本書では、親の視点と子どもの視点の両方を扱うが、特に子ども自身の視点を重視したい。これまで、子どもが構築する親子関係については、ほとんど分析が行なわれてこなかったからである。子どもが親子関係を構築するという発想が出てこなかった背景には、親子関係は子どもにとっては選択不可能な運命だと考えられていたことがある。しかし、離婚を経験した子どもに対する先駆的な研究からは、子どもも家族や親を自明視し続けているわけではなく、親子関係を（再）構築していくことが明らかになっている（梶井 二〇〇六）。養子縁組においても、子どもがどのように養親子関係と実親子関係を構築するのか／しないのかを問うことができるだろう。

一章で論じたように、非血縁親子においては、近年、特に「子どものため」に、生みの親の重要性が主張され[43]、生みの親を家族の境界の内側に入れることで、排他的な養親子関係をより開放的なものへ変革することが主張されている（丸山 二〇〇四）。しかし、このような議論における「子どものため」の判定者は常に法律家、心理学者、精神医学者、ケースワーカーなどの第三者であり、当事者である子どもの視点から、「子どものため」に主張されていることを批判的に検討することは稀であった。子どもの視点を分析枠組みに入れることは、当事者を代弁する議論が逆説的に当事者を抑圧する危険性をもつことを明らかにする可能性を秘めている。

4　定位家族と生殖家族

本章の最後に、親子関係を定位家族（生まれ育った家族）での経験／生殖家族（結婚して新たに作った家族）での経験の二つに分解し、それらの関連を分析する視点を提示したい。

本書では、子どもの立場の者の役割移行も分析の対象とすることで、親子関係における〈血縁〉という解釈図式・解釈資源がどのように再生産されていくのかを考察する。養子として育った子どもが親となるとき、定位家族において構築した親子観や自己認識はどのように変容する／変容しないのだろうか。そのため、親と子の間に築かれた個人的な経験とそれが親子関係に関する感情に及ぼす影響、また親／子としての役割をどのように構成し、どのようにその役割について語るかといった点に着目する。

血縁親子／非血縁家族に関わらず、自分が育った親子関係と自分が育てる親子関係との関連を扱った研究はほとんどなされていない（高田 二〇〇〇：八）[44]。定位家族と生殖家族との関係については、最近では、セクシュアル・マイノリティを親にもつ子どもを対象に、親の性的指向が子どもの性的指向にどのような影響を与えるかなどの研究が実際に行なわれている（有田 二〇〇六：二〇〇七）。これは家族の多様化、価値の多様化を考える上でひとつの重要な論点であろう。

本書では、二章で議論してきた先行研究の死角に光を当てるため、養親・養子にインテンシヴなインタヴュー調査を行ない、養親・養子が社会規範や人間関係（特に養・実親子関係という二つの関係）に影響を受けながら、どのような葛藤を抱え、それに対して対処するのかを明らかにしていく。

ここまでは本書の理論的な枠組みについて論じてきた。次章では、本書の対象と方法について解説しよう。

第三章　対象と方法

本書では、「子どものため」にいかにして非血縁親子において〈血縁〉が主題化するのかという問いを設定し、具体的なリサーチクエスチョンとして、（α）制度はどのように非血縁親子を構築するのか、（β）非血縁親子の当事者はどのように親子関係や自己を構築するのか、という問いを提示した。

一章では、親子関係と血縁に関する、主に家族社会学の先行研究を批判的に検討した。それらの盲点を指摘すると同時に、本書では文化人類学の知見を導入して、〈血縁〉という概念を定義し、経験的データを分析する枠組みを構築した。

二章では、本書が事例とする養子縁組と血縁に関する先行研究を批判的に検討して、それらの混乱を整理すると同時に、本書で採用する具体的な分析視点について論じた。

本章では具体的な分析の対象とデータについて論じる。本書では分析対象として（a）制度（法律と運用）、（b）当事者、の二つの水準を設定する。（a）制度（法律と運用）については文書資料をデータとして用い、（b）当事者についてはインタヴュー調査の結果をデータとして用いる。本章ではこれらのデータの詳細について説明を行なう。

一　制度

1　対象とする養子縁組の類型

ひとくちに養子縁組といっても、さまざまなタイプがある。養子縁組は日本社会で多様な目的で利用されている制度であるが、本書では、親と未成年子の前期親子関係を扱うため、婿養子などの成人間の養子縁組は取り上げない。また、未成年の子どもとの養子縁組（以下、未成年養子縁組とする）を対象とするが、未成年養子縁組すべてを対象とするわけではない。以下では、本書が対象とする養子縁組のタイプを明確にするために、まずは、既存の養子縁組の類型論を提示しながら、日本の養子縁組を確認したい。

（1）養子縁組の類型論

養子縁組の類型には法学での類型と児童福祉学での類型がある。法学での類型としては中川善之助が養子縁組の目的に着目して設定した発展論的な類型論（中川 一九三七）が有名である（図表1）。

養子縁組をする当事者にとって、養子縁組の目的が複数同時に存在することも当然ありえるため、「家のため」「親のため」「子のため」という類型を相互に排他的な類型として設定して現実を分析することは難しい。この類型は、法律の発展論の理念型であり、家族法が家制度的な制度から脱却して「近代化」「民主化」するための方向性を、法の理念の発展論として表現したものである。

一方、児童福祉学での類型は社会的養護の類型を示すものである。児童福祉には、「家族の代替」「家族の補完」「家族の支援」という機能が存在するが、[1]「家族の代替」にあたるサービスを社会的養護（あるいは児童養護）という。社会的養護とは、「親やそれにかわる存在から適切な養護を受けられなかったり、虐待されている子ども、あるいは親やそれにかわる存在がいない子どもにたいする、養育のためのサービスの給付」（副田 一九八六：一二三）のことであり、衣食住という生活手段の提供から人手による多様なサービスの提供までを含んでいる。社会的養護の通文化的な類型としては左記のものがある（図表2）。養子縁組は社会的養護のひとつに位置づけられている。

法学と児童福祉学での類型を重ね合わせてみると、法学における「子どものため」の養子縁組と社会的養護の施策としての養子縁組がほぼ重なるといえるだろう。本書では、この領域に該当する養子縁組を、〈子どものための養子縁組〉と定義した（一章）。

次に、日本の児童福祉の領域で実際に養子縁組がどのように位置づけられているのか見てみたい。日本の社会的養護の体系は、乳児院や児童養護施設などの児童福祉施設で養育する施設養護と、子どもを家庭的な環境のなかで養育する家庭養護が大きな二本柱となっており、養子縁組は家庭養護の下位類型に位置づけられている（図表3）。

（2）日本の養子縁組

では、これらの類型を踏まえた上で、日本の養子縁組について説明しよう。

養子縁組は民法で規定されている制度である。家族法の「第三章 親子」では実子と養子が規定されており、実子と養子は対語になっている。実子とは親との間に生物的な血のつながりがあると法律上認められる子で、嫡出子と嫡出でない子（非嫡出子）に分けられる。養子とは養子縁組の手続によって、養親との間で法定の嫡出子としての身分を取得した者であり、養子には、嫡出子としての権利が与えられ、養親子の間には実親子と同様の権利義務が発生する。同じ実子であっても、非嫡出子が嫡出子と比較して相続面で長らく差別を受けていたのとは異なり[2]、養子は実子と比較して権利義務面で差別を受けない。養子と実子を区別する軸は親子間の血縁の有無である[3]。

民法で規定される養子縁組には二種類ある。ひとつは一八九八年に制定された普通養子縁組で、民法七九二条〜八一七条に規定されている。もうひとつは一九八七年に制定された特別養子縁組で、民法八一七条の二〜一一に規定されている。

戦後、家族法から家制度的な理念を払拭する段階で、養子縁組も「家のため」の制度から「子どものため」の制度へのパラダイム転換が図られ、その結果として特別養子縁組が創設された。現在、特別養子縁組は〈子どものための養子縁組〉として、里親制度のなかで運用されている（四、五章にて後述）。しかし、〈子どものための養子縁組〉の目的を「親がない故に、または親があっても貧困その他の事情のために、充分の良き養育を受け得ない子」（中川 一九三七：一六八）を養育することだとする中川善之助の定義に忠実に従えば、普通養子縁組も〈子どものための養子

家のための養子	祖先祭祀や家産の継承、家族経営の労働力確保を目的とする
親のための養子	老後の生活保障や、児童養育（子を育てる喜び）という欲求充足を目的とする
子のための養子	孤児ないし生みの親が育てる気のない子どもの養育を目的とする

図表１　養子法の類型　出典：中川（1937）より作成。

養子縁組	養親家族という別の家族に子どもを入らせ、そこで必要な養育サービスを受けさせるもので、子どもは永続的・法律的にその家族の成員になる
里親制度	里親家族という別の家族に子どもを入らせ、そこで必要な養育サービスをうけさせるもので、子どもは成人になるまでその家族の成員になる
ファミリーグループ・ホーム	両親役のワーカーのもとで、少人数の子どもに集団生活をさせつつ、養育サービスを提供する
児童養護施設	比較的多人数の子どもたちに集団生活をさせつつ、ワーカーたちの労働組織が養育サービスを提供する

図表２　社会的養護の類型　出典：副田（1986）に筆者が若干の修正を加えて作成。

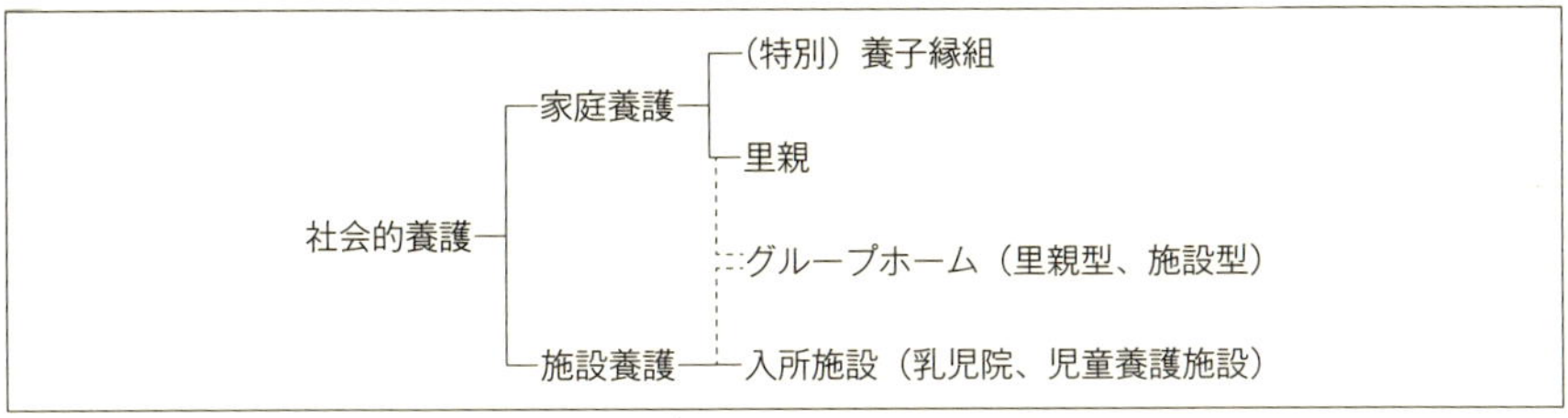

図表３　日本における社会的養護の体系
出典：厚生労働省雇用均等・児童家庭局家庭福祉課（2003：15）に筆者が若干の修正を加えた。[4]

縁組〉として活用することができる。普通養子縁組でも実親が育てない子どもと養子縁組することがもちろんできるからである。「家庭での養護に欠ける児童に家庭を与える」という意味での児童福祉施策は普通養子縁組でも可能であるし、実際にそのような施策としても普通養子縁組が利用されている[5]。普通養子縁組を利用して、養親希望者が親族関係のない未成年の子どもを養子にしようとする場合には、家庭裁判所が子どもの利益に反しないかどうかをチェックすることになっており、家庭裁判所の許可なしでは養子縁組は認められない。つまり、養子縁組の濫用を防ぐという意味においては、普通養子縁組でも子どもの保護は守られている。しかし、普通養子縁組そのものが「子どものため」に立法されたわけではない。

では、特別養子縁組はどのような意味で普通養子縁組と差異化されたのだろうか。特別養子縁組が〈子どものための養子縁組〉とされる理由は、特別養子縁組が要保護児童のみを対象とし、「子どもの保護・福祉」に特化した目的で立法されたからである。普通養子縁組よりも特別養子縁組の方が、「子どものため」という目的が強化されていると同時に、養子縁組の要件も厳格になっている（四章）。

本書では、「子どものため」に（α）制度が非血縁親子をいかに構築するのかを検討するため、〈子どものための養子縁組〉に特化して新たに作られた特別養子縁組の立法過程と運用過程を分析対象とする。

2　使用する文書資料

では、このような特徴をもつ特別養子縁組はどのような背景のもとに形成されたのだろうか。また、特別養子縁組の立法時に形成された〈子どものための養子縁組〉が想定する親子観や認識枠組みは当事者の実践をどのように規定しているのだろうか。この問いを解くために、本書では特別養子縁組の立法過程と運用過程の二つを分析対象とする。四章では立法過程を分析し、五章では運用過程を分析する。

特別養子縁組の法律の分析では現在の条文に加えて、立法過程の議論も対象とする。立法過程を遡るのは、歴史的な分析によって、現在ごく自然で自明のことと思われている理念や親子観が、過去のある時点で偶然に生じたものであったり、あるいは政治的な交渉のなかで恣意的に選択されたものであったりすることを明らかにできるからである。[6]ただし、四章は政策決定過程の分析自体が目的ではないため、立法機関（国会）、行政機関（法務省、厚生労働省）、司法機関（家庭裁判所）など政府内部のセクション間の力関係や駆け引き、運動体やメディアの法制定への影響は本書の問いにとって必要な限りで触れるに留める。

五章では、特別養子縁組が里親制度のもとで運用されていること、里親制度と不妊治療が特別養子縁組と競合・補完関係にあることなどから（野辺 二〇一二b）、里親制度と不妊治療も分析対象として取り上げ、特別養子縁組とそれらの制度との差異化のプロセスおよび影響関係を分析し、特別養子縁組の特徴をさらに浮かび上がらせたい。

（1）法律に関する文書資料

特別養子縁組に関する法制審議会での議論は、①一九五七年から一九五九年、②一九六二年から一九六四年、③一九八二年から一九八七年の三時期にわたって行なわれている。この三時期を本書ではそれぞれ第一期、第二期、第三期と呼ぶことにしよう。

第一期の議論は、一九五七年に親族法全体について改正の検討をする中で養子縁組も取り上げたものである。その間の議論については法制審議会の親族法改正に関する資料、それをめぐる法曹界関係者による座談会の記録など[7]が残されているため、それらを分析対象とした。さらに第一期の成果は一九五九年に「仮決定および留保事項（その二）」として公表されているのでこれを資料として分析した。

第二期は、一九六二年から一九六四年にかけて身分法の準備会で養子縁組をまとめて取り上げたもので、一九六四年九月の身分法小委員会でその検討結果の報告がなされている。しかし、緊急改正の要望がなくなったこと、残された問題点について意見の対立が深く、一致点を見出すことが困難であったこと、財産法の領域に緊急問題が多く、それに重点をおいたことなどから、一九六六年の民法部会で身分法小委員会での審議一時中断が決定された。（加藤 一九八三：一四）。当時の議論の内容は専門雑誌などに公表されておらず、また議事録も公刊されていない。そのため、この時期の議論は資料が入手できず分析することができなかった。しかし、一九五九年と一九六二年の間の三年間という短い期間で制度の理念や親子観が大きく変化したとは考えづらいため、一九六〇年代の議論をとりあげなくても本書の議論に大きな影響はないと考えた。そして第二期の代替として、一九七〇年代に産婦人科医の菊田昇の問題提起を端緒に国会や専門雑誌上で始まった議論を取り上げ、これらを分析した。

第三期は、一九八二年から一九八七年の法制審議会身分法小委員会で行なわれた。[8]その成果は法務省民事局から、一九八五年に「養子制度の改正に関する中間試案」、「中間試案に対する各界意見の概要」、一九八七年に「法律案要綱」として公表されているので、これらを資料として分析した。また一九八〇年代の法制審議会での議論、[9]国会会議録[10]も分析した。また、特別養子縁組を推進していた「養子と里親を考える会」が発刊している雑誌『新しい家族』も分析対象とした。[11]

以上、法律の分析で用いる文書資料を種類別にまとめると、①現在の法律の条文、②法制審議会資料（一九五七年〜一九五九年、一九八二年〜一九八七年）、③国会会議録（一九七三年〜一九八七年）、④専門雑誌の論文・記事となる。

（2）運用に関する文書資料

本書が、法律だけではなく、運用も分析する理由は、法律だけを検討しても、制度全体について把握したとはいえないからである。運用の過程で法律には書かれていない条件が課せられたり、特定の親子観が提示されたりすることがあるため、運用についても検討する必要がある。また、運用の分析は、養子縁組という選択を潜在的養親候補者に対して水路づける社会的条件を明らかにするために必要不可欠な作業でもある。

運用の分析においては、特別養子縁組に加えて里親制度と不妊治療も対象とする。特別養子縁組、里親制度、不妊治療（特に第三者が関わる不妊治療）は非血縁親子を形成するという点では共通しているが、[12]親子関係の作り方に差異がある。これらの差異を明らかにすることで、特別養子縁組の特徴をより明確にすることができる。その際に特に焦点を当てるのは、①希望者にどのような条件を課しているのか、②親子関係の形成についてガイドライン・マニュアルなどでどのような指導をしているかの二点である。
以下では、特別養子縁組、里親制度、不妊治療の運用の分析で用いた文書資料について説明する。

①特別養子縁組

養子縁組のあっせんは、①公的機関（児童相談所）が関与する場合、②民間のあっせん団体が関与する場合、③個人（弁護士・産婦人科医など）が関与する場合の大きく三つに分けられる。児童相談所があっせんする養子縁組は基本的に特別養子縁組になる（ただし、特別養子縁組が困難な事例で普通養子縁組をしたり、里子として育てた子どもと後年になって普通養子縁組で縁組したりする事例もある）。本書では、児童相談所のホームページや民間の養子縁組あっせん団体のホームページを分析し、養子縁組希望者にどのような条件が課せられているのかを分析した。また、厚生労働省や養子縁組あっせん団体が出版している書籍などを分析し、どのような親子関係の形成が推奨されているのかを分析した。

②里親制度

里親制度とは、児童福祉法を根拠にしている児童福祉制度である。児童福祉法と同時に一九四七年に成立した里親制度は、①一九八七年、②二〇〇二年、③二〇〇八年、④二〇一一年の四回、大きな変化を経ている。

一九四七年の児童福祉法制定後に「里親等家庭養育の運営に関して」（一九四九年）およびその別紙として「家庭養育運営要綱」が出された。

特別養子縁組が立法された一九八七年には、里親制度も四〇年ぶりに改正された。「里親等家庭養育の運営に関して」と「家庭養育運営要綱」が改正され、新たに「里親等家庭養育の運営に関して」とその別紙「里親等家庭養育運営要綱」および「里親等家庭養育運営要綱の実施について」にもとづいて里親制度が運用されることになった。一九九九年には「里親活用型早期家庭養育促進事業の実施について」、「里親に委託されている児童が保育所に入所する場合等の取り扱いについて」が出された。

二〇〇〇年以降は、里親制度の改革が立て続けに行なわれている。

二〇〇二年の里親制度の改革では、「里親の認定等に関する省令」、「里親が行う養育に関する最低基準」という二つの省令が発出され、省令に併せて厚生労働省告示、雇用均等・児童家庭局長通知も出された。

二〇〇八年には、「児童福祉法等の一部を改正する法律案」が成立し、養子縁組を前提とした里親と養育里親が区別され、養育里親の要件として一定の研修を受けるなど、里親制度の見直しが行なわれるとともに、養育里親について里親手当が引き上げられた。

二〇一一年には「里親委託ガイドライン」が出され、施設よりも里親の委託を優先する原則が明記された。また、同年に出された「社会的養護の課題と将来像」で、ファミリーホームを含めた里親等委託率を今後一〇数年で三割以上にするという目標が設定された。二〇一二年には、「里親・ファミリーホーム養育指針」が出されるとともに、里親委託ガイドラインが改正され、ファミリーホームの要件も改正された。

本書では主にこれらの省令、通知、ガイドラインなどを資料として分析する。

また、運用の分析では、特別養子縁組同様、児童相談所のホームページを分析し、里親希望者にどのような条件が課せられているのかを分析した。さらに、里親の条件だけでなく、里親向けの研修でどのようなことが実際に教えられているのかも分析した。なぜなら、子ども（里子、養子）を理解するために、親（里親、養親）に伝達される専門家言説は、親子関係を形成した後にも、親の実践に影響を与えるからである。

③不妊治療
不妊治療については法制度が未だ存在しないため、専門家の団体である日本産婦人科学会の見解を主に分析した。

一九八〇年代には特別養子縁組のほかに、体外受精というもう一つの新しい不妊カップルの選択肢が医学界と関係省庁の積極的・消極的後押しを背景に社会に登場した。特別養子縁組の法制化についての議論が再開された時期（一九八二年）は、実は生殖革命といわれる体外受精の臨床化が検討され、導入された時期でもある。体外受精の臨床化に向けた基礎的研究は一九七九年頃から本格化し、日本産科婦人科学会は体外受精の臨床化に向けて一九八二年頃から活発に動き出している（服部 一九九一：八四－八六）。日本産科婦人科学会は、一九八三年に日本で初めての体外受精児の妊娠が報告されると、会告によって体外受精の導入に際して次々に自主規制を行ない、一九八三年には「『体外受精・胚移植』に関する見解」、一九八六年には「『体外受精・胚移植の臨床実施』の『登録報告制』について」、一九八八年には「ヒト胚および卵の凍結保存と移植に関する見解」を出した。

関係官庁は生殖補助医療の利用の拡大に対して非関与、つまり規制しないという形で後押ししてきた。国会では早くから、学会、大学などの倫理委員会の判断だけで体外受精を実施することの可否について議論がなされてきたが、当時の厚生省はこれらの問題は各病院の倫理委員会などで検討すべきで、厚生省は個々の行為に許可を与える立場にはないと回答している（服部 一九九一：八七）。

政府レヴェルで規制がなされなかった理由は、日本産科婦人科学会が、体外受精を従来の民法に合う形で規制したことが大きい。生殖補助医療が親子関係に及ぼす影響は、精子・卵子・胚の提供や代理母、借り腹など、第三者が夫婦間の生殖に関与することによって生ずるが、日本産科婦人科学会の会告は、精子・卵子・胚の提供による体外受精や代理母による出産を禁止した。生殖革命の親子関係への影響を最小限にとどめることは、人びとが体外受精を不妊に対する医療として受け入れるうえで有効な初期条件となった（家永 二〇〇四：二二六）。法務省また厚労省が立法に乗り出すのは、一九九〇年代末に卵子提供にもとづく体外受精が実施され、従来の民法では対応できない母の分割という事実の進行に直面してからである。会告に違反したり、国境を越えて卵子提供を受けたり、代理母利用による妊娠・出産が行なわれたりする現実を前にするまで、精子・卵子・胚の提供や、代理母利用の可否の再検討や、生まれてくる子の法的地位の明確化が制度的に求められることはなかった。

なお、日本産婦人科学会は、二〇〇三年には「代理懐胎に関する見解」、二〇〇四年には「胚提供による生殖補助医療に関する見解」を発表し、二〇〇六年には「『体外受精・胚移植』に関する見解」と「『非配偶者間人工授精』に関する見解」、「顕微授精に関する見解」を改正している。

二　当事者

本書では制度の分析では特別養子縁組を取り上げると述べた。（β）非血縁親子の当事者はどのように親子関係や自己を構築するのかという問いを解くための当事者の分析では、「実子のいない夫婦が子どもを育てる目的で乳幼児と養子縁組を行い、養親が養子に告知を行い、継続的に養親子が実親と交流がない」タイプの養子縁組を主に取り上げる（ただし、養親の分析では比較のために実子がいる事例と実親と交流のある事例も取り上げている）。その理由はこのようなタイプの養子縁組において、血縁へのこだわり（が原因とされる）養子縁組の停滞や子どもの「アイデンティティ」が主題化されてきたからである（一章）。成人間の養子縁組や、成人でなくとも、子どもが自分の意思で養子になることを決定・表明できるような場合、例えば、家の跡継ぎを確保するため、親族間で一〇代の男児を養子にするというような養子縁組のあり方においては、「私は何者なのか」という「アイデンティティ」の問いが発生することはほとんどないだろう。子どもが自らの了解なく生物的親子関係と切り離された時に、子どもの「アイデンティティ」をめぐる問いは、社会が対応すべき課題として登場したのである。

当事者については、親世代（養親および養親候補者）と子世代（養子として育った子ども）にインタヴュー調査を行ない、（β）非血縁親子の当事者はどのように親子関係や自己を構築するのかという問いを検討した。

なお、調査倫理上の配慮から、インタヴューを行なった養親と養子は実際の親子ではない（すなわちペアデータではない）。

本書は質的研究であるため、研究結果を一般化することは難しい[13]。しかし、質的研究の利点を活かして、量的研究では迫ることの難しい、当事者の行為と意識の対応関係やその背後にある社会規範や人間関係の抽出につとめた。

分析の際には「事例――コードマトリックス」（佐藤 二〇〇八）を作成し分析を行なった。マトリックスを使った分析方法には、コード（変数）中心の分析法と事例中心の分析法の二通りがある。コードあるいは変数を中心にして、マトリックスを縦方向に見ていく分析の方法は、主に事例の特殊性を越えた一般的なパターンや規則性のようなものを見ていくために行われることが多く、マトリックスを横に見ていく場合には、それぞれの事例の個別性や特殊性を明らかにしたり、それについてより深く理解したりすることが主な分析の目的になる（佐藤 二〇〇八：七〇－一）。本書は事例の特殊性を超えたパターンやロジックの類型を見出すことを目的としているため、前者のコード・変数を中心に検討する分析方法を採用した。コードマトリックスのコードは本書の問題関心から演繹的に設定したものもあれば、データから帰納的に見出して設定したものもある。

分析を進めるにあたっては、①複数のコード間の比較、②コードとデータの比較、③データ同士の比較、④複数の事例間の比較、という四種類の比較を通じて、あるテーマに関する共通点と相違点の析出を行なった[14]。また、調査・分析の信頼性を高め、反証可能性を担保するために、①インタヴュー中に聞き漏らした点については後日文書あるいは電子メールにて追加質問を行ない、作成したマトリックスの欠損データのクリーニングを行なった。さらに、②反証事例による検証（その時点までにつくりあげた概念モデルにとってあえて不利になるような事例を意図的に探し出して、それについて詳しく検討していくこと）（Berger & Kellner 一九八一＝一九八七：七六；佐藤 二〇〇八：一二二）も行ない、分析の質の向上に努めた。

1　親世代へのインタヴュー調査の概要

（1）調査期間と調査対象者へのアクセス

調査期間は二〇〇八～二〇一〇年の約三年間で、四一名にインタヴュー調査を行なった。調査対象者は①インターネットを通しての募集、②関連するシンポジウムなどでの直接依頼、③自助グループあるいは知り合いからの紹介、という三つの方法で行なった。

（2）理論的サンプリングと調査対象者のプロフィール

親世代は理論的サンプリングが可能であったため、七つの類型に合致する調査対象者への調査を実行した（六章）。調査対象者を、養子縁組を選択した事例、養子縁組を選択しなかった事例ごとに、さらに不妊治療経験の有無、最終的な選択肢で整理すると、次頁の通りになる（図表４）。なお、本書での不妊治療とは、体外受精だけではなく、人工授精も含んでいる。

実際に養子縁組をした後の親子関係については、養子縁組を選択した一八事例を中心に分析を行なった。養子縁組のなかには特別養子縁組だけでなく普通養子縁組も含まれているが、普通養子縁組の場合も、冒頭で述べた「実子のいない夫婦が子どもを育てる目的で乳幼児と養子縁組を行い、養親が養子に告知を行い、継続的に養親子が実親と交流がない」タイプの養子縁組に該当する（ちなみに実親と交流のある事例はすべて特別養子縁組である[15]）。

本書の親世代の分析対象は子どもが欲しいと考える不妊カップルであり、調査対象者は基本的に実子のいない夫婦に統制している（ただし、親子関係の比較のために実子のいる養親にも一事例インタヴューを行なっている）。各事例のプロフィールは六、七章を参照されたい。

（3）半構造化面接

調査に先立って、調査目的と内容、得られた情報の扱いを協力者に説明し、同意を得た。カップルそれぞれの属性（年齢、学歴、職業、居住状況、宗教）、不妊治療経験（経験の有無、不妊期間、内容）についてはフェイスシートを用意し、記入してもらった。

インタヴューでは、①不妊治療に至った／至らなかった経緯、②不妊治療の内容、③周囲（親族・友人）の反応、④意識転換の経験があれば、その契機と内容、⑤なぜほかの選択肢を選ばなかったのか、については全員に聴取し、養親になった事例と里親になった事例では⑥子どもを迎えるまでの気持ち、⑦夫婦で話し合ったこと、⑧親族の反応、⑨地域の反応、⑩子どもを迎えてから現在に至るまでの気持ちと経験、⑪告知や子どものルーツ探しへの対応、⑫子

養子縁組を選択した	不妊治療あり		7事例
	不妊治療なし		11事例
養子縁組を選択しない	不妊治療あり	不妊治療の継続	7事例
		子どものいない人生	3事例
		里親	3事例
	不妊治療なし	子どものいない人生	5事例
		里親	5事例

図表4　事例の類型

どもとのエピソードなどについて時系列的に語ってもらった。

調査対象者四一名中、四名は電話で、二名は電子メールで調査を行なった。リアルタイムでの質疑応答が不可能な電子メールでの調査の場合、基本事項以外は質問項目に対して主に自由回答形式で答えてもらい、返答内容に応じて再度メールで質問を行い、数回にわたってメールをやりとりした。

なお、インタヴューは夫婦単位でのインタヴューが九事例、夫のみのインタヴューが二事例、妻のみのインタヴューが三〇事例であった。

(4) 分析

コードマトリックス作成にあたっては養子縁組が選択／排除されるプロセスについては、各選択肢（養親、里親、不妊治療、子どものいない人生）への意見、選択をめぐる人間関係（夫婦関係、親との関係）、親子関係に関わる意識などでコードを作成した。

子どもを迎えてからの親子関係については、子どもへの認識、告知、ルーツ探し、生みの親への認識、親族の反応、社会の反応、制度への要望でコードを作成した。

2　子世代へのインタヴュー調査の概要

(1) 調査期間と調査対象者へのアクセス

調査期間は二〇〇七～二〇〇九年の約三年間で、一〇名にインタヴュー調査を行なった。調査対象者は①養子縁組や里親制度をテーマにしたインターネットのソーシャルネットワークサービスを通じて得られた協力者、②養子縁組の研究会および里親子支援のＮＰＯを通して紹介された協力者である。

（２）理論的サンプリングと調査対象者のプロフィール

調査対象者は調査倫理上の配慮から、精神的に不安定な思春期を終えたと考えられる一八歳以上の養子に限定した。また、調査対象者は特別養子縁組によって養子になった者に統制されていないが、それは特別養子だけ選別してサンプリングすることが実際には困難であったという調査上の制約に加えて、既述したように、本書は〈子どものための養子縁組〉というカテゴリーで本書の対象を切り出しているのであり、普通養子が混ざっていても、実子のいない夫婦が、「乳幼児の養子を引き取り、養親が養子に告知を行い、継続的に養親子が実親と交流がない」タイプの養子縁組（このタイプの養子縁組が〈子どものための養子縁組〉で多く、また、不妊治療との競合関係や子どもの出自を知る権利が論点となっている）であれば、分析上特に問題がないと判断したことによる。[16] 各事例のプロフィールは八、九章を参照されたい。

（３）半構造化面接

調査に先立って、調査目的と内容、得られた情報の扱いを協力者に説明し、同意を得た。

本人の属性（年齢、性別、親子分離・措置時の年齢、婚姻状況、学歴、職業、居住状況、宗教）、配偶者がいる場合は配偶者の属性（年齢、学歴、職業、宗教）、養親の属性（年齢、学歴、職業、宗教、養親の婚姻状況）、キョウダイの属性（関係、性別、年齢）、生みの親などの情報（出生地、誕生日、親子分離・措置前の状況、あっせん団体、病歴、親子分離・措置の理由）の有無、生みの親探しの経験の有無、などについてはフェイスシートを用意し、記入してもらった。

インタヴュー調査では主に①告知の時期と内容、②養親子関係、③ルーツ探しと実親子関係、④今後の家族関係の展望、⑤養子であることの葛藤や違和感、の五項目について半構造化インタヴューを行なった。インタヴューでは、記憶が遡れる幼少期から現在に至るまでの親子関係を時系列的に語ってもらい、そのなかで上記五項目について適宜質問するようにした。調査対象者一〇名中、一名は電話で、二名は電子メールで調査を行なった。リアルタイムでの質疑応答が不可能な電子メールでの調査の場合、基本事項以外は質問項目に対して主に自由回答形式で答えてもらい、返答内容に応じて再度メールで質問を行ない、数回にわたってメールをやりとりした。

（4）分析

コードマトリックス作成にあたっては属性、養親子関係、社会との関係、生みの親の定義、生みの親への態度、世代間再生産でコードを作成した。

以上が本書の分析対象とデータである。では、四章から実証分析に入っていこう。

第四章　特別養子縁組の立法過程における専門家言説とレトリック

前章まで、本書の課題、先行研究、分析視点、対象と方法について論じてきた。本章からは実証分析に入る。特別養子縁組の立法によって、日本社会に〈子どものための養子縁組〉が公的な制度として登場した。この制度の登場によって、どのような認識枠組みが形成され、どのような専門家言説が養子縁組に導入されたのだろうか。また、養子縁組が「子どものため」に再構築されていく過程に〈血縁〉はどうかかわったのか。

本章では、特別養子縁組の立法過程において、①血縁と親子関係との関連がどのように考えられたのか、②その際にどのような知や言説が動員されたのかを明らかにする。①と②を明らかにするため、特別養子縁組の立法をめぐる議論を対象に、特別養子縁組の立法が可能になった時代的背景と立法の際に用いられたレトリックを分析する。

結論を先取りすると、特別養子縁組の立法に伴って登場したのは、血縁と親子関係を分離し、血縁と「アイデンティティ」を接続する新たな認識枠組みである。この枠組みによって、〈血縁〉には子どもの「アイデンティティ」という新たな意味付けが付け加わることになった。また、このような枠組みが形成された背景には、特別養子縁組を普通養子縁組と差異化するために、排他的な親子関係（「親子とは一組である」）を形成するという条件があった。

ある養親の自助グループは特別養子縁組を「親子関係を『血縁主義』から『愛情主義』へと転換するもの」（絆の会 一九九七：iv）と評価しているが、本章の分析を通じて、血縁と親子関係との接続がどのような側面において強固であるのか、また、いかなる文脈のもとで、いかなるレトリックを用いて、血縁と親子関係を分離したのかが浮かび上がってくるだろう。そのような意味で、本章は法律が非血縁親子を構築しようとする時に、どのように〈血縁〉が浮上するのかについての事例のひとつとして読むことができる。

一　立法の経路依存性

1　現行の条文

まず、特別養子縁組の条文およびそれに対する法務省民事局の解説を通して、特別養子縁組の特徴のうち本書にとって重要な部分を確認したい。

特別養子縁組の特徴が明確になるよう、普通養子縁組と比較しながら、解説する（図表1）。

特別養子縁組の特徴は、第一に、実親子と核家族をモデルとした親子形態を形成することである。特別養子縁組では、原則として六歳未満の低年齢児が養子となり、養親は必ず夫婦でなければならない（民法第八一七条の三【養親の夫婦共同縁組】）。夫婦と低年齢児という組み合わせが求められるのは、血縁関係のある一般的に「自然」と考えられているような親子形態がモデルとなっているからである。また、夫婦が条件になった理由は「父母ともにそろった家庭を与えることが特別養子の成長のうえでのぞまし」（土屋　一九八七b：一三）く、「戸籍上自然な記載ができる」（細川　一九八七：五〇）からと解説されている。このように特別養子縁組では実親子に加えて核家族が親子・家族のモデルとなっている。

一方、普通養子縁組では、養子の年齢および養親の年齢に制限はない。単身者であっても養親になることができる。普通養子縁組においては、特別養子縁組が想定しているような実親子・核家族モデルは存在しない。このように、特別養子縁組と普通養子縁組では制度が想定している親子観に差異がある。

第二の特徴は、親子関係である。特別養子縁組とは、養親との間に実親子と同様の関係を形成する養子縁組のことであり（土屋　一九八七a：五）、実親子間の法的な権利義務は特別養子縁組の成立と同時に消滅する（民法第八一七条の九【実方との親族関係の終了】）。特別養子縁組成立後には基本的に離縁ができず（民法第八一七条の一〇【特別養子縁

		普通養子縁組	特別養子縁組
目的		明示されていない	子どもの福祉を重視し、子どもの利益を図るため
施行年		1898年	1988年
縁組の要件	養親	単・独身者も可	婚姻している夫婦（夫婦共同縁組）
	養親の年齢	成年（婚姻による成年も含む）	夫婦の一方が25歳以上
	養子の年齢	制限なし	原則として、申立時、6歳未満
	父母の同意	親権者の同意が必要	父母の同意が必要（非嫡出の子で、父の認知がない場合、父の同意は不要）
	縁組の必要性（要保護要件）	特になし	父母による養育ができず、子どもの監護が著しく困難または不適当
縁組の手続き	試験養育期間	特になし	6ヶ月以上の養育期間
	縁組の方法	契約型（当事者の合意により成立）	審判型（審判により成立）
縁組の効果	実父母とその血縁との親族関係	存続	終了
離縁	要件	当事者の協議でいつでも可	原則として認めない（縁組の継続が積極的に子の福祉を害するという具体的事実がある場合のみ可）
	申し立て	養親または養子（15歳以上）	養子（15歳以上）、実父母、検察官（養親からはできない）
		15歳未満は法定代理人（代諾）	
戸籍の記載	父母欄	実父母と養父母の氏名（2組の親）	養父母の氏名のみ（1組の親）
	続柄	養子・養女	実子と同様
	身分事項欄	養子縁組事項の記載あり	養子縁組という言葉は記載なし（民法817条の2による裁判確定日の記載あり）

図表1　特別養子縁組と普通養子縁組の比較　出典：横田（2001）に筆者が若干の修正を加えた。

組の離縁】)、一度成立したこの一組の親子関係は容易には解消できない。容易に離縁ができない理由は、実親子も離縁できないこと、離縁が容易であると実親子同様の強固な親子関係の形成に支障があると考えられたからである(細川 一九八七:五二―三)。また、戸籍には養親の氏名のみ記載され、養子も実子と同じ形式で記載される。戸籍の記載の目的は、養親子のみが法律上の父母であることを明らかにし、養親子関係の心理的安定を図ること、また第三者による不当な介入を防止することである(土屋 一九八七b:一九―二〇)。

普通養子縁組では、子どもが未成年子の場合、養子縁組により親権が実親から養親に移るが、養子と実親の相続や扶養など法的な関係はそのまま存続する。換言すれば、法的には二組の親子関係(実親と養子、養親と養子)が並存する。当事者が合意すれば、離縁も可能である。また、戸籍の記載においても、普通養子縁組では、戸籍に養子であることが明記される。

なお、特別養子縁組における、このような排他的で解消できない一組の親子関係は「子どもの利益になる場合のみ」例外的に認められる(民法第八一七条の七【子の利益のための特別の必要性】)。「子どもの利益になる」というのは、「実父母との親子関係の終了が養子の利益となること」および「養親との親子関係の設定により養子の監護養育の状況が将来にわたり永続的、確実に向上すること」(細川 一九八七:五〇)の二点を満たすことを意味している。この条件を通常「要保護要件」というが、「要保護要件」が特別養子縁組の条件となっているのは、「実親と関係が断絶する」という重大な効果があるため(土屋 一九八七b:一二)、適切な理由もなく安易に養子縁組が行なわれないようにするためである。また、この特別養子縁組は当事者間の契約によってではなく、家庭裁判所の審判によって成立する(民法第八一七条の二【特別養子縁組の成立】)。

また、「実親と関係が断絶する」という縁組成立の効果の重大性から、父母の意思をあくまでも尊重し、(土屋 一九八七b:一四)実親の同意が特別養子縁組の条件になっている(民法第八一七条の六【父母の同意】)。なお、特別養子縁組を成立させるためには、縁組成立前に養親が養子を六ケ月以上養育している必要があるが(民法第八一七条の八【監護の状況】)、試験養育期間中であっても実親の親権は制限されず、審判が確定するまでは養子縁組に対する同意を撤回して、子どもを取り戻すことができる（土屋 一九八七b：一四）。このように、特別養子縁組が成立すれば、実親子間には一切の法的権利義務関係がなくなるが、それ以前の期間は実親の権利（親権）が重視されている。

第三の特別養子縁組の特徴は、血縁関係のない者の間に親子関係を創設することだけではなく、未成年の子どもを養育することも目的としていることである。特別養子縁組では、養子となる子どもは未成年子であり、養子の養育を行なわないような養子縁組は認められない。一方、普通養子縁組では、制度の目的が民法に明記されていない。また、子どもの養育を行なわず、単に相続や扶養などを目的としていても養子縁組を利用できる。さらに、養子が未成年子である必要はなく、成人同士による養子縁組も可能である。このように子どもの養育を制度の前提としているか否かによって、二つの養子縁組には要件と効果に差異がある。

以上が特別養子縁組の特徴であるが、「厳格に過ぎて（養子の年齢制限、成育事情の限定、審判書の記載方法など）〔中略〕現代的でない」（湯沢 二〇〇一a：五）とも言われている。法務省側は要件を厳しくして入口を狭くした理由として「うっかり特別養子というものを広げて後で離縁になるようなケースが非常に多くなっては困る〔中略〕まず最初は慎重に要件を決めてその運用によって考えていきたい」（衆議院法務委員会一九八七年八月二五日千種秀夫政府委員の発言）と「安全策」を取ったことを理由として述べている。

養子縁組をどのように規制するかは養子縁組の政策上の大きな論点の一つである[1]（Fisanick 二〇〇九）。要件が厳しいと養子縁組を利用できる場合が非常に狭く限られて、あまり利用されず、逆に要件が緩く容易に養子縁組ができる場合では、大人の意向で子どもが取引されたり、養子縁組あっせんが市場化されて人身売買に近づいたりする恐れもある[2]。養子縁組の規制には、当該社会の家族法、福祉制度、医療制度なども勘案した政治的判断が求められる。

では、上述した特徴をもつ特別養子縁組はどのような背景のもとに立法されたのだろうか。以下では特別養子縁組の内容に影響を与えた要因について検討していこう。

2　立法の背景と制約条件

特別養子縁組が実際に立法に至ったのは一九八二年からの法制審議会での議論を通じてである。[3]一九八二年に法制審議会民法部会身分法小委員会で、養子縁組についての検討が始まり、[4]一九八七年に立法に至った。

特別養子縁組の内容に影響を与えた背景として、①〈子どものための養子縁組〉の構築、②普通養子縁組との差異化、③実子入籍の合法化、④海外の立法の動向の四点について説明したい。

(1)〈子どものための養子縁組〉の構築

特別養子縁組立法の背景には、養子縁組を「子どものため」の制度にするという動機があった。欧米では第二次世界大戦後、「親のない不幸な子どもに親らしい親を与える」という「近代養子制度の理念」(沼　一九五九：七)によって養子縁組が要保護児童のための児童福祉制度として再構築されていた。「最良の施設があたえうる生活よりも家庭的環境が子の成育のために絶対的にすぐれていることは自明の理である」(青山　一九五一：一〇)というイギリスの「立法の動機」が日本に紹介され、日本の養子縁組は欧米の動向と比較して未だに不徹底だと指摘された。

では、「子どものため」の養子縁組の内容はどのように構想されたのだろうか。特別養子縁組には、普通養子縁組および実子入籍との差異化が求められていた。

(2)　普通養子縁組との差異化

本書三章でも述べたが、単に親のいない子どもに親を与える目的であれば、従来の普通養子縁組でも十分に目的を果たせる。しかし、普通養子制度は養子となる子どもの福祉を目的として立法されているわけではなく、相続や扶養などの目的にも利用できるため、「『家』制度の残滓をとどめていて、恵まれない子に親を与える、という近代的な養子法としては、必ずしも十分なものではない」(土屋　一九八七b：四)と主張された。ここでは、「普通養子縁組＝家のため」「特別養子縁組＝子どものため」という図式が設定され、普通養子縁組のほかに、新たに子どもの福祉のために特別養子縁組を設けることが立法の目的とされた（土屋 一九八七ａ：五）。

（3）実子入籍の合法化

また、実子入籍との差異化も立法の目的だった。実子入籍とは「わらの上の養子」ともいわれ、生後間もない他人の子どもを引き取って、夫婦の嫡出子として出生届をし、そのまま「実子」として養育する慣習である。実子入籍は戦前から頻繁に行なわれていたが、虚偽の出生届を防止する意図で、戦後に改正された戸籍法では、医師、看護師などの出産立会者が出生証明書を届出書に添付しなければならなくなり、実子入籍に規制がかけられた。しかし、実際には実子入籍は一九五〇年代ごろまで数多く行なわれていたといわれており、特に戦後直後の時期は、戦災孤児や棄児などが養護施設や乳児院から実子入籍によって引き取られていく場合も多かったという（菊池 一九九七：一五五）。

実子入籍は、違法であるだけではなく、子どもが成人後に遺産相続などをめぐって親子関係不存在確認の訴えが起こされるなど、法的なトラブルが頻発して問題となっていた（久留 一九六〇：二一七）。[5]虚偽の出生届による親子関係では、養子縁組の効果も認められず、法的にはその親子間に何の権利義務関係も発生しない。そのため、他人が生んだ子どもを戸籍に「適法に実子と記載する制度を正面から認めて」（我妻ほか 一九五九ａ：六七）[6]そちらに誘導する、すなわち、実子入籍という慣習をある程度合法化する制度を新たに設けることで、親子関係不存在確認の訴えに巻き込まれる子どもを救済し、同時に実子入籍を規制しようとする意見が法学者の間に存在していた。また、実子入籍という慣習は「国民のあいだに他人の子を自分の子と同様にして養育したい、というかくされた願望」（土屋 一九八七ｂ：一〇）の現われだと解釈され、それを法律的に認めていこうという議論があった。

（4）海外の立法の動向

さらに、実子入籍は日本独自の慣習ではなく、「嬰児を貰い受けて、実親との法律関係を絶ち、全く自分たちの夫婦の子と同じ法律関係をつくるだけでなく、出生証明書などにも自分たちの子と記載する制度が、フランスやアメリカにあ」（我妻 一九五九：二二）り、「諸外国にみられる孤児の救済とか、私生児救済のための養子についての一つの立法の方向と合致する」（我妻ほか 一九五九a：六八）と、海外の動向が特別養子縁組を立法する根拠として主張された。一九八七年に入って国会での質疑応答においても「私どもの今度提案しております特別養子制度はヨーロッパの後を追っていくもので、決して異質なものではない」「ヨーロッパの養子制度が、この協定の中にも盛られておりますように子の福祉ということを中心に、今で言います特別養子というものを中心に発展してきたことを受けまして、やはり日本でも養子制度をそういうふうに改善すべきではないかということが主として学説を中心に議論されてきたわけでございます」（一九八七年八月二五日 衆議院法務委員会での千種秀夫政府委員の発言）と再三、法務省民事局から答弁がなされている。このように、特別養子縁組の法制化の正当性については、日本の慣習と海外の動向という二つの点からも主張された。

二 主な論点と論争のレトリック

三章で述べたように、特別養子縁組に関する法制審議会での議論は、①一九五七年から一九五九年、②一九六二年から一九六四年、③一九八二年から一九八七年の三回にわたって行なわれている。しかし、最初の二回では意見がまとまらず、特別養子縁組の立法は一九八七年まで持ち越された。また、法制審議会で議論は行なわれていないが、一九七三年には産婦人科医の菊田昇医師が実子あっせんを公表したことで、国会や新聞や雑誌などのメディアで特別養子縁組についての議論が行なわれた。当時は、菊田医師が「赤ちゃんの生命を守るためにも実子特例法を制定するなど立法の措置を取ってほしい」と訴えたことにより実子特例法制定運動が行なわれ、新聞などでは特別養子法ではなく、実子特例法[7]という名称も使用された（中川 一九七六：五〇）。

以下では、特別養子縁組の立法過程で行なわれた議論の分析を行なう。しかし、本章の目的は特別養子縁組の立法過程そのものを再構成することではない[8]。本章の目的は、立法をめぐる議論のなかで、「子どものため」／親子関係／〈血縁〉の関連が、家族法という枠のなかでどのようなものとして認識され、その際にどのような知や言説が動員されたのかを浮かび上がらせることである。そのため、上記の問題関心に合う部分に焦点化して議論を再構成する。

具体的には、「子どものため」という目的から議論された特別養子縁組の内容（要件と効果）について再構成する。再度確認すると、特別養子縁組では二組の親子（養親と養子、実親と養子）ではなく一組の親子（養親子）を形成するということが前提で議論が進んだ。二組の親子関係を維持させるならば普通養子縁組という制度がすでに存在しているためである。そして、実子入籍の合法化と海外の立法動向から設定された特別養子縁組の特徴的な内容、すなわち①実親と法的に断絶すること、②養子を戸籍上実子と同様に扱うこと、③養親子が離縁できないこと、という特徴について、それらが「子どものため」か否かをめぐって議論が行なわれた。

これらの点に関してどのような論争がどのようなアクターによって行なわれたのかを、賛成論と反対論に分けて再構成する。また、最終的に法務省民事局が作成した法案の決定にどのような政治的背景があったのかについても、適宜、記述したい。

1　「子どものため」と戸籍の記載

特別養子縁組立法の最大の争点となった戸籍の記載に関する議論から確認していこう。国会では、法務省民事局の官僚が「戸籍をどういうふうにつくるかということ、これが実は特別養子をつくる場合の一番の難関でございまして」（一九八七年八月二五日　衆議院法務委員会での千種秀夫政府委員の発言）と述べているが、特別養子縁組の立法は、戸籍の記載についての議論がまとまらなければ不可能であったとも言われている。

（1）賛成論

戸籍の記載を実子と同様にするという案に対する賛成論から見ていく。賛成論の論拠は大きく分けて四つあった。

まず挙げられるのは、子どもに親は生みの親であると思い込ませた方が親子関係はうまくいくという論拠である。これは主に一九五〇年代に主張された。「生まれて、すぐとかあるいは三つとか四つとか、非常に小さいときから、養子にして、それを自分の実子と同じように育てたいという親が相当多[9]」（我妻ほか 一九五九b：三）く、さらに「戸籍の上で養子ということがわかると、親子の関係があとでまずくなったりすることがあるので、戸籍の上でも実子にしておきたい[10]」（我妻ほか 一九五九b：三）という親の願望があると論じられた。また、「戸籍の場合には、真実の親だと思いこませようとする積極的な意味がある」（我妻 一九五九：一二三）という主張にみられるように、ここでは法律上も実体上（日常生活の上で）も、養親が生んだ子どものように思わせる（＝出産を偽装する）ことが良好な親子関係のためには望ましいと考えられている。そして、このような戸籍の記載は「親の希望を満たすと同時に、他方では子供の保護にもなりえるのではないか[11]」（我妻ほか 一九五九b：三）というロジックで、子どもの保護と接続して主張された。ただし、このような主張は一九七〇年代以降、聞かれなくなる。

次に、捨て子・婚外子であることを隠すという論拠である。「断絶された子供には戸籍上は実親がいないことになり、捨子を公示することになるから、子供の幸福のためには、養親が戸籍上〝実親〟に代わることが望ましい」（菊田 一九七八：一三七）と、子どもが孤児や婚外子であることを隠すことが「子どものため」であるという主張は、進学、就職などで戸籍を提出する機会が多かった時代背景も影響している。

第三に、実母のプライバシーを保護するという論拠である。これは一九七〇年代に産婦人科医である菊田昇が口火を切った実子特例法が議論されていた際に主張されたことである。「婚外の子を救うためには未婚の母に保護を与えなければならない。なぜなら、未婚の母を追いつめることは、とりもなおさず胎内の子、又は彼女に育てられている子供を共に追いつめることになるからである」（菊田 一九七八：一三二）というように、産みの母の保護は子どもの保護であるというロジックが用いられている。ただし、この主張はあまり広がらなかった。

第四に、ほかの論拠とは少し位相が異なるが、「実子」という記載は、生んだ子どもという意味ではなく、「国家による親子の承認である」という論拠もあった。これは一九七〇年代から主張され始めた意見である。それ以前は、

「実子にする」とは単なる「実親子」を模倣する（=情緒的に結びつき、排他的で解消できない親子関係を作る）だけではなく、生んだ子であるかのように偽装することでもあった。しかし、後に「実子にする」の意味が変化していく。例えば、「戸籍即ち生物学的な血統書ではなく、また現在の戸籍が真実の血統関係全部を反映しているとは必ずしもいえ」[12]（中川ほか 一九七六：七）ないことから、「この子こそ自分の子供だという気持ち、また子にとってこのお父さんお母さんこそ本当のお父さん、お母さんなのだという感情があれば、法律は実親子のタイトルをこの養親子に与えてよろしいのではないか」[13]（中川ほか 一九七六：七）と主張されたのである。

以上の四つ以外にも、「外国に先行事例がある」「外国では特別養子制度のような養子制度が主流である」と、欧米諸国と足並みをそろえるべきだという賛成の論拠があった。

以上のように、賛成論には、単に子どもの保護を重視する意見だけではなく、養親の願望や実母の願望を子どもの保護と接続する意見や、法制度の発展を企図する意見などがあった。次に反対論を見ていこう。

(2) 反対論

反対論の論拠は大きく分けて三つあった。まず、最も強力な反対論の論拠として、戸籍の信頼性を損なうというものがある。戸籍の信頼性を問題視する論拠は主に、①近親婚が防げなくなる、②戸籍係が血統調査をできなくなる、の二点であった。そのほか、血縁関係のない子どもを「実子」と表記することは、民法の法体系の根幹に関わるため、法務省からは修正が民法すべてに及ぶ可能性に対する懸念が表明された。法務省からは「実親子関係がない他人の子供を自分の子供であるというふうな形で身分関係を偽って、戸籍上実親子の記載をするという意味での実子特例法というのは、これは親族法、相続法あるいは戸籍法の根幹に触れる問題でありまして、私どもとしては、そういった虚偽を基礎にして身分関係を形成していくというわけにはまいらないのではないかと考えます」[14]という意見が出された。

次に、親子関係に悪影響があるという論拠である。戸籍に実子と記載することに対しては、①後で子どもが養子であることを知った時に、養親との親子関係が悪くなる、②養子であることを明示しなければ、安定した親子関係は作れない、③戸籍の記載と親子関係の良し悪しは無関係である、という批判がなされた。「なぜ養子であるのにそれを実子となぜ書かなければいけないのか、そこが一番本質的なことだと思う」[15]（中川ほか 一九七六：三二）という批判や、「養子・養親関係が唯一安定した恒久的親子関係となるか否かは、戸籍記載内容とはおよそ無関係」（星野 一九八六：八四）であるという批判があった。

そして、子どもの「アイデンティティ」が保障されないという論拠である。一九七〇年代頃から徐々に戸籍の記載について、従来、議論されていた親子関係が上手くいく／いかないという水準の問題ではなく、子どもの「アイデンティティ」という観点から反対論が出てくるようになる。「実親を隠すという発想に対しては、近親婚の弊害よりも、子供は自分の親を知る、自分の出生を知る権利があるというのが、最近のアメリカの制度についての問題であるというふうに伺っております。イギリスの一九七二年の養子法に対する報告でも、やはり子供の自分の出生を知る権利というものは認めるべきだということも出ているように伺っております」[16]（中川ほか 一九七六：九）と、海外の動向を踏まえた反対論があった。

（3）賛成論と反対論の調停

結果として、養子は実子と同じように戸籍に記載される（養子という記載なし）ことになった。しかし、実親の戸籍には出産の事実が記載され、養子は戸籍を通じて実親をたどることができることになった。では、このような折衷案はどのように作られたのだろうか。

まず、戸籍の記載は技術的に解決できると説明された。戸籍の記載に関しては、「今まで戸籍の窓口で養子の義（ママ）の字、養父の義（ママ）の字が書いてあるのを関係者が非常に嫌う」[17]ため、実子と同じ戸籍の記載を希望する養親希望者のニーズを満たすという観点からも、戸籍に実子と同様の記載がなされることになった。しかし、一方で、戸籍の索出機能を損なわないよう、子どもが特別養子であることが知ることができ、実親の情報（氏名と本籍地）を戸籍からたどれるように配慮した仕組みが考案された。

戸籍の仕組みを説明すれば、まず、子どもは実親の戸籍に入籍し、その後、実親の本籍地に子どもを筆頭者とする単独戸籍が編成される。子どもはこの戸籍から養親の戸籍に入籍し、単独戸籍は除籍となる。子どもは除籍となった単独戸籍から実親の戸籍を検索できるようになった。このような仕組みは「特別養子が成長して実親が誰であるかを知りたいときは、除籍簿（B戸籍《ママ》）をつうじて実親の戸籍をたどることができる。いわゆる特別養子の実親を知る権利（アイデンティティを知る権利）を保障したものである」（土屋 一九八七b：二〇）と説明された。

そして、この記載法は告知を前提とすると説明された。子どもは戸籍から実親の氏名と本籍地をたどれる仕組みとなっている。しかし、戸籍をみる機会がなければ、子どもは自身が養子であることに気づかないであろう。そこで、養親は子どもに養子であると告知をするという前提が議論に持ち込まれた。しかし、「子供に養子であることを知らしめるということは、親子関係の正常な発展のために親子関係だけ考えていくべきでございまして、それには子供の発育の状況とか親に対する感情とか家庭の環境とか、そういう中でしかるべき時期にしかるべき方法によって親から直接に教えてやるということが必要なわけでございます。それは全く家庭内の問題として考えていただきたいとおもうのでございます」[18]と説明され、告知が法律で義務付けられることはなかった。

さらに、このような戸籍の記載は、養親子関係の心理的安定を図るためとして説明がなされた。戸籍の記載に対しては、①第三者の介入を防げる、②戸籍によって養親が唯一の親であることを公示することで養親子関係が安定する、と説明された。「子供が養子になった場合に、実方と養方といいますか、その二つの、法律関係、身分関係が生ずるということが実際は非常に不安定になっておるという指摘、批判がございました。やはり子供としましては、特に小さいときは自分の親というものは一緒に住んでいる両親が自分の親である、そういう精神的な安定感というものを持っていませんと養育上非常によくないということが指摘されております」[19]と、子どもの心理というレトリックで、実子と同じ記載とすることが説明された。

まとめれば、戸籍の記載をめぐっては、（戸籍の信頼性という論点を除き）養子を実子と同様に記載することが養親と子どものために良いのか／悪いのかについて議論が行なわれた。結果として、戸籍では養親が唯一の親であると公示することが子どもにとって良いという結論に達したのである。

2 「子どものため」と実親子関係の法的断絶

次に実親子関係の法的断絶についての議論をみてみよう。実親子関係については、「縁組成立後も実方との法律関係を存続させることは相当か」について検討された。既述したが普通養子縁組では、養子は養親の嫡出子の身分を取得し、養親の氏を称し、未成年者の養子は養親の親権に服するが、それ以外の親族関係は影響を受けない。そのため養子は、相続及び扶養に関しては、養親及び実親と二重の関係をもっていた。一方、当時の欧米先進諸国の事例[20]では、子どもと実親との法律関係を断絶する制度の方が多かったため、実親との法律関係を維持するのと断絶するのとでは、どちらが「子の福祉にとって有益であるかを、国民意識をも踏まえながら」慎重に検討することが求められていた（大森 一九八三：三二）。

（1）賛成論

実親との法律関係を断絶するという案に対する賛成論から見ていく。賛成論の論拠は大きく分けて三つあった。

まず、実親からの干渉を防ぐ／子どもが後に紛争に巻き込まれるのを予防するという論拠である。これは一九五〇年代～一九八〇年代を通じて主張された意見である。普通養子縁組では二組の親子関係が維持されることで、「双方に相続関係、扶養関係などをもつことは、無用な紛争に養子を捲き込むことになるかもしれない」（床谷 一九八六：二三）ということが懸念された。例えば、子どもの養育に干渉されたり、また子どもが成人後は相続・扶養をめぐって法的紛争に巻き込まれたりする可能性が高いと考えられていた。そのため、「あとで実親の方から何か文句をいってきたりすることがないようにする」[21]（我妻ほか 一九五九b：三）ことが「子どものため」に必要だと主張された。

次に、実母を保護する・実母による子殺しを防止するという論拠である。これは、一九七〇年代に産婦人科医の菊田昇によって強力に主張された論点である。菊田は、実親子関係の断絶を子どもの保護という観点からではなく、実母の保護という観点から主張している。「日本では昔から血縁信仰があり〔中略〕〝腹をいためた母〟が子を捨てたいなどとは〝もっての外〟という原則論を固執してきた。追いつめられた母子を積極的に救済するよりも、そのような身勝手な母をもっと懲らしめなければという意識が強かったのであろう。そこで、子供と断絶を求める母は嬰児殺によって、その目的を果したしたのである」（菊田 一九七八：一三八）という主張がなされた。しかし、実母に配慮することの論点は立法の議論の場で広く共有されることはなかった。

最後に、二組の親がいるのは子どもにとって精神的に好ましくない／排他的な関係性によって養親子の心理的安定が図れるという論拠である。これは一九八〇年代から強力に主張され始めた議論である。「親は養親だけである、他に親はいないということに法律上もなっていて、はじめて、親子関係は心理的にも安定し（里親ではここまでいきにくい）、それはいうまでもなく子どもの福祉にきわめて大きく貢献する」（米倉 一九八四：三〇）、「子にとって、二組の親が存在することは精神的にも好ましくないことが多い」（床谷 一九八六：二三）と、実親からの干渉を防ぐ／子どもが後に紛争に巻き込まれるのを予防するという論拠が心理学的な専門家言説で補強された。養親に対する配慮でも、実親に対する配慮でもなく、子どもの心理に配慮する専門家言説が一九八〇年代に入ってから前景化しはじめたといえる。

以上、引用してきたように、賛成論では、一組の排他的な親子関係を作ることで、養親が安心して子どもを養育できることが利点として強調された。実母の保護も主張されたものの、その主張が大きく広がることはなかった。次に反対論を見ていこう。

（2）反対論

反対論の論拠は大きく分けて三つあった。まず、実親子間の権利義務を奪うという論拠である。一九五〇年代から一貫して主に法律家から主張されている反対論である[22]。例えば、実親が資産家の場合、実親子間を断絶することは、養子となる子どもの不利益となるのではないかという主張があった。実親子には法律的な権利義務関係が発生するため、法律家がその法的断絶に敏感になるのは当然ではある。

次に、親子の情愛に反しているという論拠である。特別養子縁組の立法の実現を目前にした一九八〇年代に出てきた反対論である。「問題なのは、子どもに対する愛情をもちながら、自ら育てることができず、他人に養育を頼みたいと思っている親の場合に、親子関係を切断することは酷ではないか」（床谷 一九八六：一二三）と、血縁を基盤に発生すると考えられている親子の愛情に着目した主張がなされた。

最後に、子どもの「アイデンティティ」が保障されないという論拠である。これも一九七〇年代後半から一九八〇年代に出てきた反対論である。戸籍上、養子を実子と同様に記載することや実親子の法的断絶に対する反対論として強く押し出されたのが、この立場であり、血縁の新たな意味づけとして、血縁関係から生じるとされる子どもの「アイデンティティ」やルーツを重視している。「法的関係を消滅させることが、子どもの出生の事実を遠ざけることになってしまってはいけない。私達は養子が自分の出生の事実を知ることは重要であると考え、真実告知の大事さを養親に話し続けてきた」（米沢 一九八六：三五）、「養子であることは隠しきれるものではありませんし、また、アイデンティティの確立のために自分のルーツを探ってゆく経過が避けられないことだとするなら、特別養子法が子どもにとってどういう意味をもたらすのだろうと考えずにはおれません」（岩崎 一九八四：七一）と、主に児童福祉の専門家から強く主張された。

（3）賛成論と反対論の調停

実親子の法的断絶については、戸籍の記載ほど法技術的な意味での立法上の障壁はなかったようである（土屋 一九八七b：一〇）。しかし、反対論があるなかで実親子の法的断絶を行なおうとする時に二つの条件が付加された。要保護要件と実親の同意である。

「要保護要件」とは「父母による養子となる者の監護が著しく困難又は不適当であることその他特別の事情がある場合において、子の利益のため特に必要があると認めるとき」（第八一七条の七）というもので、「生みの親が子どもを育てられるなら、育てるべきだ」という規範を条文化したものである。この要件は生みの親が特別な理由もなく、子どもを養子に出すことを防ぐ効果がある。この要件は、「特別養子縁組が成立すると、実父母との親子関係が断絶し、養親とのあいだに実子同様の関係が形成されることになるので、その成立には、それだけの要保護性を必要とする趣旨」（土屋 一九八七b：一三）と、法的断絶の効果の大きさから説明された。また、「養子縁組が子の福祉のためのものとするならば、原則として、要保護児童に限るべきであろう。〔中略〕親の監護に欠ける子のための養子法であることは、要件面においても明らかにすべきである」（床谷 一九八六：一二）と、普通養子縁組と特別養子縁組を区別する必要があることからも、この要件の必要性が主張された。区別する必要があった理由としては、第一に、「実親の監護に欠けるところのない子を特別養子とすることは、子にとってとくに必要なことであるといえるのか」（床谷 一九八六：二〇）という意見があったため、「特別養子制度の創設に反対する論者を説得するためには、他の制度では救済できない要保護性を明確にすることが効果的」（前田 一九八六：三〇）だったからである。第二に、そのような要件がないと、普通養子との区別がつかなく、児童相談所や家庭裁判所での実務が困難になるため、「家庭裁判所の縁組成立の判断基準を示す」（中川 一九八七：七四）という実務的な理由もあった。

「実親の同意」とは「特別養子縁組の成立には、養子となる者の父母の同意がなければならない」（第八一七条の六）というもので、「実親との法律上の親子関係が消滅するという重大な効果がともなう」ため、「とくに実親の同意を要する」こととされた（土屋 一九八七b：一四）と説明されているように、要保護要件と同様に法的断絶の効果の大きさから説明された。要保護要件も実親の同意も特別養子縁組に一定のハードルを課す条文である。

また、条文にはないが、実親子関係は法的になくなるだけで、当事者間の交流を妨げるものではないという説明もなされた。法務省は、実親との相続扶養などの権利義務関係は終了するが、「法律上の親子関係（親子のあいだの権利義務関係）を消滅させる、ということにすぎず、親子間の自然的な血縁関係や人間的な感情までもすべて否定してしまうものではない」（土屋 一九八七b：一一）と述べ、特別養子縁組後に実親と子どもが個人的に交流を保ち、扶養したり、財産を贈与したりすることまで妨げるものではないと説明している。

実親子の法律関係をめぐる議論でも、実親との法律関係の終了が子どもにとって良いのか悪いのかが議論された。結果として、第三者が介入できない、唯一の親子関係を法律で作ることが子どものために良いという結論となった。ここでは、排他的な一組の養親子を形成することが、実親子の血縁関係を維持させることよりも重要だと判断されたことになる。

3 「子どものため」と離縁

今度は離縁についての議論をみてみよう。離縁についても、賛成論と反対論が存在した。ちなみに普通養子縁組では当事者間が合意すれば離縁できる。

(1) 賛成論

離縁の賛成論は、人為的に形成した親子関係だから、という論拠であった。養子縁組はそもそも法律的に成立させた親子関係であるため、「血のつながる親子関係は切ることはできないが、人為的な養親子関係であれば別の取り扱いを望むのではなかろうか」(菊地 一九八六：四)と、離縁してもよいのではないかという意見があった。また、特別養子縁組の成立には子どもの意思が無視されるため、それを修正する(強制された関係を解消する)、という意味で離縁を可能にするべきだという意見があった。ほかには、子どもの養育に、不適当な条件がある時は離縁可という意見や、「特別養子が成年に達した場合については、より柔軟な扱いがあってもよいと思われる」(中川 一九八七：七九)と、成年になったら離縁は可能という条件付きで離縁を可とする意見があった。また、離縁の申立人についても意見が分かれ、申し立ては①養子からのみできる、②養子だけでなく、養親からもできる、などの意見の違いがあった。

(2) 反対論

反対論には、養子縁組の例外であるのだから、離縁してはならない、という論拠があった。「特別養子は、当事者

（養親）が望んだから成立したのではなく、子の福祉に適するため例外的に成立が認められたのである。従って、当事者の意思を基準にした解消を認める余地はないと考える」（前田 一九八六：三四）と、普通養子縁組は当事者間の意思による契約であり離縁が可能だが、特別養子縁組は当事者間の意思による契約ではなく、また例外的な養子縁組であるため離縁できないという意見があった。また、「協議離婚すらも認められず、終生縁が切れなくなっていてこそ（八一七条の一〇の定めるような特殊な場合は別である）、養親の腹もかたまろうというもの」（米倉 一九八七：九二）と、解消できない関係は、養育上のメリットとなるという意見もあった。

（3）賛成論と反対論の調停

結局、離縁については、「特別養子は、離縁をすることができない。これは実子と同様である」（土屋 一九八七a：七）と、実親子も離縁できないから、という説明がなされた。また、「離縁が許されると、養親子関係が安定せず、かえって子の福祉を害することにもなる」（土屋 一九八七b：二一）と、離縁が容易であると、実親子と同様の強固な親子関係の形成に支障があるから、とも説明された。結局のところ、特別養子縁組は実親子と同様の親子関係の形成を目指す制度であるという理由で離縁は原則的に不可となった。ここでは、実親子（に想定される）の親密性には、排他性だけではなく、非解消性も必要だと考えられていたことがわかる。

ごく限られた条件で厳しい条件をつくったということは、やはり養親子関係といいますか、特別養子の養親と子供とのきずなを緊密にして子供の精神的な安定を図り、そこに強固な親子関係を築いていこうということでございますから、それができるまでは要件は厳しいのでございますが、一たんできた以上は、それを容易に解除するということはかえって子の福祉のためにならないのではないか。そういうことから、入り口も狭いかわりに、離縁する方も厳格にする、そういうような関係で今回提案された制度ができておるわけでございます。（一九八七年八月二五日 衆議院法務委員会での千種秀夫政府委員の発言）

結局、制定された法律では、非常に限られた条件がそろった場合は離縁が可能となった。具体的には、①養親による虐待、悪意の遺棄その他養子の利益を著しく害することがあり、②実父母が相当の監護をすることができ、③養子の利益のため特に必要があると認められたときに、養子、実父母、あるいは検察官が請求して、家庭裁判所が特別養子縁組の当事者を離縁させることができる。このように厳しい条件を課すことで、離縁のハードルはかなり高くなっている。

4 「子どものため」と家庭環境

最後に、特別養子縁組の特徴ではないが、養子縁組を「子どものため」にする際に付加された条件について確認しておきたい。特別養子縁組は実親子と同様の親子関係を形成するというだけでなく、子どもの養育を目的とした制度でもある。そのため、子どもの家庭環境を通念的な核家族に近づけるか否かも論点となった。具体的には特別養子縁組の利用者を夫婦に限定するか、単身者にも広げるかということが論点となった。

（1） 賛成論

養親となれる者を夫婦に限定する賛成論には、初めからひとり親の家庭にするのは子どもの養育にとって良くないという意見があった。子どもの健全な育成のためには父母ともにそろった家庭を与えることが望ましい、と考えられたからである。「特別養子は子の福祉のために実子同様の生活環境を与えようとするものである。したがって、特別養子については、普通養子以上に、円満な安定した家庭生活を営んでいる夫婦が養親となる必要がある」（土屋 一九八七b：一二三）と説明された。また、「独身を特別養親とするときは、嫡出でない子をつくることになり、子の将来にとって好ましいことではない」（中川 一九七三：一七）、「戸籍上自然な記載ができる」（細川 一九八七：五〇）と、戸籍の記載について配慮する意見もあった。

(2) 反対論

養親を夫婦に限定する反対論については、「特別養子縁組の利用者の枠を狭める」という意見や、単身者であっても子どもの養育は可能であるという意見があった。「せっかく特別養子制度が乳幼児養子のための基本的制度であると位置づけるならば、制度上の枠をあまり狭くしないほうが妥当ではないかと思われる」(中川 一九八七:七五)という意見に加えて、さらに、「子どもの福祉を犠牲にして自然的家族の外観を要求することは妥当でない」(前田 一九八六:三二)と、養育機能と親子形態は無関係であると考えるほうが、制度の利用を促進させるという意見もあった。賛成論では、親子形態と養育機能は関係しているという立場で主張をおこない、反対論では、親子形態と養育機能は無関係であるという立場で主張を行なったといえる。

(3) 賛成論と反対論の調停

特別養子縁組がモデルとした欧米先進諸国の養子縁組では、単身者に養子縁組を認めている例もあった。しかし、法務省民事局は、「まずは安全なところから初めて、後で修正する」と、無難なところからスタートするというスタンスで、特別養子縁組の利用者を法律婚の夫婦に限定した。

ヨーロッパの養子協定あるいは各国においては、単身者に養子を認めている例がございます。養子一般の制度ということを考えます場合には、現在の我が国の普通の養子についてもそういうことは十分考えられるわけでございまして、特別養子の制度が養子の本流になる場合にはそういうこともまた考えなければいけない時期が来るかもしれないとは思うのでございますが、今回特別養子につきましては、先ほど来申し上げておりますように、かなり要件を絞って、まず安全なところから、大多数の方々の賛同を得ているところから制度を出発させようということでございますから、出発点におきましては子の利益をまず最優先に考えたい、そうしますと、その両親になる養親はやはり健全な夫婦であって、子供を養育するにまさに理想的といいますか、標準的と申しますか、そういう方が好ましいのではないか、これが一般の考え方であったように思います。（一九八七年八月二五日　衆議院法務委員会での千種秀夫政府委員の発言）

このように、①「標準的」な家族の形が望ましい、②無難・安全なところからはじめる、という理由に加えて、「独身者については普通養子をすることができることも考慮された」（土屋　一九八七ｂ：一三）と、独身者に養子縁組の道が閉ざされているわけではないことも主張された。

三　考察

ここまで、本書にとって重要な範囲で特別養子縁組の特徴をめぐる賛成論と反対論を見てきた。特別養子縁組が「子どものため」の制度であるということは大前提であったので、それぞれの論点について、どうするのが「子どものため」かを議論するという構成になった。また、賛成論も反対論も自らの主張に合致するような具体例をもちだして主張を行なった。

本章の冒頭で述べたように、特別養子縁組の立法に関しては、①〈子どものための養子縁組〉の構築、②普通養子縁組との差異化、③実子入籍の合法化、④海外の立法の動向の四点が立法の背景にあった。これらの制約のなかで、最終的な条文が成立したのである。

本章の最後に、本書のリサーチクエスチョンの一つである、（α）制度はどのように非血縁親子を構築するのか、という点について考察しよう。

特別養子縁組の特徴として挙げた、①実親と法的に断絶すること、②養子を戸籍上、実子と同様に扱うこと、③養親子が離縁できないこと、を親子関係に関する論点としてまとめ直すと、（１）二組の親か一組の親か、（２）特別養子縁組による親子を血縁関係のある実親子に同化するか異化するか、という二点にまとめ直すことができる。

1　二組の親か一組の親か

まず、特別養子縁組の立法過程では、普通養子縁組との差異化を目的としていた。普通養子縁組のように二組の親をもつと、実親の干渉によって養親子関係が被害を受けたり、扶養や相続の時になって問題が発生したりする可能性があるという前提があった。そのため、特別養子縁組では、排他的な一組の親子関係を形成すること自体に反対はほとんどなかった。そこで、二組の親が存在することは子どもにとって精神上望ましくないこと、また親子関係の非解消性・排他性が親子の心理的安定につながり、親子の心理的安定が「子どものため」であることが主張された。実親子間の法律関係を断絶させて、一組の親子関係を形成するための根拠として、「子どもの心理」というレトリックが使用された。しかし、子どもの心理状態に関する実態調査などは行なわれておらず、この論点に関するバックデータが公表された形跡はない[23]。現在では、二組の親か一組の親かという論点に対しては、「親が複数いると子どもが不安定になる／親が複数いても子どもが不安定にならない」と相反する議論が同時に主張されているが（Brodzinsky 二〇〇五）、特別養子縁組の立法化の過程ではこのような議論はほとんど行なわれなかった。

一組の親子関係を確定するために実親子の法的切断が行なわれるのと同時に起こったことは、①子どものスティグマ化と、②子どもの「アイデンティティ」と出自との接続である。一組の排他的な親子を形成することに反対がなくとも、実親と子どもの法律関係を断絶させるという点には反対があった。そのため、実親が安易に子どもを手放したり、また実親から安易に子どもが奪われたりしないように、実親（実質的には実母を指していることが多い）が子どもを育てるという原則が再確認され、「どうしても実親が育てられない場合」のみ子どもが特別養子になれることになった。このことは、「実親が育てるべきであるのに、育てなかった子ども」というように、子どもをスティグマ化してしまう効果がある。

また、普通養子縁組の場合には問題にならなかった子どもが実親について知ることが、子どもの「アイデンティティ」確立のために必要であると認識されるようになった。特別養子縁組の立法に先立って、養子縁組の実態調査（三浦一九八三など）が行なわれているが、普通養子縁組では、親族間での養子縁組や再婚後の連れ子が多く、戸籍にも実親の名前が書いてあるため、子どもの実親が誰なのかわからなくなるということがそもそも制度上の問題として論点にならなかった。特別養子縁組の立法を契機に子どもの「アイデンティティ」が立法の議論で主題化したといえる。ただし、これは法律上の問題として認識されているわけではなかった。特に告知については、「条文の上では、当然にはそういうことについては規定しておりません。それは法律上の問題ではなくてむしろもっと自然的な問題であって、そういう考え方を踏まえて法律を構成しろということであって、それを直接に法律に書くようなことではないのではないかというふうに考えております」（一九八七年八月二五日衆議院法務委員会での稲葉威雄政府委員の発言）と法務省民事局の官僚は答弁しており、子どもが実親について知ることが、子どもの「アイデンティティ」確立のために必要であるという認識が主題化したものの、告知については、それぞれの親が私的に対処することだと考えられたのである。

2　同化か異化か――「実子」の意味づけ直し

また、特別養子縁組の立法過程では、平等と差異の考え方が興味深い。養子を実子と全く同じように扱うということであるが、これを巡っては一九七〇年代に法律の専門雑誌上で興味深い議論が行なわれている。

養子を戸籍の上で「実子」と記載するか否かについては論争があった。「実子」と記載することに賛成する論者のうちには、「実子」の意味を通常の意味とは異なる意味で用いる論者もいた。例えば、法学者の中川高男は「実子」を「親子間に情緒的な結びつきがあること」という意味で用い、そのような関係に対する「国家の承認」が「実子」という戸籍の記載であるという主張した。しかし、「実子」という単語が血縁のある子、そして「本当の親子」という二つの意味を分かちがたく含むため[24]、本当の親子という意味でのみ「実子」を使用しようとしても、血縁のある親子という意味が同伴してしまう。中川は、このように自身が「実子」から血縁的な要素を脱色して論じているにもかかわらず、反対論者たちが「実子という記載にこだわるのは血縁主義的」と批判するのに対して、反対論者たちが

「実子」という用語と血縁を接続して考えているという点で、「血縁にこだわっているのはむしろ反対論者のほう」と再批判している。

ここで注目すべきことは、このような親子観にともなって生じた「実子」の意味の読み替えである。養親子間の心理的結びつきを強調する議論で使用される「実子」とは、血縁関係のある子どもを意味しているのではなく、養親にとって「心理的な結びつきのある子」＝「本当の子」という意味である。「子どものため」理念と親密性が結びつく過程で、「実子」の意味が読みかえられたともいえる。

このように、「実子」の意味づけ直しが行なわれ、特別養子は「実子」、すなわち情緒的な結びつきがあり、排他的で解消できない関係という意味では実子と同様に扱われるようになった。しかし、子ども「アイデンティティ」という面で特別養子は実親をたどる道筋が残され、また「親子に嘘があってもだめだ」ということで、養親が「実子」（特別養子）に養子であることを告げることが望ましいという考え方が明確にされたため、夫婦の間に生まれた子としての実子となる（＝出産を偽装する）わけではなかった。

3　戸籍制度と「子どものため」の合致

さて、現在では、特に夫婦以外の第三者が関わる生殖補助医療で生まれた子どものドナーを知ることが出自を知る権利として主題化されてきている。ここでは養子縁組が出自を知る権利が認められている先行事例として引用されることが多い（南 二〇一〇；才村編 二〇〇八など）。

ちなみに、一九八〇年代のこの時期には国会で、体外受精だけではなく、人工受精についても議論がなされているが〔25〕、法務省はこれを規制しない立場を明確にしている。例えば、特別養子縁組では虚偽の戸籍記載が許可されないのに対して、非配偶者間人工授精（ＡＩＤ）では、「なぜ精子提供者が戸籍に父と記載されず、遺伝的なつながりのない夫が父と記載されるのか」という質問が議員からなされているが、これに対して法務省民事局の枇杷田泰助は、民法には嫡出推定の規定があるため、法律上は夫が子の父となっても法律的な意味での虚偽には当たらなく、また「医学の上での倫理の問題にも実は絡んでまいります。そういうふうな事柄との兼ね合いもありまして、あまり民法サイドで先走ってといいますか、そういう立法をすべき事柄でもないのじゃないかというふうにも考えております」と答弁している（一九八五年一一月二六日 第一〇三回参議院法務委員会）。

一九八〇年当時は、ＡＩＤの場合は、子どもは「実子」として入籍されるのに対し、特別養子縁組の場合にはそれが認められず、戸籍制度の信憑性を維持するという原則が特別養子縁組立法の障壁になっていたため、不公平だという意見がしばしば主張されたが、ここでは、所轄官庁（法務省か厚生省か）やステークホルダー（法学者か医師か）の違いによって、法的に異なる対応がなされている。

ＡＩＤの場合と異なり、特別養子縁組の場合は、戸籍に実子と同じ記載がなされる一方で、養子が戸籍を通して実親をたどれる仕組みを残した。これは戸籍制度の索出機能を維持したい法務省と、子どもの「アイデンティティ」を主張する児童福祉の専門家言説が偶然にも一致した結果といえる。

本章では、「子どものため」／親子関係／〈血縁〉の関連と、その際にどのような知や言説が動員されるのかを明らかにしてきた。

立法過程においては、法律上の親子関係というのは親権、相続・扶養などの権利義務関係をあらわしており、実親子の断絶、すなわち親子関係を血縁から切り離す際には心理学的な専門家言説がレトリックとして使用された。また、親子関係と血縁を切り離したものの、子どもの「アイデンティティ」という側面で〈血縁〉の価値が維持された。ここで、実親がどうしても育てられない時に限定されているものの、実親子の法的権利義務関係を終了させて、養親が排他的に養子との親子としての権利義務関係をもつという法律が形成された。限定された事例であるとはいえ、（養）親子関係に血縁は不要であるが、子どもの「アイデンティティ」には血縁が必要であるという認識枠組みが公的（法律的）に示されたといえる。その意味で、特別養子縁組の立法は、子どもの「アイデンティティ」と血縁との接続を主題化させる画期点であった。

第五章　特別養子縁組と隣接領域の影響関係と差異化

前章では、①特別養子縁組は親子関係と血縁を分離する制度であること、しかし一方で、②子どもの「アイデンティティ」と〈血縁〉を心理学的な専門化言説を用いて強く接続する制度であることを、立法過程を振り返りながら確認してきた。本章では、特別養子縁組を隣接領域である里親制度や不妊治療と比較し、その差異や影響関係を分析することで、特別養子縁組の特徴を理念と運用面からさらに浮き彫りにする。

特別養子縁組の隣接領域の差異を分析する理由は、「子どものため」／親子関係／〈血縁〉の関連にはバリエーションがあることを明らかにすることで、特別養子縁組の特徴をさらに明確にできると考えるからである。また、これらのバリエーションは理念レヴェルにとどまらず、運用上の要件にも影響を与えている。運用上の要件は各制度の利用者の選択にも影響を及ぼすため、利用者の実態を把握する際の前提条件を確認するという意味で、重要な作業である。

各制度の理念上および運用上の差異にもかかわらず、実態としては利用者が重なり合う部分があるが、この重なり合いを明らかにすることで、次章以降の当事者のインタヴュー分析をより理解することができるだろう。

一　各選択肢間の関係性——重なり合う領域

まず、各選択肢がどのように関係し合っているのかを確認しよう。各制度について概説し、それらの制度が運用面で、どのように関連しているのかを確認したい。

	特別養子縁組	里親制度
法律	民法	児童福祉法
目的	保護を要する児童の福祉	保護を要する児童を公的に養育
子どもとの関係	法律上の親子	同居人（縁故者）
親・養育者の要件	夫婦（片方が25歳以上）	主たる養育者が25歳以上65歳未満
その他		・里親手当が支給される ・原則として18歳で措置解除

図表1　特別養子縁組と里親制度の違い

1　養子縁組と里親制度

養子縁組は民法で規定され、里親制度は児童福祉法で規定されており、法律的には全く別の制度である（図表1）。

里親制度は、本来、子どもを一時的に養育し、可能ならば実親のもとで子どもが生活できることを目指す制度である。児童福祉の機能の類型、すなわち「家族の代替」「家族の補完」「家族の支援」という類型で整理すれば、里親制度は実親家族を補完する役割を担い、養子縁組は実親家族を代替する役割を担う制度である（庄司二〇〇三：二五八）。

このように法的にも機能的にも異なる二つの制度であるが、運用の場面、具体的には養子のあっせんという入口のところで、二つの制度は重なり合っている。特別養子縁組が申立てられるまでの経路を大きく分けると、①児童相談所のあっせんによる場合、②第二種社会福祉事業の届出を行なった社会福祉法人などのあっせんによる場合、③それらのあっせんを経ていない場合（例えば、産婦人科医や弁護士、知人からの紹介など）の三つの場合に分けられる。基本的にはあっせんを通して、すなわち児童相談所や民間団体などが養親希望者について調査・認定をした後、子どもをあっせんすることが奨励されている[1]。また、公的な制度（＝児童相談所）を通して養子となる子どもを探す場合には、特別養子縁組が制定された一九八七年以降は、基本的に普通養子縁組ではなく特別養子縁組で養子縁組することが推奨されている。特別養子縁組では、養子縁組前に養親子の適応を慎重に判断するために六ヶ月程度の試験養育期間を必要としているが（民法第八一七条の八）、この六ヶ月間を

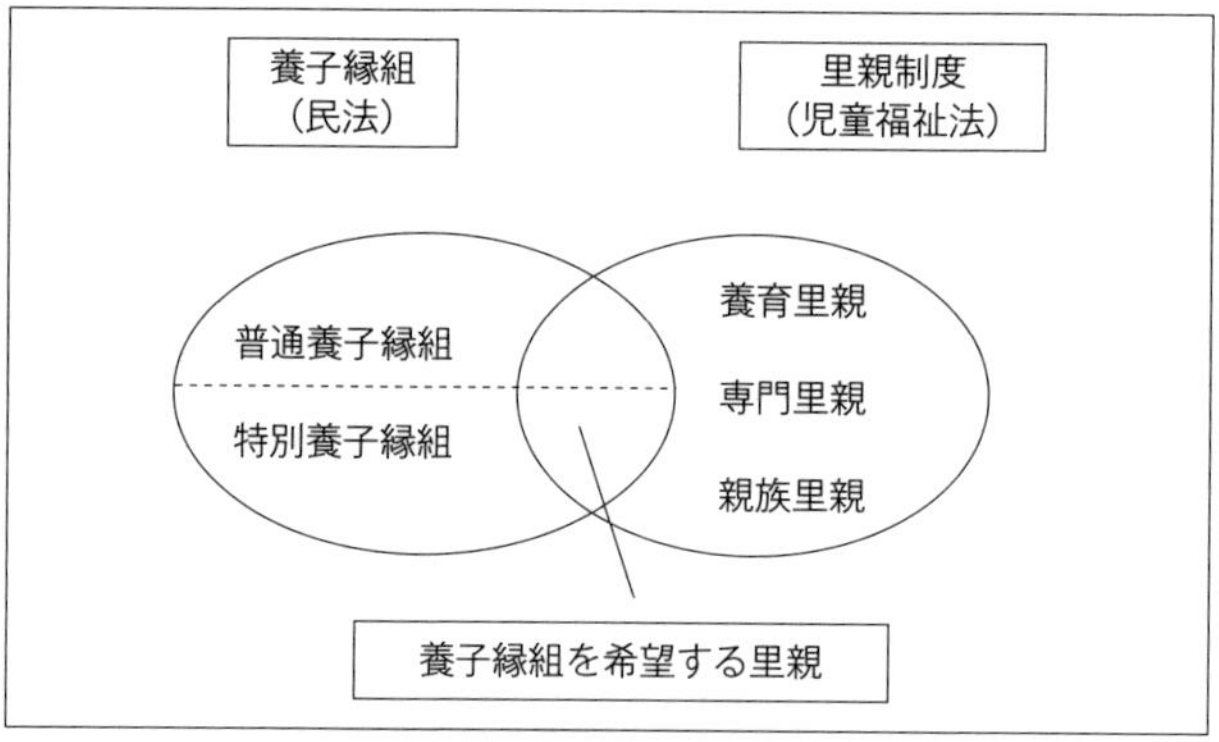

図表２　養子縁組と里親制度の関係

将来養子縁組する予定の子どもを里親として養育することで満たすように、特別養子縁組は運用されている。児童相談所があっせんを行なわない場合も、養子縁組の審判の前に家庭裁判所から児童相談所に対して、児童の要保護性、養親の適格性、双方の適合性、その他の措置の可能性について、調査の嘱託をすることができ、調査の委託があれば、児童相談所はそれに応じて調査を行なうことになっている。このように必要であれば、特別養子縁組に児童相談所が関与することになっている（厚生省 一九八七）[2]。

一方、里親制度のもとで里子を受託し、その後に当事者間で合意し、里子と普通養子縁組をすることも可能である（子どもの年齢が六歳を超えている場合は、特別養子縁組の要件を満たさないため[3]、特別養子縁組ではなく、普通養子縁組になる）。

このように、養子縁組を希望する場合、いったん里親制度を経由する場合が多い。現在では、二〇〇八年の児童福祉法等の一部を改正する法律によって、里親は養子縁組を希望するか／しないかで分けられており、入口のところで養子縁組を目的とするか／しないかを選択する必要がある。

民法の養子縁組と児童福祉法の里親制度との関係を図式化すれば、上のようになる（図表2）。

なお、厚生労働省が現在、子どもを委託している里親家庭に対して行なった調査によると、里親申込の動機としては「児童福祉への理解から」が四三・五％で最も多く、「養子を得たいため」が一二・五％になっており、里親家庭の一割強が養子を希望している（厚生労働省 二〇一五）[4]。また、養育里親の措置解除理由のうち、養子縁組が一四％程度を占めている（厚生労働省二〇一五）[5]。

2　不妊治療と養子縁組・里親制度

今度は不妊治療と養子縁組・里親制度との関係性を確認しよう。特別養子縁組の養親たちは、ほとんどが子どものいない夫婦であるが、養親の大部分は実は不妊治療経験者でもある。例えば、大阪府および兵庫県の各児童相談所と連携して養親・里親をあっせんしている家庭養護促進協会が開いた「養子を育てたい人のための講座」受講生へのアンケート調査（一九九八）では、二五四人中、一七一人（六七・三％）が講座を受けた時点で不妊治療の経験があった[6]。ここから、不妊カップルが養子縁組を決心する前には不妊治療というステップが存在していること、また、「不妊→養子縁組」という経路で養子縁組にたどり着く夫婦よりは、「不妊→不妊治療→養子縁組」という経路で養子縁組にたどり着く夫婦の方が多いことが推測される。

また、同アンケート調査で、不妊治療をやめて、養子を育てることに考えを変えた理由としては、「不妊治療をやるところまでやったから」（三二・四％）、「実子出産は難しいと考えたから」（二八・二％）という理由が多く、「産むことよりも育てることに希望をもったから」（一八・三％）、「不妊治療を続けることに疑問や不信感があったから」（一二・〇％）、「養子を育てるにも年齢が高くなると育てられないから」（五・六％）など、養子を育てることを積極的に考えて不妊治療をやめたという答えは少ない。養子縁組を考える動機としては、養子に対する積極的な評価よりも、不妊治療の継続が困難であるからという理由の方が強い。ここから、「不妊→不妊治療→養子縁組」という経路が存在するとはいっても、「不妊→不妊治療」が「養子縁組」にすぐに移行・接続するわけではなく、養子縁組を決心するまでに「不妊治療をやるだけやったが、実子がもてなかった」というもう一つのステップがあることが推測される。

養子縁組だけではなく、里親を希望する者にも不妊治療経験者が含まれている。庄司ら（二〇〇一）の調査によれば、里親になることを申請した動機については、「子どもがいないので里親となって子育てをしてみたい」が三四・

七％で最も多い（庄司 二〇〇一：七）[7]。里親へインタヴュー調査を行なった和泉広恵（二〇〇六）も「実子のいない里親でも、不妊治療を経て里親養育を始める人が多い」（和泉 二〇〇六：八九）と里親の不妊治療経験について指摘している。

3 子どものいない人生と不妊治療・養子縁組・里親制度

養親や里親になる者には不妊治療経験があることが多いというデータをみてきたが、とはいえ、不妊治療後に養子縁組や里親制度へ進む不妊カップルが主流というわけではない。不妊治療によって、子どもが授からなかった場合、現実には子どものいない人生へ進む不妊カップルの方がはるかに多いと推測される。

不妊治療者のセルフヘルプ・グループであるフィンレージの会が行なった不妊治療者を対象にしたアンケート調査のデータでは、「妊娠・出産以外で治療を休止した理由として最も大きなものは何ですか」という質問に対して、「心身に負担を感じた」と答えた者が三一・一％で圧倒的に多く、「養子・里親を考えた」は〇・三％、「養子をもらった、里親になった」も〇・三％であり、養子縁組によって不妊治療を休止した者は非常に少ない（フィンレージの会 二〇〇〇：一〇九）。さらに、不妊治療を休止し、再開する気持ちはないという者の理由としては、「子どものいない人生を考えたい」が二〇・三％で最も多く、次に「その後、子どもができた」が一二・八％、また、「年齢的に限界を感じる」と「心身に負担」がそれぞれ一二・二％で、「養子、里親を考えている」「養子をもらった、里親になった」はあわせて三・五％と少ない（フィンレージの会 二〇〇〇：一一二）。社会学者の白井千晶（二〇一二）が不妊当事者に行なったアンケート調査でも、「養子縁組・里親を考えたことがあるか」という質問に対しては、「ない」が六九％、「ある」が三二％で、「養子縁組・里親を考えたことがない」が約七割を占めており、養子縁組や里親制度に対する消極的態度がうかがえる。不妊治療の後には、養子や里子を育てるという選択より、子どもがいない人生を選択する傾向があることがこれらのデータから推測できる。このように、子どものいない人生は、実は養子縁組や里親制度の最大の競合選択肢なのである。

二　各選択肢の理念と運用上の条件

1　特別養子縁組

今度は、特別養子縁組の運用について確認を行なう。既述したように、特別養子縁組が申立てられるまでの経路を大きくわけると、①児童相談所のあっせんによる場合、②第二種社会福祉事業の届出を行なった社会福祉法人などの民間のあっせん団体による場合、③それらのあっせんを経ていない場合（例えば、産婦人科医や弁護士、知人からの紹介など）の三つにわけられる。そして、基本的には、あっせんを通して、すなわち児童相談所や民間団体などが養親希望者について調査・認定をした後、子どもをあっせんすることが奨励されている。

ここでは、公と民のあっせん団体の用いる基準から親子関係と〈血縁〉の結びつきを抽出していく。

（1）養親の条件——公的機関と民間機関

①養親の条件（年齢、収入、目的など）

里親制度を通る場合は、各都道府県の定めた里親認定基準を満たす必要がある。地方自治体によって基準が若干異なる可能性があるが、ここでは東京都の里親認定基準を確認しよう。

東京都の養子縁組里親の場合の里親認定基準（図表3）をみると、①二五歳以上五〇歳未満であり、②婚姻していること、③経済的に困っていないこと、という条件がある。

民間のあっせん団体へ申し込む場合は、団体によって条件が異なる。養子と里親を考える会が二〇〇四年に行なった調査によれば、基準を明示して養親になれる条件の線引きをしている団体もあれば、条件を明示せず、あっせん団

里親申込者の基本要件	（1） 心身ともに健全であること*[1]。 （2） 児童の養育についての理解及び熱意並びに児童に対する豊かな愛情を有していること。 （3） 児童の養育に関し、虐待等の問題がないと認められること。 （4） 児童福祉法（昭和22年法律第164号）その他関係法令等が適用になること。 （5） 申込者又は同居家族が、次の各号のいずれかに該当していないこと。 ア 成年被後見人又は被保佐人 イ 禁錮以上の刑に処せられ、その執行を終わり、又は執行を受けることがなくなるまでの者。 ウ 児童福祉法及び児童買春、児童ポルノに係る行為等の処罰及び児童の保護等に関する法律（平成11年法律第52号）その他国民の福祉に関する法律で政令で定めるものの規定により罰金の刑に処せられ、その執行を終わり、又は執行を受けることがなくなるまでの者。 エ 児童虐待の防止等に関する法律第２条に規定する児童虐待又は被措置児童等虐待を行った者その他児童の福祉に関し著しく不適当な行為をした者。 （6） 世帯の収入額が生活保護基準を原則として上回っていること*[2]。 （7） 委託児童との養子縁組を目的とするものであること。
家庭及び構成員の状況	（1） 家庭生活が円満に営まれていること。 （2） 里親申込者と起居を共にする者は、児童の受託について十分な理解を有するものであること。 （3） 里親申込者と起居を共にする者のうち、日常生活をする上で主たる養育者となる者が特別に対応しなければならない者がいないこと。 （4） 里親申込者は、原則として25歳以上50歳未満であり、婚姻していること*[3]。
家庭家屋及び居住地の状況	（1） 里親申込者の家庭及び住居の環境が、児童の保健、教育、その他の福祉上適当なものであること。 （2） 住居の広さは、原則として、居室が２室10畳以上であり、家族構成に応じた適切な広さが確保されていること。
受託動機	里親申込みの動機が児童の最善の福祉を目的とするものであること。

図表３　東京都里親認定基準（養子縁組里親の場合）

出典：東京都福祉保健局ホームページ*[4]

＊1　「心身ともに健全であること」とは、児童の養育に必要な「健全」さであり、障害や疾病を有していても、児童の養育に差し支えがなければ、この要件を満たす（東京都福祉保健局）。

＊2　生活保護基準を下回っても、別紙様式により、経済的に困窮していないことが確認された場合には、この基準を満たすものとして取り扱う（東京都福祉保健局）。

＊3　2006年9月30日以前の里親申込者については、従前の基準である「25歳以上65歳未満であり、配偶者がいること」を適用する（東京都福祉保健局）。

＊4　（http://www.fukushihoken.metro.tokyo.jp/kodomo/satooya/seido/hotfamily/satooya/s_kijun/index.html 2011.01.09 閲覧）

体の裁量で決めるところもある（図表4）。

②あっせんの金額

公的な里親制度を利用する場合、あっせんにお金はかからない。しかし、民間のあっせん団体を利用する場合は実費（交通費、宿泊費、調査費、人件費など）やあっせん料を支払わなければならない場合もある（図表5）。

また、二〇〇八年以前は養子縁組をする前の里親の期間は里親手当が支払われていたが（月三万四〇〇〇円）、二〇〇八年の児童福祉法等の一部を改正する法律によって、養子縁組を目的とする里親には里親手当が支払われないことになった（宮腰二〇〇九：一二）。

では、児童相談所とそれ以外のあっせん団体との差はなんであろうか。児童相談所を通して子どもが委託される場合、新生児（〇歳児）があっせんされることは少ない。そのため、新生児との養子縁組を希望する者は児童相談所ではなく新生児のあっせんを行なっている民間団体へ申し込む必要がある。一方、民間のあっせん団体では、新生児のあっせんを行なっているが、子どもに対する性別や障害の有無などの希望をいっさい受け付けない団体もある。養親希望者のなかには児童相談所と民間団体へそれぞれ子どものあっせんを申し込む夫婦もいる。

親子関係に対する考え方では、養子に早期（学齢期まで）の告知が奨励されている。また、実親については、子どもを養育できない事情があることにより養子縁組しているため、実態としてほとんど交流がない場合が多数を占めると思われるが、民間のあっせん団体によっては、実親が望めば、子どもと実親を交流させることを養子縁組あっせんの前提として養親に課す団体もある。

このように、運用の場面には、法律には書かれていない要件（例えば養親の年齢、専業主婦・夫であることなど）がある。子どもとの年齢差の上限の設定や子育て専従者の確保は「子どものため」の制度であるという観点から説明されている。しかし、このような条件の設定のため、養子縁組の入り口は狭められているともいえる。

団体	組織形態	活動開始	養親に課す条件			
			年齢	婚姻状況	年収	その他
A	社会福祉法人	1959年	なし	なし	なし	
B	社団法人	1964年	子との年齢差が40歳以内	夫婦	300万円以上	
C	社団法人	1962年	子との年齢差が45歳以内	夫婦（結婚歴3年以上）	なし	
D	NPO	1991年	子との年齢差が40歳以内	夫婦		専業主婦(夫)になりえる夫婦
F	任意団体	1994年	なし	なし	なし	
G	任意団体	1979年	子との年齢差が45歳以内	夫婦		里親認定を受けること
H	任意団体	1960年	なし	夫婦	なし	

図表4　民間のあっせん団体の課す養親の条件　　出典：湯沢他（2005）より作成

団体	組織形態	活動開始	養親に課す金額		
			実費	あっせん料	寄付金
A	社会福祉法人	1959年		必要経費	
B	社団法人	1964年	かかった費用	なし	任意
C	社団法人	1962年	かかった費用	なし	任意
D	NPO	1991年	30万円	150万円（保育料）	
F	任意団体	1994年	かかった費用	30万円	
G	任意団体	1979年	かかった費用	20万円	
H	任意団体	1960年			

図表5　民間のあっせん団体で養子縁組あっせんにかかる金額
出典：湯沢他（2005）より作成

（2）家庭裁判所による審判基準

養子縁組のあっせんについては、児童相談所を通さず民間団体や弁護士や産婦人科などの個人からあっせんを受けることも可能である。しかし、特別養子縁組は、家庭裁判所から認容の審判を受けなければ、成立しない。

既述したが、特別養子縁組は、「子どもの利益になる場合のみ」例外的に認められる。「子どもの利益になる」というのは、「実父母との親子関係の終了が養子の利益となること」および「養親との親子関係の設定により養子の監護養育の状況が将来にわたり永続的、確実に向上すること」（細川 一九八七：五〇）の二点を満たすことを意味している。この二点が満たされない場合、特別養子縁組は認められない（普通養子縁組をすることは可能である）。

では、「子どもの利益」とは何であろうか。子どもにとって利益があると判断される時に用いられるわかりやすい指標として、子どもが非嫡出であるということが統計から読み取れる。認容された特別養子縁組を確認すると、嫡出でない子がほぼ九〇％を占めており、そのうち父から認知を受けていない子の占める割合は九五％である（図表6）。一方、普通養子縁組では、嫡出子が約七割を占める（図表7）。こうした数字は特別養子縁組の要件である「要保護性」の認定が大きく関わっているのではないかと推測されている（澤田 二〇〇〇：二八）。

立法前の議論では、特別養子縁組に婚外子の救済という目的を持ち込むと、子どもにスティグマをもたらすという意見もあったが（星野 一九八六：八五）、特別養子縁組の認容事例の内訳を確認すると、「婚外子の場合は、実親（実母）との親子関係を終了したほうが、子どもの利益になる」という価値観があることが伺える。

2　里親制度

里親とは、「保護者のいない児童又は保護者に監護させることが不適当であると認められる児童を養育することを希望するものであって、都道府県が適当と認める者」（児童福祉法第六条の三）である。里親制度の位置づけは、大筋では社会福祉の政策展開に連動して展開してきたが（貴田（左高）二〇〇七：九三）、児童養護施設と養子縁組との間でバッファーとして機能してきたという面もある。換言すれば、里親制度は児童養護施設と養子縁組の間で、制度と

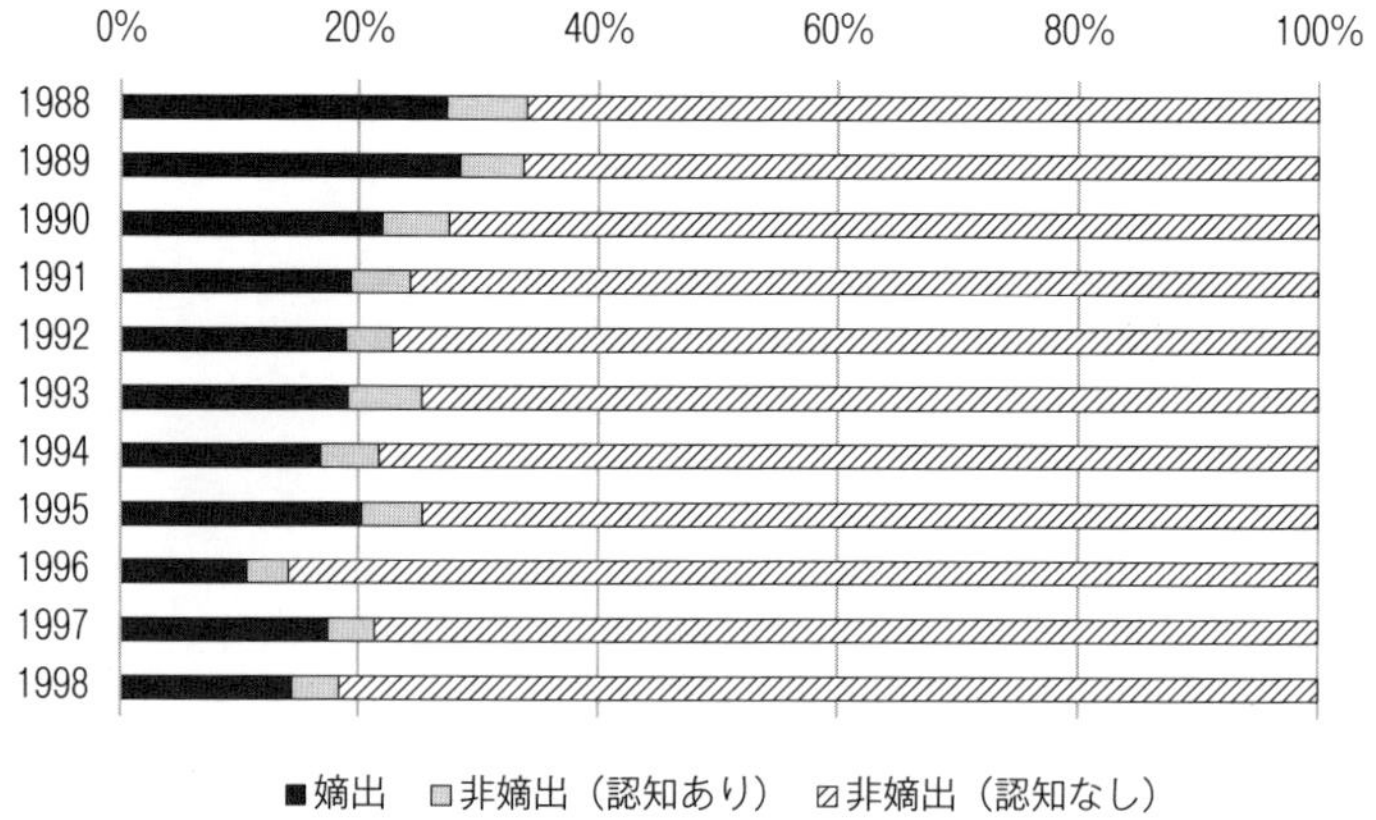

図表６　特別養子となる子のうち嫡出子／非嫡出子の割合　　出典：司法統計各年度

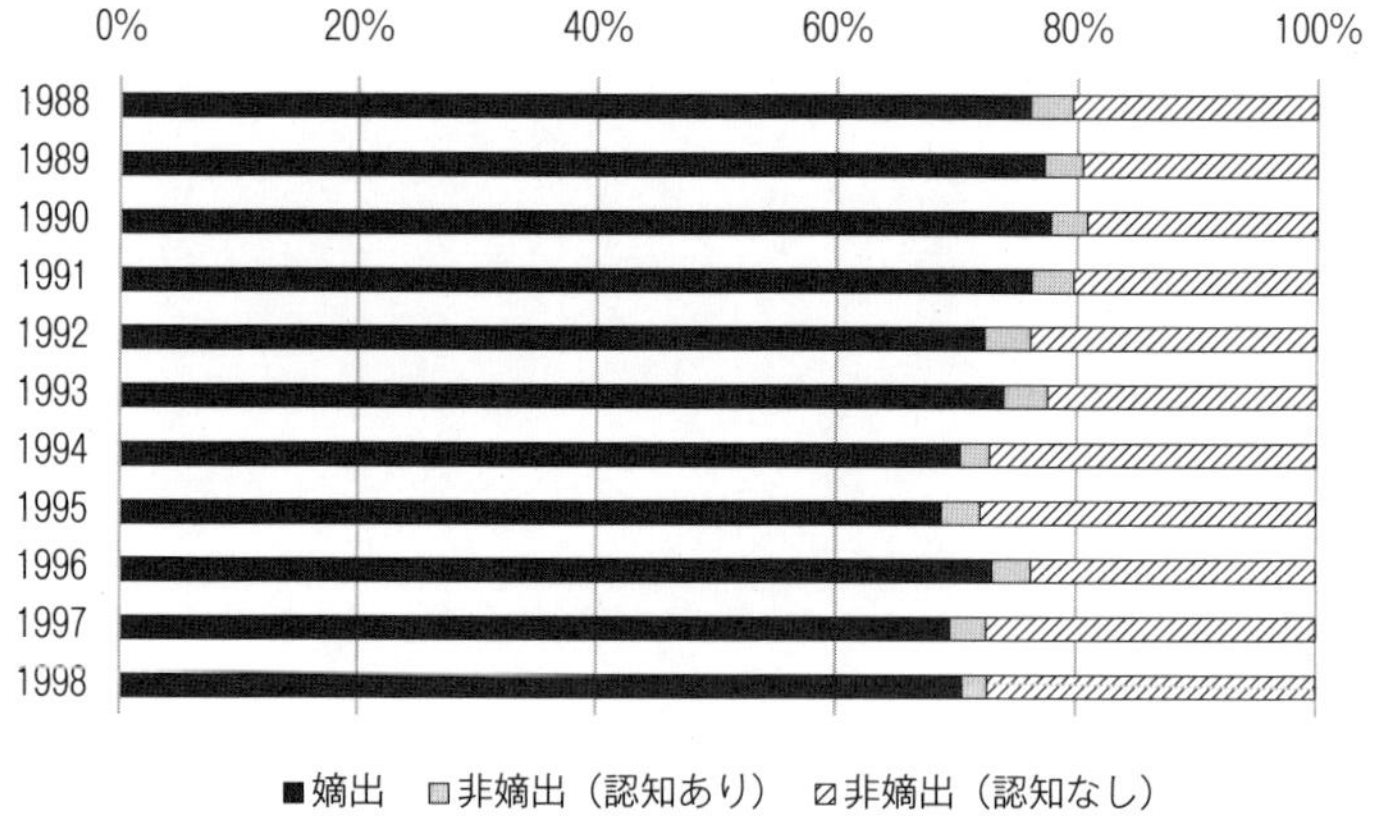

図表７　普通養子となる子のうち嫡出子／非嫡出子の割合　　出典：司法統計各年度

しての自律した領域を模索してきたともいえる[8]。その結果、里親制度がもつ親子観は特別養子縁組と比較すると曖昧でわかりにくいものとなっている。

(1) 里親制度の理念

①児童養護施設との差異化―ホスピタリズム批判

まず、里親制度がもつ親子観の背景として、児童養護施設との差異から確認しよう。里親制度は常に児童養護施設と比較してその利点が語られてきた。「里親制度は、家庭での養育に欠ける児童等に、その人格の完全かつ調和のとれた発達のための暖かい愛情と正しい理解をもった家庭を与えることにより、愛着関係の形成など児童の健全な育成を図るものであること[9]」、「児童の発達においては、乳幼児期の愛着関係の形成が極めて重要であり、できる限り、家庭的な環境で養育されることが必要である。特に、虐待など家庭での養育に欠ける児童を、暖かい愛情と正しい理解を持った家庭の中で養育する里親制度は極めて有意義な制度[10]」であると、乳幼児期の愛着関係の形成のためには家庭での養育が必要であり、それを実現するものが里親制度であると位置づけられてきた。

社会学の分野では、ボウルビィのホスピタリズム論[11]、母子関係論、アタッチメント理論などは、母性愛規範を下支えしてきた専門家言説として批判を受けているが（落合 一九九四：一八一－二；田間 一九八五；大日向二〇〇〇；小沢一九八六[12]）、里親制度の領域では、これらの理論は里親制度の存在の正当性、児童養護施設と比較した際の優位性を根拠付けるものとして今でも大きな影響力をもっている。

このように里親制度の利点は児童養護施設との比較の上で語られてきたが、児童養護施設に在所する児童数は戦後ほとんど変化がないのに対して[13]、里親制度で委託される児童数は一九五八年をピークに減少し続ける。委託児童数の減少は里親「制度が停滞している」（斉藤 一九七三：三七九）と問題化され、その原因として養子縁組が槍玉に上がることになった。

②養子縁組との差異化――「私的我が子観」批判

一九七〇年代には、①里親になる者は実態としては養子が欲しい者が多いこと、②制度の運用上は里親制度が養子縁組の準備期間となっていることが、制度と実態のズレとして問題視された。

社会福祉学者の松本武子は、委託児童数の減少は措置数よりも措置解除数が上回っているためだと主張し、「本制度の進展は、養子縁組の方法として本制度を利用することによってその発展を損なったといってもよい」（松本 一九七七：一六）と、措置解除理由のひとつである養子縁組を里親制度の停滞原因として指摘した。「解除理由をみると、昭和三六年までの傾向は、『保護の必要がなくなり帰宅』『満年』『その他』が多く、『養子縁組』がとくに多いわけではない。〔中略〕ところが昭和三七年以降は年々『養子縁組』のための解除は、例外の年があるとはいえ、増加の傾向であって、措置解除総数中で占める率はきわめて高くなっており、『就職』をも加えて他のいずれの理由も減少している」（松本 一九七七：五‐六）と里親の措置解除理由に養子縁組の割合が大きいことに着目した。さらに、「この状況から解釈されることは、里親委託が盛んであったときには、養護児童の生活保障をするために不幸な児童の養護を受託するという、里親制度の本質を理解する里親が多かったのであるが、このような養育里親が少なくなり、自家の繁栄のため養子縁組を希望する里親が多くなってきたときに、児童の委託が極端に減少してきているということである。養子縁組を希望する里親にとって注文どおりの里子が容易に見いだされないので、〔中略〕養護児童は乳児院または養護施設に措置され、里親制度の運用はますます弱体化するのである」（松本 一九七七：六）と里親制度が養子縁組のために利用されることを批判している。加えてここで重要なことは、「養子縁組＝自家の繁栄のため」「里親＝児童の生活保障」という認識枠組みが打ち出されていることである。里親制度の推進のために養子縁組を批判することや、里親制度と養子縁組をこのようなロジックで差異化する言説は現在まで繰り返されている。

里親制度の所管である厚生労働省は、養子縁組を目的としない里親を増やそうとしてきた[14]。厚生労働省は「子ども・子育て応援プラン」（二〇〇四年）のなかで、二〇〇三年度には八・一％だった里親への委託率を二〇〇九年までには一五％まで引き上げるという目標を掲げた。二〇〇八年の児童福祉法等の一部を改正する法律では、養子縁組を目的とする里親には里親手当が支給されないことになった。また、網野武博は里親制度と養子縁組の差異を以下のように論じている。

里親と深くかかわる対立視として、「私的我が子」観対「社会的我が子」観がある。「私的我が子」観の、その中核を担ってきた歴史的経緯として、家制度、家父長制度の重さを抜きにして考えることはできない。〔中略〕里親制度が児童福祉として意義付けられる根本的な思想は「社会的我が子」観に基づく。すなわち、血のつながりを持った私的な我が子に限らずすべての子どもがよい環境の中で育てられる上で不可欠な家庭環境、親子関係の基礎を積極的に提供する意識である。〔中略〕わが国における里親制度が養子里親と養育里親とを相応に混在させて運用されてきた背景には、「社会的我が子」観がきわめて薄い状況の中で、「私的我が子」観をも踏まえた「社会的我が子」観を実際的に展開させる必要性がきわめて高かったことを示している（網野 二〇〇一：五〇）

このように、里親制度は児童養護施設だけではなく、養子縁組との比較のうえでも、「養子縁組＝自家の繁栄のため・私的我が子観」「里親＝児童の生活保障・社会的我が子観」という認識枠組みを打ち出すことで、自らの制度の正当性をアピールしているのである。

(2) 実親子支援の強化と専門家言説

では、児童養護施設と養子縁組を批判してきた里親制度は具体的にどのような親子観をもっているのだろうか。児童養護施設や養子縁組と自らを差異化しようとした結果、里親制度は特別養子縁組が示す「実親子モデル」ほどの明確な親子観はもっていない。①家庭で養育する、②社会的我が子観に立つということ以外に親子観について述べたものはほとんどみあたらない。里親制度が具体的に明示しているのは親子観というよりは、養育技術の方である。以下で詳しくみていこう。

① 「実子と違う」と「実子と同じ」

里親子は、法律上の親子にはならない。里親が里子を受託し、養育していても、親権は依然として実親にある。[15]里子として措置されているだけでは里親と里子の間に親子としての法的な権利義務関係は発生せず、[16]実親が引き取りを要求すれば、措置解除になる可能性が高い。また、里子は原則として満一八歳で措置解除になり（ただし、厚生労働省令により、必要な場合は二〇歳になるまで措置を延長することができる）、満一八歳以降に里親と元里子がどのような関係を結ぶかは当事者の任意である。[17]このように里子と実子・養子は制度的には大きな違いがあるが、一方で、里親制度では、里親が自分の実子と里子を差別しないようにも求めている。「里親が行う養育に関する最低基準」の第五条（児童を平等に養育する原則）では、「里親は、委託児童に対し、自らの子若しくは他の児童と比して、又は委託児童の国籍、信条若しくは社会的身分によって、差別的な養育をしてはならない」と規定されている。このような「実子とは違う」が「実子と同じ」ように扱うということが里親制度の特徴のひとつとして指摘できる。

里親子の親子観は明記されていない一方、養育の目的は明記されている。厚生労働省令である「里親が行う養育に関する最低基準」（二〇〇二年）の「養育の一般原則」（第四条）では、「里親が行う養育は、委託児童の自主性を尊重し、基本的な生活習慣を確立するとともに、豊かな人間性及び社会性を養い、委託児童の自立を支援することを目的として行われなければならない」と書かれている。

特別養子縁組をする夫婦の八七％は実子のいない夫婦だが（司法統計 一九九九[18]）、里親の場合は実子のいない夫婦がほとんどを占めるというわけではない。里親の実子の有無に関する公的な統計は管見の限り存在しないが、実子の子育てが終わった夫婦や、自分の実子と一緒に里子を育てる夫婦も実際に存在する。また、委託される子どもの年齢も乳幼児から高校生までと幅が大きい。このような多様性のために、里親に共通する親子観をイメージすることは難しい。

さらに、里親制度では、実親とのかかわりがないと考えられる子どもが委託されることが多かった。[19]一九九〇年代に入り、児童虐待問題が社会問題として発見され、その対応が主要な政策課題となる一九九〇年代後半になると施設入所が限界となり、残された社会的養護の資源として未委託里親の活用が政策課題となった。そして、二〇〇二年の里親制度の改革では、新設された専門里親に虐待を受けた子どもの養育が期待された。また、虐待を受けた子どもには実親がいるため、専門里親は実親とのかかわりを考えなければならなくなった（庄司 二〇〇三：一二五八）。このように委託される里子の属性の変化に連動して、里親の役割も変化してきた。

②専門家言説の流通―被虐待児／発達障害／愛着障害への対応

里親の役割の変化に伴い、里親に提供される専門知識も変化してきた。一九四七年の里親制度の成立時には、特別な篤志家が里親として想定されていた。その後一九八七年の特別養子縁組の立法化に伴い里親制度も改定された時には、普通の人を立派な里親に育てていくという方向へ里親像が変化した[20]。現在では里親には研修を通して専門知識と養育技術を習得することが期待されている。

里親に提供される専門知識も変化してきた。施設で育つ子どもに対する関心は、一九四〇年代までに、身体的発達から、知的発達の遅れや情緒障害などの精神的発達へと移り、精神医学者や心理学者の注目を集めるところとなった（大日向 一九八八＝二〇〇九：五四）。一九六〇年代には、心理学の分野で、従来にも増して幼年期の意味を強調し、この時期に教育をおろそかにすると発育のチャンスを逃すと主張する新しい考え方が浸透した（Beck-Gernsheim 一九八九＝一九九五：一一三）。家庭における子どもの養育の意味内容は、歴史的にみれば、子どもの生命を維持できる最小限の衣食住を提供するという養育のレヴェルから、次第に、子ども自身に内在する論理をふまえた人格発達の保障レヴェルへと高度化してきた。日本においても、一九六〇年代から子どもの発達への関心が明確になってくる（庄司 一九八六：四三－四）。

里親養育の分野でも「被虐待児」「ＰＴＳＤ」「発達障害」「愛着障害」という用語とともに心理学的な専門家言説が流通している。例えば、「里親及びファミリーホーム養育指針」（厚生労働省 二〇一二）では、「回復をめざした支援」として、「社会的養護を必要とする子どもには、その子どもに応じた成長や発達を支える支援だけでなく、被虐

区分	科目
養育の本質・目的及び対象の理解に関する科目	社会福祉概論（講義）、児童福祉論（講義）、地域福祉論（講義）、養育家庭論（講義）、発達臨床心理学（講義）、社会福祉援助技術論（講義）、養護原理（講義）、医学（児童精神医学を含む。）（講義）
科目の内容及び方法の理解に関する科目	児童虐待論（講義・演習）、思春期問題援助論（講義・演習） 家族援助論（講義・演習）、専門里親演習（講義・演習）
養育実習	養育実習（実習）

図表８　里親研修の内容

出典：厚生労働省告示である「里親の認定等に関する省令第一九条第二号の厚生労働大臣が定める研修」の別表

待体験や分離体験などによる悪影響からの癒しや回復をめざした専門的ケアや心理的ケアなどの治療的な支援も必要〔21〕」と、「専門的・心理的ケア」「治療的支援」の必要性が説かれている。

ちなみに、里親研修の内容は上の図表の通りである（図表８）。

このように、研修を通じても、里親・養親は専門家言説を学び、それを養育に活かすよう奨励されているのである。

（３）里親の条件

①条件（年齢、収入、目的など）

次に里親の条件を確認しよう（図表９）。この条件は、養子縁組里親ではなく、養育里親の認定基準である。国において里親の認定・登録に際し、一律に年齢による制限をかけることはない。しかし、都道府県によっては一定の年齢要件を課しているところもある。

ちなみに被虐待児を養育する専門養育家庭（専門里親）の場合、養育家庭との違いは、里親申込者の基本要件に、

・養育家庭として通算して三年以上の委託児童の養育経験がある者又は児童養護施設若しくは乳児院で直接処遇職員として通算して三年以上従事した経験がある者であること
・東京都が実施する専門養育家庭研修の課程を修了していること
・主たる養育者が委託児童の養育に専念できること

里親申込者の基本要件	（1） 心身ともに健全であること*5。 （2） 児童の養育についての理解及び熱意並びに児童に対する豊かな愛情を有していること。 （3） 児童の養育に関し、虐待等の問題がないと認められること。 （4） 児童福祉法（昭和 22 年法律第 164 号）その他関係法令等が適用になること。 （5） 申込者又は同居家族が、次の各号のいずれかに該当していないこと。 ア 成年被後見人又は被保佐人 イ 禁錮以上の刑に処せられ、その執行を終わり、又は執行を受けることがなくなるまでの者。 ウ 児童福祉法及び児童買春、児童ポルノに係る行為等の処罰及び児童の保護等に関する法律（平成 11 年法律第 52 号）その他国民の福祉に関する法律で政令で定めるものの規定により罰金の刑に処せられ、その執行を終わり、又は執行を受けることがなくなるまでの者。 エ 児童虐待の防止等に関する法律第２条に規定する児童虐待又は被措置児童等虐待を行った者その他児童の福祉に関し著しく不適当な行為をした者。 （6） 世帯の収入額が生活保護基準を原則として上回っていること*6。 （7） 委託児童との養子縁組を目的としないものであること。
家庭及び構成員の状況	（1） 家庭生活が円満に営まれていること。 （2） 里親申込者と起居を共にする者は、児童の受託について十分な理解を有するものであること。 （3） 里親申込者と起居を共にする者のうち、日常生活をする上で主たる養育者となる者が特別に対応しなければならない者がいないこと。 （4） 里親申込者のうち、主たる養育者となる者の年齢は、原則として 25 歳以上 65 歳未満*7 であること。 （5） 里親申込者は、配偶者がいない場合には、次のすべての要件を満たしていること。 ア 児童養育の経験があること、又は保健師、看護師、保育士等の資格を有していること。 イ 起居を共にし、主たる養育者の補助者として子どもの養育に関わることができる、20 歳以上の子又は父母等がいること*8。
家庭家屋及び居住地の状況	（1） 里親申込者の家庭及び住居の環境が、児童の保健、教育、その他の福祉上適当なものであること。 （2） 住居の広さは、原則として、居室が２室 10 畳以上であり、家族構成に応じた適切な広さが確保されていること。
受託動機	里親申込みの動機が児童の最善の福祉を目的とするものであること。

図表９ 東京都里親認定基準（養育家庭の場合）

出典：東京都福祉保健局ホームページ*9

＊5 「心身ともに健全であること」とは、児童の養育に必要な「健全」さであり、障害や疾病を有していても、児童の養育に差し支えがなければ、この要件を満たす（東京都福祉保健局）。

＊6 生活保護基準を下回っても、別紙様式により、経済的に困窮していないことが確認された場合には、この基準を満たすものとして取り扱う（東京都福祉保健局）。

＊7 短期条件付・レスパイト限定付養育家庭の申込みにあっては、主たる養育者となる者の年齢が六五歳以上であっても行なうことができる（東京都福祉保健局）。

＊8 「起居を共にし、主たる養育者の補助者として子どもの養育に関わることができる、20 歳以上の子又は父母等がいること」の「等」は、原則として親族を示す。ただし、社会通念上事実上の婚姻関係にある同居者については、その同居状態の安定性、継続性を十分に考慮した上で「等」に含めることは差し支えない（東京都福祉保健局）。

＊9 （http://www.fukushihoken.metro.tokyo.jp/kodomo/satooya/seido/hotfamily/satooya/s_kijun/index.html, 2011.01.09 閲覧）

が加わる点である。

②措置費と里親手当て

二〇〇八年に児童福祉法が改正され（二〇〇九年施行）、養育里親について里親手当てが引き上げられた。子ども一人につき三万四〇〇〇円が一人目七万二〇〇〇円に引き上げられ、二人目以降三万六〇〇〇円が加算されることになった。被虐待児を養育する専門里親については、子ども一人につき九万二〇〇〇円が一人目一二万三〇〇〇円に引き上げられ、二人目八万七〇〇〇円が加算されることになった。他方で、養子縁組を前提とした里親については里親手当てが支給されなくなった。

③委託後の支援

委託後には児童相談所の担当者が年に一、二回家庭訪問を行なう。地域ごと（県あるいは市レヴェルで）里親会があり、それらを総括する機関として全国里親会がある。そのほかにもＮＰＯなどの自助グループがあり、研修やシンポジウムなどを年に何度か開いている。また、インターネット上にも里親のコミュニティが存在している。

3　不妊治療

（1）不妊治療導入・普及の背景とレトリック――養子の否定

最後に、不妊治療について確認しよう。不妊治療に対する社会の受容のあり方をみると、遺伝的つながりという言説が新たな生殖補助医療の導入にそって浮上してきたことがわかる（生殖補助医療の類型については図表10参照）。不妊治療の導入に際して、強調すべきことは、生殖補助医療は「養子より良い」と養子をネガとして引用し導入が正当化されたことと、そこで遺伝的つながりが強調されたことである。例えば、一九四九年には非配偶者間人工受精（ＡＩＤ）による子どもが生まれたが、そこでは、父親の血縁が保持されないＡＩＤが実施されている既成事実を正当化するために、全養子よりも「半養子」がよい、すなわち夫と遺伝的つながりのある子どもをもつことができない場合は、せめて妻と血のつながりがあればよいのではないかということが主張されてきた（横山・難波 一九九一：一三九）一九五九年に飯塚理八・林方也が行なったAIDを希望するカップルに対する意識調査では、AIDを受ける動機として最も多くの者が挙げていたのは、「養子より自分の児が欲しい」（七二％）であった（飯塚ほか 一九六〇：一二七）。AIDによる子どもが初めて生まれたのは一九四九年だが、それから徐々に遺伝的つながりという言説が強調されてきたと考えられる。例えば、家庭養護促進協会のケースワーカーである岩崎美枝子によれば、一九六二年に大阪で里親・養親を新聞紙上で募集する「愛の手運動」を始めた時期には、養子を求める夫婦はほとんど不妊治療らしきことをしていなかったという。AIDまでしたが、子どもを得ることができなかったという養親希望者に岩崎が初めて出会ったのは一九七〇年であり、その後は家庭養護促進協会を訪れる不妊カップルの治療期間がどんどん長くなっているようだと述べている（家庭養護促進協会編 二〇〇〇：一二）。これらの記述から、一九七〇年頃には、養子よりも、AID（父親とは遺伝的つながりがない）の方が不妊カップルに選好されている状況が推測される。

また、一九八三年に体外受精が臨床化され、一九九一年に顕微授精が臨床化されると、夫婦両方との遺伝的つながりをもつ子どもをもつことが可能になったことにより、夫婦両方との遺伝的つながりへさらに志向性が働くようになった（金城 一九九七：横山・難波 一九九二）。体外受精の導入に関しては、一九八二年、日本産科婦人科学会「体外受精に関する基準」によって、体外受精が日本で不妊治療の一環として導入されたとき、その実施は法的な婚姻関係にある夫婦間に限定された。その際も強調されたことは、体外受精は不妊に苦しんでいる夫婦に実子をもつ機会を提供する治療であるということであった。提供精子を使い、結果的に夫と遺伝的つながりのない子どもを得ることになるAIDの場合と異なり、体外受精は夫婦両者と遺伝的つながりのある子どもを与える技術として登場した[22]。

一九九一年に体外受精の応用技術としての顕微授精が産科婦人科学会によって臨床応用を認められたときも、この技術が重い男性不妊患者にとって、実子をもつ最後の手段であるということが強調された。夫婦が子どもをもつだけなら、提供精子によるAIDでも目的を達成できる。にもかかわらず、顕微授精技術の開発が進められてきた背景には、夫婦ともに子どもと遺伝的つながりをもつことの強調がある（金城 一九九七；横山・難波 一九九二）。

実際に不妊治療当事者も、非配偶者間のＡＩＤより配偶者間の体外受精を選好している。江原由美子らが東京都民対象に行なった生殖補助医療の利用に関する意識調査を見ても、ＡＩＨ（配偶者間人工授精）は七一・八％、体外受精は六七・七％、ＡＩＤは一九・五％の人びとが技術の利用意向を示しており、夫婦と遺伝的つながりのある子どもがもてるＡＩＨや体外受精と比較して、妻としか遺伝的つながりのもてないＡＩＤに対する利用意向は非常に低い（江原ほか 二〇〇〇：五〇）。

現在では実際の不妊治療においてもＡＩＤよりは体外受精が優先されて行なわれている。フィンレージの会が不妊治療の当事者へ行なったアンケート調査でも、「現在、主にどんな治療を受けていますか」という質問に対して、体外受精・顕微授精を挙げるものが四七・三％と圧倒的に多く、ＡＩＤは一・九％と非常に少ない（フィンレージの会 二〇〇〇：二七）。実際に、体外受精と顕微授精は日本で導入されてから増加し続け、一〇年間で五〇倍近く増えたことになる。また、体外受精の導入によって、人工受精は減少している。ＡＩＤから、体外受精への利用者の移行は、夫婦ともに子どもと遺伝的つながりがある方が望ましいという規範があったからと解釈されており（金城 一九九七：五九）、体外受精の導入は、親子間には血縁があるべきという時の血縁の意味を遺伝子・配偶子レヴェルに分節化する道を開いたといえるだろう。

このような「遺伝的つながりへの強迫」ともいうようなレトリックを用いて、生殖補助医療は発展し、導入されてきた。また、同時にその過程で実子をもつことの価値を強調することは、養子を劣位におく言説の効果があった。一般的に実子は養子と二項対立的な言葉であり、実子の価値が強調されるときは、その比較対象としての養子が前提にあるからである（白井 二〇〇四）。

（2）血縁の分節化と「実子」カテゴリーの拡張

このような生殖補助医療によって、どのような親子関係が形成されるのだろうか。人工授精そして体外受精が導入されることによって、血縁という意味は、①遺伝／子宮という分節化、あるいは、②精子／卵子／子宮という分節化が可能になった。②について組み合わせと既存の技術を表にまとめれば、図表10のようになる。

法律上の「実子」にならない事例は借り腹と代理母のみであり、それ以外は法的には「実子」となる。このような状況に対して、「（先端生殖補助医療の実施基準は：筆者注）近代家族を指向しながら、父の分割（ＡＩＤ）を容認し、母の分割（代理母・代理出産）を認めていない」（浅井 一九九六：二五九－六〇）と日本社会の母性イデオロギーの影響の強さを指摘する解釈もあるが、それはイデオロギーの強さというよりも、子どもを産んだ女性が母となり、その夫が父となるという日本の民法との整合性が優先されたからだと考えられる。[23]

生殖補助医療が登場する以前は血縁の分節化は起こり得なかった。しかし、血縁の分節化が可能になると、「実子」カテゴリーが変容し、拡張し始めた。第三者の提供精子や提供卵子で生まれたとしても、「愛されて生まれたのなら実子」「望まれて生まれたなら実子」というレトリックを用いて、「実子」の意味内容が現在拡張されつつある。ここでは、従来の血縁を精子／卵子／子宮に分節化する生殖補助医療の登場によって、むしろ愛情というレトリックが多用されるという興味深い現象がみられる（第三者の関わる生殖技術について考える会ホームページ）。

なお、養子縁組や里親の場合とは異なり、ＡＩＤによって夫婦の「実子」として生まれた子どもの出自を知る権利や「アイデンティティ」については問題化されてこなかった。しかし、提供精子で生まれた子どもが当事者として出自を知る権利を主張したことで、この点が今まさに問題となっている（南二〇一〇：才村編二〇〇八）。

（3）不妊治療の条件

①治療期間

公的なデータはないが、白井千晶が二〇一〇年に行なった調査では、平均不妊治療歴は四・一四年（〇ヶ月～一四年、ＳＤ三・一九年）であった（白井二〇一一）。

実施類型	実施内容	精子	卵子	子宮
人工受精	妊娠を目的として精子を体外に取り出し、その精子を注入器を用いて人工的に女性の体内に注入する方法			
配偶者間人工受精	AIH：人工受精を夫の精子で行うもの	○	○	○
非配偶者間人工受精	AID：人工受精を夫以外の精子で行うもの	×	○	○
体外受精	妊娠を目的として、体外に取り出した卵子と精子を培養液の中で授精・分割させて、その胚（受精卵）を子宮内に移植する方法 顕微授精は、体外受精の関連技術の一つとして、卵子に顕微鏡下の操作によって精子を注入等する方法をいう			
配偶者間体外受精	夫婦の精子と卵子を体外で受精させて、その胚（受精卵）を妻に移植するもの	○	○	○
非配偶者間体外受精	提供精子 夫以外の男性の精子と妻の卵子を体外で受精させて、その胚（受精卵）を妻に移植するもの	×	○	○
	提供卵子 妻以外の女性の卵子と夫の精子を体外で授精させて、その胚（受精卵）を妻に移植するもの	○	×	○
	提供胚 他の夫婦の配偶者間体外受精で余った胚の提供を受けて、その胚（受精卵）を妻に移植するもの	×	×	○
代理懐胎	不妊夫婦の妻に代わって、妻以外の女性に懐胎・出産してもらうもの			
借り腹	不妊夫婦の精子と卵子を体外で受精させて、その胚（受精卵）を妻以外の女性に移植するもの	○	○	×
代理母	妻以外の女性に夫の精子を人工受精して行われるもの	○	×	×

*精子、卵子、子宮の欄は、カップルのものを利用した場合は○、利用していない場合（カップル以外の第三者のものを利用した場合）は×と表記。

図表 10　生殖補助医療の類型　出典：井上（2004）、上杉（2012）から作成

②条件（年齢、収入、目的など）

不妊治療は、日本産科婦人科学会の見解では法律婚の夫婦であることが求められてきた。しかし、体外受精・胚移植については、戸籍などの婚姻を確認できる文書の提出については、二〇〇六年の見解の改定によって削除された。「婚姻している」という表現も二〇一四年に削除された。一方、AIDに関する見解では、被実施者は法的に婚姻している夫婦とされ、戸籍謄本を提出することが望ましいとされている。

また、患者の身体の状況によって、受けられる治療が制限される。無精子症の男性不妊の場合は提供精子による不妊治療ということになり、高齢の女性が自分の子宮で出産しようとする場合は卵子提供という選択肢が浮かぶ。患者はすべての治療を受けることが可能なわけではなく、不妊の原因によって、受ける治療がある程度制限される。

③治療にかかる金額

不妊治療の値段であるが、タイミング法などは不妊治療のなかでも健康保険適用だが、不妊治療のうち、人工授精、体外受精、顕微授精は健康保険適用の対象外である。人工授精は一回につき一万〜三万円程度、体外受精は約三〇万円程度、顕微授精は約五〇万円程度かかる[24]。患者が一度の人工授精や体外受精で妊娠することは稀であり、複数回実施されるのが一般的であるため、不妊治療受診患者の経済的な負担は大きい（仙波 二〇〇五：八六）。

二〇〇三年には少子化社会対策基本法と次世代育成支援対策推進法の二法が成立し、二〇〇四年度の国会予算には少子化対策関連予算として「不妊治療費の助成」が盛り込まれた。そして、二〇〇四年四月から、厚生労働省の実施要綱に基づき「特定治療支援事業[25]」が全国の都道府県、および政令指定都市・中核市自治体で開始されている。

三　考察——「子どものため」／親子関係／〈血縁〉の関連のバリエーション

以上、各選択肢が、①どのような親子観をもつのか、②その背景には何があるのか、③実際の運用の場面でどのような条件を課しているのか、を検討してきた。これらの選択肢は、子どもを育てるための方法として、利用者が重なり合っている部分もある。しかし一方で、これらの選択肢は、互いを比較しながら、自らの優位性を主張してきた。

例えば、特別養子縁組は、普通養子縁組や実子入籍との差異化（四章）だけではなく、里親制度との比較のうえで、「親は養親だけである、他に親はいないということに法律上もなっていて、はじめて、親子関係は心理的に安定し（里親ではここまでいきにくい）、それはいうまでもなく子どもの福祉にきわめて大きく貢献する」（米倉 一九八四：三〇）と、育ての親との親子関係の排他性を里親制度と比較した際の特別養子縁組の優位性として主張した。里親制度は、児童養護施設との差異化だけではなく、（特別／普通）養子縁組と比較して、里親制度は「社会的我が子」観に立ち、「子どもを私物化しない」ことを里親制度の優位性として主張した。（特に第三者が関わる）不妊治療は、（特別／普通）養子縁組と比較して「全養子より半養子のほうが良い」「最初から実子になる」ことを不妊治療の優位性として主張した。

このように互いに差異化し、優位性を主張しながら、各制度は発展してきた。では、各制度の親子観を比較し、「子どものため」／親子関係／〈血縁〉の関連にはどのようなバリエーションがあるのかを分析したい。

1　法律にあらわれた親子観

各選択肢（特別養子縁組、里親制度、第三者が関わる不妊治療）の親子関係の法律関係と親子観を整理しよう（図表11）。

図表11の縦軸は育ての親と子どもが戸籍上「実子」として扱われるか否かという軸である。横軸は、生みの親と子どもに法律上の関係があるか否かという軸である。

この四事象をみると、生みの親と子どもに法律関係があれば（里親・普通養子）、育ての親と子どもの親子関係の「実親子」化はなされず、生みの親（・ドナー）と子どもに法律関係がなければ（第三者が関わる不妊治療・特別養子）、育ての親と子どもの親子関係の「実親子」化がなされるというバーターのような関係が確認される。

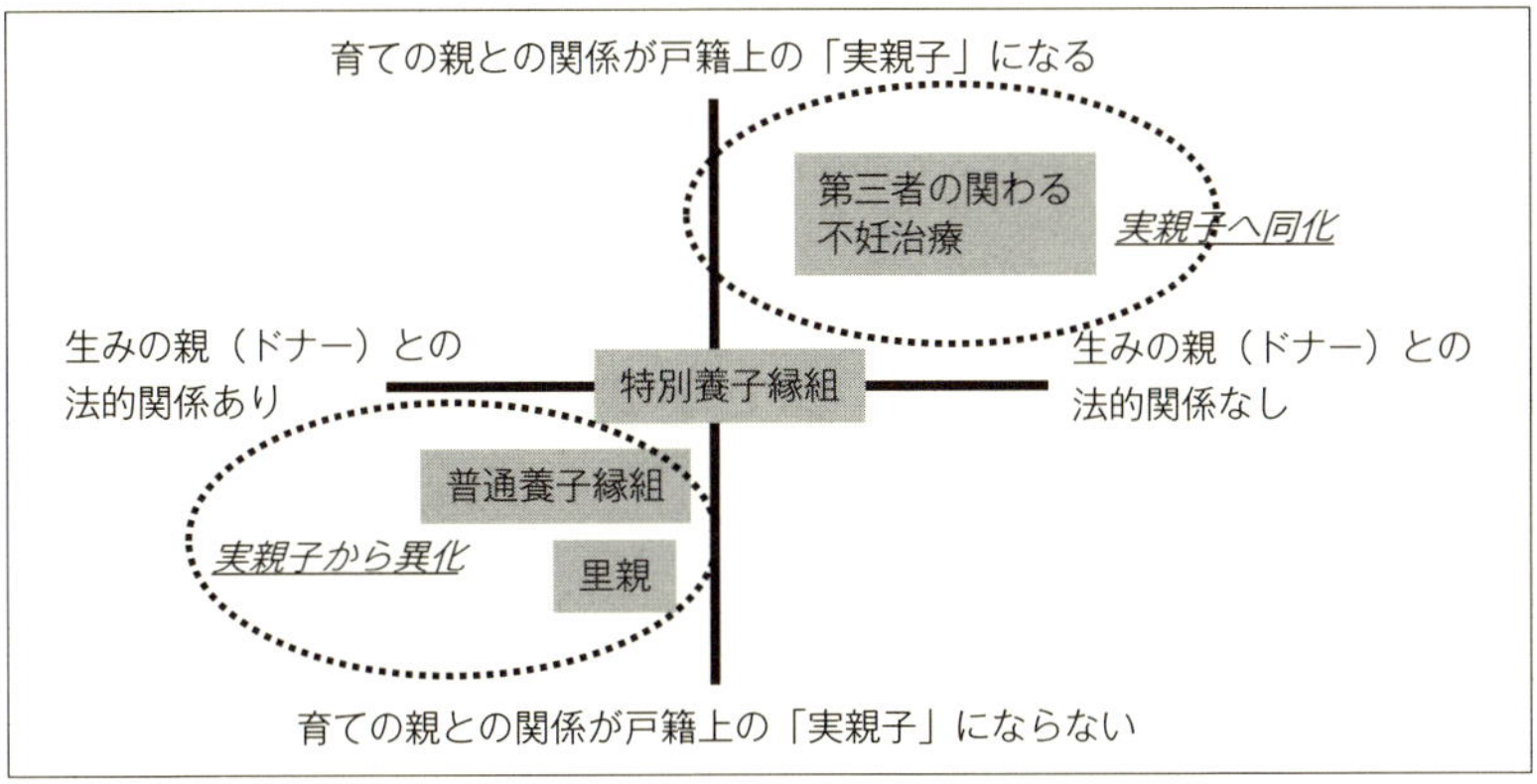

図表 11　各選択肢の親子観　　出典：（野辺 2016 a：77）に若干の修正を加えた

特別養子縁組の特徴は、この図において、中間的な位置にあることである。不妊治療および里親制度と比較して、その特徴を確認してみよう。

図表11におけるこの図での不妊治療は、「ドナー」と書いたように、夫婦以外の第三者が関わる不妊治療を想定している。不妊治療は、夫婦以外の第三者が関わっていても、現在のところ、子どもを産んだ母とその夫が「実親」となり、ドナーと子どもとの法律関係は全く生じない。そして、ドナーを特定する仕組みも法的に整備されていない。特別養子縁組の場合は実親との間の親子としての権利義務関係は一切なくなるが、戸籍を通じて実親の氏名と本籍がわかる仕組みが整備されているので、その部分が未整備の第三者が関わる不妊治療と区別するために、事象の中間に置いた。里親制度は、里子を実子と同じように扱うことを求められているが、特別養子縁組のように、子どもを法律上も実子と同様に扱う制度ではない。法律上は里親子の間に親子関係はなく、里子は実親との間に法的な親子関係を持ち続ける。

養子縁組・里親制度の実務に関わっているあるケースワーカーは、養子縁組と里親の親子観の違いについて、「養子里親は非血縁でも親子になりうるということに命を懸けられる人でないと困るし、養育里親は、『親子は本来、血がつながっていなければならないものなのよ』と、その血のつながりを大事にしてやる役割なのだということを認識してくれる人でなければ、適格ではない」（岩崎 二〇〇九：一三五）と述べている。厚生労働省のマニュアルには「実親と何らかのかかわりのある子どもについては、その後の親子関係が少しでも永続的なものになるように最大限の配慮をしなければなりません。また、現実的には親子関係を結ぶことが困難である子どもの場合にも、子ども の中にある実親イメージについて、最大限の配慮をすることが重要です」（厚生労働省雇用均等・児童家庭局家庭福祉課 二〇〇三：四三）と書かれており、里親には、子どもの実親に対して配慮が制度的にも求められているといえる。

以上見てきたように、非血縁親子（本書で扱った、第三者が関わる不妊治療、普通・特別養子縁組、里親）は、「子どものため」／親子関係／〈血縁〉の関連でみるとバリエーションがあり、図表11のプロットのように、「実親子」への同化（育ての親と子どもとの法律関係が、生みの親と子どもとの法律関係と同様になる）と、「実親子」から異化（育ての親と子どもとの法律関係が、生みの親と子どもとの法律関係とは異なる）という大きな二つのカテゴリーに整理することができる。しかし、ここで注意が必要なのは、「実親子」への同化と「実親子」からの異化という違いは、血縁へのこだわりの強弱による違いなのではなく、それらは、血縁に対する態度の違いであり、血縁へのこだわりの質の違いだということである。

2　運用にあらわれた親子観

次に、各選択肢（特別養子縁組、里親制度、不妊治療）の運用上の条件と親子観・養育観を整理しよう（図表12、13）。不妊治療は、親子関係の形成に、利他的な動機（「子どもの福祉のため」）は求められず（そもそもなぜ子どもが欲しいのかを問われることがない）、行政から不妊治療に対する補助金が出るものの、公的機関の介入／支援はほとんどない私的な養育である。里親制度は、制度の目的を子どもの福祉としており、研修や家庭訪問があり、里親手当てを支給される、公的な養育である。そして、里親制度のなかで一部運用され、利他的な動機（「子どもの福祉のため」）も求められるが、養子縁組をした後は公的機関の介入／支援がほとんどなくなる特別養子縁組はその中間にあるといえるだろう。その親子観が条件にも現われており、不妊治療に養育に関する特別な支援はほとんどないが、希望者に提示される親になるための条件もほとんどない。里親は養育に関する特別な支援（研修、家庭訪問、相談など）があるが、

		特別養子縁組	里親制度	不妊治療
運用上の条件	年齢制限	40～50歳まで ※あっせん団体による	60歳まで	45歳程度まで可能？
	かかる金額	公的機関：0円 民間機関：団体によって異なる （数百万円の場合もあり）	0円	人工授精約5万円／1回 体外受精約50万円／1回
	支給される手当て	なし	あり（里親手当、養育費）	自治体によっては治療に助成金あり
	婚姻要件	法律婚の夫婦	単身者でも可	法律婚・事実婚のカップル
	その他	専業主婦・専業主夫であることなど ※自治体・団体によって異なる	里親研修を受ける必要あり	集中した通院

図表12　各制度が運用面で希望者に課している条件　　出典：野辺（2012 b）に若干の修正を加えた。

里親になるためには満たさなければならない条件がある。特別養子縁組は、養育に関する支援は（特に縁組した後は）少ないが、縁組するまでは里親制度のなかで公的機関の介入／支援を受け、親になる動機や、年齢、養育状況などが問われることになっている。

今までの議論をまとめて、各制度を再整理すると、図表13のようになるだろう。

このように、非血縁親子を「子どものため」／親子関係／〈血縁〉の関連のバリエーションからみると、「実親子」への同化と「実親子」から異化という軸だけではなく、さらに公的な養育と私的な養育という軸で整理することができる。

3　各選択肢への水路

では、これらの選択肢は社会のなかでどのくらい利用されているのだろうか。最後に、統計からそれぞれの選択肢の動向を確認したい（図表14、15）。

未成年の普通養子縁組の件数は、戦後一貫して減少している。一九八七年に成立した特別養子縁組の件数も横ばいである（ただし、二〇一三年から増加傾向にある）。新規里親委託児童数は戦後減少傾向にあったが、二〇〇二年を境に増加し、その後一一〇〇人前後を推移している。一方で、体外受精の利用は非常に増加し

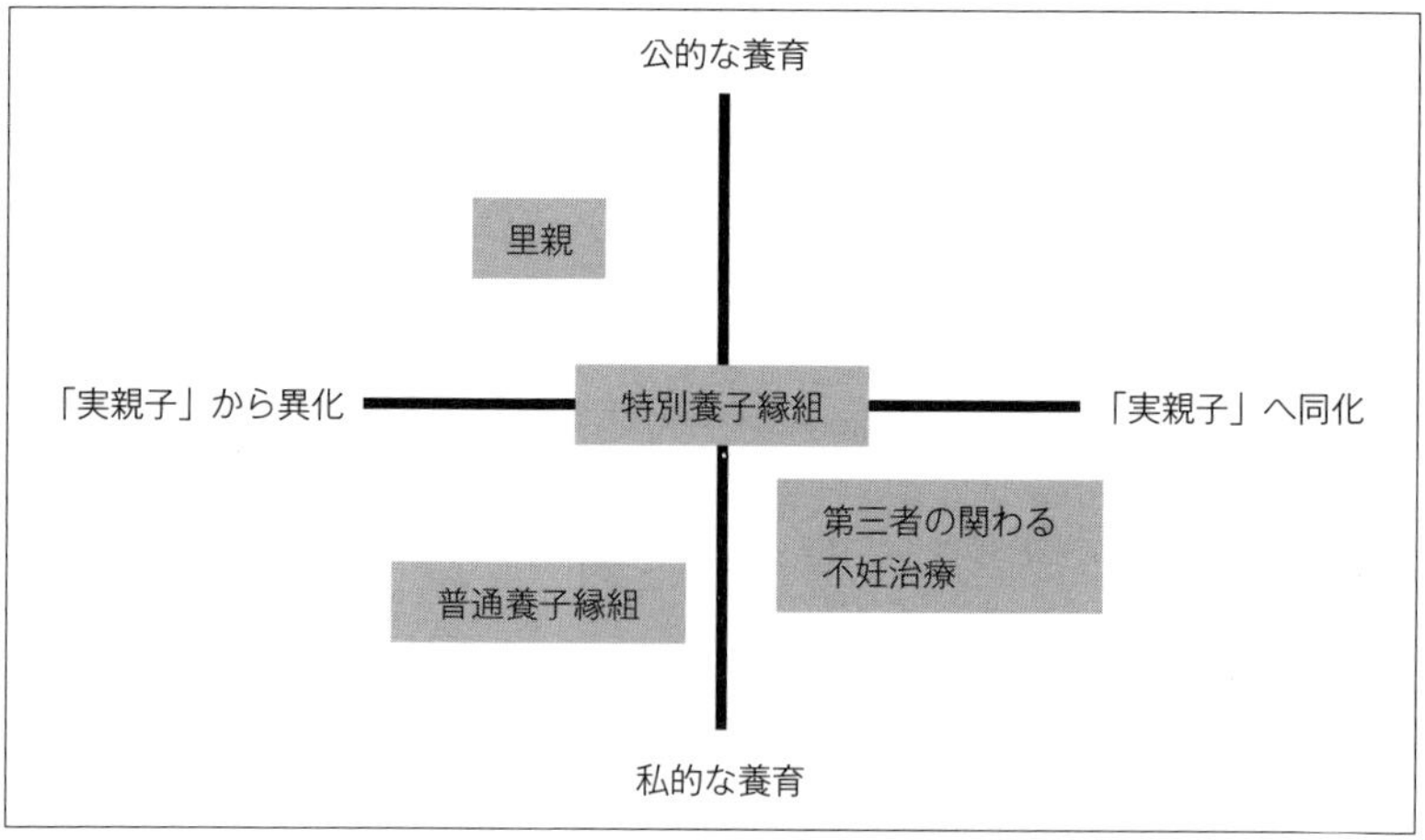

図表 13　各制度の親子観と養育観

ている。特別養子認容件数と体外受精児数の動向は対照的である。

このような動向の違いには、さまざまな要因が考えられてきたが（二章）、本章で検討してきた各制度の条件の違いについては、あまり注意が払われてこなかったようだ。

次章では、本章で明らかにした制度の親子観や制度が課す条件を背景に、当事者たちが、どのような制約のなかで、どのような選択をしていくのかをみていきたい。

本章では特別養子縁組の隣接領域と特別養子縁組を比較することで、特別養子縁組の特徴を明らかにしてきた。次章から当事者へのインタヴュー調査の分析に入っていこう。

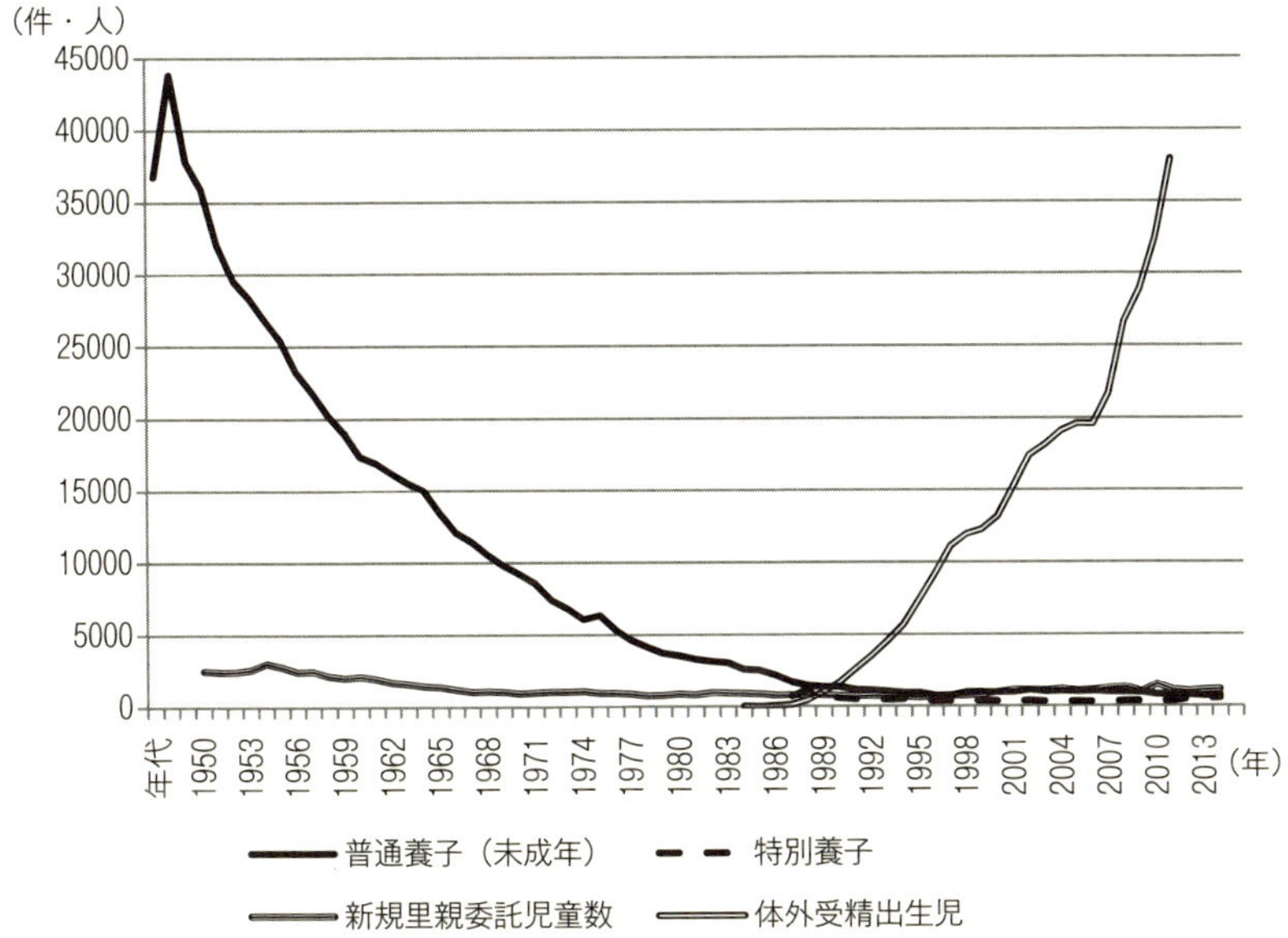

図表 14　養子縁組認容件数（普通・特別）と体外受精児出産数（1948 ～ 2014 年）

出典：司法統計、福祉行政報告および日本産科婦人科学会 ART データブック〔26〕

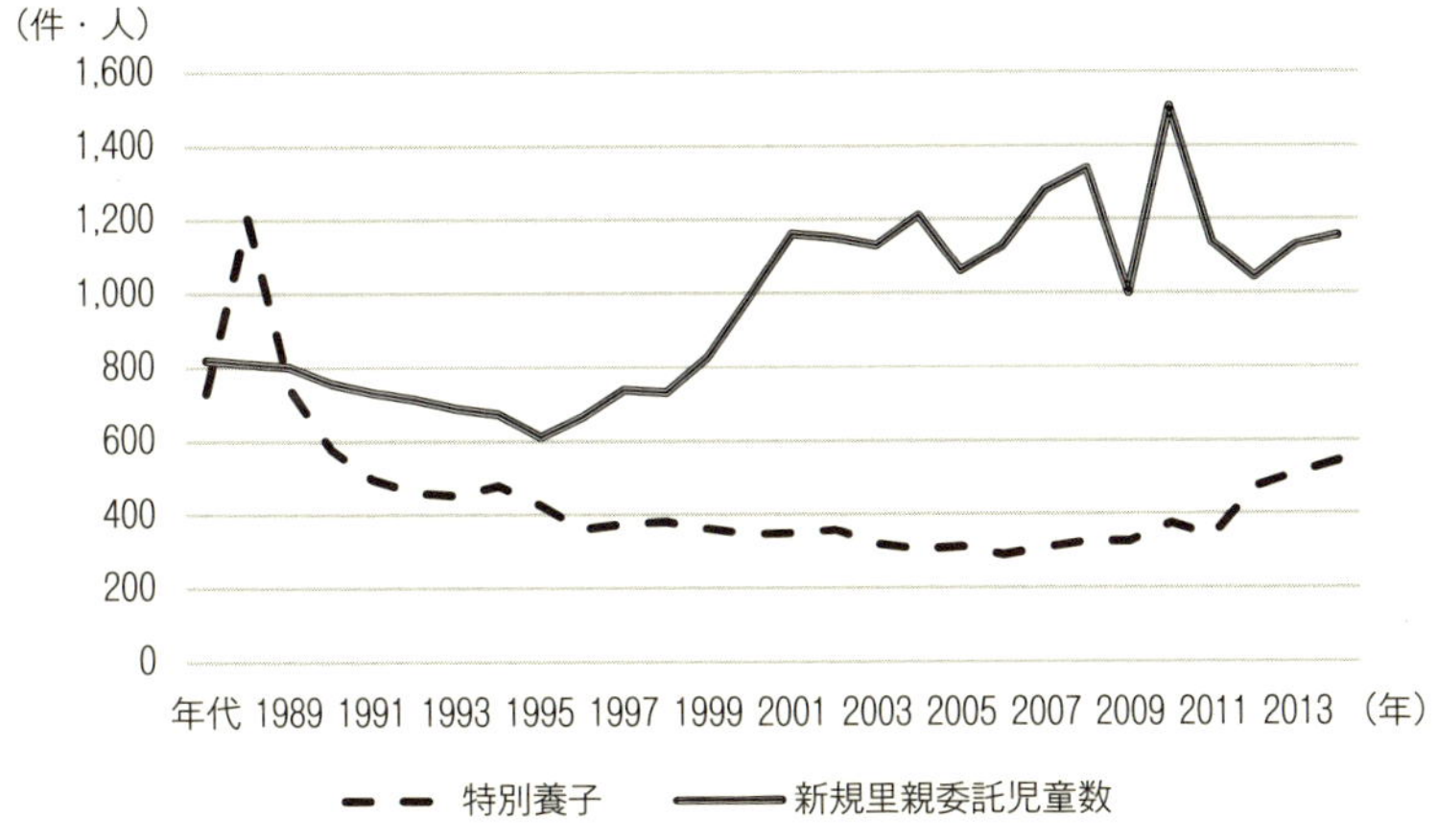

図表 15　養子縁組認容件数（普通・特別）と体外受精児出産数（1988 ～ 2014 年）

出典：司法統計および福祉行政報告各年度

第六章　親世代の行為と意識①——養子縁組が選択／排除されるプロセス

前章までは、特別養子縁組の立法過程および隣接領域との比較を通じて、制度の水準における〈血縁〉と親子関係の関連について考察してきた。本章からは当事者へのインタヴュー調査の分析を通じて、「子どものため」にいかにして〈血縁〉が浮上するのかという問いについて考察していく。本章では、不妊当事者が養子縁組に至る／至らないプロセスを通じて、親子関係形成の時点においていかにして血縁が意識され、求められ、また語られるのかを分析する。さらに、〈血縁〉が自己や親子関係とどのように関連しているのかについて考察を行なう。

一　事例の概要と本章の分析視点

1　調査の概要

不妊当事者が養子縁組に至る／至らないプロセスを調査するために、まず、子どもが欲しい不妊当事者を潜在的養親候補者と措定した。もちろん、養親となる者が必ずしも不妊であったり、実子がいない者であったりするとは限らないが、実態として子どものいない夫婦が養子縁組をすることが多く、制度の運用の場面でも養親候補者として実子のいない不妊当事者が想定されているため[1]、本書では子どもの欲しい不妊当事者を潜在的養親候補者として分析対象とした。そして、不妊当事者のうち、実際に養子縁組をした事例と養子縁組をしなかった事例を比較して、選択の際にどのような選好や制約があるのかについて分析を行なった。

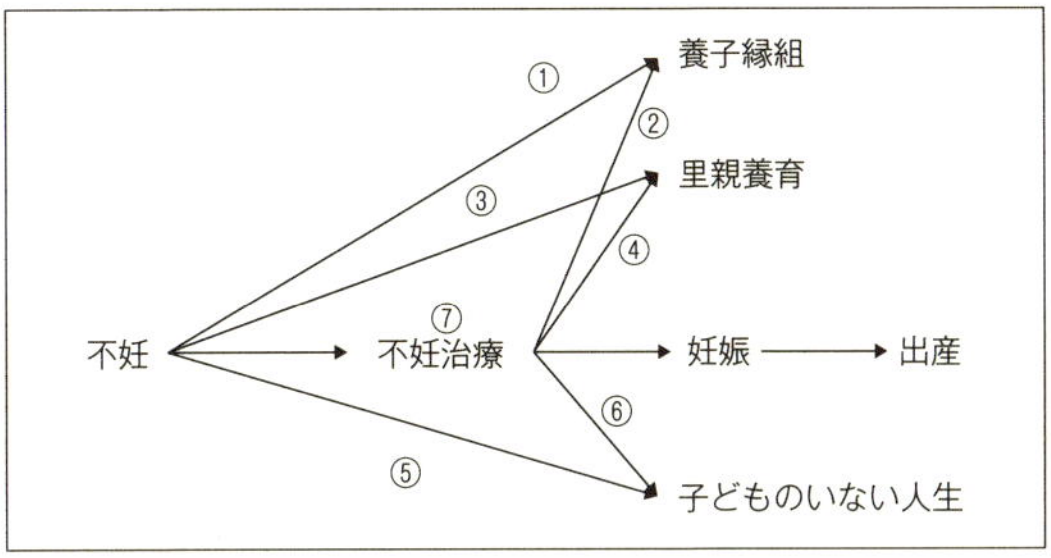

図表１　不妊カップルの選択肢の関係

現在の日本社会において、子どもが欲しい不妊当事者が取りうる選択肢は四つある。①（特別／普通）養子縁組、②里親制度、③不妊治療、④子どものいない人生である（図表１）。養子縁組を基点にしてみれば、里親制度、不妊治療、子どものいない人生は養子縁組と競合する代替選択肢ということになる。しかし、これらの四つの選択肢は一つを選択するとほかの選択肢が選べなくなる排他的な選択肢であるとは限らない。複数の選択肢が組み合わされ一連のステップのなかで順番に経験されることも可能である。つまり、四つの選択肢は競合関係になると同時に補完関係にもなりえる。図表１で示したように、不妊カップルが不妊治療を経験した後に、養子縁組、里親制度、子どものいない人生の各選択肢へ進むルートも可能であるし、現実に存在する。

各選択肢の組み合わせ・順序には、以下の七通りが考えられる（図表１）。

① 不妊→養子縁組
② 不妊→不妊治療→養子縁組
③ 不妊→里親養育
④ 不妊→不妊治療→里親養育
⑤ 不妊→子どものいない人生
⑥ 不妊→不妊治療→子どものいない人生
⑦ 不妊→不妊治療の継続（→出産）

もちろん現実にはさらに多様なルート、例えば、最初に養子縁組を検討したが、養子縁組が叶わなかったため不妊治療に切り替えたという事例や、子どものいない人生をしばらく続けた後に養子縁組や里親を改めて考え選択する事例などもある（野辺二〇一二b）。

では、子どもが欲しい不妊当事者は、どのように選択を行なっているのだろうか。本書では、選択のプロセスを明らかにするため、二〇〇八～二〇一〇年の三年間に、各選択肢（不妊治療、子どものいない人生、里親、養子縁組）に進んだ不妊当事者四一名にインタヴュー調査を行なった（図表2）。

インタヴュー調査では、①不妊治療経験の有無とその内容、②各選択肢に至るまでの気持ちの変化と周囲の反応、③なぜほかの選択肢を選ばなかったのか、などについて聴取した。

また、インタヴュー調査を行なった不妊当事者のなかには不妊治療経験がある対象者と不妊治療経験がない対象者の両方が含まれており、不妊治療のなかには高度生殖補助医療（体外受精など）だけではなく人工授精も含まれている。なお、インタヴュー対象者のなかにはもともと子どもは欲しくない、あるいはもともと子どもは持たないと決めていた対象者は含まれていない。

2　事例の分布

本書の事例の概要は図表2の通りである。

四一事例のうち、実際に養子縁組をしたケースが一八事例、養子縁組しなかった事例が二三事例である。養子縁組をした事例のうち、不妊治療経験があるケースが一一事例、不妊治療経験がない事例が七事例である。養子縁組をしなかった事例のうち、不妊治療経験がある事例が一三事例、不妊治療経験がない事例が一〇事例である。また、養子縁組をしなかった二三事例のうち、インタヴュー当時、不妊治療を継続している（していた）事例が七事例、子どものいない人生に進んだ事例が八事例、里親になった事例が八事例である（図表3）。

インタビュー当時の状況			年齢（夫）	年齢（妻）	不妊治療経験	経路
不妊治療	①さん	女性	30代後半	30代後半	○	養子→体外受精→出産
不妊治療	②さん	女性	40代後半	40代後半	○	卵子提供？
不妊治療	③さん	女性	30代後半	30代後半	○	体外受精→養子？
不妊治療	④さん	女性	20代後半	30代前半	○	人工授精
不妊治療	⑤さん	女性	30代後半	30代前半	○	人工授精→体外受精→出産
不妊治療	⑥さん	女性	30代前半	30代前半	○	人工授精→体外受精
不妊治療	⑦さん	夫婦	30代後半	30代前半	○	人工授精→養子？
子どものいない人生	⑧さん	女性	40代後半	40代前半	×	不妊治療なし
子どものいない人生	⑨さん	女性	30代前半	30代前半	×	不妊治療なし
子どものいない人生	⑩さん	女性	30代後半	30代後半	×	不妊治療なし
子どものいない人生	⑪さん	女性	30代後半	30代後半	○	人工授精→体外受精
子どものいない人生	⑫さん	女性	40代前半	40代後半	○	人工授精→体外受精
子どものいない人生	⑬さん	女性		40代後半	×	不妊治療なし
子どものいない人生	⑭さん	女性	40代後半	40代後半	×	不妊治療なし
子どものいない人生	⑮さん	女性	40代後半	40代前半	○	体外受精
里親	⑯さん	女性	40代前半	40代前半	○	人工授精→体外受精→里親
里親	⑰さん	男性	50代後半	50代前半	×	不妊治療なし
里親	⑱さん	女性	60代前半	60代前半	×	不妊治療なし
里親	⑲さん	女性	40代前半	30代後半	×	不妊治療なし
里親	⑳さん	夫妻	60代前半	50代後半	×	不妊治療なし
里親	㉑さん	女性	40代後半	40代後半	○	人工授精→里親
里親	㉒さん	女性	50代後半	50代後半	○	人工授精→里親
里親	㉓さん	女性	30代後半	40代前半	×	不妊治療なし
養親（特別養子縁組）	㉔さん	夫妻	40代後半	40代後半	×	不妊治療なし
養親（特別養子縁組）	㉕さん	女性	50代後半	50代前半	×	不妊治療なし
養親（特別養子縁組）	㉖さん	夫妻	50代前半	40代前半	○	体外受精→養子
養親（特別養子縁組）	㉗さん	夫妻	30代前半	30代前半	×	不妊治療なし
養親（特別養子縁組）	㉘さん	女性	30代後半	30代後半	×	不妊治療なし
養親（特別養子縁組）	㉙さん	夫妻	40代前半	30代後半	×	不妊治療なし
養親（特別養子縁組）	㉚さん	夫妻	40代後半	40代後半	○	人工授精→体外受精→養子
養親（特別養子縁組）	㉛さん	女性	40代後半	40代前半	×	不妊治療なし→養子・里子
養親（特別養子縁組）	㉜さん	女性	30代後半	30代後半	○	体外受精→養子
養親（不明）	㉝さん	女性	40代後半	40代後半	○	体外受精→養子
養親（不明）	㉞さん	夫妻	50代後半	60代前半	×	不妊治療なし
養親（特別養子縁組）	㉟さん	女性	40代前半	40代前半	×	不妊治療なし→養子・里子
養親（普通養子縁組）	㊱さん	男性	70代後半	60代後半	×	不妊治療なし
養親（普通養子縁組）	㊲さん	女性	60代後半	60代後半	○	人工授精→養子・里子
養親（特別養子縁組）	㊳さん	夫妻	40代前半	40代前半	×	不妊治療なし
養親（特別養子縁組）	㊴さん	女性	50代前半	40代後半	○	体外受精→養子
養親（不明）	㊵さん	女性	50代後半	50代後半	×	不妊治療なし
（国際）養親	㊶さん	女性		40代後半	○	人工授精→養子

図表2　親世代の調査協力者の調査時（2008～2010年）の属性

養子縁組を選択した	不妊治療あり		7事例
	不妊治療なし		11事例
養子縁組を選択しない	不妊治療あり	不妊治療の継続	7事例
		子どものいない人生	3事例
		里親	3事例
	不妊治療なし	子どものいない人生	5事例
		里親	5事例

図表3　事例の類型（再掲）　※不妊治療継続中の7事例は、出産に至った2事例を含む

3　分析の視点

不妊当事者が養子縁組に至る／至らないプロセスについて分析・考察した先行研究には以下の二種類がある。（1）不妊治療に焦点を当てた研究と、（2）養子縁組あるいは里親に焦点をあてた研究の二つである（二章）。どちらの先行研究にも共通した盲点は、①「養子縁組する＝血縁にこだわらない」「養子縁組しない＝血縁にこだわる」という行為と意識の対応関係を前提とした解釈図式が主流であること、②「血縁にこだわる」という解釈がしばしばなされるものの、その意味が当事者の観点からあまり明らかにされていないこと、③不妊治療の内部での差異（夫婦間での不妊治療か、第三者の関わる不妊治療か）があまり区別されていないこと[2]、④養子縁組と不妊治療の二つの選択肢の比較しかなされておらず、子どものいない人生や里親との比較がほとんどなされていないこと、⑤そもそも、選好だけで選択できるわけではなく、選択を規定するほかの要因が十分に分析されていないことなどである（野辺二〇一二a：二〇一二b：二〇一四）。

（1）血縁の程度（強度）による比較の再考

先行研究のこれらの盲点について分析を行なうために、本章では各選択肢を従来の解釈図式に従って、血縁の程度ごとに分析することにする。図表4をみればわかるように、従来の解釈図式に従えば、選択肢によって血縁の種類と程度にバリエーションがある。夫婦間の生殖補助医療は精子、卵子、子宮がすべて夫婦間で供給され、一方、養子縁組と里親はすべて夫婦以外の者が供給する。第三者の関わる不妊

精子	卵子	子宮	不妊治療の類型	
○	○	○	配偶者間人工授精・体外受精	
×	○	○	精子提供による人工授精・体外受精	第三者の関わる不妊治療
×	×	○	胚提供による体外受精	第三者の関わる不妊治療
○	×	○	卵子提供による体外受精	第三者の関わる不妊治療
○	○	×	借り腹	第三者の関わる不妊治療
○	×	×	代理母	第三者の関わる不妊治療
×	×	×	養子縁組・里親	

図表４　不妊治療の類型　※○は有、×は無を意味する

血縁の程度	選択肢
全血縁	夫婦間の不妊治療
半血縁	第三者の関わる不妊治療（精子提供、卵子提供、胚提供、代理母など）
非血縁	養子縁組、里親
無血縁	子どものいない人生

（↑ より血縁にこだわる？）

図表５　従来の解釈図式による類型

治療では精子、卵子、子宮のどれか一つあるいは二つを第三者が供給する。そして、子どものいない人生においては、そもそも親子関係が形成されないので、血縁の程度という観点が消失する。

本章では、各選択肢を従来の枠組みに従って、夫婦間の血縁からの偏差というところから以下のように再整理し（図表５）、各選択肢に至るまでの間にどのような選好と制約やあり、そこでそのような親子関係と血縁に関して意味づけがなされるのかについて分析を行なうことにする。

従来の研究では、全血縁ほど夫婦間の血縁にこだわっていると解釈されてきたが、実際にそうだろうか。本章では従来の解釈図式に従い、生物的事実としての血縁の種類と程度の違いで事例を分けて分析を行なうことで、先行研究が想定してきたように、生物的事実としての血縁と人びとの血縁意識の強弱が対応しているのか／いないのかを経験的データから再考する。

一九八〇年代以前は不妊当事者にとって、選択できる選択肢は、普通養子縁組、里親、人工授精（ＡＩＨ、ＡＩＤ）などしか存在していなかったが、一九八〇年代以降には特別養子縁組が立法化され、体外受精・顕微授精

という新しい技術も臨床化された。選択肢の複数化は、選択の余地がなく、代替不可能であることが本質とみなされてきた親子関係に選択性が入り始めていること（江原 一九八八：一九四）を顕著にあらわしている。そして、選択肢の多様化は当事者に血縁に対する意味づけ、そして選択に対する責任を改めて迫る可能性がある。

　不妊当事者が子どもを持とうとする時に、養子縁組という選択肢しかなければ、「血縁関係のない子どもをもつか／もたないか」という選択肢は存在しても、「血縁関係のある子どもをもつか／血縁関係のない子どもをもつか」という選択肢は存在しない。同様に、（夫婦間の）不妊治療という選択肢しかなければ、そこに「血縁関係のある子どもをもつか／もたないか」という選択肢は存在しても、「血縁関係のある子どもをもつか／血縁関係のない子どもをもつか」という選択肢はやはり存在しない。そのため、不妊治療以外に養子縁組という選択肢もあるのにかかわらず、不妊治療という選択肢が選ばれるのであれば、そこには血縁に対する何らかの意識が当事者にあると、先行研究では推測されてきた（浅井 一九九六：浅井 二〇〇〇：柘植 一九九九）。

　従来の研究においては、本書で「半血縁」に分類される選択肢、すなわち第三者の関わる不妊治療に関する血縁の分析においては当事者の意識が十分に考慮されてこなかった。そのため、一見すると相反する解釈が行なわれてきたようだ。例えば、精子提供を受ける場合は、妻が出産にこだわっているという意味において「血縁にこだわっている」と解釈される一方（横山・難波 一九九二）、夫の遺伝子にはこだわっていないという意味において「血縁にこだわっていない」という一見相反するような指摘がなされてきた（柘植 一九九六：二二八）。卵子提供を受ける場合でも、夫の遺伝子にこだわっている、あるいは妻の出産にこだわっているという意味において「血縁にこだわっている」と解釈される一方、妻の遺伝子にはこだわっていないという意味において「血縁にこだわっていない」という一見相反するような解釈が調査結果から示唆されてきたようだ（日比野 二〇一六：七二：白井 二〇一六：二三五）。このように相反する分析が行なわれるのは、カップルの片方の意識のみ注目していることに加えて、選択肢と意識の対応関係を強く想定しているからであり、実際の当事者の意識は上述した分析とは異なる可能性がある。また、同じ「非血縁」に分類される養子縁組と里親の差異に着目されることは少なかった。

本章では、これらの違いに留意して、養子縁組と他の選択肢を比較することで、不妊当事者にとっての血縁の意味を探り、親子形成時における〈血縁〉と「子どものため」の関連を考察する。

(2) プロセスの分析①——選好と制約の間

なお、当事者の選択のプロセスにおいては、選好と制約との間で意味づけがなされることに留意したい。例えば、「子どもが欲しい」という感情は、社会規範や人間関係も含む非常に複雑な要因から構成されており、さらに「子どもが欲しい」という感情とコストを比較考量することでその感情が変化することもわかっている(江原ほか 二〇〇〇:一九〇-一九一)。これは不妊当事者が行なう選択のプロセスにも当てはまる。どのような不妊治療を選択するかは、不妊原因や身体の状況にも大きく依存し、不妊治療の内容は、医療側の供給、不妊当事者の経済力など、いくつかの異なる要因で決定される(van Balen 一九九七)。また、養子縁組や里親に関しては、「通常のフルタイムの仕事を持つ女性にはほとんど里親、養親になる道はない」(竹井 一九九九:八五)と養親当事者が述べるほど、入口は狭い。このような状況においては、養子縁組よりも不妊治療の方がアクセシビリティが高くなる(van Balen 一九九七)(五章)。このような制約条件も分析に含めていく。

(3) プロセスの分析②——解釈資源としての〈血縁〉

さらに、本書では選択肢が変化するプロセスにおいて、どのような動機の語彙を用いて、自己や関係性をマネジメントするのかに注目する。動機の語彙とは、解釈資源のひとつであり、ある行為の正当性を自己と他者に対して受容させ、理解可能とするために事後的に使用される類型的な語彙である。この動機の語彙に着目することで〈血縁〉と子どもを取り巻く社会を浮かび上がらせることができると考えられる。なぜなら、人はどのような動機の語彙でも使用できるわけではなく、社会に流通している動機の語彙しか使用できないからである。なお、本章での関係性とは、当事者とこれから生まれるであろう子どもとの未来の親子関係だけでなく、当事者間の夫婦関係や当事者たちの親との関係も含んでいる。

以上、説明してきたように、不妊当事者が選好や制約との間でどのような選択肢を選び（直し）、それに対してどのような動機の語彙を用いて自己の選択に対する意味づけ（直し）を行なっていくのかが、本章が分析すべき対象となる。

本章では、分析の順序として、まず、血縁関係のある子どもをもつか／もたないかという点で養子縁組と不妊治療と子どものいない人生に進んだ事例とを比較し（＝「全血縁」「無血縁」と「非血縁」の比較）、次に養子縁組と第三者が関わる不妊治療を選択した事例を比較する（＝「半血縁」と「非血縁」の比較）。最後に、同じ「非血縁」に分類される養子縁組と里親を比較する（＝「非血縁」内の比較）。この作業を通じて、本章の最後に〈血縁〉が関係性、自己にどのように関わるのかについて考察したい。

二　分析①――「非血縁」と「全血縁」「無血縁」の比較

養子縁組を夫婦間の不妊治療および子どものいない人生と比較することで、血縁関係のない子どもをもつか／もたないかという分岐点に着目する。そして、従来の解釈図式である、「養子縁組する＝血縁にこだわらない」「養子縁組しない（不妊治療・子どものいない人生を選択する）＝血縁にこだわる」という図式を再考したい。

1　養子縁組を選択した事例

本書の調査対象者のなかで実際に養子縁組した一八事例のうち「自分としては養子縁組をしたくなかったが、周囲からの圧力など養子縁組をせざるを得ない事情があり養子縁組した」と語った事例は〇事例であった[3]。ゆえに養子縁組した一八事例は選好による選択だと考えられる。

しかし、この一八事例のうち七事例は不妊治療経験があった。つまり、最初から養子縁組を選択したのではなく、不妊治療を受けた後に養子縁組を選択していた。この「不妊治療→養子縁組」という経路の存在は選択肢が変化したことを示している。養子縁組を選択した一八事例について、養子縁組を選択した理由を尋ねたところ、不妊治療経験の有無にかかわらず、養子縁組を選択した理由として「生みたいより育てたい」「血縁より育てる喜びに重点」「自分の子を育てたい」という語彙が回顧的に語られた。それならば、そもそもなぜ不妊治療を受けたのだろうか。そのため、不妊治療を経由した七事例の夫婦の意識転換のプロセスに注目する必要がある。

また、不妊治療を受けなかった調査対象者ははじめから上述したような動機の語彙を用いていたのだろうか。これらの点を確認するために、養親となった不妊当事者が不妊治療を始める／始めないプロセスから確認していこう。

(1) 不妊治療をした理由／しない理由

①不妊治療をしなかった事例

不妊治療を（ほとんど）しなかった理由として、①不妊治療をしても子どもができる確率が低い、②不妊治療に抵抗感がある、という理由が語られた。本書のインタヴュー調査対象者（一五九頁・図表2）からは、①が主たる理由として語られ、②は補足的に語られた（以下、下線部は筆者によるもの）。

うちは不妊治療ではなくて、私の身体がもともとちょっと子どもは無理だろうと。小さいころからそう聞かされていたので、それを承知で結婚して。それで子どもができないかもしれないって話になって、一応医者には行ったんですが、「ちょっと難しいかな」ってことになって。まあ、二人でもいいかなという感じではいたんですけど……。結婚四～五年たつと、いてもいいかなって気持ちも出てきて葛藤しながら医者にも何回か行って、だめだということで。近所にたまたま特別養子をしている方がいらして、うちの親からも「そういう人いっぱいいるんだよ」と聞かされて、「あ、そういう選択もあるんだ」という感じでした。（㉙夫妻・妻）

不妊治療はやりませんでした。そこまで……という思いもあるし、一%の望みがあればやるのかもしれませんが、うちは不妊治療をやっても確率が低かったので。それに身体も大変ですし。(㉟さん)

私はそこ〔不妊治療〕までしたいと思いません。そこまでするなら他人の子をもらいたいと思います。(㉞夫妻・妻)(以下〔 〕内は筆者が言葉を補った部分を示す)

このように不妊治療をしなかった、あるいはほとんどしなかった事例では、不妊治療をしても妊娠・出産する確率が非常に低い事例であったり、夫婦以外の第三者の配偶子を用いることに抵抗感を示したりする事例であった(後述)。逆にいえば、不妊治療による妊娠・出産の確率が高かったり、第三者の関わらない夫婦間での不妊治療であったりすれば、不妊治療を開始する可能性が高いと考えられる。

②不妊治療をした事例

一方、不妊治療をしてから養子縁組に移行した一一事例では、不妊治療を止めた理由として、不妊治療による妊娠・出産の可能性が低いと分かった時に養子縁組への転換が起こっていた。妊娠・出産の可能性が低いという判断は、①長期にわたる不妊治療の結果、医師がそう判断した、②もともと医師から不妊治療による妊娠・出産の可能性が低いと言われていた、という医師による判断のほかに、③自分で不妊治療する回数を決めていた、という事例であった。

夫：その前までは女房が不妊治療していて。でいよいよだめだっていうことでX〔養子をあっせんする民間団体〕を知ったんです。

妻：その辺からじゃないかな？　治療してだめだというところから、主治医の先生の方から養子縁組の方を言われたのがきっかけですね。

夫：Xがあるんだけどもっていう。ホームページをプリントしたやつをもらって。（㉚夫妻）

二回目の体外受精が子宮外妊娠だったので、「なんか、もういいかな」というか、「あ、やっぱり妊娠しないんだな」っていう感じで。もう、すぐに「里親になって養子を育てようね」というふうになりました。体外受精、顕微受精じゃないと子どもができないのがわかった時点で、「養子でもいいよ」という話を主人はしていたんですが、私はやってみるということで、やってみて、子宮外妊娠だったので、「じゃあ、養子を育てよう」と。（㉝さん）

体外受精を三回やってだめだったら子どもをあきらめようと決めていたので、三回目でだめだった時が区切りとなりました。ほかの形で子どもに関わることができないかなと考えました。（㉜さん）

以上からわかることは、不妊治療をする／しない、不妊治療を続ける／止めるという分岐点に影響を与える要因[4]は不妊治療による妊娠の確率の高低であるということである。つまり、不妊治療による妊娠の確率が非常に低ければもとから不妊治療しないか、あるいは途中で止めるということである。

では、不妊治療をしない、あるいは止めるという選択をした時に、どのような意識転換が起こったのだろうか。養子縁組に進んだある調査対象者は「もともと実子にそんなにこだわりがない」と「もともと〜ない」という動機の語彙も用いて遡及的解釈を行ない、実子が欲しいという願望と不妊治療をしても実子を得ることができない現実との間の葛藤を自己や他者にとって理解可能なように、矛盾のない一貫した態度になるよう、事後的に再構成していた。例えば㉚夫妻は実子をもつことから養子を育てることへの意識転換について以下のように語っている。

夫：二人にとってその実子ということ……。
妻：あまりこだわってなかった。
夫：そんなになかったです。もちろん最初は、やっぱり不妊治療しているときは実子というこだわりがあったかもしれませんけども。ここかな、そのプリントの〔養子縁組あっせん団体の〕ホームページみて。
妻：そもそもこうドクターに「産みたいの？　育てたいの？」って聞かれて。「あ、育てたいのかな」って。「だったら自分の子じゃなくてもいいんじゃないの？」って言われて。あ、養子縁組っていう考えもあるんだねって。（㉚夫妻）

さらに、㉚夫妻の場合は、ＮＰＯの養子縁組の説明会に行った際に、すでに養子を育てている養親たちと話をしたことが、さらに意識転換を後押ししたと語っていた。

妻：〔養子縁組の〕説明会の時に子どもをつれてサポーター〔＝すでに養子を育てている養親〕の人と話するの。
夫：個別説明。あれは良かったですね。
妻：いいなっては思いましたね。サポーターのみなさんが子どもをつれて、「私たちもそうだったんですよ」って。やっぱりいいなって。
夫：あれはよかったですね。ちょっと説明聞きにいっただけがすごくそれで……。うらやましいな、いいなってかんじ。
妻：やっぱりいいかなみたいな。血のつながりなんてどうでもいいかなみたいな。（㉚夫妻）

このように、養親子と交流したことが、意識転換の後押しになったという語りが補足的にあった。
次に、養子縁組に至った事例で、不妊治療をしない、もしくは不妊治療を止めた後に（養子縁組ではなく）、子どものいない人生が選択肢に入っていたか／入っていなかったかを確認しよう。これらの語りから、当事者にとって、血縁と子どものどちらの優先順位が高いのかが浮かび上がってくる。

(2) 子どものいない人生を選択しなかった理由

①子どものいない人生について考えていなかったと語った事例

子どものいない人生を考えていないという事例では、①成長したい、②子どもがいないと寂しい、③跡継ぎが必要であるという理由が語られた。

子どもがいない生活を送りながら、「楽しいけど、これでいいのかな？　人生これで終わっていいのかな？　自分の成長は？」と思い始めました。(㉞夫妻・妻)

子どもがいないのは寂しいという強い感情がありました。(㊴さん)

本家長男（義父母と同居）の妻である㊵さんの事例からは子どものいない人生を考えなかった理由として家の継承という理由が語られたが、家の継承という理由を語ったのは本書のインタヴュー調査ではこの一事例のみであった。

地域の跡継ぎとかになると、子どもがいないことが不自然で、家系が絶えてしまうとかそういうことがやっぱりあった。(㊵さん)

このように、子どものいない人生について考えていなかった（そして養子縁組を選択した）事例の語りからは、人生における子どもの存在価値が高いことがうかがえる。

②子どものいない人生を考えていたと語った事例

とはいえ、養子縁組をした一八事例のなかには、子どものいない人生も考えていたという事例も複数あった。これらの事例では、「子どもはいなくても良い」と思っていたが、「やっぱり子どもがいてもいいな」「子どもがいたらもっと楽しい」と意識転換した事例であった。なお、子どものいない人生から養子縁組に意識転換に至るまでには五〜一〇年程度の結婚期間があった。

養子だったら登録するとき時に二人で議論もあんまりしなかったというか。こういう制度があるならチャレンジしてみるか、とかで。里親制度を知った時に三八歳か三九歳だったので、子ども育てるにはやっぱり二〇年間くらい必要だからいまがチャンスかなって。今は四九歳だから、今からやろうとは思わないですね。確かもう登録自体できないんじゃなかったかな? 年齢制限かなんかで。〔中略〕六〇歳で養子縁組したってちょっとね。〔自分たち夫婦が〕死んじゃう可能性も結構あるから。知った時期が四〇歳間近で。あと何十年間ふたりでずっといるのか、チャレンジしてみて育てる機会があればとちらっと考えて、じゃだめもとでやってみるかと。社宅は子どももいっぱいいるし。二人とも別に趣味も結構あったんだけれど、でも、ずっと二人でいるかそれとも家族もつか、もったほうが楽しいこともたくさんあるのかなとかね。(㉔夫妻・夫)

結婚したのが二〇歳だったんで、二〇歳くらいから欲しいとは話してたんですけど、一〇年くらい欲しいかな、どうしようかな、二人でいようかな、みたいなかんじで、三〇歳くらいになってからX〔養子をあっせんする民間団体〕のホームページを見つけて、じゃあそういう選択もあるかもね、という感じです。(㉗夫妻・夫)

結婚して一〇年後に子どもを迎えました。養子縁組を決めるまでは、自分が養子縁組をしたくても、夫が「ん？」という感じでズレがありました。結婚後一〇年経って、お互いに決心したというか、夫婦ともに自然に決めた感じです。「もうそろそろ……二人の生活も寂しいし、家族として暮らしたい。子に何か残したい」と思いました。夫婦のどちらかが強く養子縁組しようと言ったわけではありません。（㉟夫妻・妻）

このように、子どものいない人生と養子縁組の分岐点は、結婚期間の長さと子どもを欲した、もしくは養子縁組について知ったタイミングという偶発的な要素も関わっていることがわかった。このことから、子どものいない人生と養子縁組という二つの選択肢は、必ずしも排他的な選択肢ではなく、最終的な選択に至るまでの間に連続している面もあることがわかる。

（3）養子縁組を選択した理由

では、養子縁組を選択した事例がなぜ養子縁組を選択したのかについてだが、当事者からは、①成長したい、①親に恵まれない子を救いたい、②子どもを育てたい、③親になりたい、④家の跡継ぎが必要という理由が語られた。

結婚後三年間は子どもが出来ませんでした。子どもがいない生活を送りながら、「楽しいけど、これでいいのかな？人生これで終わっていいのかな？自分の成長は？」と思い始めました。その時に、世の中には親がいなくてさびしい・恵まれない子どもがいると思って、その子たちを救いたい、親になりたいと思いました。（㉞夫妻・妻）

やっぱり地域の跡継ぎとかになると、子どもがいないことが不自然で、家系が絶えてしまうとかそういうことなんかがあったと思うんです。私なんかもそこからの取っ掛かりでやはり養子というのを考えたし。また、それだ

けではなく、やはり子どもが欲しいというのがありました。（⑩さん）

養子縁組を選択した事例では、このように、人生における子どもの存在価値が高いが、㉞夫妻・妻の語りに現われているように、当事者の人生のある時点において、「今のままでも楽しいけど、これでいいのかな」「もっと成長したい」と考えたことで、子どもという存在の価値が高まったという事例もあることがわかる。

2　夫婦間の不妊治療・子どものいない人生を選択した事例

次に、養子縁組ではなく、夫婦間の不妊治療あるいは子どものいない人生を選択した事例をみてみよう。不妊治療を継続した事例（不妊治療後に出産した二事例を含む）七事例と、子どものいない人生に進んだ八事例（うち不妊治療経験あり三事例、不妊治療経験なし五事例）に、養子縁組について質問した。不妊治療を継続した事例と子どものいない人生に進んだ事例のそれぞれにおいて養子縁組を考えた事例と考えなかった事例があった。そこで、不妊治療を継続した事例と子どものいない人生に進んだ事例それぞれについて養子縁組に対する意見をみてみよう。

（1）不妊治療中の当事者が養子縁組を選択しない理由

①養子縁組を考えている（いた）と語った事例

不妊治療後に出産した一事例、不妊治療中の一事例が養子縁組について考えている（いた）と語った。その理由は、①不妊治療による妊娠・出産が難しい、養子縁組の方が親になれる確率が高いと考えたから、②妊娠・出産できないなら、親がいない子どもを引きとるのが自然だと考えたから、③不妊治療にかかる労力とお金を養子の子育てに充てたいから、というものだった。

厳しい状態の不妊夫婦にとっては養子のほうが親になれると、（当初は）判断したからです。（①さん）

もし授かれないなら、親御さんに恵まれなかった子どももたくさんいるわけで、それならその子をもらうのがすごく自然なことですし。昔は養子縁組ってたくさんあったので、よくよく聞いてみたら主人のひいおばあちゃんも養子だという話でした。（④さん）

例えば、〔不妊治療をして〕二児を得るのに、一〇年間で一〇〇〇万円を使うにして、〔子どもが〕得られたら、まだ良いほうです。もし、不妊治療のコストを養子に当てられるなら、若いうちに、十分な教育資金で子どもを育ててあげられるのでは？　と思いました。（①さん）

また、養子縁組を考えている（いた）にもかかわらず、実際にはしなかった理由として、①希望する子どもがいなかった、②夫婦間の意見が合わなかった、③周囲から反対されたという理由が語られた。

養子に出せる子どもが少なく、希望者が圧倒的に多い。私達の希望が「長期の虐待を受けていない二歳以下の子ども」だったためほとんど存在しないと言われた。（①さん）

私自身はそれ（養子縁組）でもいいと思っていたんですが、まず周りにすごく反対されました。「なんでそんなことをいうんだ」「まだそんな〔子どもが〕できるできないもわからないうちにそんなことをいうのはおかしいだろう」とすごく反対されました。はなから拒絶っていう状態でした。〔中略〕よく相談に乗ってもらえる年長のおばあちゃん世代の人にいうと、「養子はトラブルがあるから止めなさい」と言われました。お友達からも、「そんな他人の子なんか育てられないって。大丈夫なの？　そんなことを言って」というような感じでしたね。

主人自体も「まだ若いから（妊娠）できるかもしれないのに、何でそんなことを考えるの？　今考えなくてもいいことなんじゃないか」と言われました。（④さん）

このように、夫婦間の不妊治療や子どものいない人生に進んだ事例のなかには「養子縁組を考えたができなかった」という事例が含まれていた。つまり、本人は養子縁組への選好があったが、諸制約によって、できなかったのであり、養子縁組を選択しないことが、そのまま養子縁組を選好しない証左とはならないことがわかる。ただし、養子縁組へ選好があるといっても、あくまで実子をもつことがかなわない場合の次善の策ということもこれらの語りには現われている。

また、不妊治療を人工授精まで試みたが、体外受精には進まず不妊治療を止めて、養子縁組に向けて動いていた三〇代の⑦夫妻は、養子縁組に対して夫婦双方の親から「自分の子でも大変なのに、自分の子どもじゃないのに〔中略〕もっと大変だよ」と反対されたが、それに対して夫は「実子であろうと養子であろうと何が違うんだ」と語ったといい、妻は「〔夫は〕自分のお腹から出てきたか出てないかだけで、別に子どもであれば一緒だっていう、自然の考えなんですけど、親にしてみれば、よその子っていうのと実子は違うっていうのがあるよね。びっちり分けた考えが」と語り、養子も実子と同じであるという考え方を強調していた。

このように、意識転換し、養子縁組を受容する際には、「血縁がなくても親子になれる」ことを説明するため、「実子でも養子でも子どもであれば同じ」と養子を実子と同様に意味づける動機の語彙を用いていた。

②養子縁組を考えていない（いなかった）理由

また、不妊治療を継続している（いた）事例のなかには養子縁組が選択肢の集合にほとんど入っていない事例もあった。それらの事例においては、①親の遺伝子を継ぎたい、②夫の子が欲しい、③最初から自分の子になる、④妻が出産したい（してほしい）という、養子縁組や里親では叶えられない、不妊治療によってのみ叶えられる願望（実子でのみ叶えられる願望）が語られた。

私は親の遺伝子を残したいので、子どもが欲しかった。親から受け継いだ命を継がなきゃとここ一〇年くらい思ってきました。三九歳頃から毎晩、生まなきゃ、とうなされています。親の遺伝子を継がないといけないというお詫びの気持ちがあります。（②さん）

養子と里子は……私は主人の子どもが欲しいので。（⑥さん）

問い合わせは何度かしましたが、赤ちゃんの段階で引き受けさせてもらえる確率はほとんどないようです。それに、正直、誰の子どもなのかわからないし、両親がわからないのはちょっと。卵子提供なら黙っていればわからないし、最初から自分の子になります。両親がわからないとか、両親がいる子は何かトラブルになる気がします。（②さん）

子どもが純粋に欲しいのか、子どもを産めない自分が嫌なのか、女性としての機能的に。なんだろう、完璧じゃないというか、欠陥があるような気がして嫌なのか。（⑤さん）

ここで語られる、（養子縁組や里親では叶えられない）不妊治療によってのみ叶えられる願望（①親の遺伝子を継ぎたい、②夫の子が欲しい、③最初から自分の子になる、④出産する〔してほしい〕）を検討すると、子どもが欲しいという動機は、子どもと関係（＝親子関係）を形成したいということよりも、子ども以外の、夫や親族との関係性を悪くしたくないという配慮から生じているようだった。先行研究で指摘されてきた「女性なら妊娠・出産するはずだ」という女性と生殖を結び付けるジェンダー規範も、「生めない」身体的状況を、女性としての身体の「欠陥」であると感させ、出産したいという意識に影響を与えていた（柘植 一九九六：二三四）。

また、不妊治療を継続することを選択した事例からは、（実際に実行するかどうかは別にして）「代理母や卵子提供にも抵抗はない」「子どもが持てればいい」という子どもをもつことへの強い願望が語られた[5]。

〔不妊治療を〕止めようかと思ったことは一回もないです。嫌になったことはありますけど。ストレスもすごく溜まったし。もう子宮がなくなったら、海外に行って代理母をやるぐらいの気持ちでした。（⑤さん）

治療を急いだのは、自分のメンタルが弱いというか、長い治療に耐えられないと思ったからです。年齢も三〇代に入っているわけだし、どんどん老化していく一方じゃないですか。そういう面も含めて早いほうがいいと思いました。自然妊娠にこだわるとか、そういうのはなかったですね。できればいいみたいな。なんかもう、それしか見えてなかったというか。今思ったら、もうちょっと力抜いてやったらと思うんですけど。（⑤さん）

さらに、養子縁組を考えていない（いなかった）理由としては、子どもを育てる際の不安も付加的に語られた。その不安とは、①養子を「自分の子と同様に育てる」ことへの自信のなさ、②後にトラブルになるのではないかという不安、③親・親族との関係が心配、と子どもと周囲との関係性に対しての不安であった。

正直、誰の子どもなのかわからないし、両親がわからないのはちょっと。卵子提供なら黙っていればわからないし、最初から自分の子になります。両親がわからないとか両親がいる子は何かトラブルになる気がします。（②さん）

親や親戚と養子との関係が心配です。良好な関係が築けるのか……。（⑥さん）

特に①の養子を「自分の子と同様に育てる」ことへの自信のなさについては、養子が「自分の子ではない」という認識と、「自分の子と同様に育てなければならない」という強い規範意識とが同時に存在することで葛藤が発生していた。

どれだけ親が、成長しているかにもよると思うんですけどね、迎える時に。自分の子どもじゃないってどっかで思ったらもう駄目じゃないですか、引き受けてから。その自信が。〔中略〕自分の子どもでもむかつくことがあるのに、人の子どもをって区別をして考えてしまったら親として駄目だと思うので、せっかく、受け入れたのにその子が不幸になるんだったら意味がないので、そこが私たち二人がちゃんとできるんだって思って、何でも我慢できるようにしないとってことだと思うんですけども。（③さん）

「その子が不幸になるんだったら意味がない」という語りからは、「子どものため」に養子縁組しない、という動機の語彙が社会で存在していることを示しているといえる。

なお、不妊当事者が養子縁組を選択しないことについては、社会における「育児嫌い思潮」（湯沢 二〇〇一b：二一）や育児に対する評価が低いこと（浅井 一九九六：二七八）から解釈されてきたが、既述した語りが示唆している点は、むしろ育児に対する高い評価と強い規範意識であり、育児を失敗できないという強迫観念である。それゆえ、育児に失敗する可能性が少しでもあるなら、養子縁組をしないほうが「こどものため」であると解釈されるのである。[6]

（2）子どものいない人生に進んだ不妊当事者が養子縁組を選択しなかった理由〔7〕

今度は、子どものいない人生の進んだ当事者の語りを検討しよう。本書のインタヴュー調査のなかで、子どものいない人生に進んだ八事例のうち、養子縁組を考えたと語ったのは二事例であり、この二事例とも不妊治療経験はなかった。養子縁組を考えた理由としては、①親子関係を作りたかった、②周囲に養子がいたので、養子縁組に抵抗がなかったという理由が語られた。

①養子縁組を考えていたと語った事例

二八、二九歳くらいから検査するか、養子を育てるかと考え、養子もありだよねと思い始めました。お産は大変だし、私は出産・妊娠に対する憧れはありません。子どもが欲しいという理由には、大きく分けたら親になりたいという理由と、妊娠・出産をしたいという理由があるように思います。私は親になりたかったんです。小さい子が自分のそばで育っていく。無条件の信頼というか、ただそこにいるだけで信頼できる、という親子関係が欲しかったんです。赤ちゃんが欲しい中味ですが、私の場合、血のつながりへのこだわりはありません。（⑬さん）

私の両親はカトリック教徒で、教会には養子を迎えた方や、夏休みや冬休みに里親として子どもを預かる方もいました。そうした例を見聞きしていたせいか、養子に抵抗はなかったです。（⑬さん）

このような理由で養子縁組を考えていたにもかかわらず、実際にはしなかった理由としては、①夫の反対があった、②養子縁組が親側のエゴではないと、全部否定できる気持ちになれなかった、いう回答があった。これらの語りから、子どものいない人生に進んだ事例のなかにも「養子縁組を考えたができなかった」という事例があったことが確認できる。

養子には興味があるから、説明会に行ったりとかは私一人でしていたんだけど、夫はあまり興味がなく、乗り気ではなくって。（⑧さん）

養子をもらうってことはその人生を引き受けるってことで、かわいい時期だけじゃないし、やっぱり子どもが、愛着のもてる対象がほしいと思っていても、大きくなったときに、ぼくはこの家で育ちたくなかったっていうかもしれないし、そういうとこも含めて責任もって、こう私たちのエゴだけじゃないって自分で言えるか、養子をもらうことが、親側のエゴではないっていうことを、全部否定できる気持ちになれなかった。（⑧さん）

②養子縁組を考えていなかったと語った事例

子どものいない人生に進んだ事例のうち、養子縁組が選択肢の集合にほとんど入っていなかった事例で語られた理由は、不妊治療を継続している（いた）事例とほとんど同じ理由であった。また、養親に専業主婦を求める養子縁組の世界に嫌気が差した、という語りもあった。

やっぱり主人とかの遺伝子がそこで終わっちゃうんだというのがすごくイヤで、それが自分なんだというのがすごくイヤだったんです。（⑪さん）

その頃は私は私たち夫婦の子どもじゃないと受け入れられないと思っていました。受け入れられないというのは責任が持てないと思っていたんです。子どもを育てるのに何が起きるかわからないし、その子が病気になるとか事故にあうとか、最悪のことが起こりうる可能性がゼロじゃないので。何か起きた時に一〇〇％の気持ちで自分が身をもって関わっていくのに、自分たちの子どもであるという思いがないとその子に対して一〇〇％の気持ち

が持てない気がしたんですね。私が。（⑮さん）

「養子取りたいです」と言っても、女の人は仕事を辞めたりしなければいけないことがわりと多く、それに対しても私はすごく反発がありました。どんどん養子をとるハードルをすごく狭めている気がすごくするんですよね。もちろんわかりますよ。養子をとるのってすごく大変なことだから、子育てに専念して下さいっていう意味もわからなくはないんですが、それこそ周りのサポートとか、社会のサポートがあれば、働いてもいいじゃないですか。結局、そこの問題とも絡んでくるんでしょうね。サポートを得られないんですよね。日本て。養子をとることに関して、全部個人的な責任にする。（⑭さん）

このように、子どもをもつこと、その後に子どもを育てることという二つの局面について、抵抗感や自信のなさが養子縁組を考えない理由として語られたが、⑭さんのように、養子縁組の（運用面で求められる）条件に対して、抵抗感を語る事例もあった。

なお、子どものいない人生に進んだ後で「養子というのもありだったのかなと思った」と「今なら考えられる」と語った事例が一事例あった（⑮さん）。

養子縁組を選択した事例と養子縁組を選択しなかった事例（ここでは、不妊治療を継続している（いた）事例と子どものいない人生に進んだ事例を指す）を比較すると、〈血縁〉が浮上する局面としては、①血縁関係のない子どもをもつかという局面と、②血縁関係がない子どもを育てるという局面の二つがあることがわかる。

①については、子どもが欲しい理由の中身が、不妊治療によってのみ叶えられるもの（①親の遺伝子を継ぎたい、②夫の子が欲しい、③最初から自分の子になる、④出産する）なのか、養子縁組や里親でも叶えられるものなのかが選好に影響していた。

②については、「実子と養子は異なる」という意識と同時に、「実子と養子を同じように育てるべき」という規範意

識が存在し、養子縁組を拒否する際には「子どもとの関係が悪くなった時に一〇〇％の気持ちで関われるか自信がない」「血縁がないと何かあった時に責任がもてない」と語られていた（一方、受容する場合には、「実子でも養子でも子どもであれば同じ」という動機の語彙が用いられていた）。

三　分析②――「非血縁」と「半血縁」の比較

ここまで、「非血縁」（養子縁組）と「全血縁」（夫婦間の不妊治療）および「無血縁」（子どものいない人生）の比較をしてきた。今度は、「非血縁」（養子縁組・里親）と「半血縁」（第三者が関わる不妊治療）の比較をしていこう。

本書の調査対象者のなかには、第三者の関わる不妊治療を経験した（あるいはこれから行なおうとしている）対象者がいた（ただし、インタヴュー当時に第三者の関わる不妊治療を経て子どもをもったという事例は〇事例であった）。内訳は、精子提供を実際に行なった経験があると述べた事例が二事例、精子提供を考えた、あるいは医者から進められたが行なわなかったという事例が三事例あった。また、高齢（四〇代後半）のために、渡米して卵子提供を受ける予定だと語った事例が一事例あった。

1　養子縁組・里親を選択した事例

（1）第三者が関わる不妊治療を受けた（考えた）事例

養子縁組・里親を選択した事例のなかには、男性不妊の事例で、医者から精子提供による人工授精（ＡＩＤ）を勧められ、実際にＡＩＤを試みた事例もあった。では、なぜＡＩＤから養子縁組あるいは里親に移行したのだろうか。

本調査の事例は二事例ともＡＩＤを受けたが妊娠しなかったため、養子縁組・里親に移行した事例であるが、その際に、徐々に意識が転換したことが語られた。

自分のなかでのやっぱり意識の変化ですよね。何だろう。もともとそういう形の子がいるっていうことに関心はもっていたんだけど、無理して不妊治療して。人工授精〔ＡＩＤ〕もやっぱり二回ぐらいトライしたんですね。三回目にどうしようかなって思った時に、私たちが子どもを求める一方で、親を求める子どもたちがいっぱいいるっていう情報もずっと入ってきていて。だったらそうしようかなって。とりあえず、いろんなことを一〇年頑張って、仕事や治療したりして、〔親を求める子どもを育てたいという気持ちが〕変わらなければそうしようっていうことで、内々のなかでは考えてきていたんです。（㊲さん）

結婚三年後から不妊治療を始めました。最初に玄米などの食事療法を勧められました。その後、不妊治療は一度途切れて里親登録したんですが、主人の母から「もう少しすれば」と言われて、人工授精〔ＡＩＤ〕を二回やりました。宮城県の病院に行って、その病院でＡＩＤをする人が泊まるようなホテルがあるんですが、そこでほかの患者さんと話していると、一〇回やったという人がいました。回数をやれば絶対にＯＫなら、妊娠するなら続けますが、そういうわけではないし、もしだめだったとき、自分がどういう状態になるか、身体や精神状態が不安だったので、三回でやめようと思っていました。だめだった時に喪失感がすごいのではないかと考えたんです。できるんだったら生みたかったけれど、不妊治療には保障がないので。そこで人工授精は三回目はしませんでした。もう里親登録していたので、そちらを進めました。（㉒さん）

このように、ＡＩＤでは妊娠が難しいことが明らかになってくると、自分の身体的・精神的状態を考慮し、生むことと子どもをもつことのどちらが優先順位が高いのかを再考し、子どもをもつことの優先順位が高い場合、養子縁組や里親に意識転換していた。

（2）第三者が関わる不妊治療を受けなかった（考えなかった）事例

本調査の対象者からは、第三者が関わる不妊治療を受けなかった理由として、①夫との夫婦関係に対する不安、②子どもとの親子関係に対する不安、が語られた。

私は子どもが欲しいという気持ちが強かったので、検査して夫に原因があったり、自分に原因があった場合、一生責めそうで、夫婦間に葛藤が生じるんではないかと考えました。（⑬さん）

医者から精子提供〔夫の父か、夫の弟か、匿名の第三者かのどれか〕を勧められたが、夫の子どもでないと〔自分と〕夫との関係が悪化した時に〔夫と〕子どもとの関係が心配だったので。（㊵さん）

非配偶者間人工授精（ＡＩＤ）の研究のおいては、男性不妊というところに焦点が当てられ、①夫の男性不妊を隠そうとすること、②妻が産むことにこだわること、③精子提供をめぐって夫婦間に葛藤が発生することなどが指摘されてきた（南 二〇一〇）。しかし、これらの研究においては、ＡＩＤを選択しない事例において、なぜＡＩＤを選択しないのかが考察されることは少なかった。ＡＩＤを選択する事例では「少なくとも片方とは血が繋がってほしい」という理由があげられることがあるが、ＡＩＤを選択しない事例では、夫婦と子どもとの関係を考えた際に、片方とだけ血がつながっているのはフェアではないという解釈の仕方もあった（柘植 一九九五：六八－七三）。例えば、養子縁組や里親も考えたが、夫の合意が得られず、子どものいない人生に進んだ⑬さんも同様の理由を語っている。

私は子どもが欲しいという気持ちが強かったので、検査して夫に原因があったり、自分に原因があった場合、一生責めそうで、夫婦間に葛藤が生じるんではないかと考えました。ＡＩＤだと片方とだけ血がつながりますが、養子はどちらともつながっていないので、フェアな距離だと考えていました。（⑬さん）

このように、血縁に関しては、少しでもあった方が良いと考える事例と、全くないほうが良いと考える事例があった。しかし、どちらの事例にも共通している点は、夫と妻のどちらの血縁が子どもとあるか／ないかが、夫婦関係や親子関係に影響を及ぼすと考えている点である。

2　第三者の関わる不妊治療を選択した事例

次の事例は高齢（四〇代後半）であるため、卵子の提供を受けようとしている事例である。②さんは「代理母にも抵抗はありません。出産することにこだわりはないし、自分で産まないとかわいくないという気持ちはありません。ただ、代理出産はお金がかかるので、卵子提供と帝王切開を考えています」と語り、インタヴュー当時は卵子提供に向けて情報収集をしている段階であった。②さんが子どもが欲しい理由は「親の遺伝子を残したい」という理由であった。少し長い語りだが、みてみたい。


私はすごく両親を尊敬しているんです。キョウダイ三人で、ほかの二人は結婚もしていません。私は親の遺伝子を残したいので、子どもが欲しかった。「親から受け継いだ命」を継がなきゃとここ一〇年くらい思ってきました。三九歳頃から毎晩、生まなきゃ、とうなされています。親の遺伝子を継がないといけないというお詫びの気持ちがあります。

サイトで探してみたところ、卵子提供まで考える人がたくさんいることがわかりました。この歳で生んで、今後のことを考えても、生めば何でもできると思っています。

しかし、生んでしまうと旦那の方の子どもになってしまうので、そこが……母は三代養子なので、跡を継がないと、と思っています。ほかの人と結婚して生もうかなと思ったこともあります。旧姓で跡を継ぎたいんです。実家に戻って［子どもの］養子をとることも可能ですし、考えましたが、行動まではいきませんでした。旦那が古い考えで、養子縁組より卵子提供の方が良いと言っています。大人の養子ならＯＫですが、できれば実家の血筋を入れたいと思っています。

母も父も芸術関係で、とても尊敬しているので、遺伝子を残したいんです。しかし、母はＯＫですが、父は反対しています。夫は一年かけて説得しましたが、結局、倫理的に賛同できないようで、離婚寸前です。あきらめなきゃいけないなとは思っているのですが。

キョウダイは結婚しそうにないですし、両親から頼まれたわけでもないですが、母の「家を継続させたい」という気持ちがわかるのです。私が二〇代の時に母が病気になり、その時初めて、それまでの親不孝を後悔しました。ほかのキョウダイはそうでもなく、私だけが親のそばに戻り、跡継ぎのことを考えています。今は私の卵子は枯れています。今は、夫に離婚を申し出ている状態です。そして、子どもを産もうと思っています。（②さん）

②さんの事例は、「自分の旧姓で跡を継ぎたい」と家意識に拘束されているようにも聞こえるが、この事例で重視しているのはむしろ自分の母親との親密な関係性である。夫の実家を継ぐための子どもが欲しいのではない。また、自分の父親は卵子提供に反対している。さらに、「親の遺伝子を継ぎたい」と言っているが、卵子提供を受けた場合、②さんの遺伝子は②さんが出産した子どもには引き継がれない。子どもが引き継ぐのは卵子提供者の遺伝子である。そのため、この事例では医学的な意味で「親の遺伝子を継ぐ」と言っているわけではないと思われる。②さんは親（特に母親）との親密な母娘関係を背景に卵子提供を受けて子どもをもつことを望んでいるのである。

第三者が関わる不妊治療と〈血縁〉を考える際には、ジェンダーの観点から考察されることが多かった。特に非配偶者間人工授精（ＡＩＤ）は、男性不妊の場合に利用されることから、男性性をめぐる夫婦の葛藤に焦点が当てられてきた（南 二〇一〇）。しかし、第三者が関わる不妊治療を受けることを考えていたり、実際に経験した当事者の語りをみていくと、第三者が関わる不妊治療にはもっと複雑な要因が関わっているように思える。（夫婦間の不妊治療ではなく）第三者が関わる不妊治療と養子縁組を選択する夫婦に共通する点は、夫婦間の子どもをもつことよりも、子どもをもつことの優先順位が高いことである。その後の第三者が関わる不妊治療と養子縁組を分ける分岐点は、ジェンダー規範の影響だけでなく、子どもが持てる確率の高さや、子どもが欲しい理由、人間関係（夫婦関係だけでなく、親族関係、近隣関係など多層的な人間関係）が関わっているようだ。

四　分析③——「非血縁」内の比較

最後に、養子縁組と里親という「非血縁」間の選択を比較することで、〈血縁〉と親子関係の関連をさらに別の角度から確認したい。

1　養子縁組を選択した事例

まずは、養子縁組をした事例のうち、なぜ里親ではなく養子縁組を選択したのかを語ってもらった部分をみてみよう。

（1）里親を考えていたと語った事例

本書のインタヴュー調査のなかでは、養親となった一八事例中、「里親も考えた」と語った事例が一事例あった。

養子でも里親でもよかったが、○○県は養子縁組前提の里親だったので。（㊴さん）

この語りでは、里親を積極的に選択する理由は語られていない。自治体の事情という制約から、選択した理由が語られている。本書のインタヴュー調査では、養子縁組を選択した事例では、大部分が里親は考えずに、養子縁組をしていた。

（2）里親を考えていなかったと語った事例

本書のインタヴュー対象者のなかの養子縁組を選択した事例では、里親については考えなかったと語った事例の方が多かった。その理由は、①自分の子として育てたいから、という理由が多く語られ、②里子は養子よりも相対的に年齢が上であり、子育てが大変である、という理由が補足的に語られた。また、中には仕事の関係で週末里親や季節里親はできないという理由もあった。

夫：やはり、養育〔里親〕だとある期間育てたら離れるので。養子は自分の子どもみたいということで、二人で相談してやっぱり養子縁組だねと。子どもを委託する可能性は養育〔里親〕のほうが高いということは聞いていましたが。
妻：なかなか登録しても来ないって言われていたのでだめかなと思っていました。
夫：まあ、最初から養子縁組希望だったよな。
妻：はい。
夫：養育〔里親〕だと一八歳までできようならとは言わないけれども。そのままずっと家族になりたいとかそういう風に思いました。
妻：そうだね。（㉔夫妻）

自分では生まないけれども、子どもを育てたいと。家族として。生活したいというので、養子縁組を最初からって感じですね。（㉝さん）

育てるなら自分の子として打ち込みたいと思ったので、預かっているだけでは嫌だと思いました。本当の親子として暮らしたいと思いました。（㉞夫妻・妻）

大きい子どもがくるとまた、触れ合うまでにいろいろあるかもしれないけど、特別養子、養子縁組里親の場合は、小さい子どもしか来ませんから。大きな子どもだと虐待を受けてたとか、トラウマとか、そういうのがあったりする問題はあるんですが。（㉔夫妻・夫）

うちも新生児じゃないですけど、まだ赤ちゃんだから、最初から育てたような感じで、途中から育てるとそれまでの育った経験で、なんかあったりすると聞いたりもしますけど。（㉔夫妻・夫）

里親は考えず、養子縁組を希望していた事例では、「本当の親子」という表現に現われているように、排他的で非解消的な実親子に近い親子関係の形成と子育てが望まれていた。

2　里親を選択した事例

里親を選択した事例中、養子縁組を考えたと語ったケースが五事例、考えなかったと語った事例が五事例であった（なお、不妊治療については、里親となった八事例中、不妊治療経験があるケースが三事例、不妊治療経験がない事例が五事例であった）。

（1）養子縁組を考えた事例

養子縁組を考えたという事例は、養子縁組したかったが、養子縁組が難しかったため諦めて、里親に転換した事例であった。養子縁組が難しかった理由としては、①競争率が高い、②子どもを無条件に受け入れる自信がない、という理由が語られた。

行政の広報誌に養育家庭のことが載っていて、児童相談所に電話したところ「養育家庭もある」と教えてもらいました。〔中略〕養子縁組は東京では年間二〇名で、親候補は三〇〇組です。（⑯さん）

〔児童相談所で〕うちの地域では養子縁組を待っている方がなぜかすごく多いという話をされて、「マッチングもあるし、待っている順番というわけでもなく、条件が整った、合ったもの順なので、ずっと待っていてもいつくるという保証もないし、結局待っていたものの一生来なかったということもあり得ます」と言われたんですね。ああ、そうなんだと思って。「籍は入れられないけれども、養育家庭があるよ」という話をされて。別に子どもなんて、いずれ外に出ていくものだし、籍とかそういうものには全然こだわらないので、「全然いいです」「やります」という感じで、研修をすぐ受けました。（㉓さん）

養子縁組だと五年ぐらいは待たなくちゃいけないと思うと言われたんです。その方から、うちの場合はそうでしたみたいに。すごく待っている人がたくさんいて、ウェイティングリストがいっぱいあるんですよという話になって。なるほどなと思い、やはり体力勝負というところもあるし、あと、長く待つのは寂しいものなので、長く待つのもあんまり好きじゃない、長く待つのは嫌だなと思いました。それもあったのかもしれません。長く待つよりも、すぐに子どもたちに会いたいなという気持ちもあったと思います。（㉑さん）

うちの子が欲しかったので、乳児を養子に出す名古屋の病院へ問い合わせたことがあります。でも、〝国籍は問いませんね？〟と言われ、肌の色が違う子だったら育てる自信がなかったので、そこはあきらめました。（㉒さ

ん）

ここでも、制約によって、養子縁組が難しい局面で、「別に子どもなんて、いずれ外に出ていくものだし、籍とかそういうものには全然こだわらないので」と、「実子」（のように排他的・永続的な親子関係）を育てることと、子どもを育てることのどちらが優先順位が高いのかを考え、現実に合わせた意識転換が行なわれていることがわかる。

なお、どのような子どもが紹介されるか、紹介される子どもに条件の希望を出せるのかは、子どもをあっせんする団体によって異なっている。

（2）養子縁組を考えなかった事例

養子縁組をしない理由としては、①介護・相続を考えていない、②今後、実子が生まれるかもしれないから、という理由が語られた。

うちの子には、われわれの面倒をみるつもりは最初からなくていいというつもりで接していました。私も父親からもらう財産なんか何もなかったですから、たとえうちの養子にしても譲る財産なんかないし、守るべき家もない。うちに来た子が一人で生きていけるような能力がうちで身に着けばそれでいいと。楽しくうちで何年間か暮らせれば、それでいいというのが里親をやっている目的みたいなものです。（⑳夫妻・夫）

（児童養護施設の子どもは）家庭で育った方がいいんじゃないかと単純に思い、里親になろうと思いました。そういう気持ちだったので、養子縁組は考えませんでした。（今後）実子ができるかもしれないと思ったので。養子縁組は考えずに育てるだけという道を選ぶ、養育里親という言葉もその当時は聞かなかった言葉ですが。それが里親になったきっかけです。（⑳夫妻・妻）

さらに、子どもがいない、かつ外では働けないという状況のなかで、子育てを自分の仕事にしたいという語りもあった。

> 転勤者は勉強や仕事を始めても、いつ転勤でそれが中断されるかわかりません。自分が転勤先に辞令一本でついていく不安、虚しさ。「私って何なんだろう」と思い始めた時に、やっぱり子どもを育てたいと思いました。それも、家庭で育てたいと。子どもと接する職業ってたくさんありますよね、保母さんとか学校の先生とか。でも、私は家庭で育てたい。それなら転勤しても育てられるだろうと。それを一生の仕事にできたらいいなと思いました。（⑳夫妻・妻）

また、里親制度の意義を認めて、積極的に里親を選択している事例もあった。〔8〕里親制度の意義としては、①子どもを社会から預かっている、②子どものルーツを尊重したい、という語りがあった。

> 養子縁組よりも里親の方が本来の親子関係っていうと変ですが、やはり親が子どもを所有しているんじゃなく、あくまでも、大きくなるまで預かっている、社会から預かっているとも言えるかもしれないし、神様から預かっているとも言えるかもしれないですけど、そういった意識で、子育てができるし、自分たちの考え方にあっているんじゃないかということで、選びました。（㉑さん）

> やっぱり、〔子どもは〕自分のアイデンティティっていうか、ルーツを思うでしょう、この〔歳〕ぐらいになると。私たちは最初からそれを大事にしてあげようと思っていたので養子にはしませんでした。（⑱さん）

里親子は、法律上、親子としての権利義務関係がなく、里親側あるいは里子側から児童相談所に訴えれば措置解除という形で関係を解消できるため、ギデンズのいうところの外的支えのない「純粋な関係性」に例えられることがある（和泉 二〇〇六：一九〇）。確かに、里親子の関係だけに着目すればそういう面もあるかもしれない。

一方で、里子の実親子関係にも着目すると、里親は里子と実親との血縁関係を養親の事例よりも強く意識しているとも言える。五章において、あるソーシャルワーカーの「養子里親は非血縁でも親子になりうるということに命を懸けられる人でないと困るし、養育里親は、『親子は本来、血がつながっていなければならないものなのよ』と、その血のつながりを大事にしてやる役割なのだということを認識してくれる人でなければ、適格ではないだろう」（岩崎 二〇〇九：一三五）という発言を引用したが、たとえ里親子の親子関係が「純粋な関係性」に近づいても、一方で里子と実親の関係に着目すると別の関係性（＝血縁関係の尊重）が見えてくる。里親の方が養親よりも子どもと実親との間の血縁を重視する傾向があるのは、里親制度（里子は実親との間に血縁関係があり、法的な親子関係も実親との間にある）の性質上、そうせざるを得ないことも背景にあるだろう。

五　考察

本章の目的は、不妊当事者が養子縁組に至る／至らないプロセスを通じて、親子関係形成の時点においていかにして血縁が意識され、求められ、また語られるのかを分析し、さらに、〈血縁〉が自己や親子関係とどのように関連しているのかについて考察することだった。

本書のインタヴュー調査の結果、①制約により、選択肢が変化するため、最終的に選択した選択肢と選好は常に一致するわけではないこと、②選好と現実の不一致から生じる葛藤を低減するため、動機の語彙が用いられること、③血縁の意味には多様性と多層性があること、④その多様性と多層性は自己と関係性の構築に関わっていること、などが明らかになった。

1　選択肢が変化するプロセスとその要因

先行研究においては、「養子縁組する＝血縁にこだわらない」「養子縁組しない＝血縁にこだわる」という行為と意識の対応関係を前提とした解釈図式が主流であった。しかし、選好によってのみ選択が行なわれるわけではなく、選択に影響を与えるほかの要因が十分に分析されていないことが課題として残っていた。また、不妊当事者が養子縁組を忌避する（とされる）際に指摘される「血縁にこだわる」という意味内容が当事者の観点からあまり明らかにされていなかった。

「養子縁組する＝血縁にこだわらない」「養子縁組しない＝血縁にこだわる」という行為と意識の対応関係を前提とした先行研究の解釈図式はある面では間違っていない。特に「養子縁組しない＝血縁にこだわる」という行為と意識の対応関係については、不妊治療継続者や子どものいない人生に進んだ事例のうち、養子縁組が選択肢にほとんど入っていない事例では、子どもが欲しい理由のうち、「親の血筋を継ぎたい」「夫の子が欲しい」「最初から自分の子になる」「出産したい」など、養子縁組や里親では満たせない願望やニーズが強調して語られたからだ。そして、先行研究では、これらの願望やニーズを、「血縁へのこだわり」としてまとめてきたといえる。

また、従来の不妊当事者に対する意識調査では、不妊当事者が特に遺伝子を重視していることが示唆されてきた（古澤ほか 一九九七）。本書のインタヴュー調査でも、養子縁組ではなく、不妊治療の継続や子どものいない人生を選択した理由を遺伝子という語彙を用いて、「親の遺伝子を残したい」（②さん）、「主人とかの遺伝子がそこで終わっちゃうんだというのがすごくイヤで、それが自分なんだというのがすごくイヤだった」（⑪さん）と説明する当事者もいた。親の遺伝子であれ、配偶者の遺伝子であれ、遺伝子を選択の理由として語った事例では、養子縁組がそもそも選択肢としてほとんど意識されていなかった。[9]

しかし、先行研究の問題は、①「養子縁組する＝血縁にこだわらない」「養子縁組しない＝血縁にこだわる」と想定し、図表6の「養子縁組したい／養子縁組したくない」という部分を見ていないこと、②図表6の点線で示した、

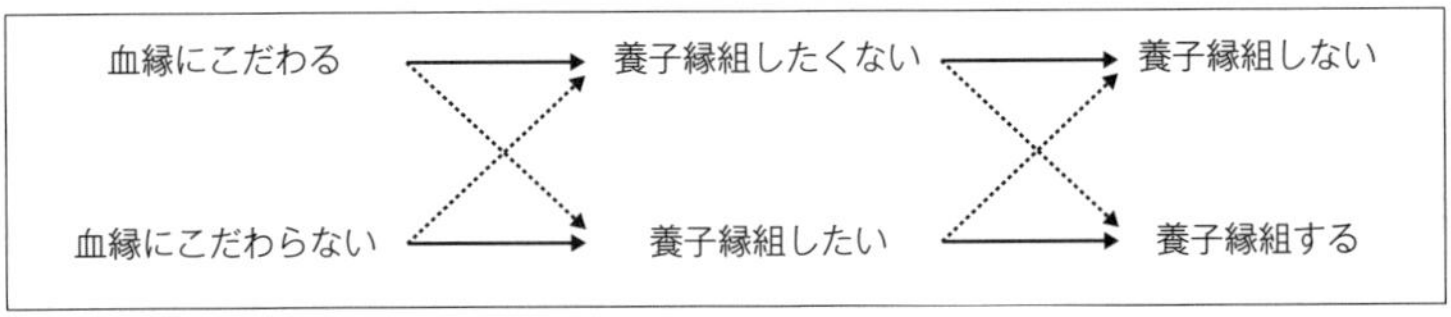

図表6　養子縁組に至るまでの選好と態度

「血縁にこだわらない→養子縁組したくない」「血縁にこだわる→養子縁組したい」「養子縁組したくない→養子縁組する」「養子縁組したい→養子縁組しない」というような事例を想定していない点である。先行研究の解釈図式では、養子縁組したい（選好がある）のにできなかった事例（例えば、夫婦の意見が一致しなかった、希望する子どもがいなかった、あっせん団体が求める条件に合わなかったなど）や、養子縁組をしたくない（選好がない）のにした事例（例えば、親族の圧力に負けて養子縁組したなど）など、選好と選択が一致しない事例が等閑視されてしまう。

本書のインタヴュー調査から、図表6の点線で示したような事例も存在していることが確認された（排他的・永続的な親子関係を希望し、養子縁組を希望したが、できなかった事例、血縁にはこだわっていないが、専業主婦をもとめる養子縁組の条件が嫌で養子縁組をしようとしない事例、また本書の養親候補者の調査ではいなかったが、周囲の圧力に負けて養子縁組をする事例もあると考えられる）。さらに「養子縁組する＝血縁にこだわらない」「養子縁組しない＝血縁にこだわる」という先行研究の解釈図式では、選択の結果から、当事者の意識を判断するため、不妊治療から養子縁組に転換するなど、選択が変化する事例が存在することを上手く分析できなかった。

本書のインタヴュー調査からは、①制約要因があることから、選好と選択が常に一致するわけではないこと、②制約要因にあわせて、選択肢を変える当事者も多く、最終的な選択肢に至るまで多様な経路があることが明らかになった。

最終的な選択肢に至るまでには、さまざまな要因が関わっており、その要因をある程度単純化すれば、①当事者の選好、②当事者の状態（身体的、精神的、経済的）[10][11]、③人間関係（夫婦関係、実／義親との関係など）、④制度の条件という変数が抽出できるだろう（野辺 二〇一二b：二〇一四）。それゆえ、養子縁組に関する先行研究で頻繁に想定されるような選好と結果の一対一対応の解釈図式はある面では正しいものの、一方で、事象を単純化しすぎており、解釈図式に当てはまらない事例を見落してしまうという意味で、限界があるといえる。

2 選択の変化と意味づけ直し――遡及的解釈と動機の語彙

次に、先行研究で想定されてきた、養子縁組(したいから)したという事例は「血縁にこだわらない」という解釈図式(図表6)を、本書のインタヴュー調査から明らかになった血縁の意味内容に着目して再考したい。

従来の研究では、不妊当事者が養子縁組を選択しない理由として、実子や自分の子に対するこだわりがあることが指摘されてきた[12]。ここで挙げられる実子や自分の子とは、夫婦の遺伝子を引き継ぎ、夫婦の生殖によって生まれた子どもを指していた(柘植 二〇〇五:一五二)。そして、そのような実子や自分の子が求められるのは夫婦の愛の結晶の証しとして必要だからだと解釈されてきた(浅井 一九九六)。では、養子縁組をした夫婦は実子や自分の子にはこだわっていないのだろうか。

本書のインタヴュー調査では、不妊治療から養子縁組に選択肢を変更する場合は、葛藤を低減するため、二種類の意味づけ直しが行なわれていることがわかった。ひとつは、「もともと実子にそんなにこだわってなかった」という遡及的解釈によって、自己の選択に対して事後的な合理化を図ることである。もうひとつは、「実子も養子も同じ」「小さい子なら実子と同じ」という動機の語彙を用いることである。そして、そこでの「実子」や「自分の子」という語彙は、(夫婦関係ではなく)親子関係に焦点化して考察すれば、子どもとの排他的で非選択的な「運命的なつながり」を表象する語彙だということが考えられた[13]。

本書の調査対象者(⑦夫妻)も実子が持てない状況と実子がほしいという願望の、一見両立しない状況のなかで、「物心つかない頃から育てれば養子も実子と同じである」という動機の語彙を用いて、養子に対する意味づけ直しをしていた。不妊治療をストップして、養子縁組を考え始めていた⑦夫妻(妻)は、養子縁組で、赤ちゃんから子どもを育てることも可能であることを知り、養子縁組へ心が動いたと語った。その局面で、血縁は遺伝子へのこだわりという意味では相対化されるが、一方で血縁関係がなくとも血縁関係がある親子関係と同質の関係、すなわち「運命的なつながり」を感じられるような「血縁なき血縁関係」（樂木 二〇〇四：二〇〇六）が求められている。このような意味づけ直しがなされた後は「血縁なき血縁関係」に合致するような子ども（乳幼児）が得られるかどうか、得られない場合は「血縁なき血縁関係」を諦められるかどうかが「養子縁組をする／しない」という選択を規定する制約条件になるのである。

3 〈血縁〉の多様性と多層性――自己と関係性の構築

（1）複数の関係性のなかでの〈血縁〉

最後に、血縁の多層性と多様性について考えたい。本章では、不妊当事者の選択（夫婦間の不妊治療、第三者が関わる不妊治療、養子縁組、里親）を比較検討したことで、他の言説とも結びつく血縁の意味の多様性と多層性が浮かび上がってきた。

先行研究では、不妊当事者の苦しみや選択の背景には、家族規範やジェンダー規範（家規範、母性愛規範、愛情規範など）の存在が指摘されてきた（柘植 二〇〇〇：一九四）。しかし、本書の分析からは、これらの複数の規範に拘束される当事者だけではなく、複数の重層的な関係性のなかで、それらの規範を活用して、自己によってより良い選択を戦略的に行なう、能動的な当事者の像もみえてきた。

まず、不妊当事者の選択の背景にある複数の規範であるが、不妊当事者が用いる動機の語彙から、他の言説とも結びついた血縁の意味の多様性が見えてきた。ほとんどの不妊当事者にとって、夫婦両方と血がつながる実親子の価値が一番高い傾向があるとはいえ、そのほかのどの選択肢を選択しても、その選択を正当化する動機の語彙が現在の社会には存在している。

例えば、不妊治療を選択した場合は、「夫の子が良い／最初から自分の子になる／親の血筋を引き継ぐ／出産する」という動機の語彙が語られる。ここでは、先行研究で指摘された複数の家族規範、ジェンダー規範が使われていることが確認できる。しかし、養子縁組を選択した場合は、「生むことより育てることを重視／子どもを育てることで成長する／預かっているだけではいやだ」という動機の語彙が語られ、「預かっているだけではいやだ」という動機の語彙は、法言説で出てきた「排他的・非解消的」いう〈血縁〉の概念が親子関係と結びついている。また。里親を選択した場合は、「生むことより育てることを重視／子どもを育てることで成長する／子どもを私物化しない。社会から預かっている」という動機の語彙が語られ、「子どもを私物化しない。社会から預かっている」という動機の語彙は、福祉言説で出てくる生みの親との「否定できない絆」の重視という言説が〈血縁〉と結びついている。

このように、不妊当事者はそれぞれの選択の正当性を示すことができる。〈血縁〉は他の言説と結びつき、新しい意味（例えば、「血縁なき血縁関係」など）を創出しながら、柔軟に使われており、ここに〈血縁〉の意味の多様性があらわれている。

次に、不妊当事者の選択の戦略性と能動性である。不妊の当事者が、選択肢について考える際は、選好だけでなく、（身体的・精神的・経済的）状況、複数の重層的な人間関係（夫婦関係、実／義親との関係、子どもとの未来の親子関係など）、制度の課す条件を考慮するなかで、どのような親子関係を選択するかが決定されていると既述した。例えば、夫婦仲と将来の子どもとの関係など、多様な関係性を同時に考え、また、どのような関係性のなかで子どもが必要になっているかによって、語られる〈血縁〉の意味内容も変わってくる（遺伝子、血筋、出産、排他性、非解消性、出自など）。

また、さまざまな関係性については、それぞれの関係は、独立している一方で、同時にほかの関係にも影響を及ぼすことがあった。それは特に、第三者が関わる不妊治療のように、夫婦片方の配偶子が使われる場合で顕著だった。先行研究では、第三者が関わる不妊治療を選択する場合は、カップルの関係や子育てよりも「夫（父）・妻（母）・子ども」という家族の形式を重視していると指摘され（浅井 一九九六：二七六）、さらに、精子提供の場合は、女性が妊娠・出産にこだわっており（浅井 二〇〇〇）、卵子提供の場合は、男性の遺伝子を継ぐことや、女性が妊娠・出産にこだわっていることが当事者への調査から示唆されてきた（白井 二〇一六：三三五）。

しかし、本書のインタヴュー調査からは、精子提供や卵子提供によって、妻もしくは夫の片方と血縁関係がある方がいいと考えるか、あるいはむしろ両方とない方がいいと考えるかについては、事例によって異なる意味づけがなされていた。よって、従来の解釈図式が示唆したような、養子縁組よりも第三者が関わる不妊治療を選択したほうが、より「血縁にこだわる」とも単純にはいえない。むしろ、より「血縁にこだわる」（血縁の影響力に敏感である）ため、第三者が関わる不妊治療を選択しない場合もあるからだ。例えば、精子提供の事例（⑬さん、㊵さん）では、不妊の原因が夫婦のどちらにあるのかによって、夫婦関係や、原因があるほうの親との関係が変化する可能性に加えて、精子提供を受けると、夫との関係が子どもとの関係に影響する可能性を考慮して、第三者が関わる不妊治療を選択しなかった。

また、卵子提供の事例（②さん）では、子どもとの関係性（親子関係）はほとんど考慮に入っていないようであったが、一方で、親密な親子関係（母娘関係）を背景に、「親の遺伝子」を残したいと語った。②さんは、親・配偶者との親密な関係性の達成・証のために「戦略的」に〈血縁〉を用いているという解釈もできるのである。[14]

(2) 非血縁親子の選択と「子どものため」——選択と責任

最後に、〈血縁〉と「子どものため」という言説の関連に着目して考察したい。

養子縁組を考える際に、夫婦双方と血縁がないということ以外に、さらにハードルとなることは、選択を行なうことに付随するリスクと責任の感覚があることと、「子どものため」という言説のもとで養子縁組に利他的な動機が必要とされることである。

不妊治療後に子どものいない人生に進んだ⑪さんは、不妊治療中に夫に対して「養子とか里親とかそういうのもありなの？」と聞いた時、夫は「子どもを育てるということはすごいことだから、血がつながっていれば、もう二人の子だと思って、そうやってぽんと生まれてくれれば別だけど、それを敢えて自分から行動を起こしてやるとなると、自分の子じゃないから、すごく責任のあることだと思うから、やっぱり自分には責任が重過ぎる」と語ったという。ここでは選択と責任が接続されて認識されている。

また、「自分が選択した以上、自分に責任がある」という感覚は、裏を返せば、「自分が責任をもつならば、自分で選択したい」という感覚にもつながる。つまり「子どもに対して責任を負うなら、引きとる子どもを選びたい」という感覚である。しかし、不妊当事者は、「養子縁組をする／しない」という行為自体は選択できるが、大勢の子どものなかから引きとる子どもを選択することはできない[15]。そのため、養子縁組の選択に、子どもに対するリスクと責任の感覚が付加される。人工授精と体外受精を経験しており、今後、不妊治療を継続するか、養子縁組も視野に入れるか考え中という三〇代半ばの③さんは、インターネットのサイトで養子縁組について調べている時に、「〔養子となる子どもは〕男女も選べないっていうのも見たんですよね。男女選べないのは産む時も同じだし。産む時と同じってことなんですよね、結局。障害があるかないかも選べないって言ってたので。すべてを受け入れると決めてから〔中略〕どっちを選ぶか、自分で選べるので、迷いどころですね。それが、自分の子どもでも、こんなに振り回されているのに、自分が望んで養子を得る、養子を選んだ時に、ちゃんと納得できるか」と語り、養子縁組を選択することに対する責任を強く意識し、それは養子縁組を選択することへの躊躇につながっていた。

養子縁組の選択に際しては、引き取った子どもの養育を考える局面で、リスクの感覚と責任という語彙で表現される規範意識が存在し、それが養子縁組を選択しない方向へ作用していた。

(3) 実子と違う／実子と同じ

さらに、不妊当事者のなかには、養子縁組によって子どもを育てることを考える局面で、養子は実子ではないが、実子と同じように扱うべきという強い規範意識を持ち、子育てに対して愛情と責任を強く意識し、それが養子縁組を選択しない理由として語る事例がしばしば見られた。

前述した③さんは養子縁組についての不安として、「〔養子縁組を選択するかどうかは〕どれだけ親が、成長しているかにもよると思うんですけどね、迎える時に。自分の子どもじゃないってどっかで思ったらもう駄目じゃないですか、引き受けてから。〔中略〕自分の子どもでもむかつくことがあるのに、人の子どもって区別をして考えてしまったら親として駄目だと思う」と自分が養子と実子を区別してしまう可能性に対する抵抗感を語った。

また、③さんの語りからは親の子に対する愛情だけでなく、子の親に対する愛情も「(養)親であること」の評価基準となり、養子縁組に対するハードルを上げていることがわかった。③さんは養子縁組について「せっかく、〔子どもを養子として〕受け入れたのにその子が不幸になるんだったら意味がない」と語ったが、養子縁組したことで子どもが不幸になる(可能性がある)なら、養子縁組しない方がむしろ「子どものため」だと考えられている。たとえ親が養子に実子同様の愛情をそそいでも、子どもが親を愛さないなら親の愛情は評価されない。愛情がある関係が築けたかどうかの評価は、子どもの親に対する愛情に依存すると考えられている。

山田昌弘が、近代社会における子育ての主要な動機付けは愛情になる(山田 一九九九a：五四)と指摘して久しいが、このように、養子を育てることを考える局面で、「養子に対して愛情をもつこと」は「養子を実子と同じように扱うこと」と同じこととして考えられ、同時に、子どもの親に対する愛情も強く意識される。

前項で養子縁組を選択する(しようとする)事例では「血縁なき血縁関係」、すなわち親子間の「運命的なつながり」を求めることがあると論じたが、これは物心つかない小さい子どもを育てることで、少なくとも子どもの側からみれば「気づいた時にはすでに親子であった」ような疑いのないような関係が、後の子どもから親への愛情を担保すると当事者たちに考えられているのではないだろうか。

本章では、不妊当事者にとっての〈血縁〉の意味を探り、親子形成時における〈血縁〉と「子どものため」の関連を考察してきた。この章での知見をまとめると、血縁の意味内容は多様であるということ、また、「子どものため」という言説と結びついた場合は、リスクと責任の感覚と強い規範意識が付加され、「子どものため」に養子縁組を選択しないという言説が可能になるという現在の社会状況である。

第七章　親世代の行為と意識②——親子関係の構築

前章までは、不妊当事者へのインタヴュー調査を通じて、親子関係形成の選択において、いかにして〈血縁〉が浮上するのかを分析し、それらの分析を通じて、〈血縁〉が自己や関係性とどのように関連しているのかについて考察を行なった。本章では、養子縁組後にいかにして〈血縁〉が浮上するのか、また〈血縁〉が親子関係や自己とどのように関連しているのかを養親（以下、親）へのインタヴュー調査から得たデータを通じて明らかにする。

一　事例の概要と本章の分析視点

1　調査の概要

養子縁組後に〈血縁〉がいかなる局面で浮上するのかを明らかにするため、実際に養子を育てている親一八名にインタヴュー調査を行なった。

インタヴュー調査では、①子どもを迎えるまでの気持ち、②夫婦で話し合ったこと、③親族の反応、④地域の反応、⑤子どもを迎えてから現在に至るまでの気持ちと経験、⑥告知や子どものルーツ探しへの対応、⑦子どもとのエピソードなどについて時系列的に語ってもらった。一八事例中、七事例は夫婦同席でのインタヴュー調査である。

インタビュー当時の属性			年齢(夫)	年齢(妻)	子ども数	実親との交流
養親(特別養子縁組)	㉔さん	夫妻	40代後半	40代後半	2	なし
養親(特別養子縁組)	㉕さん	女性	50代後半	50代前半	2	なし
養親(特別養子縁組)	㉖さん	夫妻	50代前半	40代前半	1	なし
養親(特別養子縁組)	㉗さん	夫妻	30代前半	30代前半	1	あり
養親(特別養子縁組)	㉘さん	女性	30代後半	30代後半	2	キョウダイのうち1人はあり
養親(特別養子縁組)	㉙さん	夫妻	40代前半	30代後半	1	あり
養親(特別養子縁組)	㉚さん	夫妻	40代後半	40代後半	2	なし
養親(特別養子縁組)	㉛さん	女性	40代後半	40代前半	1(+元里子1)	実親の親族とあり、里子と親族の交流あり
養親(特別養子縁組)	㉜さん	女性	30代後半	30代後半	1	なし
養親(不明)	㉝さん	女性	40代後半	40代後半	2	なし
養親(不明)	㉞さん	夫妻	50代後半	60代前半	2	なし
養親(特別養子縁組)	㉟さん	女性	40代前半	40代前半	2(+里子1)	なし
養親(普通養子縁組)	㊱さん	男性	70代後半	60代後半	1	なし
養親(普通養子縁組)	㊲さん	女性	60代後半	60代後半	1(+元里子1)	里子に実親の親族から連絡あり
養親(特別養子縁組)	㊳さん	夫妻	40代前半	40代前半	1(+実子1)	なし
養親(特別養子縁組)	㊴さん	女性	50代前半	40代後半	1	なし
養親(不明)	㊵さん	女性	50代後半	50代後半	1	なし
養親(国際養子縁組)	㊶さん	女性		40代後半	1	なし

図表1　事例の概要(インタヴュー当時)

2　事例の分布

本書が対象とするのは、前章でも取り上げた、実際に親となった一八事例である(図表1)。

一八事例中、不妊治療経験がある事例が七事例、不妊治療経験がない事例が一一事例である。不妊治療経験がない一一事例にも不妊という自己認識がある。そのうち一事例は実子がおり、実子を一人産んだ後に「子どもが産めない身体になった」という事例である(比較のため実子のいる養親からも話を聞いた)。

一八事例中、インタヴュー当時、子どもが幼児期(〇歳～六歳)が七事例、学齢期(六歳～一二歳)が六事例、思春期(一二歳～一八歳)が二事例、成人(二〇歳以上)していた対象者が六事例だった(不明が四事例)。なお、親一八事例中七事例は養子を二人以上育てているため、合計が一八事例を超えている。また、一八事例中、四事例は養子と同時に（元）里子も育てている事例である。子どもを引き取った時の子どもの年齢はすべて〇～四歳である。

本章の事例のなかには普通養子縁組の事例も二事例あるが、普通養子縁組であっても、生みの親やその親族とまったく接触のない事例では、実態として一組の親子関係（＝養親子関係）しか存在しないため、本章の扱う三つの局面（後述）に関しては特別養子縁組と普通養子縁組との間に特に違いはみられなかった。特別養子縁組の立法過程で法律上二組の親子関係が存在すると、相続や扶養に関してトラブルが発生することが強調されていたことはすでに確認した（四章）。しかし、実方《じつかた》と完全に没交渉であれば、トラブルが発生する可能性がない。

親へのインタヴュー調査からは、特別養子縁組か普通養子縁組かという法律上の関係より、親が生みの親の情報をどのくらいもっているのか、実方と連絡が取れるのか、実方と交流があるのかという点の方が親子関係に強く影響を及ぼすと思われた。また、一八事例中、生みの親と交流がない事例が一四事例、生みの親やその親族と交流（面会や手紙の交換）のある事例が四事例であったが〔1〕、交流のある事例はすべて特別養子縁組の事例である。これらの事例の場合は、実親子間に法律上の関係が終了しているため、養育・扶養・相続に関して少なくとも法律上のトラブルは起こることがなく、任意の交流が可能になっているといえる〔2〕。

3 分析の視点

養子縁組した親子については、ステレオタイプのイメージがあるようだ。ひとつは不妊治療の発展によって、子どもが逸脱視され差別される（古澤 二〇〇五：竹内・樂木 二〇〇六）というイメージであり、もうひとつは血縁から自由な親子である（南 二〇一〇：一四一：武藤 二〇〇一：一〇四）というイメージである。しかし、どちらも一面的なイメージで、養親子関係の当事者たちのリアリティには迫っていないように思える。

なお、養親当事者に対する研究がないわけではない。親（候補者）に対する意識調査は数少ないが存在しており、子どもをもつ意味や子ども観、配偶者関係、告知などの実態調査が行なわれており（二章）、養親は実子を育てている親と比較して自らの親子関係をよりポジティヴに認識していることがわかっている。しかし、親子関係構築のプロセスにおいて、どのように〈血縁〉が浮上したり／しなかったりするのか、それが親子関係にどのような影響を与えるのかについては未だ十分に研究が行なわれていない。支援の研究やマニュアルからは望ましい告知のあり方が紹介されるが、それ以外の事例はあまり紹介されない。

そもそも、養子縁組した親は何を感じながら子どもを育てており、実際、子どもにどうやって関わっているのだろうか。この点については、ほとんど明らかになっていない。

本章では、今までの養子縁組のステレオタイプのイメージを再考するため、親は親子関係を構築する上で、どのような時に〈血縁〉を必要としたり、活用したりするのか／しないのかという問いを立て、それを、周囲との関係性や社会規範との関連から考察する。

そして、この作業を通じて、親が不妊経験を経て「血縁がなくても親子になれる」と意識転換し、養子縁組を選択した後に、「子どものため」に子どもへ適切な働きかけを志向すればするほど〈血縁〉が浮上するプロセスを明らかにする。

以下では親の経験を解釈するのに役立つ概念や枠組みについて具体的に説明する。

(1) 同化戦略と異化戦略

分析の際にはカナダの社会学者カークの「同化戦略」「異化戦略」という分析視点を援用する。カークによれば、養子縁組の実践もそれを包括する社会も生みの親による子どもの養育を一義的に優先するため、養子縁組に対しては、承認すると同時に拒否するという両義的な態度が存在する（Kirk 一九六四；Wegar 二〇〇〇）。そのため、血縁によらない親子関係を築くことに「ハンディキャップ role handicap」があるという（Kirk 一九六四）。養親子関係を初めて相互行為論的に分析したカークは、このようなハンディキャップへ対処する親の方法として、親が自らの親役割を①「実親と同じ」とみなす「同化戦略」と、②「実親と違う」とみなす「異化戦略」の二つに類型化した。日本の養親・里親に対する質的研究においても、親は実親子を親子関係のモデルとして常に参照し続けながらも、自らの親子関係の正当性を示すため実親子を自明視する社会規範から距離をとることがわかっている（安藤 二〇一七：和泉 二〇〇六：樽川 一九九四）。

本章ではカーク（一九六四）の視点を基本的に踏襲しつつ、カークの先行研究よりも細かい局面ごとに親の葛藤と対処を分析する。具体的には、①子どもとの親子関係をどのようにマネジメントするのか、②子どもの「アイデンティティ」形成にどのように関わるのか、③子どもと（家庭外の）社会との関係をどうマネジメントするのか、という三つの局面に焦点を当てて、親の葛藤と対処を分析していく。

（2）認知的意味世界と規範的意味世界の分析的区別

二章でも述べたが、近年、養子縁組の領域では、出自を知ることによって一貫した自己意識が形成され、それによって「かけがえのない私」という自己肯定感が形成される、という専門家言説が流通している。この専門家言説を再考するため、本書では意味世界を分析的に二つのレヴェルに区別する。

意味世界には、密接不可分ではあるが、分析的には区別すべき二つのレヴェルがある（藤原 二〇〇七：三〇二：井上 一九九七：三二）。ものごとの「つじつまの合った」因果関係にかかわる認知的な意味世界と、善悪や望ましさにかかわる規範的な意味世界である（Berger 一九六七＝一九七九：藤原 二〇〇七：三〇二：井上 一九九七：三二）。

従来のエリクソンのアイデンティティの理論に依拠した先行研究は、この二つのレヴェルの違いを認識していないように思われる。社会生活の意味世界は認知的なものであると同時に規範的なものであるため、認知的な意味世界を再構築することは、規範的な意味世界も不可避に再構築し、そのことによって新たな葛藤が生起する可能性がある（藤原 二〇〇七：三〇二）。例えば、生みの親が虐待したので生みの親から引き離されて施設に入った事実を子どもに伝えた場合、子どもは生活史の空白の部分を埋め、因果関係的には整合する意味世界を回復するかもしれない。しかし、同時に、それによって、子どもは生みの親が「望ましい」とされる生みの親像から逸脱していることを発見し、子どもに新たな葛藤が生起することもありえる。ゆえに、親は、子どもが規範的な意味世界を再構築することによって葛藤を抱えることを回避するために、認知的な意味世界の再構築を犠牲にする（あえてはっきりしたことは伝えない）という選択もありえるのである（藤原 二〇〇七：三〇三）。

二　分析①——親子関係の構築

ここから養親子関係を構築する上での親の葛藤と対処を見ていくが、親子関係形成の時期や子どもの年齢などによって発生する葛藤の性質が異なる。本節では、①親子関係構築の初期、②告知について焦点を当てて、親の葛藤と対処を見ていきたい。

1　親の葛藤①——親子関係の初期

インタヴュー調査の結果から、親子関係の初期に発生する親の不安を帰納的にまとめると、①子どもと親子になれるだろうか、具体的にいえば、子どもが自分を親だと認識して懐いてくれるかどうかという親子関係の愛情・親密性に対する不安、②子どもに愛着障害や発達障害などのハンディキャップがあるだろうかという子どもの発達に関する不安の二点があり、これら二点が渾然一体となっている場合もあった。また、少し位相が異なるが、③子どもの医療情報が不足しているため、医療機関にかかる際の不便さが語られることがあった。

(1)　葛藤・不安

①子どもとの親密性の構築

例えば、子どもを引き取って間もない頃は、血縁の不在により、親子間の愛情・親密性の構築に不安を感じるようであった。

㉜さんは子どもを引き取った当初は、「自分の生んでない子を本当に愛せるだろうか」と考えていたという。そのため、子どもとの関係が上手くいかない時には、「血がつながってないとダメなのかな？　この気持ちを子どもに悟られている？」「ちゃんと親だと思っていてくれるかな」と不安になっていた。しかし、時間が経つにつれ、そのような不安は消えていったという。

〔子どもは〕今は一〇〇％かあちゃんですね。眠いとか具合が悪いと離れません。月日が経ってくると自然に親子になっちゃいます。月日が経てば大丈夫だという自信がつきました。（㉜さん）

六章でみてきたように、養子縁組という選択肢に対しては、子どもについて、「自分の子ではない」という認識と、「自分の子と同様に育てなければならない」という強い規範意識とが同時に存在し、そのことによって、子どもを「自分の子と同様に育てる」ことへの自信のなさが語られていた。そして、養子縁組当初は、そのような不安、すなわち子どもとの関係が、実親子（にナイーブに想定されている親密な）関係になるかどうか不安をもっていた。しかし、共に過ごす時間が長くなるにつれ、そのような不安は減少するようであった。

②子どもの発達の遅れ

親の不安は親子になれるだろうかという不安だけではない。親は子どもに対して、「何か障害があるかもしれない」（㉖夫妻・夫）、あるいは発達の遅れがあるかもしれないという不安をもっている場合もある。この背景には、子どもの発達に関する専門家言説が親たちに普及していることが背景にある。

例えば、里親（養親）向けのマニュアルでは、委託される子どもに「よくある疾患」として、「発達障害・行動面の問題」が挙げられており、「里親養育を受ける子ども」は「心理的な発達の障害、特に愛着行動に関する問題が多く見られます」（厚生労働省雇用均等・児童家庭局家庭福祉課 二〇〇三：九五）と解説されている。

養子縁組による子育てを、「障害の問題という大きなリスクを抱えた子育て」であると語る㉖さん（夫）は、「最近、良く耳にする」「学習障害とか自閉とか多動」には「遺伝性があ」るが、生みの親についてあまり情報がない親は、子どもが遺伝性の障害をもっているかどうか判断できない。そのため、「そういうリスクも承知の上で縁組している」（㉖夫妻・夫）のだと語っていた。

また、遺伝ではなく、施設で暮らしていたという生育歴から、発達の遅れが生じる（可能性がある）という知識をもっている場合もある。子どもについて、「〔初めて乳児院で会った時〕通常普通に育ってきた子どもの半分くらいの成長の早さというか遅さで、あと、やっぱり表情が全然ない」（㊶さん）、「脳が発達していない」（㊵さん）というように語る事例もあった。

> やはり、育てていく中でどうしても遅れている部分があるんですね、子どもが。歩かないとかしゃべらないとか、前頭葉とかがほとんど動いてない子どもがくる率が高いんですよね。施設のなかでずーっと入れられて、本当に赤ちゃんの時にポンと来た子どもはともかく、二歳、三歳まで施設や乳児院で育っていると、やっぱり脳が発達してないから機能がポンと出ない。最初はおとなしい子やねんていうところから、どんどん子どもが活発になってきたら、〔子どもを育てている〕お母さんが「この子、こんなことしてかなわんねん」とか、そういう悩みがまた出てくる場合があるんですよ。（㊵さん）

また、小学校入学前後に、息子に発達障害と軽度知的障害があることがわかった㉞さん（夫）は、「養子を育てることは、血がつながらないことに加えて、施設にいること自体がネグレクトなので、被虐待児を育てるという意味で大変です」と語り、さらに遺伝と環境の両方によって、子どもの状態が悪くなったと解釈していた。

> どういう子を預かるかというと、虐待のリスクのある子が増えています。障害があって施設に行ったのに、施設

できまたネグレクトを受けるということもありますし、親の発達障害の連鎖があることもあります。障害の連鎖が続きます。〔中略〕そもそも気質的に難しい子どもが環境的にさらに難しい子どもになります。（㉞夫妻・夫）

子どもとの親子としての愛情・親密性については、子どもと一緒に過ごす過程で関係が深まり、時間が経つにつれ、「自然に親子になっていく」。しかし、子どもの発達については、生みの親から引き継いでいるかもしれない遺伝性の障害や、施設で育ったという生育歴から生じるかもしれない発達の遅れに対して、親は不安を抱き、特別な配慮やケアが必要（になる）かもしれないという認識をもっていた。

③医療を受ける時の不便さ

また、医療関係者である親は、医療機関にかかる際の不便さを語った。小児科にいくと、医者から「お父さんお母さんアトピーある？」「喘息体質ある？」と家族の病歴について「必ず聞かれる」が、生みの親の体質や病歴について「現状をなにも知らない」「私たちは何もわからない」ため、「それに私たち答えられないね」（㉖夫妻・妻）と語っていた。このような悩みに対しては現在のところ対処法がない。しかし、近い将来パーソナルゲノムが臨床化されれば生みの親の病歴がわからなくても、子どもの遺伝子を調べれば、子どもの体質がわかるため、医療を受ける際の不利はなくなるかもしれない（が、新しい倫理的問題も生じるだろう）。

（2）対処

ここまで親の葛藤や不安についてみてきた。親の葛藤や不安は、大きく分ければ、①「自分の生んでない子を本当に愛せるだろうか」「子どもがなついてくれるだろうか」というような子どもとの愛情・親密性の構築に対する不安と、②生みの親について（十分な）情報をもっていないことから生じる遺伝性の障害に対する不安や、生育歴から生じる子どもの発達の遅れに対する不安であった。今度はそれらに対して、どのように対処しているのかをみていこう。

医療を受ける時の不便さについては何らかの対処をしたという語りは聞かれなかった。一方、子どもとの愛情・親密性の構築と子どもの発達の遅れに対する対処は、本書のインタヴュー調査から、①小さい頃から育てれば変わると考える、②ほかの子ども（実子あるいは養子）と比較する、③専門知識を得る、④愛情でカバーする、という対処に帰納的に分類できた。

①小さい頃から育てれば変わると考える

年齢が高い子どもの場合は、「虐待を受けてたとか、トラウマとか、そういうのがあったりする問題はある」（㉔夫妻・夫）が、乳幼児であれば、たとえ何か不安があっても、「赤ちゃんは白紙だから」（㉞夫妻・妻）、これから育てれば問題はないという考える事例もあった。不利な状況で産まれた子どもでも、育てれば変わるという認識は養子縁組をするという意思決定を後押しする解釈でもある。

下の子も児童相談所から話が来ました。「暗い背景がありますが、大丈夫ですか？」と（児童相談所から）言われましたが、「上の子にキョウダイがほしい。赤ちゃんは白紙だからどんな子でも良い」と私は言いました。夫は心配したみたいですが、私は「ぜひ気にしないで」と主張しました。（㉞夫妻・妻）

ただし、この対処は引き取った子どもが小さい場合や、かつ子どもがまだ小さい時にのみ有効な対処であり、引き取った子どもが大きかったり、小さい頃に引き取った子どもが成長して大きくなってから何か問題が発生した時には、ほかの対処が求められるようになる。

②他の子ども（実子あるいは養子）との比較

他の対処としては、他の子どもとの比較という方法がある。他の子どもは、実子の場合もあれば、養子の場合もある。親は他の子どもと同じであると考えることで、自分の育てている子どもが特別、異常ではないと解釈して安心していた。

㊴さんは、「子どもとの関係が難しい時など、〝自分が血が繋がっていないから〟という考えに傾きがち」になるが、当事者向けのサポートミーティングに参加し、実子がいるベテラン里親から「実子もそうだよ」と言ってもらうことで、「すごくほっと」したと語っていた。ここでは、実子と比較が行なわれているが、他の養子と比較が行なわれることもある。㉜さんは、インターネットを通じて、「他の養親さんたちと仲良くなって、交流して」おり、「他の養親さんの日記を読んで、すごく勇気をもら」ったという。

　他の養親さんとはすごくお互いに協力しあっています。子育てを始めて、試し行動なのか、普通の子でもすることなのかわからなくて、「なんだこれは?」と思いつめましたが、「全然、心配しなくていいよ」と言ってもらい、「別に普通なんだ」とわかりました。他の養親さんの話を聞いて「別に普通のことだったんだ」とわかりました。（㉜さん）

実子／養子にかかわらず、他の子どものする行動であれば、自分の子どもだけが特別だったり異常だったりするわけではないと考えることができる。このように、子どもの行動が特別に対処すべき行動なのかを、他の子どもと比較しながら判断し、他の子どももしている行動ならば、不安は解消されていた。

③専門家言説に頼る

専門家言説に頼って臨まなければならないと親に意識されている領域が近年拡大しているように思える。それは発達障害[3]や愛着障害[4]という診断名が流通しているからだ。

これらの診断名が里親（養親）向けのマニュアルを通じて流通しているため、親には「子どものため」に発達の遅れをチェックし、それに対処する役割も求められているといえる。社会福祉学者の藤原里左は障害児の親にとっては、子育てとケアの境界が曖昧であると指摘しているが（藤原 二〇〇六）、子どもに何らかの障害や発達の遅れ（の可能性）があった場合、（養）親たちの子育てもこれに近くなるといえるだろう。

発達の遅れに関しては、「発達の遅れなのか否か」を判断するための知識として、専門家言説が参照されていた。そして、実際に「発達の遅れ」があると考えられた場合には、それに対処するための知識としても専門家言説が求められ、活用されていた。

二人の子どもを育てており、下の子ども（男児）について気になる点があるという㉝さんは、「息子が発達障害まではいかないんですが、ちょっとグレーゾーンかなっていう感じで」と、子どもの発達について気になっていることを語り、それへの対処として、「親の方が勉強した方がいいかななんて思」い、「専門家の本を読んだりとか、講演会に行ったり」（㉝さん）と知識をつけることで対処していると語っていた。

なお、専門家言説に頼るのは、発達の遅れに対処するためだけではなく、原因を特定するためでもある。子どもを育てる過程で、子どもの発達に問題を感じたり、子どもに問題行動が見られたりした際に、対処法を確定するためには、原因（先天的なものか、後天的なものか）の特定が必要になり、そのために専門家言説が必要とされ、参照される。ただし、原因の特定も容易ではない。発達の遅れや問題行動の原因が、生まれつきのことなのかどうか、はっきりはわからないからである。

養子〔縁組里親〕でも養育〔里親〕でも、これからは虐待というか、発達障害の子が多いってちょっと聞くことがあるので、そこらへんの勉強をしないといけないのかなと思います。娘はあんまり感じないんですけれども、娘の方も問題があってこういう養子になってるので、ある程度は親、実親からっていうのはあると思うんですけれども。やっぱりその、どこから生まれつきっていうのかちょっとわからないんですけど。（㉝さん）

本調査の養親のなかで、唯一、実子がいる㊳夫妻（夫）は、養子と実子との違いとして、何が生まれつきなのかわからない点を語っていた（㊳夫妻が実子と養子の違いとして語ったのはこの点だけである）。

上の子（実子）は、私によく性格が似てるんですが、この子（養子）の場合はそういう、どういうものが遺伝しているかはまったくわからないところがちょっとあって、戸惑うところもありますね。どういう素質を親から継いできているとか。そういうことがまったくわからないところも。普段はそんな意識しないですが、考えてみるとちょっと心配なところもありますね。（㊳夫妻・夫）

原因が特定できなければ、対処法も確定できないと考え、葛藤を抱える事例もある。生まれつきなのかどうかを確認するためには、生みの親の詳しい情報が必要だが、生みの親の詳しい情報にアクセスすることは容易ではない。親は生みの親の情報を養子縁組あっせん団体から全て受けとるわけではなく、取捨選択された情報を受けとるからだ。家庭裁判所の審判書にも養子縁組に至った事情は記載されていても、生みの親の病歴、性格、体質などが細かく書いてあるわけではない。また、生みの親に関する詳細な情報を受けとることは親に対して葛藤を生じさせることもある。「子どもを育てていくために必要な情報がもうちょっと欲しいと思うか」という筆者の質問にある親は以下のように答えた。

どうでしょうね。難しいですね。聞かなくてもいいものもあるかなとも思うし。ちょうど、その児童相談所の人にも言われたんですね。娘の時は、あんまり教えてもらっていなくて、もうほとんどなかったような感じだったんですけれども。息子の時は、児童相談所の方針なのか、担当者の方針でどうにでもなるのか、ちょっとわからないんですが、実親の担当の人から、要は話を聞くわけです。息子の時は割と話してくださったんです。こういう経緯でという感じだったんです。実親担当と息子の担当の人と二人から話を聞くって感じだったんです。しばらく経ってから「どちらの方が良かったですか」「実親の情報を結構教えられるのと」って聞かれて、私はとりあえずは、聞いてて良かったなって思ったので、「私は教えてくれて良かったですよ」って言ったら、やっぱり聞きたくなかったという人もけっこういるとおっしゃっていて。なかなか難しいかもしれないですね。(㉝さん)

子どもは生みの親の属性や親子分離の経緯を知ることに対して葛藤を抱くことがあるが(八章)、子どもだけでなく、親も生みの親の属性や親子分離の経緯を知ることで葛藤を抱くこともある。このように、生みの親の情報をどのくらい詳細に受けとるか/渡すかについては、養子縁組のマッチングの成否に影響を与える要因のひとつであり、あっせん団体と親の双方の思惑が絡む問題でもある。[5]

④愛情でカバーする

また、子どもの障害(発達障害と軽度知的障害)と激しい問題行動(不登校、親に対する家庭内暴力)に悩んでいた事例では、専門家言説をもって対処しても改善されない事態に対して「愛情をもって頑張るしかない」と語っていた。㉞夫妻は、発達障害と軽度知的障害をもつ息子の激しい家庭内暴力に悩んでいた。夫は、「障害児施設でボランティアを一〇年間して、対応を自分で学」(㉞夫妻・夫)び、「いろんなところに相談に行」った。しかし、解決しなかったため、「目に見えない部分で、施設で育った子ども(息子は)は毎日捨てられ体験・裏切られ体験をしている」(㉞夫妻・妻)から仕方がないと解釈していると語っていた。㉞夫妻の妻は「結局は親が愛情をもって頑張るしかないと思っています」(㉞夫妻・妻)と語ったが、この「愛情をもって頑張るしかない」という語りは、専門家言説に頼っても、状況が改善されなかった経験を経て出てきた語りである。

とはいえ、実際にはこの「愛情をもって頑張」っても対処できない問題(実際には㉞夫妻の事例もそうだと思われるが)、障害や発達の遅れなど、専門家言説に頼って臨まなければならないと親に意識されている問題が近年拡大しているように思える。

2　親の葛藤②――告知の場面

今度は、告知をめぐる子どもとの関係をみてみよう。告知が養子縁組の重要な論点となる一方で、告知後の当事者の経験はほとんど主題化されてこなかった。告知後の親には、どのような葛藤と対処があるのだろうか。

本書の調査対象者のうち、すでに告知をしている事例では、全事例において子どもが学齢期までに告知をしており、子どもが思春期の時や成人してから告知をした事例はなかった。また、まだ告知をしていない事例は、子どもがまだ幼すぎて告知しても理解できない事例など、子どもが学齢期以前の事例であった。告知の始点としては、①親からいう場合、②子どもから聞いてきて親が答えた場合があり、その後の展開としては、①子どもがさらに聞いてくる場合と、②特に反応がない場合、③子どもが聞きたがらない場合があった。

(1)「早く告知する」対「子どもが聞くのを嫌がる」

告知をめぐって親が抱えるジレンマは二つある。ひとつは「告知を早期にする」という原則と、告知後に「子どもが聞くのを嫌がっている」「子どもの気持ちがわからない」という子ども反応との間のジレンマである。

例えば、複数の子どもを育てている㉟さんは、上の子どもは、学校で「ちょうどそろそろ性教育があって、精子と卵子がという時期」であるため、告知は、「一回で終わりというわけではなく、数回真実告知をし」ているという。子どもの反応については、「今は実親についてはあまり聞いてこ」ず、子どもも「〝誰から生まれたの？〟と聞かないので、こちらも言わない感じ」と、告知はするけれど、子どもがそれ以上は聞いてこなければ、それ以上は何も言わないというスタンスを取っていた。一方、下の子どもは、「真実告知については聞きたくない感じ」で、「〝うそでしょ～〟と笑って言」うため、「いうのをためらってしま」うと語っていた。「ウソはつきませんが、言いづらい雰囲気です。今はかわいくてかわいくて仕方のない時期ですし」（㉟さん）と、聞きたくない様子の子どもに対して告知をしなければならないことに対して躊躇と葛藤を語っていた。

また、女の子と男の子を育てている㉝さんは、「男の子の気持ちがわからない」と不安になっているようだった。それは子どもが養子縁組や生みの親について何も聞いてこないからである。「やっぱり、男の子は〔養子縁組のことについて〕言わない、あんまり言わない、言い出しにくいのかなというのがあって」と㉝さんは語っていたが、子どもの反応がなければないで、それも親にとっては「聞きたくても聞けない」のか、単に「興味がないから聞かない」のか判断できず、不安になるようであった。

このように「子どものため」に早期に告知をするが、その結果が「子どものため」になっているのかわからない不安や、子どもが何を感じているのかわからず、子どもの心中を推し量ることで不安が生じていた。

八章で扱う子どもに対するインタヴュー調査では、「養親との間で養子縁組のことを話題にしづらい」と語る子どももいた。告知をしたがらない、あるいは告知後にその話題に触れない親に対して、子どものなかには「親はきっと話したくないいんだろう」と親の気持ちを読み込む事例もある。一方、親の方もまた告知後に子どもが何も聞いてこなければ、「子どもは気にしてないいんだろう」あるいは「子どもは聞きたくないいんだろう」と子どもの気持ちを読み込み、その結果、判断に迷ったり不安になったりする事例もあるようだった。

養子縁組や里親養育の領域においては、「子どものため」に「子どもの意思を尊重する」という考え方がある。(6) 親は「早期に告知をするべきだ」という「子どものため」の原則と「子どもの意思を尊重する」という「子どものため」の原則の間で葛藤し、さらに尊重すべき子どもの意志を読み取ろうと努力する。だが、親子関係のなかで子どもの意思だけを取り出すことは難しい場合もある。親子関係には配慮という要素が含まれており、親は子どもの意見を尊重したいと思うが、一方で、子どもは親の気持ちに応えようとするからである。親と子の意見はお互いを映しあう鏡のようになってしまう場合がある(和泉 二〇〇三)。ここでは「子どものため」のコミュニケーションをしようとすると、互いの意思の読み合いを通じて、むしろコミュニケーションが阻害されるというパラドックスを指摘することができるだろう。

(2)「子どもの人権」対「子どもの心理」

もうひとつのジレンマは、親に課せられる二つの規範的要請から生じるジレンマである。ひとつは子どもの出自を知る権利を守ることは子どもの人権を守ることであるという規範的要請である。もうひとつは子どもが「愛されて存在している」という物語を形成・維持することは子どもの心理にとって重要であるという規範的要請である。[7] しかし、生みの親の属性や誕生・親子分離の経緯が「子どもが愛されて存在している」という物語に上手く合致しない場合、親は二つの規範的要請の間で、子どもに生みの親の属性や誕生・親子分離の経緯についての情報を開示するか否か、開示するならどこまで開示するかというジレンマを抱えることになる。換言すれば、親が子どもにどこまでどのように情報を開示するかという開示戦略はこのジレンマによって規定される。また、生みの親について聞かれても、生みの親の情報をそもそももっていなかったり、子どもに伝えにくい生みの親の情報をもっていたりする事例も少なくない。

㊲さんは、子どもの「ご両親のこともはっきりわからないし、ある程度もう接触がない」状態のなかで、生みの親について「どういう風に言ったらいいのか」と考え、「病気で死んだから、新しいお父さんとお母さんのところに来たんだよ」と話してきたという。このように誕生・親子分離の経緯が「子どもが愛されて存在している」という物語から逸脱しないよう、「病気で死んだから」という子どもが納得しやすい事情を作り、かつ告知については、自分からは「声かけしない」という。子どもが何か聞いてきた場合は、「[子どもが] 今何を聞きたいのかなって考え」、「子どもが求めた分以上は言わない」（㊲さん）という。

㊶さんも、また、知っていることをすべて子どもに話すというスタンスは取っていなかった。

まだこれからいろんな事実がどんどん子どもにはわかってくるじゃないですか。事実というかいろんなことが子どもにはわかってくると思うので、その時その時で「あれ?」「これはどういうことなのかな」と思ったり、そういう、壁とは違うとは思うんですが、何かしらそういうことにはぶつかっていくと思います。それはその子が今はここまで理解できると思えば話すし、まだ早いと思えばまだ話さなくていいと思うし、私は知らなくていい事実もあると思っています。子どもに一生言わずにいることもたぶんあるだろうし。それも子どもの成長に合わせて、周りの環境に合わせてかなと考えています」。(41さん)

このように、親たちは、情報を取捨選択したり、あいまいに話すことで、子どもの出自を知る権利という子どもの人権と「愛されて存在している」という子どもの心理の両立を図ろうとしているのである。

三　分析②——子どもの「アイデンティティ」形成への関わり

今度は、子どもと生みの親との関係性を親がどのようにマネジメントしているのかを分析しよう。これは養親・里親向けマニュアルでは子どものルーツ探しと「アイデンティティ」という論点のなかで解説されることが多い局面である。

告知の場面(本章二一五頁)でも論じたが、親には、子どもの出自を知る権利を守ることは子どもの人権を守ることであるという規範的要請と、子どもが「愛されて存在している」という物語を形成・維持することは子どもにとって重要であるという規範的要請があり、生みの親の属性や誕生・親子分離の経緯が「子どもが愛されて存在している」という物語に上手く合致しない場合、親は二つの規範的要請の間で、子どもに生みの親の属性や誕生・親子分離の経緯についての情報を開示するか否かというジレンマを抱えることになる。これらのジレンマは告知後も持続し、それは生みの親と交流がない/あるに関わらず共通していた。それぞれの事例についてみていこう。

1　生みの親と交流がない事例

(1)親の実践

まず、生みの親と交流がない事例において親が子どもと生みの親との関係性をどのようにマネジメントしているのかを分析しよう。「子どものルーツを大切にする養親」という役割がマニュアルなどを通じて親に指導されているが、親が生みの親の属性や誕生・親子分離の経緯について詳細に知っている事例ばかりではない。子どもと生みの親に交流がない事例では、親が生みの親の情報を、①ほとんどもっていない事例と、②もっている事例があった。

生みの親の情報をほとんどもっていない㉔夫妻の事例では、「〔子どもは〕しばらく乳児院にいて、病気があるか調べ」られたということについては知っているものの、「連絡がくるときも女か男かという情報しかなくて、子どもを見にいく時も、生んだ親の情報はほとんどな」（㉔夫妻・夫）く、生みの親の情報をほとんど渡されていない。

生みの親の属性や誕生・親子分離の経緯についてほとんど知らないにもかかわらず、親は生みの親に対する情報を管理すると同時に、生みの親のイメージを良いものに形成・維持するイメージ管理も行なうことが期待されている。[8]例えば、㉚夫妻の夫は、生みの親については「実際詳しいところはまだわかりません。必ずX〔養子縁組あっせん団体〕が間に入ってますから。直接その産みの親と連絡し合うってとこはないので」（㉚夫妻）と、実際の状況については知らないが、生みの親が子どもを「愛していた」という「あいまいな」物語を作って子どもに伝えていると語っていた。

> 向こうのお母さんのことについては、〔子どもを〕愛してるんだけど、お父さんとお母さんは詳しいことわからないけど、どうしても育てられない理由があってX〔養子縁組あっせん団体〕の代表の○○さんにお願いして育ててくれる人を探してくれたんだよ。そのおかげで今お父さんとお母さんになれたんだよ。（㉚夫妻・夫）

このように、良い生みの親のイメージを形成・維持することは子どもが「愛されて生まれた」物語を維持することと結びついている。しかし、実際には、特に特別養子縁組では、子どもが要保護児童であることが、養子縁組が成立する要件になっている。つまり、生みの親は子どもを育てられない状況にあり、かつ基本的に子どもを育てられない意思を表明しなければ養子縁組は成立しない。それが制度の前提である。また、そのために、子どもの生みの親との交流は多くない。

㊳夫妻は、生みの親について「特別養子縁組なので、実際にちゃんと養子って決まるまで申請してから半年間かかったんですが、その間、家庭裁判所の方が二回ぐらいうちに来たかな。向こうのうちにも行かれたり。意思確認をとられたそうなんですよ。向こうの親御さんは会いたくないと」（㊳夫妻・妻）と生みの親の状況について語っていた。また、㊴さんは、「養子縁組里親の場合、実親との交流はあまり多くありません。実親が不安定で見通しが立たないから養子縁組前提で委託されるわけで」と語り、さらに、たとえ（養子縁組里親よりも実親との交流の可能性がある養育里親の場合だったとしても）「下手に実親と面会の約束をしてドタキャンされたら、子どもの気持ちを修正するのが大変です。子どもが情緒的に落ち着かなくなってしまいます。きちきち面会できる人はそんなにいません」（㊴さん）と、実際には生みの親との面会には困難を伴うことを語っていた。

しかし、このように生みの親との接触が困難な状況であっても、「子どものため」に親には「愛情の物語」を維持する役割が求められるのである。具体的には、親には①生みの親に関して悪く言わない、②生みの親と子どもの関係を否定しない、という姿勢が要請されている。㉕さんは生みの親について、以下のように語っている。

やっぱり私は〔子ども〕二人の実親との関係を拒否することは一切できないので、二人のこと大事なだけに、上の子には親の願いがあってつけた名前だとか、生まれた時におっぱいはあげてるとか、児童相談所の人が話したときに愛情のあるお母さんだったって、そういうことは伝えましたね。「愛された中であなたは生まれたんだよ、でも仕方なくお母さんとお父さんの子どもになったんだよ」って。〔中略〕下の子に関しても、「そう、ママ〔産みの母〕はね、あなたのことをずーっと想ってて、あなたが三歳になったりとか四歳になったりとかしたときのお洋服をずーっともってるんだよ」「離れるときには泣いてたんだって」「絶対幸せになって欲しいって遠くにいても願ってるよ」って、これはもう二人の子どもには言いましたね。お母さんを忘れることなく、二人のお母さんに幸せになってって〔祈るんだよ〕、私は二人に伝えました。（㉕さん）

このように、生みの親の状況や親子分離の経緯について詳しくは知らない事例でも、「愛情の物語」を形成したり、生みの親を否定しないという姿勢が求められ、それは親が従うべき規範ともなっている。さらに、㉕さんのように、子どもに対しても、生みの親に対して悪い感情を持たないよう、働きかけている事例もあった。

（2）子どもの反応

では、子どもは、親のこのような生みの親の存在に対するマネジメントに対して、どのように反応するのだろうか。親から聴取した子どもの反応には、①生みの親に会いたいという事例、②生みの親について何も言わない事例があった。

①子どもが生みの親に会いたいと言った事例

㉕さんの事例は、長女、次女とも思春期に「生みの親に会いたい」と言った事例である。㉕さんは、子どもが「反抗期の頃に、やっぱり出生とか、自分の存在、まさしく思春期の自己の確立じゃないけどアイデンティティを本当にしているなって思」ったという。

〔上の子に〕高校に入る前に「同情で私を育てたの？」と言われて。「同情でなんて育てられるわけないでしょ。子どもを育てるのって大変なんだから。何言っているの？　お母さんはあなたが欲しかったのよ」と言って、それからはもうなかったですね。これで告知については終わりましたね。出生については終わりました。その前に中学生の時に、上の子が突然「なぜって聞かないでイエスだけ言ってね」っていうから、「それってコントロールじゃない？　脅迫じゃない？」っていうと、「ノーとかなぜとか聞かないでね。いいからイエスだけだよ」って聞くから、「何？」って聞いたら、「私を産んでくれたお母さんに会ってもいい？」って。「ああイエスね」「どうして?」って聞いたら、「どうしてじゃなくて、イエスね」って。でも会いに行ってないですね。会いに行ってもいいって思ってたんですけど。〔中略〕

思春期に出ましたね、下の子は。学校でいじめとかがあって彼女は悩むわけです。悩む中でやっぱり、悩みのおきどころの究極は、「やっぱり自分はママ〔実母〕に捨てられた」「どうしてママ〔実母〕が育てなかったんだろ」とか、この環境でいいんだけど、自分を産んでくれた親っていう存在が。その時は「お母さんが教えてくれなきゃよかったんだよ」とかね。でもそういうのを言えない子なんですよ下〔の子〕は。上〔の子〕はぱっぱぱっぱいうんだけれど、告知の時も人対人でこう話してきたんだけど、でも次女は言わない、表現のできない子なので、言わせましたね。私は。「自分のことをそんなに悩んでんの?」「言ってごらんよ」「でもお母さんはこう育ててるよ」「お父さんとお母さんは本当の子だと思って育ててるよ」「でもそこが辛いんだよね何かあるんでしょ?」って。いじめにあいながら、つらい思いしながら、実母のことを自分のなかで育てていかなきゃいけない、想いを育てていかなきゃいけないきっかけになったんだろうと私は思うんです。でも表現が下手なので中学生の時に、それこそ寒い時かな、机に向ってしょぼくれてる本人を目の前にして私は机のそばに座って、「私はこういう思いで育ててるし、あなたはこういうところもあって実の親子のように接してきてる親子なんだ。でもあなたは自分がお母さんが育ててくれなかったことに何か思いがあるんじゃないの? 言ってごらん?」って言ったら、「あるんだ、あるんだけどわからない」ってひたすら泣いてましたね。そしたらその日突然何を言い出すかと思ったら「お母さんが言わなきゃよかったんだよ、教えなきゃよかったんだよ」って大声で言いました。「〔あなたはお母さんから〕生まれてないけど、お母さんは〔あなたの〕お母さんだって言わなきゃよかった」って。「言っちゃったものは仕方ないよ。じゃあどうしたらいい?」って。(㉕さん)

少々長い引用になったが、ここでは子ども側の「言わなきゃよかった」(告知されたくなかった)という反応と「子どもには出自を知らせるべき」という規範的要請が対立し、さらに、子ども側の「私は生みの親に捨てられた」という反応と「愛情あるお母さん（＝産みの母）」イメージを維持するという規範的要請が対立する事例を示した。そのような複数の対立が発生しうるなかで、親はどこまで、どのように生みの親の情報を子どもに開示するのかを決定していくのである。

②子どもが何も言わない事例

一方、告知後に子どもが生みの親について特に何も反応を示さない事例もある。しかし、告知の場面でも論じたように（本章二二五頁）このような事例では別様の葛藤が生じることもあるようである。

告知後に子どもが何も言ってこないことに対して、㉞夫妻・妻は、「娘のほうは私を母親と認めているので、そんなことは言いません。私で満足しているみたいです」（㉞夫妻・妻）と何も言ってこないことを「子どもは今の親に満足している」と解釈していた。一方、「娘と違って、息子は何度言っても理解できないみたいで、あまり関心がないようでした。それなので、小学校高学年からこちらからは言わなくなりました。今は息子はどう理解しているのかな？　とは思っています。実親のことは考えてないみたいです。話をしないので」（㉞夫妻・妻）と何も言ってこないことを「子どもは生みの親について考えてないようだ」と解釈していた。

一方、㉝さんは、上の娘については不安を感じていないようだったが、下の息子については不安を感じているようだった。上の娘については、「一回、〔子どもが生みの親のことを〕〝今どうしてるのかな〟みたいなことを四年生の時に聞いてきた時があ」り、「〝わからないから、じゃあ、五年生になったら児童相談所の人に聞いてみようかね〟みたいな返事をし」たところ、特に娘からの働きかけはなく、「そのままですね。五年生になったからといって言ってくるわけでもなく」（㉝さん）と語り、不安に思っていないようであった。一方、下の男の子については、養子縁組や生みの親について何も聞いてこないことを、「やっぱり、男の子は〔養子縁組のことについて〕言わない、あんまり言わない」「言い出しにくいのかな」と息子の気持ちを推測し、やきもきしていた。

子ども側が特に何も言ってこない事例もあるが、それは子どもが生みの親について関心がないから聞かない場合と、関心があっても親に生みの親のことを聞きづらくて聞けない場合の両方が考えられるだろう。子どもが生みの親について何か聞いてきても／聞いてこなくても、親が子どもの真意を読み取ろうとすると、親に不安や葛藤が発生する可能性がある。親は「子どものため」に、子どもの真意を推測しながら、生みの親の情報について、どこまで、どのように開示するのかをマネジメントしているのである。

2　生みの親と交流がある事例[9]

次に、比較のために生みの親と交流のある事例をみてみよう。近年の養子縁組や里親養育の議論においては、生みの親との交流を肯定的に捉える議論もある。アメリカの心理学者のブロジンスキー（二〇〇五）によると、生みの親との交流[10]については二つの異なる立場があるという。賛成論は、養子縁組に関する秘密を失くすことは倫理的であるだけでなく、子ども・親・生みの親の三者に良い影響があると主張する。一方、反対論は、子どもと生みの親の交流は親を不安定にし、子どもに対する正当性の感覚を崩し、子どもの自尊心、アイデンティティ、心理的適応、愛着・安心感に対する影響があると主張する（Brodzinsky 二〇〇五：一四七）。

ブロジンスキーは「養子縁組における開放性の意味と子どもと養子縁組家族の適応」について研究を行ない、単に子どもと親が生みの親と交流をもつか否かが重要なのではなく、交流の質、すなわち養子縁組に関する感情を共有する雰囲気やコミュニケーションが重要であり、子どもの適応に対する養子縁組の開放性の影響を考える際には、養子縁組に関する家庭内のコミュニケーションを考慮する必要があると指摘している（Brodzinsky 二〇〇五：一四九－六二）。

では、日本における事例はどうだろうか。日本の（特別）養子縁組においては、既述したが、生みの親と交流のある事例は少ないと思われる。しかし、本書では、比較のため、生みの親と交流のある事例にもインタヴュー調査を行なった（インタヴュー当時、すべての事例で子どもが就学前であった）。その結果、生みの親あるいはその親族と交流がある事例の場合、生みの親との交流に親が不安を感じていない事例と不安を感じている事例があることがわかった。

また、生みの親やその親族とうまく関係をマネジメントしている事例では、生みの親やその親族と距離感〔縁は切らないが自分たちの家族に踏み込まれすぎない〕を保っていることがわかった。

（1）生みの親との交流に不安を感じていない事例

生みの親との交流に不安を感じていない事例には、生みの親と直接的な交流がある事例と手紙などの間接的な交流がある事例があった。直接的な交流がある事例で不安を感じていない事例では、産みの母を「親戚みたいな感じ」と表現し、産みの母を「ママ」と呼んでいた。

①直接的な交流がある事例

産みの母を「ママ」と呼ぶ㉗夫妻の事例では、「一緒に撮った写真があ」り、「誕生日には今のところ必ずお手紙とプレゼントが届く」ような関係である。㉗夫妻の妻は、産みの母から親あての手紙と子どもあての手紙を二通もらったことについて、「私たちにとってもありがたいよね」と語り、「すごく子どもに問いかけてる手紙とか読むと私も涙ぐんじゃったり。〝あ、こんなに大切に想ってるんだな〟と」感じたという。さらに、産みの母とその母〔子どもの祖母〕と面会した際も、良い時間になったと語っていた。

この前に会った時は、子どものおばあちゃんにあたる方とママ〔産みの母〕と私たちと子どもとで会ったんですけど、すごいもうなんか友達と会うような感覚というか、そんなに遠くない親戚と会って、「子ども、こんなに大きくなったんだよ」って見せた感覚で、〔夫に向かって〕午後から結構過ごしたよね？　三時間四時間一緒にいたんですけど、うちのママ〔産みの母〕も普通に話をしてくれて、向こうも友達感覚で話ができてみたいな。不思議な空間だったよね？〔夫に向かって〕終わった後思ったらね？〔夫に向かって〕。普通になんか、かしこまった感じもなく。〔㉗夫妻・妻〕

㉗夫妻の事例では、子どもが三歳と小さい事例であったが、「子どもが生みの親と交流あると、子どもがいずれそっちに行っちゃうんじゃないかとか、そういうおそれがあるみたいなんです。その辺りはどうですか」という筆者の質問に対して、㉗夫妻の妻は「子どもの意思を尊重したい」と答え、夫はそれに同調しながらも、少々心配する気持ちがあるようだった。

夫：さっきの子どもが生みの親の方に行ってしまうっていう……心配はないわけじゃないような気もしますけど……。
妻：そうなの？（笑）
夫：うん、それは子ども本人の意思だと思うので……。でも実際戻れないんじゃないの？
妻：実際には縁組は終了しているからね、戻れないけど、でも子どもがほら拒絶すれば子どもだけで離縁できるから……。
夫：あー、そっか。

また、「離縁とかそこまでいかなくても、例えば親子喧嘩をした時に、子どもが〝いいよ、あっちに行くからー〟とか言ったりとかしたらどうですか」という筆者の質問に対しては、「別に行くなら行ってもいいと思います」（㉗夫妻・夫）、「子どもがそれを望むなら仕方ないかな、というちょっとあっさりしたところがあるのかもしれないですけど、でもそれが本人にとって幸せって思っているなら、まあ、それもありかなという感じですかね」（㉗夫妻・妻）と答えながらも、「反抗期に、自分がその状況になった時に、もしそういう移動手段があったら多分自分だったら行っちゃうかな。でも行ってそのまま入り浸りにはならないと思うし」（㉗夫妻・夫）とも語っていた。生みの親のところに行きたいという「子どもの意思」は尊重するが、たぶんそのようなことは起こらないだろうと考えており、そのことが交流に対して不安を感じていない背景にあるようだった。

②間接的な交流がある事例

㉘さんの事例では、二人の子ども（どちらも養子）のうち、上の子どもは生みの親との交流が全くないが、下の子どもは生みの親と「手紙をもらったり写真を送ったりという交流」がある事例である。

㉘さんは、「生みのお母さんは親戚のような感覚になるんですか？ それとも子どもを産んだ方という感じですか」という筆者の質問に対して、「親戚とまではやっぱりまだ感覚的には……。まだ手紙だけのやりとりなので、なんとなくまだこう〝すごく家族〟って感じまではいってないと思うんですけど」と語りながら、「でもやっぱり手紙もますますフレンドリーになってきてるので、子どもが大きくなればなるほど、親戚っぽくなっていくのかもしれないかなとは思ってるんです」「もともと仲良しの家族みたいで、写真を撮ったとかの反応も事細かに面白おかしく書いてくれたりしてくれるので。だからこっちも渡しがいがあるというか」（㉘さん）と語っていた。

㉘さんの事例も、まだ子どもが二人とも小さい（幼児）事例であった。㉗夫妻の事例と比較すると、手紙のやりとりという間接的な交流であるため、生みの親とは距離感があるようであった。さらに、「私が今まで取材した親の方のなかには子どもが生みの親と交流があると、そっちに行っちゃうんじゃないかってすごく恐れたり怖がったりする方がいらっしゃったんですね。そういう気持ちってあったりするんですか」という筆者の質問に対して、子どもの幸せは尊重するが、たぶんそのようなことはないだろうと考えているようだった。

そうですね。うーん、もうあんまりそういうことは考えないといいますか。意外ともう怖いものはないみたいな感覚もあって。多分、何があっても乗り越えられるような感じもしていて。だから、お母さんにもし何かあって、どうしてもまた引き取りたいとかいうんであれば、下の子の時はお母さんにもお会いして、すごい愛情あるのも見たし、手紙ももらっていたので。また育てたいという話があれば、そのときは子どもが幸せになるんだったらいいのかなって、ちらっとは考えたことはあるんですけども。でも基本的には何となくもう二人ともうちの子という感覚はあります。（㉘さん）

直接的な交流がある事例（㉗夫妻）でも、間接的な交流がある事例（㉘さん）でも、生みの親との交流に不安を感じていない事例では、生みの親のところに行きたいという子どもの意思を尊重するというスタンスとともに、「もううちの子だから」という意識があり、「たぶんそのようなことは起こらないだろう」と考えているため、交流に対して不安を感じていないようであった。

（2）生みの親との交流に不安を感じている事例

今まで紹介した事例は、生みの親との交流に特に不安を感じていない事例であったが、一方で、不安を感じている事例もあった。㉙夫妻の事例は、「産みの母親が〔子どもに〕いっぱい会いたい」という「珍しい」事例であるが、㉙夫妻は「〔産みの母親に〕言われるがままに会わせて果たしていいのかを一年間ずっと考えて」いると不安な気持ちを語った。

子どもの幸せを一番に考えた時に、今はいいですけど、こう不安になってくると思うんですよね？〔産みの母に〕しょっちゅう会って、〔子どもが〕「私今度はいつこっちにいくのかな？」とか。なんか不安になったり、迷ったり、そうなってくるとやっぱりちょっとかわいそうかなって感じなので、とりあえずいろいろ話し合って一年に一回くらいかなってことになったんです。あっちのお母さんにも一応子どもの幸せを一番に考えてほしいみたいなことは伝えたんです。すごく気持ちがわかるだけに、いろいろ葛藤して悩んでどうしようかってのはあったんです（㉙夫妻・妻）

㉙夫妻の夫は「〔養子縁組あっせん団体から〕入籍するまではある程度、相手のお母さんのいうこともあれかもしれないけど、戸籍に入ればあなたたちはもう戸籍上はちゃんとした親なんだからあんまり一年に何回も会うことないわよ」「せいぜい会っても一年に一回とか二年に一回とかでいいんじゃないの？」と言われたと語り、あっせん団体からのアドバイスを紹介した後に、「そうしないと結局、さっきうちの妻が言っていましたけど、今のうちはいいんですけどね。だんだん三歳四歳とかになっていろんなことがわかってくるんで。何ていうのかな？　戸惑いとか迷いとかっていうのも、もしかしたらでてくるんじゃないのかなって思うんですよね」と子どもが二組の親の間で混乱する不安について語っていた。しかし、すぐに「だからと言って、もちろん会わないということでは当然ないので、X〔養子縁組あっせん団体〕自体にそうやって本当のことを伝えて、お母さんのことは子どもにちゃんと伝えるという方針なので」と付け加え、生みの親に会わせないということではないと強調しながら、「会う頻度はあれなんですけど……」（㉙夫妻・夫）と、頻繁に会うことについて、不安を語っていた。

㉙夫妻の場合、子どものあっせんを受けた団体が、生みの親が望めば子どもに会わせるという方針であるため、生みの親に会わせないという選択はしにくい。交流を前提とする状況のなかで、交流の頻度について、親の希望と、生みの親の希望が一致しないため、葛藤を抱えていた。

一方、次の事例のように、調整期間を経て、交流の頻度が一年に一回程度と落ち着いてきており、それに対して満足している事例もあった。

> 一番なのはつかず離れずですね。この子たちにとっても大切な縁なんで、まず切らさないようにお付き合いすることが大切だと思っています。ただ深く関わりすぎると、踏み込まれすぎてしまうのがやっぱり困るっていうのがあるんですね。（㉛さん）

生みの親と交流がある事例では、生みの親とコンタクトが取れるため、生みの親の情報が不足して困るということや、生みの親の情報がないなかで、生みの親の良いイメージを構築・維持する負荷が親にかかることはない。しかし、交流があり、不安を感じている事例では、適切な交流の仕方についてのモデルがないところで、手探りで交流を行ない、調整するという別の負荷が発生していた。

四　分析③——他者への告知のマネジメント

最後に、親が家庭外の他者に養子縁組についてどのように伝える／伝えないのかについてみていこう。

本書のインタヴュー調査から、告知は、子どもを引き取ってから、多層的に行なわれることが明らかになった。子どもを引き取ってから、子ども本人だけでなく、周囲の人間にも養子縁組についての告知が行なわれていくが、本書の調査対象者のなかには、周囲（地域、学校、友人など）に、①子どもが養子であることを開示している事例と、②隠している事例があった。もちろん、完全に開示か／秘匿かという二者択一の実践ではなく、二つの間にはグラデーションがあり、必要な範囲で開示する、聞かれたら「養子だ」と答えるという事例もあった。また、開示する対象（地域、学校、友人など）も一律ではなく、「肝心な人には話しました」（㉖夫妻・夫）、「必要な人にはしっかりしゃべっておくと、気にかけてもらえます」（㊴さん）というように、親が開示した方が良いと考える相手を選択して、開示していた。親は子どもに対する告知だけではなく、家族外への告知に対しても、どこまで開示するかをマネジメントしていた。

1　他者への告知——時間的経過と選択的開示

周囲へ告知している事例では、子どもを引き取った際に、まず、近所の住民に告知が行なわれていた。㉝さんは、「ちょうど引越しをするタイミングで、娘を迎えたんですけども、やっぱり両隣の方には、〝今度子どもを迎えます、もうすぐ三歳の子です〟ということは言いました」（㉝さん）と両隣の家に養子縁組について伝えている。

近所に隠していない事例では、「別に隠そうとは思ってない」（㉔夫妻・妻）ことに加えて、集合住宅に住んでいるため、いきなり子どもが来たら不審に思われ、隠せないという状況的な要因もあるようであった。㉔夫妻（夫）は、「社宅だったから、隠すとかえっておかしくなる。隠すのも変だし、突然一歳半くらいの子がポーンときたら説明しないと変に思われちゃう」「社宅でみんな交流があるから、突然子どもが来たらみんな〝何？〟って驚く」ため、「子どもを委託したときに、いきなりばーんと周りに」「こういう理由で子どもを引き取っているからって」「全部言いました」と語っていた。

一方、「特別には近所の人には話してない」（㊳夫妻・妻）という事例もあった。㊳夫妻（妻）は、「近所の人に対しては、どこで子どものことが噂になるかわからないので、あんまりちょっと言えない部分があって。親しい友達とかには、割と普通に話していますが。近所の人にはどこまで伝わっちゃうのかなっていう不安な部分があります」（㊳夫妻・妻）と語っていた。とはいえ、「おなかが大きくなってないのに突然（子どもが）来たからね。わかる人はわかるよね」（㊳夫妻・夫）と、夫は近所の人はうすうす気づいているのではないかと考えているが、妻は「子どもを抱っこしていたら、突然、〝え、いつの間に産んだんですか？〟とほんとに言われちゃっ」（㊳夫妻・妻）ため、「たぶんほとんどわかってないと思う」（㊳夫妻・妻）と答えており、近所の人がどう考えているのかわからない、あいまいな状況について語っていた。

一方、いうタイミングを逃してしまったと語る事例もあった。㊱さんは、説明する前に、周囲に誤解され、それを訂正できずに時間が過ぎてしまった経験を語った。「これが良かったのか悪かったのか。現在住んでいるところはマンションですが、うちに連れてきた時に、最初から妻の身内から連れてきたと見られちゃったんです」「要するに、子どもがいない家庭だったから、そういう風に周囲に受け取られてしまったんです」（㊱さん）。

このように親は、状況にあわせて近所に開示／秘匿しており、周囲への告知の状況は多様であった。

子どもが乳幼児の年齢で引き取られた場合、（子どもが幼すぎるため）子どもに対する告知よりも、近所への告知の方が時間的に先になり、そこで不安が発生するようだった。それは、近所の人が親より先に子どもに養子縁組について言ってしまう可能性があるからだ。

㉔さんは、「上〔の子〕は下〔の子〕が〔乳児院から〕来た経緯は知って」（㉔夫妻・夫）おり、「自分の乳児院とか、キョウダイの乳児院とかいつも言って」（㉔夫妻・妻）いるため、「たぶん何となく分かってるだろうなと思う」と、上の子どもは妹を乳児院から引きとる際に同行しているため、両親から生まれていないことはなんとなくわかっているのではないかと推測している。しかし、「ちらちら言ってはいるんだけど、乳児院に行ったけど、正式にはまだ言ってない。かしこまってするのも何かと」（㉔夫妻・夫）と、未だはっきりとは告知をしていないため、子どもが養子縁組について本当に理解しているかわからない。そのため、近所に「養子ということを知ってる人もいるし知らない人もいる」（㉔夫妻・妻）状況で、「他の人が〝あの家は養子を取っている〟とか子どもに言っちゃった場合どうするかという相談窓口がない」（㉔夫妻・夫）ことを少々心配しているようだった。

子どもが小学校に入学すると、今度は学校の先生へ開示する／開示しないということを決めなければならない。「学校の先生には〝ご配慮下さい〟と始めに伝えました」（㉞夫妻・妻）」と入学と同時に伝える事例もあった。また、小学校では、子どもが自分の成長過程を振り返る「生い立ちの授業」があるため、配慮を求める場合は、学校の先生に告知する必要が生じる。そのため「小二になると、生い立ちの授業があるので、先生には話しておこうと思っています」（㊴さん）と、あらかじめ心積もりをしているという事例もあった。また、先生に話しておいたことで、配慮してもらえたという語りもあった。

最近学校で、生まれてから今までのことを生活科の授業でやったんですよ、担任の先生にもあらかじめ話してあったので、先生の方から配慮してもらえて、生まれた時の様子とか、おなかにいた時の様子は絶対にやらなくちゃいけないことじゃないんだよって話してくれて。逆に、小さい時の様子でいいんだよと配慮してもらいましたね。でも、今、小学校ではそういうことがけっこうあるみたいで。もし話してなかったら、先生も配慮せずに、みんな一斉に生まれた時の様子を調べなさいと言われたかもしれないですね。（㊳夫妻・妻）

一方、学校の先生に言っていない事例では、子どもが生まれたときのことを聞くような授業では、「適当に」対処していた。子どもが小学校四年生のころ、性教育の授業で、赤ちゃんの頃の写真や生まれたときのエピソードを求められた際に、㉕さんは、「上の子のときは生後何グラムで生まれて、身長がどれくらいで、生まれた時の感想や妊娠の感想を書くんですよ。それはわからないし、でも適当に書こうかって」と、子どものいる自分のキョウダイに子どもが生まれたときのことを聞き、「〝ない写真はどうしようか、ここには絵を描くよ〟とか、そんなんで」やりすごし、「下の子に関してもその生活の授業のときに、生まれたときのこと、妊娠中のことつわりのことなんてね、〝お母さん適当に書いちゃいなよ〟とか、そういうのはラフにしてましたね。〝そうしちゃおう〟なんてね」と、子どもと相談しながら、適当なエピソードを書いて、対処したことを語っていた。

このように、子どもを引き取ってから、子どもに対してだけではなく、必要に応じて周囲の人間に告知が行なわれていた。

秘匿せず、周囲へ開示する方が良いと考えている事例では、周囲に隠すと、「一つ隠せば、その一つを隠すためにまた一つを隠さなければならない。どこまで嘘をついたかを自分自身がわからなくなってしまう。〝このこと言ったっけ〟とか、〝このことはどうやったっけ〟〝この人には言ったか、この人は〟っていう境が自分を追いつめる」(㊵さん)ため、秘匿せずに開示していた。一方で、周囲に開示すると、今度は誰が何を子どもにいうかという、親にはコントロール不可能な事態が発生する可能性があるため、不安も発生するようだった。

2　子どもが行なう告知の方向付けと子どもの意向

次に、他者への告知と子どもとの関係についてみていきたい。周囲に開示している事例では、子どもに養子縁組については家族以外の他者に「言うな」とも「隠すな」とも特に言っていなかったが、周囲に開示していない事例では、子どもに対して、家族以外の他者に養子縁組のことを、「言うな」と口止めする事例もあった。親が周囲に開示していないのに、子どもが開示してしまっては困るからである。

学校にも近所にも言っていない事例では、子どもに対しても養子縁組について口外しないように口止めしていた。二人の子どもを育てている㉕さんは、下の子への告知の際に、「家族での秘密」という伝え方で、口外しないよう念を押していた。

四歳の誕生日の朝に「ひとつお話があるんだけど、誰にも言っちゃいけないよ。でもお母さんは知ってる、お姉ちゃんとお父さんも知ってる。だからこれを知ってるのは、神様と私とあなたとお父さんとお姉ちゃんだけ。あとは誰も知らないよ。大事な秘密だよ」「わかった」ってことで、「お母さんから生まれてないけどお母さんの子なんだよ」と言って、本人は驚きもせずけろっとしてるんですよ。それから明るくなったような。「うーん。あら大丈夫かな?」みたいな、そんな感じですけど。幼稚園で言っている感じもないし。しゃべれば誰か（親に）聞いてくるじゃないですか。そういう気配もなし、それが初めで。（㉕さん）

㉕さんは、養子縁組については、周囲には隠すが、家のなかでは子どもとオープンに話せる雰囲気を心がけていた。「（子どもに）隠してこそこそするわけでもなく、家のなかではせめてオープンに」と、家族の間では、産みの母についても話題に出せる雰囲気を作っていた。しかし、周囲に対しては秘匿するという選択をしていた。「子どもには、〝言っていい嘘もあるんだよ、自分を守るためには大事なんだ、嘘だけどこういう風にして決めて言っていいよ〟って言いましたね」「本人たちに言ってるのは、この人だって、結婚する人が出来たときにはじめてあなたの口から言える状況であれば言いなさい。それでいいっていう人だったら、あ、ホントだなって思って結婚すればいいってことは私は言いましたね」と、子どもが行なう開示についても方向づけをしていた。

また、周囲への開示には、子どもの意思も尊重して行なわれていた。子どもが大きくなってくると、子どもの意向も聞きながら、周囲への開示が行なわれていた。㉕さんは、上の子については、「小学校に入る時に、〝学校に言う?

自分のこと〟って」聞いたところ、「そしたら〝言わないで〟って」言われたため、学校には話していない。

このように、周囲への開示は、①親の意向、②周囲の雰囲気、③子どもの意向を勘案しながら多層的・選択的に決定されていた。

五　考察

本章では、血縁関係がないことで逸脱視され差別される（古澤 二〇〇五；竹内・樂木 二〇〇六）と評されたり、血縁から完全に自由な親子である（南 二〇一〇：一四一；武藤 二〇〇一：一〇四）と評されたりする養子縁組家族のステレオタイプのイメージを再考し、親子関係の実態に着目した。具体的には、養子縁組後に親がどのように子どもとの関係を構築していくのかを〈血縁〉に着目して分析した。その結果、①子どもへ適切に関わろうとすればするほど、〈血縁〉が適切な関わりをする上で必要な情報として浮上するが、そこには心理学・医学・法学と〈血縁〉が接続した専門家言説があること、②子どもに適切に関わる上で複数の規範的言説との間でジレンマを抱えること、③親が周囲への告知に対してとる戦略は、実親子を基準としており、社会からの曖昧な承認と包摂を感じていることがわかった。

1　「子どものため」の専門家言説とそこに埋め込まれた〈血縁〉

六章でみてきたように、養子縁組という選択をする際には、子どもは「自分の子ではない」という認識と、「自分の子と同様に育てなければならない」という強い規範意識とが同時に存在し、そのことが、子どもを「自分の子と同様に育てる」ことへの自信のなさになっていた。

そして、養子縁組当初は、そのような不安、すなわち子どもとの関係が、実親子（に想定されている親密な）関係になるかどうか不安をもっていた。しかし、共に過ごす時間が長くなるにつれ、「時間が経てば親子になれる」と、不安は減少するようであった[11]。

一方で、親のなかには、現時点で子どもに障害や発達の遅れが明らかでない場合でも、障害や発達の遅れがこれから出てくるかもしれないという不安をもっている事例もあった。そして、そのような不安の背景には専門家言説が関わっていた。

厚生労働省のマニュアルには、養子候補者を含む「里親養育を受ける子ども」は「心理的な発達の障害、特に愛着行動に関する問題が多く見られます」（厚生労働省雇用均等・児童家庭局家庭福祉課 二〇〇三：九五）と解説されている。その原因として、「泣いても放置されたり、複数の大人がいつも違った対応をすると、感情を司る脳神経回路が強化されず、人間関係に無関心になり、良心や社会性が育ちにくくなることがあります」（厚生労働省雇用均等・児童家庭局家庭福祉課 二〇〇三：六九）と、幼い頃に特定の大人の愛情のこもったケアを受けていないことを原因として解説している。このように（特に赤ちゃんの頃に）愛情のこもったケアを受けていない子どもは、のちに何か問題がでてくるという考え方が普及している[12]。そこには、母子関係を子どもの人格形成の基礎だとする母子関係論の考え方があり、このような言説の広がりが親たちの不安の背景にあるようだった。

そして、この専門家言説は不安のもとであるだけでなく、何か問題が出た際の対処法でもある。それは、具体的な行動レヴェルの対処（医者に連れていく、児童相談所に相談する）という対処だけではなく、子どもと子育てに対する解釈レヴェルの対処にもなっていた。

障害や発達の遅れの原因としては、生みの親からの遺伝や施設で育ったという生育歴がしばしば指摘されるが、遺伝を問題の原因として解釈することは、親は免責する（＝育て方が悪いわけじゃない）が、一方で対処法がなくなってしまう（遺伝は変えようがないため）。また、ほとんどの親は生みの親に会ったことがなく、それに加えて生みの親の情報をもっていない事例もあるため、どこからが子どもの生まれつきの気質・性格なのかを、親が判断することは難しい。一方、生育歴は生みの親から離され、かつ施設で育ったため発達障害または愛着障害になったと考えることで、生みの親（の遺伝）と親（の育て方）を免責し、発達障害、愛着障害に対する対処法も獲得できる。

生育歴が語られる背景には、幼児期の経験がそれ以後の人生を決定するという決定論的な考えがあるが、同時に、幼児期に適切に関われば子どもが治癒するという考え方（「育てれば変わる」）も存在している。医学や心理学の発達にともなって、人間の体質や性質もまた、ますます「手を加えることのできる」対象、影響を及ぼし改良することのできる対象とみなされるようになった（Beck-Gernsheim 一九八九＝一九九五：二五）。そのため、親は「子どものため」に子どものケアにコミットすればするほど、適切なかかわりを模索して心理学、精神医学、医学の専門家言説に頼るようになる〔13〕。

つまり、血縁関係のない子どもを育てることへ意識転換した後も子どもを理解し、子どもへ適切に働きかけるために必要な情報として、生みの親、遺伝、生育歴などが浮上する。〈血縁〉は子どもに関する知、すなわち心理学、精神医学、医学などと強く結びついているのである。

2　生みの親に対するアンビバレンスとマネジメント

現在では、早期の告知の推奨や「子どもには出自を知る権利がある」という専門家言説が流通している。そして、子どもの生みの親に関する情報へのアクセスが子どもの人権を守ることであるという認識が構築されつつある。一方で、「子どもが愛されて存在している」ことが子どもの自己肯定感を高め、心理を安定させるという子どもの心理に関する専門家言説も流通している（厚生労働省雇用均等・児童家庭局家庭福祉課 二〇〇三：七〇‐七一）。

しかし、生みの親が「子どもを愛していた」という物語と誕生・親子分離の経緯が齟齬をきたす事例も多い。特に特別養子縁組の場合は、四章でも説明したが、「父母による養子となる者の監護が著しく困難又は不適当であることその他特別の事情がある場合において、子の利益のため特に必要があると認めるとき」（第八一七条の七）しか、認められないからである。つまり、実親子の法律関係を切ったほうが子どもの利益になると公的に判断された場合にしか認められない。ゆえに、子どもが生みの親の情報へアクセスすることをめぐって、親はジレンマの状態に置かれることになる。

先行研究では、非血縁親子である養子縁組について、親子の間に血のつながりがないことから、子どもが逸脱視され差別される（古澤 二〇〇五：竹内・樂木 二〇〇六）と指摘されてきた。しかし、親は自分と子どもとの間に血縁がないことからのみスティグマを感じているわけではない。生みの親が子どもを育てなかったことについても、スティグマを感じている。なぜなら、「親と一緒に暮らさない／暮らすことのできない子ども」は「愛情豊かな家族の温かさを知らず、しかも、きちんとしたしつけもされずに育った子どもであり、憐れまれると同時に特異なものとみなされることになる」（田中 二〇〇四：一二六）からである。特に、愛情は、「正常な子どもと異常な子ども」を分ける要因にもなっているため（Rose 一九八九＝二〇一六：二六五）、親の愛情を受けなかった（とされる）子どもは、「異常な子ども」としてスティグマを受けることになる（内田 二〇〇一：一九八）。

やっかいであるのは、この「親は子どもに愛情を注ぐべき」という規範が、育ての親だけではなく、生みの親にも適用されることである（だから問題となる）。親が一緒に暮らして、愛情を注ぎ、しつけをしても、生みの親がそうしてなかったのなら、それは「異常なこと」であり、子どもにとってスティグマとなる可能性がある。このような専門家言説と愛情規範の結びつきもあるため、親は子どもに対して「普通に育たないのではないか」をいう不安を感じたり、一方、子どもは「生みの親に愛されなかった（かもしれない）こと」により、自己肯定感の低下を感じさせられたりするのである（八章）。

現在では、親が子どもを育てることが、親の子どもに対する愛情表現だと考えられている（山田 一九九九a）。そのため、生みの親が育てていないということは、生みの親の子どもに対する愛情がなかったことになってしまう。そこで、最近では、生みの親が子どもを育てずに手放したことと、生みの親が子どもに対して愛情をもっていることの二つを両立させるため、「手放す愛」という言説も形成されている。

このようなことを背景に、親は生みの親の情報を（子どもの人権を守るために）「伝えなければならない」という規範的要請と（子どもの心理を守るために）「伝えてはいけない」という規範的要請との間でジレンマを抱える。生みの親の子どもに対する「愛情の物語」を構築し、維持しようとしても、それを裏切るような現実が存在する時には、子どもに話す生みの親についての内容もあいまいなものにならざるを得ない。また、このようなジレンマによる葛藤を回避するために、児童相談所から生みの親に関する詳しい情報をあえて受け取らない、あるいは児童相談所の方が生みの親に関する詳しい情報を提供しない場合もある（また、そもそも児童相談所にも情報がほとんどないこともある）。このように、二つの規範的要請によるジレンマによって、親が子どもに対して生みの親に関する情報をどこまで取得・開示するかという開示戦略が規定されているのである。

3　同化戦略・異化戦略と社会状況

最後に、他者への告知のマネジメントを、同化戦略、異化戦略という観点から考察しよう。前述のカナダの社会学者のカークによれば、養子縁組の実践もそれを包括する社会も生みの親による子どもの養育を一義的に優先するため、養子縁組に対しては、承認すると同時に拒否するという両義的な態度が存在する（Kirk 一九六四：Wegar 二〇〇〇）。そのため、血縁によらない親子関係を築くことに「ハンディキャップ role handicap」があるという（Kirk 一九六四）。養親子関係を初めて相互行為論的に分析したカークは、このようなハンディキャップへ対処する親の方法として、親が自らの親役割を①実親と同じとみなす同化戦略と、②実親と違うとみなす異化戦略の二つに類型化した。

カークは同化戦略の具体例について、「実子扱いの証明書を発行する」「赤ちゃんから育てる」「告知のショックをできるだけ小さくしようとする」「実親イメージを操作する」ことをあげている。異化戦略については、親たちに共通する象徴的な行為はないと論じている。また、同化戦略と異化戦略は排他的な方法ではないこと、逸脱したグループの方が同化戦略に傾きやすいこと、異化戦略の方が適応に望ましいというわけではないこと、同化戦略をとると子どもをはじめとするほかのアクターと関係を築くのが難しくなり、異化戦略をとると問題は身近な人間とよりも他人との間に起こることなどを指摘している（Kirk 一九六四：五八 - 七四）。

現代日本の当事者を対象とした本書のインタヴュー調査からも、この指摘に類似した親たちの戦略と、親たちが置かれている社会状況が浮かび上がってきた。親たちの周囲に対する態度を、①開示する／開示しないという軸と、②

同化戦略／異化戦略という軸の二つから考察してみよう。

親たちの周囲に開示する／開示しないという行為には違いがあった。しかし、開示する／開示しないに関わらず、「特別視されたくない」（＝実親子と同じ）という意識は共通していた。特別視されたくないという意識は、特に子育てに特別な問題を抱えていない事例であるようだった。特に問題がなく、「普通」であるからだ。そして、普通であると語る背景には、本当にそう思っていることと同時に、周囲はそう思っていないだろうという認識があるようだった。

例えば、㉔夫妻の夫は、「ドラマになるくらいの特別な存在になる気もない。別にそういう特別視はされたくないですけど。養子縁組する思いはなんだと言われても気合いを入れて養子縁組登録するとか、里親登録するとか、育てるのもあんまり養子だから特別だとか、あんまりそういうのもそんなに。そう言われると特別な環境にいるみたいに言われるのか」と特別視されたくないという思いを語っていた。㉔夫妻は「自分たちは特別ではない」という思っているため、「別に隠そうとは思ってな」（㉔夫妻・妻）く、周囲に隠さないという行為に繋がっているようだった。

一方、「自分たちは特別ではない」という思いが「わざわざ言わない」という行為にも繋がっていた。「友達関係は問題ない。近所関係も問題ないね」と語る㉖さん（夫）さんは、両隣の家など、「肝心な人には話し」たが、それ以外には話していないと語った。

私の基本的な考え方からすれば、実の親子関係でこの子は「私の実の子なんです」っていう場面は少ないですよね？　だったら国から実の親子関係と認められてるんだから、「この子は私の子では、実の子でありません」「血の繋がった子ではありません」なんていう必要は本来ないはずですよね。（㉖夫妻・夫）

㉔夫妻と㉖夫妻は「普通だから」「特別視されたくない」という意識は同じでも、周囲に開示する／開示しないという行為には違いがあった。「普通だから」隠す必要がなく、開示する。一方で、「普通だから」わざわざいう必要が

なく（いうことが特別であることを意味してしまうため）、開示しないのである。

このように、㉔夫妻と㉖夫妻は、開示する／開示しないという行為に違いはあるが、同化戦略を取っていることは共通していた。しかし、同化戦略には限界もある。なぜなら、親たちは「普通である」と思うと同時に、「育てる上で何かあるかもしれない」（㉔夫妻・妻）という不安もあるからである。㉔夫妻（夫）は、「親戚関係、学校関係、地域関係で、問題も今のところな」いが、「これから真実関係とか、自分のルーツを知ってとかが起きた場合どうなるか」「もし養子であることがばれた場合というか、そういうのがあって、いじめられたりとかしたときに、そういうのがないかもしれないしあるかもしれないし」という不安について語り、「そういう場合の今のところは情報交換の場があんまりない。養子だから特別な存在に見られたくないけど、普通の子どもと違う何かあるから、そういう情報が欲しい時にないのが今の一番の問題だって話だけれども」（㉔夫妻・夫）と「普通の子どもと違う何か」についての情報や支援策がないことに不安を感じていた。

前述のカークの指摘をふまえると、㉔夫妻と㉖夫妻は、カークの定義する同化戦略と異化戦略の中間の戦略を取っていたようだ（子どもに告知し、周囲にも選択的に開示するが、子どもは実子と変わらない、普通だと考えている）。そして、その中間的な戦略によって周囲と大きな摩擦があったと語った親はいなかった。だが、摩擦が起きないことが、社会の養子縁組に対する理解が進んでいることを意味しているわけではない。開示することも、開示しないことも、実親子が標準とされている社会（実親子と同じことが正常＝普通であり、実親子と異なることは異常＝普通ではないという社会）でとられる戦略であることには変わりがない。そして、「実親子と異なること＝正常」という選択肢がない以上、実親子を標準とする社会規範を脅かさない。

また、親たちの周囲への告知からは、社会は養子縁組した親子を「曖昧な包摂」（水津・佐藤 二〇一五）のもとにおいている状況が浮かび上がってくる。

「普通の子どもと違う何か」についての情報や支援策がないことに不安を感じていた㉔夫妻の夫は、「珍しい存在だから何が起こるか」「養子という制度がもう少し知られてもいいのかな」（㉔夫妻の夫）と、あまり特別養子縁組が社会で知られていないことを不安の一因だと考えているようだった。

筆者の、「近所に経緯を説明するときはどういう感じで説明したんですか」という質問に対して、㉖さん（夫）は、「近所で両隣と前の方にはちゃんとお話してます」が、「中途半端にお話してしまうと誤解与えるんで、特別養子縁組を知らないからみんな」（㉖夫妻・夫）と語り、一方、㉔夫妻は、「児童相談所で登録してと、そういうのから言います。里親制度があることもみんなあんまり知らないから一応言って」（㉔夫妻・妻）、「里親制度は知っていても養育家庭と養子縁組があるっていうのは知らないから」（㉔夫妻・夫）と語り、社会で特別養子縁組や里親制度について、知られていない現状について語っていた。

養子縁組について、周囲に開示しなければ、養子縁組は存在さえ知られず、社会の理解は進まない。しかし、養子縁組について開示しても、周囲の人間はほとんど特別養子縁組について知らず、かつ親側も養子縁組した理由や子どもの背景について、あまり詳しくは言えない。「隠す必要性もない」と主張する㊵さんも、「自分から養子ですっていう必要はないけれども、聞かれてもあまり必要性のないことは伝えなくてもいいけれども」（㊵さん）と語っていた。そのため、養子を育てている親子のリアリティが伝わらず、社会の養子縁組に対する理解が進まない状況は変わらない。ゆえに、周囲との摩擦を経験しないことが、そのまま社会での包摂や社会からの承認ということを意味するわけではない。養子縁組家族は今のところ、社会で、「曖昧な包摂」（水津・佐藤 二〇一五）のもとに置かれているといえる。

この章での知見をまとめると、子どものケアを志向したり、子どもの「アイデンティティ」を重視しようと配慮すればするほど、心理学、精神医学、医学の専門家言説に埋め込まれている〈血縁〉が浮上するというメカニズムの存在である。また、親たちが周囲にとる戦略は、実親子が標準とされている社会でとられる戦略であり、今のところそれを大きく脅かすものではないことが明らかになった。

第八章　子世代の行為と意識①——親子関係と「アイデンティティ」の構築

前章までは、親へのインタヴュー調査を通じて、親子関係維持過程においていかにして〈血縁〉が浮上するのかを分析し、それらの分析を通じて、〈血縁〉と親子関係がどのように関連しているのかについて考察を行なった。本章では、今度は子どもへのインタヴュー調査を通じて、親子関係維持過程においていかにして〈血縁〉が浮上するのか、また〈血縁〉が親子関係や自己とどのように関連しているのかを明らかにする。

一　事例の概要と本章の分析視点

1　調査の概要

子どもが成長していく過程で、いかなる局面で〈血縁〉が浮上するのかを明らかにするため、実際に養子として育った一〇名にインタヴュー調査を行なった。

インタヴュー調査では主に、①属性（本人と養親の年齢、学歴など）、②現在の家族構成、③告知の時期と内容、④養親子関係、⑤ルーツ探しと実親子関係、[1]⑥養子であることの葛藤や違和感、の六項目について半構造化インタヴューを行なった。インタヴューでは、記憶が遡れる幼少期から現在に至るまでの親子関係を時系列的に語ってもらい、そのなかで上記六項目について適宜質問するようにした。

	属性	性別	年齢	養親と暮らし始めた年齢	養子縁組した年齢	告知の年齢	実親との再会
Aさん	普通養子	女	60歳代	5歳	5歳	結婚後	○
Bさん	特別養子	女	20歳代	幼い頃（本人知らず）	幼い頃（本人知らず）	幼い頃	×
Cさん	普通養子	女	30歳代	3歳	3歳	小学校4年	○
Dさん	普通養子	男	30歳代	1歳	1歳	幼稚園	×
Eさん	里子→普通養子	女	20歳代	幼い頃（本人知らず）	18歳	小学校3年	×
Fさん	普通養子	女	30歳代	0歳	0歳	23歳	×
Gさん	不明（本人知らず）	女	20歳代	生まれてすぐ（本人知らず）	生まれてすぐ（本人知らず）	小学校1年	×
Hさん	普通養子	女	20歳代	生まれてすぐ（本人知らず）	生まれてすぐ（本人知らず）	25歳	○
Iさん	里子→普通養子	男	10歳代	生まれてすぐ（本人知らず）	18歳	18歳	×
Jさん	実子入籍	女	50歳代	生まれてすぐ	生まれてすぐ	18歳	○

図表1　調査協力者の調査時の属性

2　事例の分布

本章の事例の概要は上の通りである（図表1）。本書の調査対象者は調査時点ですべて告知を受けている。学齢期までに告知がなされた事例が五事例（Bさん、Cさん、Dさん、Eさん、Gさん）、青年期以降になされた事例が五事例（Aさん、Fさん、Hさん、Iさん、Jさん）であった。また、あえて戸籍を見に行かない一事例（Eさん）を除いて全員戸籍を閲覧していた。

また、生みの親について、知りたい・会いたいと考えて対面した事例が三事例（Aさん、Cさん、Jさん）、特に心構えをせず生みの親に会った事例（戸籍を見たら親族が生みの親だった事例）が一事例（Hさん）、知りたくない・会いたくないという事例が一事例（Gさん）、関心はあるが（あったが）・会いたいと思う（思った）が今は知りたくない・会いたくないという事例が四事例（Bさん、Eさん、Fさん、Iさん）、生みの親には全く関心がないと答えた事例が一事例（Dさん）であった。

本章の事例は普通養子縁組の事例が八事例であるが、七章で行なった説明と同様に、普通養子縁組であっても、生みの親やその親族と接触のない場合は、生活上一組の親子関係（＝養親子関係）しか存在しないため、本章の扱う親子関係や「アイデンティティ」の構築に関しては特別養子縁組と普通養子縁組との間に特に違いは考えられなかった。子どもへのインタヴュー調査からは、法律上の関係より、告知の年齢や生みの親と再会する

／しないという違いの方が親子関係や「アイデンティティ」に影響を及ぼしていた。[2] なお、本章のインタヴュー対象者は、物心がつかない幼い頃に引き取られ、その後、（生みの親だと認識している）生みの親とは継続的に交流がない事例に統制している。

また、九章ではジェンダー差について分析を行なっているが、本章の分析においては、特にジェンダー差が見られなかったことも付言しておく。

3　分析の視点

先行研究のなかでは、子どもの「アイデンティティ」に影響を与える要因については、①養子縁組に対する知識と感覚、②生みの親に対する知識、態度、感覚、③養子縁組に対する養子家族内のコミュニケーション、④養子縁組に対する他者の反応などが挙げられている（Brodzinsky et al. 一九九八）。

日本においては、子どもたち自身の養子縁組についての考え方を把握する必要性が以前から指摘されているものの（桐野　一九九八）、現在まで子どもを対象にした学術的な調査・研究はほとんどなされていない。[3] また、子どもたち自身による社会に対するクレイム申立てや社会運動といったものもほとんど存在してこなかった。本章では、今まで光が当たらなかった子どもの視点を明らかにすること目的とし、またその作業を通して、子どもの葛藤や対処が子ども自身によってほとんど対外的に言語化されない状況に対しても考察を加える。[4] さらにこれらの分析を通じて、〈血縁〉と親子関係・自己について検討したい。

以下では子どもの経験を解釈するのに役立つ概念や枠組みについて各節で用いる枠組みごとに具体的に説明する。

（1）「アイデンティティ」と親子関係の分析的区別

本章二節では、親子関係と「アイデンティティ」がどのように接続しているのか／いないのかについて分析する。親子関係と「アイデンティティ」を分析的に区別する意味は、特別養子縁組の立法化の過程で、親との間に血縁がなくとも法律によって親子関係が形成できるが、子どもの「アイデンティティ」にとって生みの親との血縁は重要であるという認識枠組みが公的に登場したこと（四章）、しかし、それにもかかわらず、先行研究においては親子関係と「アイデンティティ」が適切に分節されないまま論じられているために、いくつかの重要な側面を見落としていると考えるからである（二章）。

子どもが意味世界の再構築のために生みの親についての情報を入手したり、対面したりしようとする時、子どもを取り巻く人間関係も子どもの選択肢に影響を与える。例えば、子どもが自己の「アイデンティティ」を構成する重要な情報を知りたいと思い、それを親から得る必要がある場合、伏せられていた情報をあえて尋ねることで親子関係が変化（悪化）する可能性もある（野辺 二〇〇九：二〇一〇）。そのため、子どもは自己の意味世界の再構築よりもその時点における人間関係の維持を優先させることがある（後述）。このように子どもの「アイデンティティ」の探求という課題は親との関係に影響する面があるため、子どもの「アイデンティティ」を論じる議論は親子関係を論じる議論と混在しやすい。例えば、日本における親や支援者向けのマニュアルをみると、告知は子どもの出自を知る権利の保障だけではなく、良好な親子関係の形成と関連づけて説明されている（厚生労働省雇用均等・児童家庭局家庭福祉課二〇〇三：一三五）（二章）。しかし、本書では親子関係と「アイデンティティ」を無自覚に混在させず、子どもの「アイデンティティ」構築に親子関係が関与する局面／しない局面を分析的に区別する。

（2）認知的不協和とパッシング

さらに本章二節では、「認知的不協和」という概念を用いる。認知的不協和の理論とは、知識と知識が矛盾するなど、不適合な認知が存在するとき、すなわち認知的不協和が存在するとき、人は不快を感じ、この認知的不協和を低減して協和を獲得しようとするという理論である（Festinger 一九五七＝一九六五）。ブロジンスキーらは子どもが経験する認知的不協和の例として、目の前にいる（養）親から他に親がいると言われること、他者から生みの親は自分を愛しているから手放したと言われるが、人は愛している人からは離れないと感じること、他者から選ばれた子と言われるが、同時に養子であることは実子であることよりよくないと言われることなどである(Brodzinsky et al 一九九二、一四五-一四六)。このような認知的不協和の低減のために、養子の「アイデンティティ」には常に「知りたい欲望desire to know」が付随するという(Leighton 二〇〇五)。

フェスティンガーによれば、認知的不協和が存在しているときに、人はそれを低減しようと試みるだけでなく、さらに認知的不協和を増大させると思われる状況や情報を、すすんで回避しようとする。不協和を低減する方法には、①自分の行動や感情を変える、②環境(現実)を変える、③新しい認知要素を付加する、という方法がある(Festinger 一九五七=一九六五:一八-二四)。しかし、フェスティンガーの理論は人が認知不協和を低減するときに拘束される周囲との人間関係を分析に含めていない。子どもが認知不協和を低減するために新たな認知を得ようとするとき、しばしば身近な他者(親・親族)や生みの親から情報を、あるいは友人や恋人などの他者から承認される必要があるが、その時に子どもを取り巻く人間関係が子どもの対処の選択肢に影響を与える。例えば、子どもは自己の認知的不協和の低減よりもその時点における人間関係の維持を優先させることがある。そのため認知的不協和の理論が示す認知的不協和の回避・低減以外の対処を考慮する必要がある。それがゴフマン(一九六三=一九八〇)が示したパッシングという戦略である。パッシングは露呈すればスティグマとされてしまう情報を隠そうとする試みである(Goffman 一九六三=一九八〇)。

本章では、二節において、具体的にどのように子どもは実子と異なることを意識化させられるのか、どのように養子であることを納得するのか、そのために誰から情報を得るのか、また、いつ誰にどのように養子であることを明らかにするのかなどの場面に着目し、子どもが告知後に周囲との関係のなかでどのような葛藤を抱え、どのように対処しているのかを明らかにする。

(3)認知的意味世界と規範的意味世界の分析的区別

本章三節の分析では「認知的意味世界」と「規範的意味世界」という概念を用いる。子どもが「私は何者なのか」

という問いに出会う時、換言すれば「自分が何者なのかわからない」という感覚を抱く時、そこでは自明なリアリティと「アイデンティティ」を保障してきた意味世界が崩壊したことを意味する（Berger 一九六七＝一九七九：三一－三二）。では、子どもはこの意味世界の崩壊に対してどのように対処するのだろうか。それを析出するために、本書では意味世界を分析的に二つのレヴェルに区別する。

七章でも述べたが、意味世界には、密接不可分ではあるが、分析的には区別すべき二つのレヴェルがある（藤原 二〇〇七：三〇二；井上 一九九七：三三二）。ものごとの「つじつまの合った」因果関係にかかわる認知的な意味世界と、善悪や望ましさにかかわる規範的な意味世界である（Berger 一九六七＝一九七九：藤原 二〇〇七：三〇二；井上 一九九七：三三二）。

従来のエリクソンのアイデンティティ論に依拠した養子研究（二章）では、この二つのレヴェルを分析的に区別してこなかったように思われる。社会生活の意味世界は認知的なものであると同時に規範的なものであるため、認知的な意味世界を再構築することは、規範的な意味世界も不可避に再構築し、そのことによって新たな葛藤が生起しうる（藤原 二〇〇七：三〇二）。例えば、生みの親が虐待したので生みの親から引き離されて施設に入った事実を子どもが知った場合、自己の生活史の空白の部分が埋められ、因果関係的には整合する意味世界が回復できるかもしれない。しかし、同時に、それによって、自分が「望ましい」とされる実親子関係から逸脱していることを発見し、新たな葛藤が生起することもありえる。ゆえに、子どもには規範的な意味世界の再構築によって生じうる葛藤を回避するために認知的な意味世界の再構築を犠牲にするという選択もありえる（藤原 二〇〇七：三〇三）。ここに、子ども自身の裁量の余地があると考えられる。

本章では、三節において、子どもが認知的な意味世界と規範的な意味世界をどのように把握し、そして管理するのか（意味世界を再構築するのか／しないのか）を分析する。その際には子どもがどのような語彙を用いてアイデンティティ管理をするのかにも注目する。この語彙に着目することで子どもを取り巻く社会を浮かび上がらせることができると考えられる。なぜなら、人はどのような語彙でも使用できるわけではなく、社会に流通している語彙しか使用できないからである。

二　分析①——親子関係の構築

では、子どもから見た親子関係の構築過程を見ていこう。子どもが「養子としての葛藤」に最初に直面すると予想される告知を受ける場面についての意識を、告知の時期（学齢期後か／学齢期以前か）ごとに分けて検討していく。

1　告知が青年期になされた事例

（1）突然の認知的不協和とその低減の困難

「親子だが血縁関係がない」という事実を明らかにする告知は、「親子間には血縁関係がある」という社会規範と齟齬することから子どもに認知的不協和を引き起こす可能性がある。父と口げんかをしている時に、「お前は本当は俺の子じゃない」と告げられたHさん、大学進学時に父母から「実はうちに養子にきてもらっているんだ」と告げられたIさんは、「何が何だかわからない」「今までの家族関係が本当に家族でいいのか」（Hさん）、「なんかまとまってないいんすよね。頭の中で」（Iさん）と、告知後によって生じた認知的不協和に対してストレスを感じていた。認知的不協和を低減し、認知的協和の状態へ移行するためには、「血縁関係がないが親子である」という事実を受容するための新たな認知が必要とされる。そのためには第一段階として生みの親がなぜ子どもを養子に出したのか、親がなぜ養子を引き取って育てたのかなど、養子縁組事情を明確にすることへの欲求が生じる。日本の養子の場合、普通養子であれ特別養子であれ、戸籍を通じて生みの親が誰であるかを知ることができる。しかし、生みの親が誰だかわかれば認知的不協和が低減されるとは限らない。戸籍からは生みの親の名前と本籍しか知ることができないからである。Hさんは告知を受けた後に戸籍を見て、親戚だと思っていたおじが生みの親であったことを知った。しかし、それによってHさんの認知的不協和が低減されたわけではない。実のキョウダイのなかで「[養子になったのが]なんで私なの」と新たな認知的不協和が発生したからである。このように戸籍を閲覧しても認知的不協和の低減を達成できない場合、子どもは養子縁組することになった経緯について知る者へ働きかけ、情報を得る必要があるが、そこで直面する葛藤は、①更なる認知的不協和への恐れと②人間関係の崩壊への恐れであり、そのために当面の対処としてパッシングが選択されていた。

(2) パッシングという対処

Hさんも I さんも、①親や生みの親に事情を聞いて事実をはっきりさせる、②事情を曖昧にしたままで何も聞かない、という二つの選択肢の間で揺れ動きながらも、当面は養子縁組のことには触れず、何事もなかったようにふるまうという選択をしていた。告知の時に「親が泣きそうな顔だったんで、すごい嫌だった」という I さんは、「その話について家で触れられないんですよね」「何て聞いて良いかもわからない」と語り、Hさんは「その後一歩が怖くて踏み出せないんですよね。もしかしたら聞いたら、なんてないことですむかもしれないものを。やっぱり、どう話していいかもわからないし」と養子縁組の理由について聞けず、自分が養子であることを知ったことを親族の誰が知っているのかわからない状況から、家族・親族関係が「ちょっとギクシャクした」と語っていた。

青年期に告知を受けた子どものうち、告知前に養子であることに気づいていた子どもの場合、親や親族が養子縁組について意図的に隠していると感じていたため、養子縁組事情について情報を求めることで「養父母との人間関係が変化するのが怖い」(Aさん)と親子関係の悪化に対する恐れを抱いていた。Aさんのように情報を求めることが親子関係の悪化につながると推測した場合、「聞きたいことがたくさんあるのに聞けない」(Aさん)状況に耐えなければならず、認知不協和低減のために情報を得ることがますます困難になっていた。

このように、青年期に告知を受けた子どもは突然認知的不協和の状態におかれることになる。現在まで養子縁組について隠されて築かれていた関係であれば、養子縁組について尋ねることは人間関係を悪化させる振舞いとして他者から歓迎されない可能性もある。そのため、情報を求めようとすると他者から問題化される可能性があり、情報が得られなければ自分で自分を抑圧するというジレンマの状態に置かれることになる（草柳 二〇〇〇：一六七－一六八）。この時に子どもが取りうる選択肢は、周囲との間で起こる可能性のある人間関係の変化のリスクを負って、認知的不協和の低減のために新たな認知（養子縁組事情）を獲得するか、パッシングを行ない認知的不協和の状態に耐えることで当面の人間関係を維持するかのどちらかである。人間関係の維持のためのパッシングという対処は認知不協和の低減を犠牲にする自己を抑圧する対処であり、隠していた身近な他者への不信感が増大するという皮肉な結果に帰結する可能性がある。そのため、いずれは認知的不協和の低減のため、新たな認知を得るという対処へ移行することが考えられる。認知的不協和に対する当面の対処としてパッシングを選択したAさん、Hさん、Iさんは後に親や生みの親から養子縁組事情について新たな情報を得ている。

親は子どもにも周囲（地域、学校など）にも子どもが養子であることを伝えない（伝えられない）傾向があることが従来から指摘されてきたが（厚生労働省雇用均等・児童家庭局家庭福祉課 二〇〇三：一二四）、このように子どもが青年期まで告知がされなかった場合に子どもが受ける精神的なショックと「アイデンティティ」の混乱が大きいため、告知の時期を巡っては「遅くとも小学校を卒業するまでに」（厚生労働省雇用均等・児童家庭局家庭福祉課 二〇〇三：一三四）行なうことが推奨されている。では、学齢期までに告知を受けた子どもの場合の葛藤とは何だろうか。

2　告知が学齢期になされた事例

（1）社会規範の内面化

学齢期までに告知を受けた子どもの場合、ある日突然認知的不協和を経験することはない。しかし、これは学齢期までに告知を受ければ子どもに認知的不協和が存在しないということを意味しない。子どもは成長するにつれて親子関係に血縁があることを自明視する社会規範を内面化していく。

はっきりとした年齢は覚えていないが幼いころに告知を受けたというBさんは、親子関係について「幼い頃から生みの親ではなく育ての親だという真実を聞かされていたので、それが私にとって普通なので、違和感とかないです。

まあ、そういう環境の下、生まれたのが自分なんだなーくらいですね」と答え、告知を受けた時の気持ちについて「最初、聞いた時は意味が理解できませんでした。深く考えられる年齢じゃないので、深く考えませんでした」と答えている。学齢期までに告知を受け、生みの親の記憶がない子どもにとって養親は所与の親であり自明の親でしかありえない。しかし、成長するにつれて「実親／養親」という社会の区分を学習し、その過程で子どもは自らの親子関係に両義的な視点をもつようになる。親子関係について「普通の親子関係」「違和感がない」と答えたBさんは「年令と共にわかる事も増えてきました。一時期は、悲しかったです。悲しかった時は、本当たくさんあります。ささいな事なんですけど、友達とかの家族見ても、はぁーうちは血繋がってないしなーとか何かむなしかったです」と述べているが、成長し、血縁を自明視する社会規範を内面化することで、子どもは自らの親子関係が「普通じゃない」と他者から思われる可能性を学習していく。このように子どもは社会からの影響によって「普通の親子関係」という認知と同時に「普通じゃない親子関係」という認知を持ち、認知的不協和という葛藤を抱えることになる。

(2) 社会規範への抵抗と戦略的使用

親子間の血縁関係を自明視する社会は子どもの「普通の親子関係」であるという認知に折に触れて揺さぶりをかける。では、子どもはこのような認知的不協和を引き起こす社会規範にどのように抵抗し、またこれを用いるのだろうか。

子どもは親子関係が悪化した時に、〈血縁〉を人間関係を解釈する資源として活用することがある。「一時期、養子だから厳しく育てられるんだって考えたことはありますよ。すごいうち、厳しくて、門限とかあったりとか、TVのみる時間も決まってたりとか」（Dさん）。「母親に怒られるたびに、もらわれてきた子だからこうなのかな？　とは思いました」（Gさん）。ここでは、「親なら子に優しく接するはずだ」という認知と「厳しく育てられている」という認知が不協和のため、「養子だから厳しく育てられる」という自己の認知を変更することで、認知的不協和の低減が企図されている。しかしこの対処は自らの親子関係を「普通じゃない親子関係」とする認知を強化するため、「普通の親子関係」と「普通じゃない親子関係」という別の認知的不協和を再び引き寄せてしまう。そのため、Dさんが「養子だから厳しく育てられるんだって考えたことはありますよ」という語りの後に「ただ、よくよく考えてみれば、昔の人ってみんなそうですよね。社会に出てみると、厳しい上司がいて、その子どもは厳しく育てられたみたいなんですよ」とすぐに付け加えて強調したように、「うちは厳しい家だから」という方向に自己の認知を変更することで「養子ということにこじつけたり」せずに親子関係を理解し、「普通の親子関係」という認知を維持している。

一方、血縁を自明視する社会規範を逆手に取り、親との関係における交渉の資源としてこれを使用する場合もある。中学時代に母と関係が悪化し、居場所がなかったと感じていたFさんは、児童相談所の職員に「ちょっとウソをついて、実母に会いたいって言っちゃった」という。「本当は実母に会いたいとも何とも思っていないんです。ただ、今の状況がいやだっただけ」で「〈実母に会いたいと言えば自分の要求が〉全部受け入れてもらえるかなっていう風に何となく思っ」たFさんは交渉に成功し、家族から離れて児童相談所の一時保護所に二週間ほど滞在したという。このように〈血縁〉は人間関係の交渉資源としても戦略的に使用されることもある。

以上、子どもから見た親子関係を分析してきた。子どもたちは自己の親子関係を特殊化する社会規範を内面化しつつも、それに抵抗し、また用いてもいる。子どもから強調される「普通の親子のつもりだし、普通なんです」「養子であることを深く考えたことはないし、お母さんはお母さんで」(Gさん)という語りは、養親が所与かつ自明の親であるというリアリティの表明であり、同時に自己を特殊化する社会規範に抵抗する語りなのである。

三　分析②――「アイデンティティ」の構築

今度は、子どもの生みの親に対する態度についてみていこう。調査対象者のうち、生みの親に対して全く関心がないというDさんを除いて、生みの親に対する何らかの関心が語られた。Eさんを除いた調査対象者は調査時点で戸籍を閲覧していたため、生みの親に対する関心としては戸籍などの紙媒体からの情報(戸籍には生みの親の名前と本籍しか書かれていない）や親などの他者から間接的に知らされることでは満たされなかった関心が回顧的に語られた。語られた内容から子どもの生みの親に対する関心を帰納的に分類すると、①生みの親の属性、②誕生・親子分離の経緯の大きな二つのカテゴリーにまとめられた。一人の子どもから複数の関心が語られることがあり、またこれらの関心は生みの親と対面した／しないに関わらず語られた。しかし、これらの関心にどのような態度をとるかは、生みの親と対面した子どもと対面していない子どもとでは異なっていた。以下では二つのグループの共通点と差異点を分析する。

1　共通点――生みの親に対する関心

（1）生みの親の属性についての関心

生みの親については、「知りたいことは、職業とか、いろいろですね」（Bさん）というように生みの親の属性に対する関心や、「やっぱり〔生みの親の〕顔とか気になったりとか、体格的な部分が気になったりとかっていうのはないっていったらウソになる」（Eさん）、「顔が似ているのかな、どんな性格の人かなというと父親も気になる」（Cさん）というように生みの親の身体的な特徴や性格についての関心などが語られた。

（2）誕生・親子分離の経緯についての関心

誕生・親子分離の経緯については、「生みの親は別にもう会いたいとは思わないですけど。〔自分が〕どこで生まれて〔生みの親が〕どうなったのかくらいは知りたいよなって思います」（Iさん）というように生みの親の消息についての関心や、「養父母に自分の話を聞いたのが三歳くらいからでしょう。その前の話はないでしょう。一般家庭だと写真をみながら、〔中略〕家族に聞いたところから思い出が出来ていく。いきなり自分の思い出が三歳から。自分が何をしてきたのかがすごくなぞで。足元が。三歳で生まれてきた気分でしたね」（Cさん）というように、記憶がない子どもの頃の状況についての関心などが語られた。また、幼少期から自分が養子であることに気づいているにもかかわらず、親による告知が成人後になされたAさんの場合、「なぜ自分は今ここにいるのだろう。誰の子で、どうしてここにいるのか。〔中略〕本当にここにいてよい、いるべき人間なのかどうかもわからない」（Aさん）と誕生・親子分離の経緯がわからないことから発生する強い苦しみが回顧的に語られた。

このように子どもからは、生みの親と対面した／しないに関わらず、生みの親の属性や誕生・親子分離の経緯について自分がもっていない情報に関する関心（あるいは苦しみ）が語られた。しかし、関心ある／なしと対面した／しないは必ずしも対応せず（関心ある人が対面し、関心がない人が対面しない、というわけではない）、対面した／しないを規定する要因として、①二つの規範、②人間関係という二つの要因を帰納的に抽出できた。以下ではこの二つの規定要因に対する二つのグループの態度を分析していく。

2 差異点――二つの規範への態度

調査対象者に「自分が何者なのかわからない」という感覚を引き起こす背景にある規範は、生みの親と対面した／しないに関わらず大きく二つのカテゴリーにまとめられた。ひとつは「遺伝子／ＤＮＡ」という語彙を用いて説明される規範であり、もうひとつは「望まれて生まれた」という語彙を用いて説明される規範である。対面した／しないグループごとにそれぞれの規範に対する態度を見ていこう。

（1）対面していないグループ

生みの親と対面していないグループでは、生みの親の情報を求めたり、生みの親との対面を企図したりすることによって、生みの親に関するネガティヴな情報（貧困や犯罪など）へ接触してしまう可能性への忌避感が語られた。生みの親の職業などへの関心を語ったＢさんは、戸籍の記載から養子縁組事情について「多分、何らかの事情があったんだと思います。住んでいる所が本当ならば、治安があまりよくない場所なので納得できなくもないのですが……決して裕福な家庭ではなかった様な気がします」と推測し、「昔は会いたくて、会うつもりでいましたが〔中略〕今は、会えたとしても、ショックの方が大きそうなので、そんな自分を育てられなかった親に会うより、今、自分にできることを精一杯、育て親に感謝とかして、自分の人生を歩んでいきたいですね。会わないほうが良い気がします」と語った。

生みの親に全く関心がないと語るDさんは、小学校の時に母子手帳を、それ以降に戸籍を見たが、「それを見ても何とも思わな」かったという。また、「自分は経済的にダメだったから養子に出されたっていう認識をしているんですよね。実際どうだったかはわからないけど」と生みの親についてあいまいな理解で納得していると語った。Dさんはほかの子どもが生みの親を探すことについて「逆に探してどうするの」とその行為について懐疑的であった。懐疑的である理由として、「なんでこんな人生なんだろうって言ったときに、自分が生まれた場所をわかったとして、環境ってかわらないと思う」「親が交通事故で死んじゃったとかいった場合に、整理がつくのかなって。自分が悪いのはお父さんが犯罪者だったからだって考えられるんですよね」と語った。

生みの親について関心があると語るBさんも関心がないと語るDさんも生みの親の属性や誕生・親子分離の経緯について事実関係を明確にすることによって、社会で望ましいとされている規範から逸脱することを意識しており、生みの親についてあいまいな理解を維持することで逸脱することをあらかじめ回避している。[5] 生みの親について関心がないというDさんの語りからは生みの親に関心がある／なしと、生みの親に関する規範を意識しているか／いないかは別の水準にあることがわかる（生みの親に関心がなくとも、規範は意識している）。

(2) 対面したグループ

生みの親と対面した子どもからは、「自分が何者なのかわからない」という感覚を説明する語彙として「遺伝子／DNA」という語彙と「望まれて生まれた」という語彙が使われた。

Jさんは自己の人生について非常に悩んでいた時期に「やっぱりもっと自分を知りたい」と思い、「自分が今こういう状況にいるのは私自身の力がないせいなのか」「環境のせいなのか」「〔今の自分の力は〕後天的に自分で獲得した能力だったのか。それとももともとDNAのなかにそういった思考回路が組み込まれていたのか」を確認するために、「自分の親兄弟がどうしていて、どう生きて」いるのかを非常に強く知りたくなったという。Jさんにとって、生みの親の生き方を知ることは、自分にとっての生まれと育ちの影響を見極め、自分の人生が自分の力で変えられる／変えられないのかを見極めるために必要な作業であった。

Cさんは生みの親のことを知りたいと思った理由として「自分がなぜこの世に存在したのか。なぜ生まれてきたのか。もっと細かくいうと、望まれて生まれてきたのか、仕方なく生まれてきたのか、自分はすごく気にしてましたね」と語った。Cさんは顔や性格が似ているのかという点については、父親も気になるが、「DNAよりも自分がなぜ生まれてきたのかを聞くなら、自分の産みの母親に聞きたかった。やっぱり女性が出産するじゃないですか」と語った。Cさんにとって、生みの親（Cさんの場合、産みの母）と対面する理由としては、「DNA」よりも「望まれて生まれてきたか否か」という問いへの関心の方が優先していた。

既述したように、生みの親についての関心は、大きく分けて①生みの親の属性、②誕生・親子分離の経緯の二つのカテゴリーに分類できるが、これらの情報の不在が「自分は何者なのか」という問い、言い換えれば「自分が何者なのかわからない」という感覚として認識される際には、因果関係が特定できないこと自体に苦しみを語る事例と、社会で望ましいとされている規範から逸脱している可能性に対する苦しみを語る事例がみられた（もちろんこれらが渾然一体となっている事例もある）。また、生みの親と対面したグループから語られた語彙からは「遺伝子／DNA」という語彙で表現される「自分の本質について知っているべき」という規範と、「望まれて生まれた」という語彙で表現される「人間は望まれて生まれてくるべき」という規範（二つとも社会では常識と思われている）が抽出できた。「遺伝子／DNA」という語彙は生みの親の属性への関心に、「望まれて生まれた」という語彙は誕生・親子分離の経緯への関心にほぼ対応している。二つの規範の両方あるいは片方と、自分がもっている生みの親についての諸情報を突合せた時に「自分は何者なのかわからない」という状態が起こる可能性がある。これに対する対応としては、生みの親について知ったり、会ったりするという対処と、生みの親について知らないでいる、会わないでいるという対処に違いがみられた。

3　共通点——人間関係への配慮

次に、生みの親と対面する／対面しないという意思決定に影響を及ぼす親子関係をみていこう。対面した／対面しないに関わらず、生みの親と対面することによって発生する可能性がある養／実親子関係の変化についての配慮、具体的には、①生みの親と対面しても親子としての人間関係が回復できない、②養親子関係に悪い影響がありえるという予測が語られた。

（1）養親子関係の配慮

養親子関係への配慮としては、生みの親との対面について、親には事前に話さない事例（Jさん）や、「養親への遠慮」という感情があり、同時に「養父母との人間関係が変化するのが怖」かったため、生みの親との対面について躊躇し、長い間葛藤を抱えたと語る事例もあれば（Aさん）、生みの親との対面を試みる際に、「自分がなぜ産まれてきたのか知りたい。どうしても産みの親に会って聞きたい」と（養）母に話し、了解を得たという事例もあった（Cさん）。

（2）実親子関係の配慮

生みの親と対面したJさんは生みの親を探せば「いろんな混乱が予想される」ため、生みの親に「会って大丈夫な人だったら子どもとして名乗ろうと。でもそうでなければこのまま帰ってくる」と考えていたという。

実親子関係、養親子関係の両方に配慮した語りもあった。Eさんは生みの親の顔や体格は気になるが戸籍でみることはできないため、「実際に会いに行った方がいいと思う」が、会うことについては「きちんとそれぞれの道を歩んでいるわけなんで、それを掘り返すことは別にしなくてもいいんじゃないかな」「ややこしくなっちゃうかもしれないし」と生みの親との人間関係へ配慮し、さらに生みの親に会うと「うちの今まで育ててくれた両親に何かしらに対してショックな思いをさせてしまうところがあると思うから」と親についての配慮を補足的に語っていた。また、Dさんのように、他の子どもが生みの親に会った時のエピソードとして、対面時に生みの親のことを「ただの近所のおばさんにしか思えなかった」「一緒に過ごした思い出がないから、親と思えないらしいですよ」と対面するメリットがないことを語る事例もあった。

このように、生みの親と会わない選択肢を規定する要因としては人間関係への配慮も見出された。しかし、対面したグループのうち、人間関係に配慮して対面をやめたと語った事例はなく、長い間、親に遠慮していたというAさんも後には生みの親と対面している。また、対面していないグループのうち、対面しない理由として人間関係の配慮を主たる理由として語ったEさんは高校時代、書類作成上の理由で産みの母に連絡を取ろうとした際に連絡が取れなかったという経験をもっていた。

「自分は何者なのか」「自分が何者なのかわからない」という問いや葛藤には二つの規範が大きく影響しており、それに対する対応はこの二つの規範に対する対応と人間関係が影響していた。

このように告知後の子どもの態度に多様性が存在するのは、告知を受けた後に子どもが、①「私は何者なのか」という「アイデンティティ」をめぐる問いに出会う／出会わない、②生みの親について更なる情報を求める／求めない、③生みの親との対面を企図する／企図しないことが自動的に継起したり、不可避に接続してしまうプロセスではなく、各局面において子どもに裁量の余地がある相対的に相互に独立している局面だからである。

生みの親に対しては生みの親と対面した／対面しないに関わらず、多様な関心が語られたが（Dさんのように語らない子どももちろんいる）、その後の対処に影響を与える要因としては、①二つの規範、②人間関係という要因が存在していた。生みの親について更なる情報を求める／求めない、生みの親と対面する／しないという意思決定については、人間関係（養親子関係、実親子関係）も影響を与えているが、「自分は何者なのか」という問い、「自分が何者なのかわからない」という葛藤が発生するには認知的な意味世界の崩壊だけではなく、規範的な意味世界の崩壊が発見された。

ここからわかることは、生みの親の属性や誕生・親子分離の経緯についての情報が欠落していること自体だけが苦しみのもとではなく、それに不可避に付随する規範的な意味世界も葛藤のもとであるということである。従来の養子縁組の研究はこの意味世界の二つの水準を分析的に区別してこなかったために、生みの親についての情報が欠落していること（「アイデンティティ」の一貫性、連続性が欠如すること）に関する苦しみのみを重視し、規範的な意味世界自体を批判してこなかったのではないだろうか。これは、告知をして、生みの親の個人情報や誕生・親子分離の経緯についての情報が得られれば子どもの「アイデンティティ」が安定するわけではないことを示唆する。規範的な意味世界のなかにいる限り、子どもの「アイデンティティ」は揺さぶりをかけられる可能性がある。

以上、生みの親と対面した子どもと対面していない子どもとに分けて子どもの生みの親に対する態度を分析してきた。次に生みの親と対面した子どもと対面していない子どもが生みの親をどのように認識しているのかを分析する。

四　分析③——生みの親を呼称する新たなカテゴリーの創出

今度は視点を変えて、子どもが生みの親をどのように認識しているのかをみてみよう。インタヴュー調査の結果、大部分の調査対象者が生みの親について「家族ではない」「親ではない」と答えた。しかし、生みの親と対面していない子どもが生みの親を「他人」と定義したのに対して、生みの親と対面した子どものなかには生みの親を家族でも親でも他人でもない「ＤＮＡのつながり」という新しく創出したカテゴリーを用いて自分たちの関係性を定義する事例もあった。

1　共通点——生みの親は「家族」「親」ではない

本書の調査対象者たちが生みの親を「家族」と定義しない理由としては対面した／対面していないに関わらず、同居が理由として語られた。「実親は、私にとって、家族とは思えないです。理由は、実生活を共にした記憶が乏しいからだと思います」（Aさん）、「〔生みの親は〕他人です。血の繋がりはあるものの会ったこともなく、ましてや一緒に生活していないので」（Fさん）、「〔生みの親とは〕生んでくれただけですよね」（Dさん）、「家族は必ずしも血のつながりによって認識するものとは言えず、配偶者や舅や姑、ペットでも家族でありうる。心理的に近く共同体として主観的に感じられる、二人称の関係。としたら……家族でいたかったが、そうでなかった。そのことに悲しみを感じているのだと思います」（Jさん）。

また、生みの親を親と定義しない理由は、対面した／しないにかかわらず、養育が理由として語られた。養親を親と定義している理由が生みの親には当てはまらないからである。「〔親の定義は〕子どもが自立するまでの世話役。そして対等に話せるようになったら相談役。〔生みの親は〕親という感覚はない。他人」（Fさん）、「実親は全く知らない人というか、別に他人ですね。普通に会いたくないです。今のお母さんとお父さんが本当のお母さんとお父さんだし、あえて会う必要がないです」（Gさん）。「生物学的な親であることは間違いない事実ですが……。『親』を知ることによって、自分が安定したことは間違いがないのですが、ただ、生んだだけで、親として社会的に果たすはずの機能は果たしていないので、『親ではない』」（Jさん）。Eさんだけは、生みの親のことを家族だとは思わないが、親だとは思うと述べた。それは外見や性格などEさんが生みの親から引き継いだものがあると考えているからである。しかし、Eさんも「今まで育ててきてくれたお父さんとお母さんがお父さんとお母さんだから」（Eさん）と生みの親と育ての親を差異化し、親の位置には育ての親のみを当てはめている。

2　差異点——生みの親は「他人」か「DNAレヴェルの仲間」か

このように、対面した／しないに関わらず、生みの親は「家族」「親」ではないという定義が語られたが、対面していないグループが（Eさんを除いて）「他人」というカテゴリーを使用したのに対して、対面したグループのなかには「DNA」という語彙を用いて新たなカテゴリーを創出していた事例もあった。以下では対面していたグループについて見ていく。

Cさんは生みの親について「感覚的に『家族』ではなく、『私を産んだ人』という感じです。家族ではない。理由は、生活をともにしていないので家族という言葉に当てはまりません」と語りつつも「やはり『他人』ではないです。でも『親』『家族』ではないです。あえて何かに例えるなら『DNAレヴェルの仲間』ですかね」「親という感覚と、DNAがつながっているという感覚は違うんですよ。うちのオカン〔養母〕なんかDNAつながってないもん」（Cさん）と、生みの親を「DNA」という言葉で再定義していた。

同様の事例はAさんにも見られた。Aさんは「実親とは、自分の命の源です。太古の昔から連綿と続いてきた命、DNAの直接の橋渡し役。自分が今ここに生きていることの証し。生きていることへの許し。こんな親だから、お前がそんな人間でも仕方がないんだよ。まあそういう限界だらけのなかでも、なんとか生きていっておくれ。この世に存在している資格はあるんだよ、自分たちがこの世に送り出したんだから、などと言ってくれているような存在」と語り、生みの親を「命の源」と定義していた。なお、「自分が今こういう状況にいるのは私自身の力がないせいなのか」「環境のせいなのか」「〔今の自分の力は〕後天的に自分で獲得した能力だったのか。それとももともとDNAのなかにそういった思考回路が組み込まれていたのか」を確認するために、「自分の親兄弟がどうしていて、どう生きているのかを非常に強く知りたくなったと語ったJさんは、生みの親を「自分を確かめるために、会いたかった指標です。母や兄弟と会うことが出来て、自分の存在を確かめることが出来ました」（Jさん）と語っていた。

関係性を表現する言葉としては「友人」「親戚」という選択肢もありえる。Aさん、Cさんはそれぞれ「DNA」の重要性として筆者に語ったエピソードがあり、Aさんは実母・実妹との外見の相似を、Cさんの場合は〔生みの親を探して対面する前に〕生みの親とは知らずに生みの親と対面していたという特異な経験を語った。そのような個別の経験が、生みの親との関係性を創出する際に特に「DNA」という語彙を選択させた背景にあると解釈できる。

また、親戚だと思っていたおじ・おばが生みの親だったというHさんは調査時には生みの親について明確な定義はしていなかった。「今は親戚っていう感じですかね」「いまさら親子関係に戻れるわけじゃないのかなとも思って、だったら親戚の関係のまま、おじさん、おばさんのままが一番いいのかなーってたまに思いますね」と語っていた。Hさんの場合は、「親戚」というカテゴリーが元から存在しているため、生みの親の定義についてあいまいな状況でも新たなカテゴリーを創出する必要性は低いと考えられる。

以上見てきたように、生みの親の定義に用いる指標としては、①同居、②養育、③対面経験が見出された[6]。養子は実親と養親との間で忠誠葛藤を抱えるということが指摘されることがあるが[7]（厚生労働省雇用均等・児童家庭局家庭福祉課 二〇〇三：一一〇）、生みの親と再会した子どもは「親」とは異なるカテゴリー（例えば、「DNAレヴェルの仲間」）を創出することで、忠誠葛藤を回避しているようだった[8]（なお、本書の調査では、「両方とも親である」と語った事例はなかった）。

対面していない子どもが生みの親を「他人」と定義する理由としては次のことが考えられる。本書の調査対象者のなかで、生みの親と対面していない子どもは、生みの親に関心がない事例、生みの親から拒否された経験がある事例、生みの親についてネガティヴな予測をもっているという事例があったが、そこには「もう他人だから関係ない」「関係がないから他人」というトートロジカルな解釈が存在していると考えられる。

五　分析④——他者への告知のマネジメント

最後に、子どもが家族外の他者とどのように相互行為を行なっているのかをみてみよう。

日本の養子縁組の議論においては、親の子どもに対する告知が最大のイッシューとして焦点化される傾向があるが、子どもの立場からみれば、家族成員外の他者に対する告知が葛藤として経験される場合がある。既述のように「普通の親子関係」という認知をもっている子どもにとっては、他者から「普通じゃない親子関係」だとラベリングされ、特殊化されることが違和感となる。Cさんは「今の○○家の子どもということは悩んだことがない。自分の家族関係のなかでは特に悩むことがない」が、「養子縁組をしたこととか、世の中、マイナスイメージっぽい感じなんですよね。みんながあーごめん、悪いことを聞いてっていう表情をするんですよね。自分は全然違うんですよね。よい父親と母親とじいちゃん、ばあちゃんがいて」と語っているが、このような自己認識と他者認識との間の齟齬は、子どもに他者に対する告知を抑制する圧力として作用することがある。例えば、Gさんは「友だち同士で血液型の話になるのがすごくイヤ」と語り、親子間における血縁関係の不在を他者に知られることを回避し、「養子であることを他人に話したことは一切」なく、「親も自分も隠していて、高校でも誰にも言」わなかった。

一方、Dさんのように、養子であることをオープンにしている子どもも存在する。Dさんは学齢期から家庭内だけでなく、地域・学校にも養子であることをオープンにしてきた家庭に育ち、小さい頃から現在に至るまで養子としてTVや雑誌などメディアの取材を受けてきた。「養子ということにまったく興味がない」というDさんは、「何のために取材するんだろうって思いますよね。いろんな人のためっていうのはわかるんですけど。そんなに特別な存在なのかなとか。こっちとしては全然何とも思っていないので」と他者から特殊化されることに違和感を持ち続けている。「〔養子としてメディアに出るのに〕匿名とか止めてもらった方が、〔中略〕偏見がなくなると思う」と考えているDさんは実名でメディアに出て「普通の親子関係」であることを社会にアピールすることで、養子であることを特殊化する社会に抵抗している。

このように学齢期までに養子であるという告知を受けた子どもにとって、養子であることは自明のことであり、養親子関係は「普通の親子関係」である。しかし、成長し、社会規範を内面化するにつれ、自らの親子関係が「普通じゃない親子関係」と他者から認識される可能性を学習していく（本章二節）。成長するにつれ起こる「普通の親子関係」と「普通じゃない親子関係」という認知的不協和に対して、子どもは「普通の親子関係」という認知を強く持ち、「普通じゃない親子関係」という認知を持たないことで、認知的不協和を回避している。親子関係における血縁の不在が意識化されるのは親子関係が悪化した時である。しかし、〈血縁〉を用いる「やっぱり養子だから」という自己認知の変更は「普通じゃない親子関係」という認知に回帰するため、「うちは厳しい家庭だから」という方向に自己認知の変更に転換することで「普通の親子関係」という認知を維持していた。子どもは血縁を自明視する社会規範に抵抗しながら、一方で交渉資源として用いる事例も見られたように（本章二五一頁二-2～2）、時には社会規範を逆手に取って用いながら、認知的不協和や親子関係に対処し「普通の親子関係」を維持している。一方、家族成員以外の他者との関係においては、自己を特殊化する他者のまなざしが違和感となる。他者のまなざしに対しては、他者への告知を回避するパッシングと「普通の親子関係」であることを他者に強調する対処がみられた。しかし、パッシングという対処は自己の特殊化を回避する一方、自己を特殊化する他者のまなざしに自体に変更を迫ることはない。

まとめれば、親との関係においては、〈血縁〉を相対化する実践が子どもによって行なわれていた。親が養子縁組事実について隠そうとする場合、養親子間に血縁がないこと自体を子どもが知らないため、子どもが〈血縁〉を相対化する機会を得ることは難しい。一方、親が養子縁組の事実を子どもに学齢期から明らかにしている場合、子どもは血縁に関する社会規範を内面化しながらも、それに抵抗し、親子関係の解釈に〈血縁〉を用いない対処を選択して親子関係を営んでいる。もちろん、親子関係の交渉に〈血縁〉が用いられれば社会規範は再生産されることになる。しかし、〈血縁〉を用いない子どもの対処は、社会規範の再生産に抵抗する実践となり得る。

だが、このような親子間の相互行為レヴェルでの実践は、社会レヴェルでは無効化される可能性もある。家族成員以外の他者に対してパッシングという対処が選択されれば、子どもの実践は社会に知られることがない。一方、家族成員以外の他者に対して、血縁の相対化が「普通の親子と同じ」「血縁のあるなしなんて親子関係に関係ない」という語りとなって流通する場合、その効果は両義的なものになる。子どもの語りが〈血縁〉の相対化として他者に解釈されるのと同時に、「われわれが対処すべき問題など何もない」と解釈されることで、社会規範の抑圧性の不可視化にもつながるからだ。個人レヴェルでは社会規範を無効化する語りが、社会レヴェルでは社会規範を再生産する語りともなりえる。このようにして社会規範が維持され続けているといえる[9]。

六　考察

本章では、子どもが成長過程のどのような場面で〈血縁〉を用いるのかを分析した。その結果、①親との関係においては、血縁の不在が関係の良し悪しの原因として解釈されることもあるが、いずれそれを相対化してマネジメントしていくこと、②「アイデンティティ」には、生みの親の属性と誕生・親子分離の理由が関わっていること、③生みの親を「家族」や「親」とは差異化して定義すること、④社会からの視線に対しては「普通である」という語りで抵抗していることなどが明らかになった。これらは子ども自身の声を聴くことで発見されたことである。

1　血縁の内面化／相対化／マネジメント

再度、二つの関係（育ての親との関係と生みの親との関係）ごとに、子どもがどのように対処しているのかを確認しよう。

（1）養親子関係

養親子関係においては、「普通なのか／普通じゃないのか」という混乱がみられた。それは血縁があるのが当たり前という社会規範を学習し、内面化しているからである。しかし、子どもたち（特に生みの親の記憶が全くない小さいころに養子縁組した子どもたち）にとっては、養親がまぎれもない親である。そのため、その社会規範を相対化し、使いこなしていく事例もみられた。例えば、Jさんは、長い間苦しんでいたが、今は〈血縁〉を解釈図式・解釈資源として自分の都合よく使いこなせるという。

なんか考えることっていっても私の場合すごい成長につながっているような気がするんですよ。乗り越えてしまえばね。人と違う状況にあるってことは考えるいい機会だもんね。わかったあとは悪い面を見れば「ああやっぱり血が繋がってないからね」と自分自身で思ったりだから冷静にみられて。いい面は「やっぱり親子だったわ」とか。調子よくなんでもうまくつかいながらやっていけるし。（Jさん）

しかし、Jさんがすぐに「そこにくるまで大変だったし」と付け加えたように、それは葛藤を経て到達した対処のひとつなのである。

（２）実親子関係

昨今の生殖補助医療をめぐる議論では、父や母が分割されることによって「多元的親子関係」（上杉 二〇〇二：二〇一二）が形成されるのではないかという解釈もあるが、本書の事例で検討した限り、ただ「遺伝的なつながり」があるという事実だけでは子どもは生みの親を親だと定義していなかった。親子関係と当事者が定義するには、同居や養育など、多様な要因が関わる可能性がある。また、非当事者であるわれわれは生みの親という存在を指し示す時に、それ以外の用語が浮かばないが、当事者のなかには自分のリアリティに合わせて「ＤＮＡレヴェルの仲間」というような新たなカテゴリーを創出する事例もあった。

また、生みの親と再会後は、生みの親との関係がギデンズのいう純粋な関係性に近くなる。つまり、生みの親と関係を続けたいと子どもが思う限り、交流を続け、子どもが生みの親と関係を続けたくないと思えば関係を切ることもできる[10]。また、そもそも再会を求めず、「他人」でいることもできるのである。

２　親子関係と「アイデンティティ」の関連

生みの親と育ての親の分離に注目が集まるにつれ、子どもの「アイデンティティ」の確立のため出自を知ることの重要さが主張されているが、当事者にとっては単に出自に関する情報が欠落しているという事実だけではなく、その事実を解釈する上での規範も「自分が何者なのかわからない」という状況を生み出していた。また、その規範に照らして求める情報は「遺伝的なつながり」としてまとめられるような事柄だけではなく、「望まれて生まれたのか／否か」という情報でもあった。

「養子が遺伝子のルーツを探し求める」ということは、「子どもを産みたい夫婦が自分のＤＮＡを共有する子どもほしさに辛い受胎治療に耐えるという事実」とコインの裏表にある（Nelkin & Lindee 一九九五＝一九九七：八四）という指摘がある。確かに子どもが生みの親について知ろうとすることの背景には、自分の「本質」を知りたいという欲求があるだろう。[11] しかし、本章で指摘したように、「望まれて生まれた」という親子と愛情を結びつける規範が子どもの「アイデンティティ」を強く規定している事実についても考えていく必要がある。[12] 特に、養子縁組が「望まない妊娠」をした女性を救う方法としてと報道される現在においては、「養子＝望まれない妊娠によって生まれた子ども」というイメージが形成される可能性があり、子どもは「望まれて生まれてくるべき」という規範との齟齬で、ますます葛藤を抱えるかもしれない。

3 「アイデンティティ」を通じた専門家言説の流入と新たな「病理化」？

子どもたちは親のように〈血縁〉と関わる心理学的な専門家言説を成長過程で自発的に学習するわけではない。しかし、近年では養子縁組についての報道が非常に増えており、そこではしばしば出自を知る権利に焦点が当てられる。また、メディアだけではなく、親や専門家から子どもに対して出自や生みの親についての考え方が伝えられることもある。そこで、子どもが、出自を知る権利やルーツ探しは「当たり前の欲求」という昨今の言説に触れると、心理学的な専門家言説と接触することになる。

ルーツ探しを「当たり前のこと」と自然化するルーツ探しの物語は生みの親を探したい子どもにとってエンパワーメントになるが、同時に血縁を重視する社会規範を再生産し、養子縁組に対するスティグマを補強するとも指摘されている（Wegar 一九九七：七六）。

ここで指摘されている「養子縁組に対するスティグマの補強」には二つの側面があると考えられる。ひとつは、子どもにとって、生みの親は重要であり、必要であるということを再確認させ、生みの親がわからない、生みの親に辿りつけない子どもをスティグマ化するという側面である。

もうひとつは、「アイデンティティ」の確立に必要とされる出自を知る権利やルーツ探しの言説が、ルーツや生みの親について関心がない子どもを逸脱視するという側面である。筆者の調査対象者のなかにも、今まで生みの親に関心がなかった子どもが、生みの親に関心のある他の養子・里子に囲まれて「俺、全然、実親に関心ないんだよね。異常なのかな」（Dさん）と語る事例もあった。自然化＝自明視されたルーツ探しの言説を通じて、子どもも心理学的な専門家言説に接触し、それによって新たに「病理化」されるのかもしれない。

国際養子縁組の研究をしている文化人類学者の出口顕は、養子縁組と児童福祉の専門家は、「自分は何人なのか」という「アイデンティティ」の悩みを感じたことのない国際養子の言い分に納得せず、「どの養子であれ、人生のある段階で必ず自分たちのルーツ（起源）を探し求めたくなるものだ」と述べたというエピソードを紹介し、周囲の人が「出生国にあこがれを感じない養子は自然ではない」と「異常視」するおそれがある（出口 二〇一五：七〇－八〇）と指摘する。

本章の分析や出口の指摘をふまえると、今後、われわれは当事者の多様性を前提として、出自を知る権利やルーツ探しの言説の両義性について、より多面的に検討していく必要があるだろう。

第九章　子世代の行為と意識②――〈血縁〉の世代間再生産

八章では子どもへのインタヴュー調査を通じて、養子縁組後にいかにして〈血縁〉が浮上するのか、また〈血縁〉が自己や親子関係の構築にどのように関連しているのかを明らかにしてきた。本章では、子ども自身が子どもという役割から親の役割へと移行する時に、親子観がどのように変化するのか／しないのかを分析する。

五章の親世代の分析では、さまざまな制約要因があるため、不妊に直面してからの当人の選好と最終的な選択（不妊治療、養子縁組、里親制度、子どものいない人生）との間に、必ずしも一対一の対応関係がないことを確認した。では、子世代ではどうであろうか。養子として経験した親子の経験は、自分が親へ役割移行する際に何らかの影響を及ぼすのだろうか。本章ではこの点を子どもへのインタヴュー調査を通じて分析する。

一　事例の概要と本章の分析視点

1　調査の概要

実際に養子として育った一〇名にインタヴュー調査を行なった。調査対象者は八章と同じ対象者である。

インタヴュー調査では、主に今後の家族の展望について半構造化インタヴューを行なった。インタヴューでは、「今度どのような家族をつくりたいか」「機会があれば養子を育てる意向があるか」などについて聴取した[1]。また、生殖家族を形成していた事例では、子どもをもってから自分の定位家族についての考え方が変わったか／変わらないか

	属性	性別	年齢	婚姻状態	実親との再会
Aさん	普通養子	女	60歳代	既婚／実子あり	○
Dさん	普通養子	男	30歳代	既婚／実子あり	×
Fさん	普通養子	女	30歳代	既婚／実子あり	×
Hさん	普通養子	女	20歳代	既婚／実子あり	○
Jさん	実子入籍	女	50歳代	既婚	○
Bさん	特別養子	女	20歳代	未婚	×
Cさん	普通養子	女	30歳代	未婚	○
Eさん	里子→普通養子	女	20歳代	未婚	×
Gさん	不明（本人知らず）	女	20歳代	未婚	×
Iさん	里子→普通養子	男	10歳代	未婚	×

図表1　調査協力者の調査時の属性（2007年8月～2009年8月）

についても聴取した。

2　事例の分布

本章の事例の概要は上の通りである（図表1）。

なお、本章での分析ではジェンダーが重要な変数になるので、名前の後に男性の場合はmを、女性の場合はfを付けて記述することにする。

本書の調査対象者一〇事例中、インタヴュー当時に未婚だった事例が五事例（Bfさん、Cfさん、Efさん、Gfさん、Imさん）、既婚だった事例が五事例（Afさん、Dmさん、Ffさん、Hfさん、Jfさん）、既婚の事例中、子どもがいた事例が四事例（Afさん、Dmさん、Ffさん、Hfさん）であった。この子どもはすべて夫婦間の実子であった。

3　分析の視点

人がいかにして親の役割を果たすかは、子どものころの経験や葛藤によって大いに決定されるという指摘がある（Chodorow 一九七八＝一九八一：四二）[2]。この指摘を検証するひとつの方法は、定位家族の親子関係と生殖家族の親子関係との対応関係を検証することである（渡辺 二〇〇〇：五三）。

日本の家族社会学においては、定位家族の親子関係と生殖家族の親子関係との関連を扱った実証研究はほとんど存在しないが（高田 二〇〇〇：八)、検証の対象になりそうな事例としては、両親の夫婦関係と子どもの配偶者選択との関係、親の離婚経験と子どもの離婚経験との関連、婚外出生の世代間再生産などが考えられる（渡辺 二〇〇〇：五三)。最近では、セクシュアル・マイノリティを親にもつ子どもを対象に、親の性的指向が子どもの性的指向にどのような影響を与えるかなどの研究が実際に行なわれている（有田 二〇〇六：二〇〇七)。

本書の事例である養子縁組の研究では、養子が自分の子どもを育てる時、生みの親がした「過ち」を自分はしないようにすること、特に養子が未婚で妊娠した場合には、子どもを養子には出さずに中絶やシングルマザーを選ぶことなどが指摘されている（Brodzinsky 一九九二：一三三―一三四)。また、養子が親になる時、古いイッシューを新しい文脈で再考する機会があることも指摘されている（Brodzinsky 一九九二)。具体的には、自分の子どもが生まれる時に、自分が知らない自分の遺伝的背景を初めて考えること、子どもの誕生によって初めて自分を愛し育ててくれた人（＝養親）と遺伝的なつながりがないという事実に直面すること、実子を産むことで養親との絆に疑問をもつようになることなどが指摘されており、特に女性の場合は結婚、妊娠、出産時に養子であることを再度意識すると指摘されている（Brodzinsky 一九九二：一三四―一三七)。

このような、定位家族の親子関係と生殖家族の親子関係との関連の検証という論点は、家族の多様化、価値の多様化を考える上での重要な論点でもある。非血縁親子のなかで育った子どもは、親子間の血縁を自明視する社会規範を再生産するのか／しないのか、それはなぜか。より射程の広い問いに換言するなら、「マイノリティ」の家族で育った人間はどのような価値観を再生産するのか／しないのか、それはなぜかという問いになるだろう。

本章では上記の論点をふまえ、子どもの定位家族での経験と生殖家族での展望との関連に着目して分析を行なう。

二　分析①——定位家族に関する経験の再解釈

まず、調査対象者がインタヴュー当時に養親子関係と実親子関係についてどのように振り返っているのかについて、

①生殖家族を形成した事例と、②生殖家族を形成していない事例ごとにみていこう。

生殖家族を形成していた事例では、生殖家族での親子関係が、定位家族での親子関係を再評価する契機となっていた。また、養親子関係だけではなく、実親子関係も再評価の対象となっていた。それらはポジティヴな再評価の場合もあれば、ネガティヴな再評価の場合もあった。また、さらに親となった立場からは親子の排他性の重要性が語られる事例もあった。

では、生殖家族を形成した事例と、生殖家族を形成していない事例ごとに、定位家族に関して語った内容を分析していこう。なお、〔 〕内は筆者が補った部分である。

1　生殖家族を形成した事例

生殖家族を形成している事例で定位家族（＝養親子関係）に対して改めて感じたと語られたことは、①親への感謝と、②親子は排他的であるべきだということであった。

例えば、Dmさんは、結婚した時に親に感謝するようになったと語った。

まあ、最近ですね、育ての親にも感謝できるようになったのは。結婚して、子どもを生んで。結婚したときかな。それまでは全然そんな感情もなかったし。一回、高校の時、宗教の雑誌の取材があって、「親に感謝しますか」って聞かれたんですよ。「なんで」って。「血のつながらない子どもをここまで育てたんだよ」って。全然そう思わないですよ。高校生の時、親にありがとうって言えます？　その人に「高校生の時、親にありがとうって言えましたか？」って聞いたら、その人は「言えました」って。いや、俺は言えない。うざい存在でしょって、今は一番。そんなこと言っていたから、記事になんなかったですね。（Dmさん）

そして、Dmさんに特徴的な語りは「親子は一組の方が良い」ということであった。Dmさんは近年新しい取り組みとして取り上げられることの多い開放的養子縁組、すなわち生みの親と交流を継続する養子縁組について以下のような否定的な意見を語っていた。

親もそうでしょうけど、子どもにとっても二つの選択肢ができちゃうと、そっちに行っちゃうんじゃないかなって。親としてはそっちに行って欲しくない。〔開放的養子縁組は〕良くないと思うんですよね。親が二人いるわけでしょ。子どもにとっては逃げ場所があるわけですよね。〔子どもが〕自分の立場を理解した上で、二つの選択肢があると、じゃあ、本当の親のところへ行こうってなっちゃうと。〔中略〕私は今の親のところしかなかったから、そこしか考えられなかったからあれですけど。選択肢が二つあったとしたら、高校時代に夜遊びに行けない家より、夜自由に出れる家に行っちゃうんじゃないかな、と。楽なほう楽なほうに。だからその話〔開放的養子縁組〕に関してはちょっとひっかかったんですよね。だって必要ないじゃないですか。育てられないから手放したわけで、って思っちゃったんですよね。〔中略〕じゃあ、あなたの家はどこなのって言ったときに、二つあったら、育ての親はショックだと思いますよ。実母に会ったとかという話と一緒で。まあ、〔開放的養子縁組が〕今は成功しているから何とも言えないんでしょうけど。〔Dmさん〕

Dmさんは「今から親子になろうという家族に対して、もう一つ違う存在が、血のつながっている存在があるんですよね。そこはちょっとおかしいんじゃないかなって」と語るが、それは「生みの親と育ての親が同等の立場にいたら」、「子どもの立場でも」「親の立場でも」生みの親の方が強くなると判断しているからである。つまり親が二組いると、子どもは何かあれば生みの親のところに行き、育ての親はショックを受けたり不安になったりすると予想されるため、親は育ての親の一組にすべきだと考えている。

考えてみると、結婚式の時に親が二人並ぶんですよ。ははは（笑）。どっちの親を呼ぶのー（笑）。できれば、いろんな事情があって手放したお父さんとお母さんは忘れることはできなくても、いったん切ってもらって、新しい人生を歩んだ方が。いつ返せって言われるかわからないですからね。経済的な理由であれば、余裕ができて、育てられるとか。これは昔、親戚同士でやりくりしてたときと同じなのかもしれないですけどね。〔中略〕面白くないと思いますよ。成人してからも実親のところに遊びに行ってて。複雑だと思うけどなー。〔中略〕〔開放的養子縁組〕が本当にその子どもにとっていいことなのか。（Dmさん）

ちなみにDmさんは生みの親については関心がなく、生みの親との接触・交流がなく育った事例である。Dmさんは自分の子ども時代のことを思い出しつつ、結婚し、子どもをもって親となった現在、親子は二組ではなく、一組であった方が良いと語る。それは現在のDmさんの子どもとの関係に対するリアリティであると同時に、自分を排他的な親子関係のなかで育てた親を肯定する効果をもつ語りでもある。

一方、自分で子どもを産んだ後に、実親子関係に対する意識の変化を語った事例もあった。親戚だと思っていたおじ・おばが実父母であることがわかったHfさんは子どもを産んだあとは、産んだ子どもを養子に出した生みの親に対してネガティヴに感じるようになったと語っている。

子どもが生まれる、私の子どもが生まれる前まではやっぱ、〔おば・おじが〕母親なんだ父親なんだっていうふうにちょっと考えたりはしたんですけど、子どもが生まれて最近思ったのは、やっぱり育ての親が親なのかなって。今までそういう養子養女に出したっていうことも全然話もなかったんで。だから今までどおり、おじさん、おばさんていう関係でいいのかなって。（Hfさん）

女性であるHfさんは、「自分に子どもが生まれると、親子関係をみる目が変わったりしますか?」という筆者の質問に、「そう……そうですかね……難しいですけど。はい」と答え、現在、Hfさんは自分が産んだ子どもを育てている現状から、自分が産んだ子どもを育てなかった生みの親について「何で、生んだ子どもを養子に出すのかな」と語り、「やっぱり親は〔生みの親ではなく〕育ての親なのかなって」と再解釈している。

DmさんとHfさんの事例のように、自分の子どもをもって親になると、養親子関係および実親子関係に対して、経験の再解釈が行なわれるようであった。

2 生殖家族を形成していない事例

既婚で子どもがいない事例や未婚で、かつ親が介護の必要な年代になっている事例では、親の親族から、親の世話をするようにという圧力が集中することもある。世話の圧力が集中する背景には、養子には一人子が多いという事情も考えられるが、[3] そこで〈血縁〉に関する語りが聞かれた。

Jfさんは、「血がつながらないって知ったとき」に、「親がわざわざ」「私をもらって育ててくれたっていうこと」について、「私を育てていただいたって思いがすごく強くて。この人がいなければ私はこの世に出てなかったかもしれないくらい」「そうするとやっぱりまずは子どもとして〔中略〕親の面倒は見なきゃいけない」と、「血縁関係がないのに自分を育ててくれた」恩から、親の介護についてプレッシャーを感じていた。

一方、Cfさんは、養母やその親族から「なぜ育ててもらったのに親の面倒を見ないのか」というプレッシャーを受けている（ちなみに養父はすでに亡くなっている）。

Cfさんは、小学校四年生の時に一度告知を受けたが、その後、そのことについて忘れており、一九歳の時、改めて養母から告知を受けた。しかし、親子関係が「大きく変わることのなく、母親と関係は良」く、「自分のなかで自分を見失う、アイデンティティを見失うことはあったが、だから自分の母親として見れなくなるという感覚はなかった」。それは、「物心ついたときから○○家の子どもだった」からであり、「血縁とか関係ないし、○○家の子どもだと思っていた」からである。しかし、親元から離れて、長期のリゾートバイトをしていた離島から帰って来た時に、母親や母方の親族から苦言を呈されたという。

離島から帰った来た時に、〔養母が〕「ちょっと名前を旧姓〔生みの親の姓〕に戻したら？」と言ったときに、ああ、そんな考え方があったんだ、と。（Cfさん）

親族の人はみんな養子だって知っている。○○〔リゾート地の離島〕にくるときはもともと長期予定ではなかったので、〔親族から〕反対もなく。ただ、長期化してきたときに、母方〔の親族〕があまり良く思ってなく。「せっかく育ててもらったのに、どうして親の面倒を見ないのか」って。（Cfさん）

Cfさん自身は「のほほんと育ってきて血縁について意識しておらず」、「血縁がないのに育ててもらった」というような意識はなかったため、母親や母方の親族の言葉に「ああ、そんな考え方があったんだ」と驚いたと語っていた。このように、生殖家族を形成していない事例では、定位家族について、血縁の不在と介護問題とが「育ててもらった恩を親が老後になったら返す」という形で接続していた。この語りが理解可能となるのは、背後に、「本来、その子どもを育てる義務のない人がわざわざ育てた」「その恩を返さなければならない」という感覚があるからである。

三　分析②——生殖家族に関する展望

本書の調査対象者のなかには、養子を育てている事例はなかった。養子が生殖家族で実子をもつことについては複数の理由が考えられる。例えば、①実子を持とうとしていた親の願望を代行して、実子をもつこと（＝子どもを生むこと）を特に望んだ、②親と仲が悪かったり、養子であることについて悩んだりしたため、自分は必ず実子を持ちたいと思った、③特別な理由や意識もなく、自然に実子を授かった、という理由である。本書の調査対象者は子どもをもつことについてどのように語ったであろうか。

定位家族に対する評価	養子を育てる意向	生殖家族あり	生殖家族なし
肯定的	あり		Cf、Ef、Gf
	なし	Dm、Hf	
否定的	あり		
	なし	Af、Ff	

図表2　養親子関係と養子を育てる意向のクロス表
※（不明：欠損データ）3事例（Bf さん、Im さん、Jf さん）

前述した①の理由に関しては、親が「子どもは産んどき」「孫が見たい」と言っていると語った調査対象者はいたが（Cfさん、Efさん）、親の願望を叶えるために実子をどうしても持ちたいと語った対象者は本調査のなかにはいなかった。②の理由に関しては、養親子関係が辛いものだったので、自分は実子がどうしても欲しかったと語った調査対象者が一事例あった（Afさん）。ただし、現在実子がいる四事例の調査対象者中、他の三事例（Dmさん、Ffさん、Hfさん）からは実子をもったことに対する特別な理由は語られなかった。

以下では、子どもの主観的な養親子関係の良し悪しと生殖家族を形成する時の親子観がどの程度対応しているかに焦点を当てて分析を行なう。ちなみに、親の離婚を経験した子どものうち、離婚をネガティヴにとらえている子どもは、「自分は将来絶対に離婚はしない」と語ることがあるが（梶井 二〇〇六）、養子の場合はどうであろうか。

定位家族での親子関係と生殖家族での親子関係を①定位家族（養親子関係）を肯定的に評価／否定的に評価、②養子を育てる意向の有無で四つの類型を構成して、さらに、③生殖家族あり／なしごとに一〇事例を分類してみた（図表2）。なお、養親子関係の評価はインタヴュー当時の評価であり、養子を育てる意向は「もし実子がもてなかったら、養子を育てる意向はあるか」という質問に対する回答である。

では、これらの回答に関する語りを、生殖家族を形成していた事例と生殖家族を形成していない事例ごとに確認していこう。

1　子どもを育てている事例

（1）養親子関係を否定的に評価、養子を育てる意向なし

Afさんは、告知がされないことで混乱し、親子関係と「アイデンティティ」に非常に葛

藤と苦痛を抱えて育ったという事例である。

Afさんは、五歳という年齢で、何の説明もなく、育ての親の家に置いていかれ、そのままそこで育てられた。子どものいない育ての親と、貧しく子だくさんの生みの親との間で、縁組が成立したらしいが、本人にはそれが知らされていなかった。置いていかれた際に、「もともとこの家〔育ての親の家〕の子どもで、〔生みの親の家に〕預けてあった」「育ての親が生みの親である」と、嘘の説明をされ、何が真実で何が嘘なのか混乱したまま育ったという。そのため、Afさんは「赤ちゃん返りといった可愛いものではなく」、「地獄の苦しみのような退行現象を経験した」。育ての母は、Afさんに「もらいっ子」ではないと念を押し、誰が生みの親で、どうして新しい家にきたのかについて、追求しないでほしいという雰囲気だったという。Afさんは、養子縁組について隠そうとする雰囲気のなかで、「なぜ自分は今ここにいるのだろう。誰の子で、どうしてここにいるのか」「本当にここにいてよい、いるべき人間なのかどうかもわからない」と「足元が不安定」な感覚と激しい苦しみを経験した。

Afさんが戸籍を見たのは、結婚後、子どもが生まれて、しばらくたってからである〔結婚の際にも養母が戸籍をとりに行き、Afさんにはみせないようにした〕。その時、「たぶん生みの親だと思っていた人」の名前が戸籍に書いてあったため、「これこそが真実」であるとすっきりしたという。

誰が生みの親なのか、なぜ育ての親の家で育つことになったのかわからず、混乱と激しい苦しみを経験して育ったAfさんは、「疑問の余地のない関係である血縁のある子がほしかった」と語っていた。現在、自分が産んだ子どもを育て上げたAfさんは、「血縁のある親子でないとうまく行かないと思っているわけではない」という。ただ、Afさんの子どもは、Afさんが遠慮して養母には言えなかったようなことを言ってくるため、この点について良かったと感じていると語った。

Afさんは自分の経験から、「親がいる子どもをなぜ養子にしたのか」「さしせまった事情のない子どもを安易にやりとりしないでほしい」と考えている。また、「血縁のなかで生きることは逃げ場がないという辛さもあるが、生命のつながりの中での自分の存在に肯定感をもって生きていける」と強調していた。

（2）養親子関係を否定的に評価、養子を育てる意向なし

Ffさんの事例は養親子関係に葛藤があった事例である。Ffさんは、就職の内定をもらい、会社へ提出するために取った戸籍謄本を見て、自分が養子であることを知った。そして、「今までどうして〔養母が〕私に対して〔私がする事に対して〕興味や心配をしなかったのかが分かり、親子関係を割り切る事が出来た」という。そして、「素っ気ない割り切った親子関係をする私の態度に養母が実は……と告知しだした」。

親を「親と思わない様にしよう、と決めた日から親に対する希望も何も持たなくな」ったと語るFfさんにとって、親の定義とは、「子どもが自立するまでの世話役。そして対等に話せる様になったら相談役」である。

Ffさんは、今後、どのような家族を作りたいかについて、「ふつ〜ぅの家族。今の時代、普通で居ることが難しいと思うから」と答えた。「普通の家族」の内容は、「親が仕事をし収入を得て、子どもが義務教育を終えるまで学校に行かせ、母親もしくは父親が家事をする。子どもは親に最小限必要な連絡・報告をする」というものであった。また、養子を育てたいという意向はあるかという質問に対して、「特になし」と答えた。親子関係の葛藤の原因を養子縁組に求めているFfさんにとっては、葛藤があった養親子関係をわざわざ再生産する意思がないのは当然ともいえる。

（3）養親子関係を肯定的に評価、養子を育てる意向なし

次のDmさんの事例は子どもの立場から養親子関係を「普通の親子関係」「特別ではない」と語りながらも、自分が子どもをもったら、「やっぱり養子は育てられないと思った」と語った事例である。

Dmさんは、どういう家庭をつくりたいかという質問に対して、「まあ、明るく楽しく過ごせればいいと思いますね」と答え、養子を育てたいと考えたことはあるかという質問に対しては、子どもができる前は人からそのような質問をされたら「育てたい」と答えたが、今は違うと答えた。

最近、子どもができて、その、おしめとか換えますよね。手におしっことかうんちとか付いちゃった時に、もし、

養子を引き取ったとして、おしっことかうんちを汚いと思わないで換えたりできるかなーっていうことは考えましたね。自分の子どもだから汚くないっていうのはあると思うんですよ。だからそれを他人の子を育てるってことで、口では汚いって言葉には出さないと思うんですよ。もう大人だから。本当に本心から汚くないって思えるかなって疑問。最近そう感じますね。養子を育てる、里子を育てる人はすごいのかなって思いますよ。結婚して子どもができる前に〔養子を〕育てたいですかって言われて、いや育てたいですね、大丈夫ですねって言っていた自分が恥ずかしいですね。本当にできるかって言ったら、やっぱできないと思いますよ。その状況によっても違うんでしょうけどね。本当に欲しくて生まれなくて、引き取ってって。それはかわいくてしょうがないんでしょうけど。でもそういうことを言っていた自分が非常に恥ずかしいですよ。（Dmさん）

Dmさんの場合は、「子どもの立場で話をすれば、別に養子だろうがなんだろうが関係ないんじゃないの、という感じは今でもあります。だから、親が違うだろうが、戸籍に何て書かれようが、それは関係ない。ただ、実際、自分が親の立場になったときに、そういうことが人間としてできるかなって。養子とかじゃなくて、人間としてできるかなってところですよね」と付け加えて語っていたように、子どもの立場からすれば、血縁の有無は親子関係と関連がないという立場を取っている。しかし、親の立場からすれば、血縁の有無は親子関係に影響すると語り、子どもをもった今では「他人の子どもは育てられない」と語っている[4]。

（4）養親子関係を肯定的に評価、養子を育てる意向なし

次に取り上げるHfさんも（成人になってから突然養子であることを知るまでは）養親子関係に特に問題を感じていなかった事例である。そして、Dmさんと同様に「養子は考えない」と語っているが、その語りにはジェンダーが関わっているようであった。

Hfさんは、筆者が「私がインタヴューした人は〔中略〕男の人で、何年か前に結婚して、子どもが出来て、〔中略〕

やっぱり生んだ子じゃないと育てられないって言っていました」とDmさんの話をしたところ、「そうですね。私もそう思いますね」と答えた。

――〔筆者、以下同〕例えば、Hfさんが、すごく変な仮定ですけど、もし子どもができなかったとしたら、養子とか育てたいなって考えますか?
Hf：パートナーにもよりますよね。パートナーが本当に子どもが欲しいっていうふうにいうんだったら、もしかしたら、そういうこともありうるかも。でも、自分自身では、自分で生んで。そういう子どもは、養子は特に考えないと思いますね。
――自分が生んだ子じゃない子と親子の人と、自分が生んだ子と親子の人、やっぱり迷いますよね。〔Hfさんは〕二四年間、〔親子関係に〕何の問題もなかったわけだし。でも、〔自分の子どもを〕生んでみると生んだ方がいいなって感覚とかあるんですか?
Hf：ありますね。その理由が気になって親に聞いたんで、その、何で、その生んだ子どもを養子に出すのかなっていう正直な気持ちはありますね。

Hfさんは結婚・出産後に、養子縁組について再考している。自分で出産した子どもを育てているHfさんは育ての親の立場よりも、子どもを養子に出す生みの親の立場に同一化して養子縁組を再考している。養子縁組について再考する際に、育ての親の立場に同一化して考えるか、生みの親の立場に同一化して考えるかについてはジェンダー差があるのかもしれない。

以上、生殖家族を形成している事例で養子を育てることについてどのように語るのかをみてきた。ここで確認したいことは、本書の対象者中、生殖家族を形成している事例においては、養親子関係をネガティヴに経験している/ポジティヴに経験しているに関わらず、養子を育てたいという意向を語ったものはいないということである。

では、次に生殖家族を形成していない事例で養子を育てることについてどのように語るのかを見てみよう。

2　子どもを育てていない事例

（1）養親子関係を肯定的に評価、養子を育てる意向あり

Cfさんの事例は養親子関係をポジティヴに経験している事例である。そのため、親子関係にとって血縁は重要ではないと判断している。ゆえに、「養子は考えない」という結論には至らない。しかし、無条件で「養子や里子を考えてみたい」というのではなく、子どもを産む年齢やパートナーの賛成という留保がついている。

Cfさんは、「家族／親子にとって血のつながりは大事か」という質問に対して、「私はそんなに大事だと思っていません」「自分を育ててくれた家庭と自分とが〝血のつながり〟がないので、〝血のつながり〟について重要性を感じません。どちらかと言えば、〝血のつながり〟よりもその家庭の歴史、直接的つながりが大切だと感じています」という家族観を語った。

――今後、自分ではどのような家族を作りたいと思っていますか？　それはなぜですか？

Cf：自分を育ててくれた家庭が理想です。理由は、養親が愛情をもって自分を育ててくれたので。ただ、自分の元来の性格上、結婚願望はありません。

――養子を育てたいという意向はありますか？

Cf：縁があればですがあります。実子を授かるには年齢がギリギリになっている事と、血縁についてこだわりがないため。あまり結婚願望もないので。理想は自分の養父母ですね。すごい尊敬しあって、仲が良くて。だから、自分もそういう夫婦関係だとか家族関係をつくりたいと思いますね。ただ結婚願望がないので。

――結婚願望はないけど、子どもは欲しいという気持はありますか？

Cf：生まなくてももらえば、と思っている部分もありますね。圧倒的に言われますよ。子どもは生んどきって。やはり母親も「子どもを生まないの？」って、自分は子ども生んでないのに。養子縁組をするのか、里子をするのか、季節里親になるのかわからないですけど、自分も年齢的に限界があるので、そのときパートナーがいて、理解が得られれば、養子や里子も考えてみたいなと思います。

Cfさんは、血縁によらない親子関係をポジティヴに経験しており、その価値観を自分が作る生殖家族へも引き継いでいる（ただし、パートナーの同意や年齢という条件を付けている）。

（2）養親子関係を肯定的に評価、養子を育てる意向あり

次のEfさんの事例も養子を育てる意向がある事例である。早く孫を見たいと思っている親に、「早く子どもを見せてあげたいというのも、それが一番の親孝行だと思っていた」というEfさんは、実子と里子の二人を育てたいと語った。

――自分の血のつながりのある子どもが絶対欲しいとかそういうことはありますか？　あと里子を育てたいとかそういう感じもありますか？

Ef：実はあるんですよ。というのは、その男の子〔養親の家庭に委託されている里子〕を自分の子どもにしようと何度も考えて、親には「だめだ」と怒られたんですけど。私一年ぐらいずっと面倒を見ていたんですけど、この子を自分の子にしたいって思っていたんですね。〔中略〕もしよかったらって思うんですけど、里親を受け継いで、自分の子どもも産めたらいいかなって。ただ、それに対する子どもの気持ちもあるんで、軽はずみなことばっかりはできないから。いろんなことを考えた上で。子どもを産めない身体ではたぶんないと思うので。

――子どもを見て、自分の子どもとして育てたいというのはどんな感覚なんですか？

Ef：この子をずっと見ていきたいという感覚なんです。この子が大人になって幸せになっていくまで、私はこの子と関わっていきたいっていう。

Efさんの事例は、インタヴュー当時、親が里親として、委託された里子を養育している状況であった。親の手伝いをしているEfさんは委託されている里子について「ずっと見ていきたい。この子が大人になって幸せになるまで関わっていきたい」と感じ、養子縁組したいと考えたという。ただし、Efさんの場合は、自分の子どもを産むことも希望しており、自分が産んだ子どもと養子縁組した里子を一緒に育てたいと考えている。CfさんとEfさんの語りからは、養子を育てる意向があっても、そこには条件（自分が産んだ子どもに加えて／あるいは自分が子どもを産めない状態なら）があることがみてとれる。

（3）養親子関係を肯定的に評価、養子を育てる意向あり

一方、CfさんやEfさんよりも年齢が若いGfさんやImさんからは、条件を付けずに、養親子関係から引き出した親子観を反映させた語りが聞かれた。Gfさんは母親と仲が良く、「今の家族にすごく満足」している状態である。理想の家族が「今の家族」であり、「今の家族」には血縁関係がないため[5]、養子や里子も考えるという回答にダイレクトにつながっている。

――将来どんな家庭を作りたいですか？

Gf：友達みたいな家族です。今みたいな。深く考えたことはないですけど。今の家族にすごく満足なので。

――もし、結婚して子どもが出来なかったら、養子や里子を育てることは考えますか？

Gf：考えると思います。あると思います。イイと思う。血のつながりは関係ないと思っているので。血がつながっていても、子どもを捨てたり、虐待する人もいるので、愛情を注げば親子になれると思います。血のつながり

にはこだわらなくてもいいと思います。

他の対象者は、親子に必ずしも血のつながりは必要ないと考えていても、自分が養子を育てると考えた場合、「〔年齢などによって〕自分で産むのが難しければ」「パートナーが同意すれば」など、条件が付いたが、インタヴュー当時、一〇代で大学生だったGfさんは、そのような条件をつけなかった。

養子を育てることに対する意見は、養子縁組に対するその時点での評価、ライフコース、またジェンダーなどが関わっていると考えられる。

四　考察

本章では、定位家族での経験／生殖家族の展望／現在の状況の対応関係を見てきた。その結果、①未婚の事例では定位家族での経験と生殖家族の展望がほぼ対応するが、②実際に子どもを育てている事例では養親子関係をポジティヴに経験していても自分は養子を育てる意向はない（＝ネガティヴに再生産する）ことがわかった。③また、養子縁組という選択について考える際には、自分の選好以外の条件、例えばパートナーの意向などを考慮すべきこととして語る事例があることがわかった。④さらには、不妊という状況でなければ（＝実子が持てるのであれば）実子をもつのが「自然」であり、養子を育てるという選択肢はそもそも意識しないことのようであった。[6]

1　〈血縁〉の再生産のメカニズム

ポジティヴに養親子関係を経験していたとしても、養子をしたいと思うことは少ないようだ。特にすでに生殖家族がある事例ではその傾向がみられた。そして、そこでは、ジェンダー[7]よりも、パートナーのある／なし、子どものある／なしという要因の方が意識を強く規定しているようである。

例えば、ジェンダーと生殖家族に対する意見の関連をみると、男性二事例中、ネガティヴ一事例、不明一事例であり、女性八事例中、ポジティヴ三事例、ネガティヴ四事例、不明一事例であった。もっとも、男性の事例数が少ないため、確実なことをいうには事例数を増やして再分析をする必要がある。

一方、パートナーの有無と養子を育てる意向との関連をみると、パートナーがいる五事例中、ポジティヴ○事例、ネガティヴ五事例であり、パートナーがいない五事例中、ポジティヴ三事例、不明二事例であった。また、子どもの有無と生殖家族との関連をみると、実際に親になった四事例中、ポジティヴ○事例、ネガティヴ四事例、子どもがいない六事例中、ポジティヴ三事例、ネガティヴ一事例、不明二事例であった。

養子縁組をする／しないということと、育った定位家族が非血縁親子であったか否かにあまり関連がみられないことは、親世代に対する調査からも推測される。

六章の不妊当事者でのインタヴューでは、インタヴュー対象者中、自分が継子だと語った事例が二事例あった[8]。そのうち一事例は不妊治療で出産し、もう一事例は養親となっていた。以下、二事例とも父が継父であった事例である。

◆不妊治療を継続して実子を産んだ事例

もともと私は、親が再婚しているので、親子は血縁だけじゃないと思って、養子も選択肢に入っていたんです。でも、結局不妊治療までしているということは実子にこだわっているんだなって、なんかそういう矛盾もすごく思いましたね。

◆養子縁組を選択した事例

うちはやっぱり母が〔養子縁組に〕一通り反対しましたね。ヒステリックに電話してきてました。すごかった、泣き怒りして電話してきたかと思ったら、次は猫なで声だし。〔母が再婚した〕父と私は養子縁組してるんですよ。母が「血の繋がってない子なんてね、育てられるわけがないね、愛せるわけがない」とか言ってたら、〔継〕父は「俺は育てたし愛したぞ」って言って終わっちゃったみたいな。

親世代への調査（六章）からも子世代への調査（本章）からも、養子縁組に関しては、定位家族での経験と生殖家族での行動が相関していないと推測される。シングルマザーなどは世代間の連鎖があるといわれているが、養子縁組はそうではないようだ。

2　役割移行による意識の転換

また、親になる・実子をもつと親（養親・実親）および養子縁組に対する評価が変わることが、本書のインタヴュー調査からわかった。育ての親には血縁がなくても育ててくれたという肯定的評価が、生みの親には血縁があるのに育ててくれなかったという否定的評価がなされる傾向があった。さらにそこにはジェンダー差があるようだった。男性の場合は、育ての親に同一化することで、血縁がなくても育ててくれたという肯定的評価をし、女性の場合は、生みの親に同一化することで、血縁があるのに育ててくれなかったという否定的評価をするようであった。これらから示唆されることは、ジェンダーは、生殖を通じて、意識に影響を及ぼすこと（生殖を経なければ、意識に及ぼす影響は小さい）である。この点に関しても、事例数が少ないため、確実なことをいうには事例数を増やして確認する必要があるだろう。

第十章　考察――養子縁組における「子どものため」／親子関係／〈血縁〉の関連

本書は、現代日本の〈子どものための養子縁組〉という特定の領域を事例に、〈血縁〉と「子どものため」の関係を制度と当事者を対象に検討してきた。事例を検討するために、（A）〈血縁〉はどの制度のなかで扱われるのか、（B）〈血縁〉は他のどの知・言説と結びつくのか、（C）〈血縁〉は関係性や自己の構築にどのように関わるのかという枠組みを構築した。具体的なリサーチクエスチョンとしては、（α）制度はどのように非血縁親子を構築するのか、（β）非血縁親子の当事者はどのように親子関係や自己を構築するのか、という問いを検討してきた。特に当事者については、インタヴュー調査から得られたデータをもとに、いかにして当事者が〈血縁〉を用いて、自己や親子関係の構築に活用するのか／しないのかについて分析してきた。

本章では、四〜九章の実証分析を総合的に考察することで、上記の問いに一定の回答を提示する。特に二章で批判的に検討した先行研究（制度の研究および当事者の研究）に対応させつつ、回答を記述していきたい。

ここで、二章で批判的に検討した先行研究について論点を再度確認すると、養子縁組や不妊治療の政策決定や支援の場面では「日本（人）は血縁にこだわる／こだわらない」という主張が利害関係者はもとより研究者からもしばしばなされるが、その根拠はあいまいであること、行為と意識を等値する解釈図式では、当事者の意識がブラックボックスに入ってしまうこと、実親子関係も分析対象にしなければ養子縁組という事象を正確に分析できないこと、「子どものため」という言説と〈血縁〉の関係が明らかにされていないこと、当事者（養親子）の行為と意識の多様性が明らかになっていないこと、などであった。

まず、（α）制度はどのように非血縁親子を構築するのかというリサーチクエスチョンから特別養子縁組の形成過程と運用過程ごとに考察する。立法や運用の場面において〈血縁〉がどのような意味で、どう使われるのかを追いかけていきたい。

一　法律における〈血縁〉と親子関係

養子縁組に限らず、ある制度について「文化」「伝統」で説明しようとする議論がある。養子縁組については日本人の血縁意識が養子縁組のあり方（制度・実態）に反映しているという議論があった（二章）。しかし、法律の立法やその内容から何らかの価値の発生や変動を考察する際には、立法のタイミングや経路依存性を考慮せずに考察することは適切ではない。本書の分析から、上記のような仮説（日本人の血縁意識が法制度に反映している）に知見を提供するとすれば、普通養子縁組との差異化という立法上の制約条件が[1]、特別養子縁組の具体的内容を議論する大きな前提となったことを指摘できる。このような歴史的な経路依存性を抜きに日本の状況を単純に日本文化論や日本特殊論に還元することはできない。

一九八七年に立法された特別養子縁組は子どもの養育を目的とした制度であり、実親子の法律関係を断絶したことから、法学者から「血縁の要素を払拭した養育の要素の純化」（石川　一九八七：七九）、「血縁重視主義の流れのなかに親子についての新しい考え方を導入した」（有地　一九九三：二二〇）と評価されている。ここで論点となるのは「子どものため」という理念がいかにして「血縁の要素」を払拭したのかという点であろう。また、「血縁の要素」といった際に、そこで語られる血縁がいかなるものなのかについては分析の対象となってこなかった。そこで四章では養子縁組制度の形成過程を分析し、いかにして制度の枠組みが形成されていったのか、そこに〈血縁〉はどう用いられているのかについて検討してきた。

以下では、法律が非血縁親子を構築する際に、起こった帰結として、①既存の家族観・親子観の維持と新しい類型の創出、②「実子」の意味の読み替え、③親子関係と「アイデンティティ」の分離と血縁の人格化の三点を挙げ、それぞれについて説明していく。

1　既存の家族観・親子観の維持と新しい類型の創出

特別養子縁組の立法の議論が始まった際には、従来の普通養子縁組のように法律上の親子関係が二組併存した状態であると、養育・相続・扶養に関してトラブルが発生する可能性があること、また子どもが養子という状態（親が二組いる、戸籍に養子と書いてある、離縁できる）であると子どもが不安になり、子どもの成長にデメリットがあることなどを前提として法制審議会での議論が行なわれていた。普通養子縁組と異なる制度を作るという制約のなかで、排他的な一組の親子関係を形成し、その親子関係が解消できないことで、親子関係が安定すること、また、子どもを実子と同様に扱うことで子どもが安心することなどが特別養子縁組を新設するメリットであるとアピールされてきた。

従来の養子とは異なり、より実子に近い親子関係の形成をめざす特別養子縁組の形成過程で、完全に実子（扱い）でもなく、完全に（普通養子のような）養子でもない、第三の類型（＝特別養子）が創出された。特別養子縁組の立法の歴史を遡れば、一九七〇年代は「実子特例法」という呼称があった。これはその名の通り、現在の特別養子を実子の特例として強調する呼称であった。しかし、一九八〇年代の議論では、戸籍制度の「正確さ」を維持したい法務省によって、現在の特別養子は実子ではなく、あくまでも養子であることが再度強調されたのである。ここには、夫婦の間に生まれた子どもではない子どもをどう扱うか、換言すれば、血縁の有無をどう解釈し、位置づけるかという「平等か差異か」というジレンマ（荻野 二〇〇二：上野 二〇〇二）があった。

そもそも普通養子縁組にせよ、特別養子縁組にせよ、相続・扶養に関しては実子と差別されず、法的な権利義務関係は実子と平等である。そして、特別養子縁組は一組の排他的で解消できない親子関係が形成されるため、実親子と同様の親子関係が形成される。実子と特別養子を分ける要素は血縁の有無だけである。一方、特別養子は実子に完全に同化するわけでもなく、特別養子であることが分かる文言（「民法八一七条の二による裁判確定」）が戸籍に書かれており、実子とは差異化されている。このような意味で、特別養子は実子との平等も差異も確保されている事例であるといえる。

しかし、このような平等と差異を両立させる新しい類型が創出される一方で、既存の家族観・親子観も維持されている。第三の類型を作る際に特筆するべきことは、公的な場において実親子の法律関係の切断が議論された時、「実親子を容易に離すべきでない」「子どもは実親（実質は実母）が育てるべき」という規範が再浮上し、再確認されたという点である。実親子の法律関係の維持よりも優先する例外的な原則が「子どものため」という原則である。しかし、「実親（実母）が子どもを育てるべき」という前提は、実親の養育から外れて特別養子となる子どもを、特別に保護を必要とする子ども（「父母による養子となる者の監護が著しく困難又は不適当である」）としてスティグマ化する効果もあった。

さらに、「子どものため」という基準が曖昧であるため、家庭裁判所では「子どものため」の指標として、現実には、嫡出／非嫡出という指標を使用しているようだ。非嫡出子ならば、実親に育てられるよりも養親に育てられる方が子どもの利益になるという論理がそこにはある。養子縁組を「子どものため」にするプロセスで、非嫡出であることが要保護要件の指標になってしまった面がある。つまり、養子縁組にある基準（「子どものため」）を導入することで、別のスティグマ（非嫡出の場合は、「父母による養子となる者の監護が著しく困難又は不適当である」とみなされる）が顕在化したのである。

ここでの議論をまとめると、平等と差異を同時に達成する第三の類型を作り、法律上は複数の子どもの類型（実子、特別養子、養子）が併存していても、既存の規範が変わらない状態であれば、類型間の序列化が起こり、第三の類型もスティグマ化されるということである。

次に、「平等か差異か」というジレンマ（荻野 二〇〇二；上野 二〇〇二）のもう一つの側面について考察しよう。

2 「実子」の意味の読み替え——差異か平等か

立法の議論の過程で、特別養子をどこまで実子に近づけるかという議論があったが、この過程で実子／養子の境界の揺らぎ、「実子」の意味の読み替えが起こった。

一九五〇年代の実子入籍の議論において、養子を戸籍上「実子」として扱おうと主張する際には、周囲に対して血縁関係のある親子に見せたいという理由だけではなく、子ども自身に血縁関係があると思わせたいという理由も存在していた。「子どもが小さいうちは実親だと思っていた」ほうが、「親子関係が上手くいく」という考えがあったからである。ここでいう実子とは血縁関係のある子どもを意味している。

しかし、一九七〇年代の特別養子縁組の議論においては、養子を戸籍上「実子」として扱おうと主張する際には、周囲に対して血縁関係のある親子に見せたいという理由は存在していたものの、この時期には子ども自身に血縁関係があると思わせた方が良いという主張は出てくることがなく、戸籍には養子と書けばよいという議論も出てきた。そのため、特別養子縁組の特徴の一つである養子を「実子」として戸籍に記載することの是非が論点となった。戸籍の記載に対する反対論は、養子を「実子」として戸籍に記載することは、血縁に対するこだわりであり、養子に対して差別的であると主張した。一方、賛成論は「実子」の意味を読み替え、「実子」とは、「血縁のある親子と同様の感情的つながり」を表象するものであり、国家がそのような養親子を「真実の親子」と認めることに他ならないため、養子と記載する方がむしろ血縁にこだわっていると主張した。

ここで確認すると、賛成論も反対論も養親子の関係を正当化する根拠として用いているものは「感情的なつながり」である。しかし、「実子」という戸籍上の表記をめぐっては対立があった。マイノリティを法律に基づいてマジョリティと同じ処遇をしても、逆に異なった処遇をしても困難に陥ることを「差異のジレンマ」と呼ぶが（上野 二〇〇二）、戸籍の表記をめぐっても、養子を「実子」と表記しようとすれば「血縁にこだわっている」という批判が、反対に養子を養子だと表記しようとすればそれも血縁の有無によって子どもを差異化し、子どもを別の類型に振り分けることになるため、「血縁にこだわっている」という批判がなされた。結局、どちらの表記を選択しても「差異のジレンマ」に陥ることになる。しかし、法務省は「実子」とは血縁の有無によるカテゴリーではなく、単なる法律上のカテゴリーなのだと説明し、カテゴリーの通念上の意味内容をずらすことで、この「差異のジレンマ」から脱し、特別養子の戸籍の表記を実子と同様に扱うことができたのである。

3　親子関係と「アイデンティティ」の分離と血縁の人格化

立法の過程で起こったことの三点目をあげると、特別養子縁組の立法過程で、普通養子縁組では法律上の問題にならなかった子どもの「アイデンティティ」という論点が主題化したことである。この論点は後に出自を知る権利という用語としてほぼ定着し、現在、第三者が関わる生殖補助医療でも論点となっている点である（南 二〇一〇、才村編 二〇〇八）。

四章で確認したように、「子どものため」のさまざまな条件が議論され、調整される中で、「親子関係は血縁がなくても法律によって作れる」が、「子どものアイデンティティ確立のために出自は必要」という認識枠組みが形成され、戸籍を通じて子どもの実親を特定できる（実親の本籍と氏名がわかる）仕組みが新たに考案された。これによって、子どもの「アイデンティティ」と出自が切断できないものとして認識される効果があった。この認識枠組みは現在も批判的に検証されないまま流通している。もっとも、戸籍を通じて実親の特定が可能なこのような枠組みが構築できたのは日本の戸籍制度という条件も大きい。戸籍制度の「正確さ」を維持したいという法務省のスタンスと「子どものアイデンティティにとって出自は必要」という専門家言説が偶然にも上手く合致したことによって、この時期に立法の場面で主題化した子どもの「アイデンティティ」を支える制度が構築できたと考えられる。

特別養子縁組では、「子どものため」という理念が「血縁の要素」を払拭したと法学者に評価されていることは既に述べたが、「子どものため」という理念によって、「血縁の要素」が払拭されたというよりは、親子関係と子どもの「アイデンティティ」が分離し、〈血縁〉は親子関係から分離したが、「アイデンティティ」と接続し、血縁が人格に欠かせないものとして規範化されたという方が正確であろう。この枠組みは支援にも当事者の実践にも影響を与えている。

二　運用における〈血縁〉と親子関係

次に、(α)制度はどのように非血縁親子を構築するのかという点について運用の場面を検討してみよう。以下では、特別養子制縁組の運用の場面で起こった帰結として、①批判的検証なき専門家言説の流入と流通、②規範化するオルタナティヴ、③差異化と正当化の循環の三点を挙げ、それぞれについて説明していく。

1　批判的検証なき専門家言説の流入と流通

養子縁組が「子どものため」の制度となったことは、児童に関する専門家、特に児童福祉の専門家が参入する契機になった[2]。非血縁の親子関係の形成には告知などの特有の課題があると認識されたことに加えて、養子縁組の対象となる子どもが要保護児童であるため、「一般」の児童と比較してより特別なケアが必要とされると認識されたことも児童に関する専門家が参入し、子どものケアに関する専門家言説を普及させる土台となった。

ちなみに、法制審議会の議論で「児童心理の専門家によると……」という文言が法務省民事局の官僚から発せられていたが(四章)、特別養子縁組に関する法制審議会は法律家の委員で構成され、児童関係の専門家はいなかったようだ[3]。また、再度確認すると、日本においては養子の心理に関するバックデータは立法の場でも運用の場でもほとんど存在していない。つまり国内でのエビデンスがほぼ存在しないまま、児童福祉の専門家の意見や海外の支援実践が輸入・紹介され、批判的に検証されることもなく国内で流通している状況なのである[4]。

専門家言説の背景にある理念としては「子どもの人権」「子どもの心理」という理念が主張されることが多い。「子どもの人権」は子どもの出自を知る権利について主張される際によく引用され、養子縁組における出自を知る権利の根拠としては子どもの権利条約が取り上げられることが多いが、子どもの権利条約自体を時代背景に即して問い直す研究もほとんどなく、それを相対化するような議論もなされないまま、出自を知る権利は「子どもの人権」であるという認識が自明視されつつあるようだ。また、「子どもの心理」も子どもに対する働きかけの根拠とされることが多いが、そもそも養子の心理について経験的に研究している心理学者や精神医学者の論文は日本では管見の限りほとんど存在しない。このように、エビデンスがなく、議論の根拠となっている事柄を理論的にも経験的にも批判的に検証せずに、児童に関する専門家言説が流入・流通し、それに沿って支援が組み立てられている点が日本の養親子に対する支援の特徴の一つだろう。

2 規範化するオルタナティヴ

では、このような専門家言説はどんな支援を提供しているのだろうか。「子どもの人権」「子どもの心理」に焦点を当てて支援実践のマニュアルを確認してみよう。具体的には養親や福祉関係者を対象としたマニュアル『子どもを健やかに養育するために――里親として子どもと生活をするあなたへ』（厚生労働省雇用均等・児童家庭局家庭福祉課 二〇〇三）と『真実告知事例集――うちあける』（家庭養護促進協会〔一九九一〕二〇〇四）を取り上げ、子どもとどのような意味を共同構築することが養親やソーシャルワーカーに指示されているのかを確認してみたい。

告知については、出自を知る権利は「子どもの人権」であるという専門家言説が普及しつつあり、マニュアルでは養親が子どもに養子であることを「どんな状況でいつごろから話すか」[5]「どんなことをどのように話すのか」という点が解説されている。そこでは「事実をしっかり伝えていくには、子どもが安心でき、愛情をもって育てられ、自分を必要とされているという思いが持てるような状況のもとでなされる必要があります。里親と子どもの関係を肯定的なものとして受け止められるように、里親自らが子どもに話し始めなければなりません」（厚生労働省雇用均等・児童家庭局家庭福祉課 二〇〇三：一三四）と子どもが養親に愛されて育てられているという意味を、養親と子どもが共同構築することが指示されている。

実親に関して子どもが、「なぜ、育てられなかったのか」ということを知ろうとする場合には、年齢や子どもの理解力を考慮しながら、子どもにあまり負担にならないように話して、養親から生まれた子どもではないこと、しかし養親と子どもは親子であること、実親は養育困難であったことを子どもに理解させることが求められている（厚生労働省雇用均等・児童家庭局家庭福祉課 二〇〇三：一三五）。その過程で、子どもは養親に愛されて育てられているという（いた）という意味の構築が企図されている。それは次の文章に鮮明に表われている。

例えば、二月の寒い木枯らしの吹いている夜に、生まれたばかりの乳児が、バスタオル一枚にくるまれて棄てられていたとしましょう。その子どもを引き取り、一生懸命育てた養親には、例え「事実」であったとしても、「あなたは、冬の寒空にバスタオル一枚にくるまれて棄てられていたのを、私達が引き取ってやったのだ」とは子どもには伝えられないものです。（中略）育て親は、「たしかに、あなたは棄てられていたけれど、あなたの親はあなたに晴れ着を着せて、一刻も早くあなたが保護され、無事に育てられることを望んでおられたようよ」と子どもに伝えるのです（家庭養護促進協会［一九九二〕二〇〇四：五九-六〇）

このように養親には保持している実親の情報のうち子どもに開示できる情報から、自分と子どもとは親子であること、実親は養育困難であったことという事実を子どもに理解させ、同時に子どもが養親に愛されて育てられていることのみならず、実親に愛されたことを子どもに理解させることが期待されている。養親やソーシャルワーカーが実親の愛情にこだわるのは、「捨てられた」「どうせ自分は……」という子どもの自己ラベリングによる自己肯定感の低下とそこから生起しうる子どもの反抗的な行動や非行などの問題行動を恐れるからである。だが、このようなオルタナティヴな実践が当事者にとってはむしろ規範として抑圧的に作用している面もあることは、本書の分析中で見たとおりである。

3　差異化と正当化の循環

運用の過程で起こったことの三点目をあげると、隣接領域との差異化と正当化の循環とも呼ぶべき現象である。非血縁親子には養子縁組だけではなく、第三者の関わる生殖補助医療や、里親制度もある。これらの隣接領域と比較すると、「子どものため」という原則の実現の仕方（運用の場面で、利他的な動機を求めるか否か、公的機関の介入／支援があるか否か）、親子関係と血縁のどの部分を一致させるか（育ての親との関係が戸籍上の実親子になるか否か、生みの親（ドナー）との法律関係があるか否か）などにはバリエーションがあることがわかる（五章）。これらのバリエーションが生じる理由には二点考えられる。理由のひとつは、制度設計や運用にかかわる利害関係者が異なる点があげられる。生殖補助医療の場合は医療者が、里親制度の場合は児童養護施設などの関与が大きい。特別養子縁組の法制審議会の委員は法学者であったが、他の制度には制度設計を議論する場に他の業界の利害関係者が入っており、また、運用の場面で担当する専門家も異なる。

もうひとつの理由は、選択肢が多様化・複数化すると、他の選択肢との比較の上で、自らを差異化し、その正当化をアピールしようとするからである。正当化する際には、比較可能な他の対象との関係で、そのメリットが主張される。例えば、第三者の関わる生殖補助医療は養子縁組に対して「養子と比較すると少なくとも夫婦片方と血がつながっているから良い」と主張し、里親制度は養子縁組に対して「養子と比較すると、子どもを私物化しないからより良い」と主張している。

このような差異化は、それぞれの制度において〈血縁〉と他の知・イデオロギーを恣意的に接続して行なわれる。その制度が「子どものため」であることを正当化するために、医学、精神医学、心理学などの専門家言説が引用されるのである。とはいえ、隣接領域間で専門家言説の相互浸透も進んでいる。特別養子縁組の立法で論点の一つとなった子どもの「アイデンティティ」は今では第三者が関わる生殖補助医療での出自を知る権利の議論に流用されている。また、里親制度でよく引用されるホスピタリズム論は養子縁組の議論にも流用され、「なるべく施設を経由せずに新生児を養子として引きとる方が良い」という主張を生み出している。このように、隣接領域間で専門家言説が相互浸透しながら、お互いを差異化し、その正当化を図っているのである。

このように差異化と正当化が同時に行なわれるプロセスで、[6]「子どものため」という言説が強調される。社会学者の山田昌弘は、「『子どものためによいこと』であるという言説が受け入れられさえすれば、何をやっても、言ってもいいのだ」（山田 一九九九a：五〇）と指摘しているが、この「子どものため」に包摂される専門家言説のうち、どのような専門家言説が優位になるかは時代や文脈や領域によって異なる。また、「子どものため」のもとで主張される専門家言説には、相反するような内容もあるが、それにもかかわらず「子どものため」という言説のもとで共存しているのだとすれば、「子どものため」という言説は、矛盾する言説間を共存させる機能をもつ言説なのだといえるだろう。

以上、立法過程と運用過程で起こった現象を説明してきたが、これらの知見は本書の一章で批判的に取り上げた「血縁の強化／弱化」「近代家族の強化／解体」「血縁主義／実子主義／遺伝子本質主義」という従来の枠組みや概念では読み解けなかった知見であることを再度強調しておきたい（一章）。

次に、（β）非血縁親子の当事者はどのように親子関係や自己を構築するのかという問いについて回答を示す。

三　親世代の行為と意識

ここでは、親世代の行為と意識を考察する。

1　子どもがほしい≠親になりたい≠血縁へのこだわり

まず、六章の分析から、親世代が親子形成をしようとする際に、子どもが欲しいという欲求と親になりたいという欲求が常に同じなのではなく、独立していることがわかった。さらにそれらは血縁へのこだわりとも（重なることもあるが）独立していることがわかった。結論として、「養子縁組する／しない」という行為と当事者が語る血縁に対する意識は常に対応するわけではないことがわかった。これは「養子縁組をする＝血縁にこだわらない」「養子縁組をしない＝血縁にこだわる」という枠組みを用いて当事者の行為を解釈してきた先行研究に対する批判になる。順に説明していこう。

まず、子どもが欲しいという意識と親になりたいという意識だが、子どもが欲しいという意識が常に子どもと親子関係を構築したいということとイコールというわけではない。本書のインタヴュー調査では、子どもをもつことに関する動機が、①子どもとの関係性に焦点を当てた動機（親に恵まれない子を救いたい、子どもを育てたいなど）、②配偶者、自分の親など子ども以外の者との関係性に焦点を当てた動機（夫の遺伝子を残したい、親の血筋を残したいなど）の二つに大きく分けられた（六章）。つまり、このことから「子どもがほしい≠親になりたい（＝子どもと親子関係を構築したい）」ことがわかる（子どもを必要とする最も重要な理由は、子どもと親子関係を構築することではない）。

次に、子どもとの関係性に焦点を当てて親になりたいと語る事例のなかには、夫婦間の実子でなければ絶対に嫌だと語る事例もあったが、実子でなくとも親になれれば良いと考えている事例もあった。このことから、「親になりたい≠血縁へのこだわり」ということがわかる。

また、子どもをもつ際に遺伝子という語彙を用いる場合は、配偶者、自分の親など子ども以外の者との関係性に焦点を当てた動機と親和性が高く、そのような場合、養子縁組や里親は、自己あるいは夫婦の選択肢にほとんど入っていなかった。そして、配偶者、自分の親などの遺伝子の継承や継続自体が周囲との関係性のなかで自己の存在の証明になっている事例があった。

従来の不妊当事者に対する意識調査では、不妊当事者が遺伝子を重視していることが示唆されてきた（古澤ほか 一九九七）。そのため、医学・生物学的な知識の普及とともに強化された遺伝的つながりというイデオロギーがあり（柘植 一九九五：八二）、近年、遺伝子本質主義が広がっていると指摘されてきたが（出口 一九九九）、本書のインタヴュー調査を踏まえれば、もう少し注意深い解釈が必要である。「親子の間には遺伝子のつながりがあるべきだ」という規範を遺伝子本質主義と呼び（一章）、遺伝子本質主義の「遺伝子へのこだわり」は人間関係よりも遺伝子そのものの獲得を重視する風潮を生むと指摘されてきた（出口 一九九九：Nelkin & Lindee 一九九五＝一九九七）。つまり、遺伝子本質主義は親密な人間関係を媒介せずに、遺伝子だけを求める傾向を概念化しようとしたといえる。

しかし、本書のインタヴュー調査では、親密な人間関係がまったく存在しないところで、ただ単に誰かの遺伝子を求める事例はなかった。六章で、遺伝子を求める当事者の語りを分析したが、その背景には配偶者との親密な関係や、自分の親との親密な関係があった。親密な人間関係が全く存在しないところで、ただ単に誰かの遺伝子を残したいと語る事例は本書のインタヴュー調査ではなかった（配偶者や親との親密な関係性がないのに、配偶者や親の遺伝子を残したいと語る者は本書の調査対象者のなかにはいなかった）。

また、養子縁組を選択しない事例では、子育てについて考える局面で、「血がつながっていない場合、責任が重すぎる」と語られた。本書のインタヴュー調査からは、これらの語りの背景にある規範意識として、血縁に関する意識だけではなく、「子どものため」という言説が子育てのハードルを上げ、「子どものために養子縁組しない」という語りを生み出していることが発見された。浅井美智子は不妊女性が養子縁組を選択しない理由のひとつとして、子育てが評価されなくなったことを指摘しているが（浅井 一九九六：二七八‐二七九）、本書の調査対象者たちはむしろ子育ての価値を高く評価し、高く評価しているがゆえに「失敗できない子育て」と考え、諦めているようであった。この「子どものために養子縁組を選択しない」という不妊当事者のロジックは本書独自の発見である。

一方、養子縁組を選択する、あるいはしようとする事例では、子育てについて考える局面で、「別に子どもであれば一緒だ」と、養子を実子と同じととらえようとする傾向が見られた。養子縁組を希望する不妊当事者が用いる「実子」や「自分の子」という語彙は子どもとの排他的で非選択的な運命的なつながりを表象する語彙だと考えられる。ただし、養子を実子と同じと考える同化戦略の限界は、子どもが乳幼児に限られるという点である（学齢期の大きな子どもは実子と同じとは思えないと考えられている）。

2 ケアのための〈血縁〉

近年では、「親密圏」（齋藤 二〇〇三）、「ケアの絆」（Fineman 一九九五＝二〇〇三；二〇〇四＝二〇〇九）、「家族のオルタナティブ」（牟田 二〇〇九）など、血縁によらないケア・親密性が新しい関係性として提唱されている。これらの新しい議論では、ケア関係に血縁は必ずしも必要ないと主張される。確かに血縁関係のない子どもを養育することは可能であるが、子どもの発達や情緒に何か不安がある場合、それに対して真摯に向きあい、子どもに適切に関わろうとすればするほど医学、精神医学、心理学などの専門家言説に頼り、子どもの出自や遺伝や生育歴などに関する情報が必要になることがある。つまり、適切なケアを志向すればするほど、専門家言説に埋め込まれた〈血縁〉が召喚されることになる。例えば、勉強熱心な親ほどケアのために専門家言説を使いこなそうとする。養親である㉝さんの語りにはそれが鮮明に現われている。

> 息子が発達障害までいかないんですが、ちょっとグレーゾーンかなっていう感じで。専門家の本を読んだりとか、講演会に行ったり。息子の場合は、よくよく考えると、（産みの母の）おなかの中にいる時にかなり不安定だったので、虐待と考えてもいいのかなと思ったりして。すごく不安感が強いのですね。だから、生まれつきそういう子だと思っては接してるんですけども。ちょっと、私の方が、親の方が勉強した方がいいかななんて思ったりもしているんです。（㉝さん）

㉝さんは息子の不安感の強さの原因を、産みの母が妊娠中に不安定だったことに求めている。そしてそれを「虐待」と解釈しようとしている。ここでは出産前の胎児にまで虐待の概念が拡張されていることをみることができる。〔7〕

このように親のなかには専門家言説を学び、自分なりにそれをアレンジしてケアを遂行しようとしているのである。

この専門家言説は対処法である一方で、不安の元でもある。養子となる子どもについては、発達障害だけではなく、愛着障害もよく指摘されるが、愛着障害について、㊴さんは「愛着障害という言葉でますます不安になってしま」うと語っていた。

――子どもとの関係が上手くいかないと、愛着障害というところに行きがちですよね。何か問題が起きると養親は「血が繋がっていないから」に考えが傾きがちだと思います。愛着障害という言葉でますます不安になってしまいます。以前、アメリカのサイトを見たときに、beware attachment disorder（「愛着障害に気をつけろ」）というサイトが出てきたんですが、アメリカの概念は輸入するときに使う人の都合がいいように変わってしまいます。（㊴さん）

㊴さんは、「障害に医学的診断が付いて、児童精神科医がサポートしてくれるなら別ですが」「今の状況では（愛着）障害というレッテルを付けただけで、誰がサポートできるのか？」とサポートがない状況で、「レッテル」だけが広がっている状況に「不安材料だけがあ」ると語っていた。㊴さんの事例では、専門家言説と一定の距離を取っているようであったが、そのような距離を取らず、専門家言説によって生じる不安を、さらに専門家言説を求めて対処しようとする事例もあった。

3 「子どものため」による葛藤

最後に、親が専門家言説によって葛藤を抱えている側面があることを指摘したい。親は「子どもが小さい頃に告知をすべき」という原則に従い、告知をするが、子どもが嫌がったり、子どもがどう考えているのかわからず不安を感じるという、「早期の告知」と「子どもの意思の尊重」のジレンマや、告知をし、子どものルーツ、生みの親を尊重し、子どもに伝えるべきだが、それが「望まれて生まれた」「生みの親に愛された」という物語を維持しなければならないため、生みの親についてすべてを伝えられないという「子どもの人権」と「子どもの心理」のジレンマに葛藤する事例について記述してきた（七章）。そして、このようなジレンマを背景とした親の態度と子どもの態度と影響を与え合うことがある。子どもは親の態度を見て、自分の背景について「聞いてはいけないこと」と感じ、親の方は子どもが黙っていることで、「子どもは関心がない」「子どもは聞きたくない」と子どもの気持ちを読み込む場合がある[8]。このようなさまざまなジレンマの事例からは、専門家言説による影響の大きさを指摘できる。当事者たちは社会からの「無理解」だけではなく、専門家言説によって葛藤させられている部分もあるのではないか。しかし、支援の対象として語られる客体であるため、専門家言説そのものから生じる葛藤は語られることがなく、また支援では「状況に合わせて個々の家庭で決めること」や「自己決定」が原則となっており、当事者の選択は当事者の責任となるため、専門家言説による苦しさが起きていることが外部から見えづらいのではないか。

以上、論じてきたことは、養親子を「血縁から自由になった親子」あるいは「血縁がないことで社会から差別される親子」というステレオタイプのイメージで語るだけでは浮かび上がってこない論点であり、さらに、支援やその背景にある考え方そのものを問い直す視点を提供する知見である。

四　子世代の行為と意識

最後に子世代の行為と意識について考察しよう。子どもは生みの親から離されたことから、トラウマやスティグマを負った存在として、支援の対象となってきた。「子どものため」を掲げて再編された養子縁組であるが、当の子どもの声が聴き取られることはなかった。本書ではこのような状況から、子どもの声を直接聞こうとしたものである。

1　社会規範の内面化と相対化

子どもの頃に告知を受けた子どもは成長するにつれて「親子関係には血縁があるべきだ」という社会規範を内面化し、大人になってから告知を受けた子どもは告知を受けた時にはすでにその社会規範を内面化している。しかし、特に幼少期に告知を受けた子どもは、社会規範を内面化していると同時に相対化もしている。そして、「生みの親に会いたい」という言葉を使って、自分の要求を通すなど、親との交渉に〈血縁〉を利用する事例もあるなど、〈血縁〉を使いこなす事例もあった（八章）。だが、社会規範の内面化と相対化を同時に行なうことは、子どもに自分たちの親子関係が「普通なのか／普通じゃないのか」という混乱を経験させる。養子縁組の当事者の葛藤の特徴のひとつは、「普通でない」と他者から思われる可能性に苦しむことだけではなく、それに起因する「普通なのか／普通じゃないのか」というあいまいさにも葛藤するということである。これは障害者にも健常者にも同一化できない軽度障害者の「生きづらさ」のような、どっちつかずの苦しみというものと類似しているかもしれない（秋風 二〇一三）。

社会規範の内面化と相対化が同時に存在していることは役割移行の場面でもあらわれる。子どものうち、生殖家族を形成し、実際に子どもを育てている事例では、養親子関係をポジティヴに経験し、「血縁がなくても親子になれる」と思っていても、自分では養子を育てるつもりはない（＝ネガティヴに再生産する）という事例があった（九章）。

上述したように、子どもは自分たちの親子関係が「普通なのか／普通じゃないのか」という混乱を経験することがあるが、家庭外の外部社会に対しては「自分たちは普通である」と語ることによって、家族外の他者から、自分たちが逸脱視されることに抵抗するため、その葛藤が外部社会からは見えにくいのではないか。

米国の心理学者のブロジンスキーは「不幸せな養子はカウンセリングや自助グループの場を通じて比較的見つけやすいが、満足している養子は見つけにくい」（Brodzinsky et al 一九九二：一五四）、「養子のサイレント・マジョリティは養子であることに満足しているのか、あるいは単に黙っているのだろうか」（Brodzinsky et al 一九九二：一五四－一五五）という疑問を提出しているが、上述したような、子どもの葛藤が「普通なのか／普通じゃないのか」というあいまいさに起因するものであったり、外部社会には「普通である」という語りで対処したりすることによって、葛藤が不可視化されてしまうのではないだろうか。[9]

2 「アイデンティティ」言説による強迫

子どもたちの自己をめぐる葛藤については、「望まれて生まれてくるべき」「自分の遺伝子について把握しているべき」という社会規範が影響していることがインタヴュー調査から明らかになった[10]。子どもたちは単に情報の欠如によって自分の過去から現在に至るまでの人生の物語が紡げなくて葛藤しているだけなのではない。二つの規範からの逸脱（の可能性）についても葛藤しているのである。

養子縁組に関わる、過去の言説においては、支配的言説が「生みの親について知る必要はない」であり、対抗的言説が「ルーツを探すのは正常である」「ルーツ探しはアイデンティティにとって必要だ」という言説である。しかし、この対抗的言説は、今では支配的言説となっており、この言説は、ルーツ探しをしたい人にもしたくない人にも葛藤を引き起こす可能性がある。

本書の事例でみてきたように、ルーツ探しの動因になっている二つの規範は、「自分の遺伝子」「望まれて生まれてきたか」について知るため、生みの親について知りたい／会いたいという促進要因となると同時に、「自分の遺伝子」「望まれて生まれてきたか」を知ることによるショックを予測することで、知りたくない／会いたくないという抑制要因にもなっている（八章）。このように考えれば、ルーツ探し言説のなかにルーツ探しのニーズを抑制する潜在的機能が埋め込まれているといえる。「アイデンティティ」と出自の結びつきが強化されればされるほど、子どもは「知りたい／会いたい」というアクセルと同時に「知りたくない／会いたくない」というブレーキとの相反するベクトルの間で葛藤を強めるかもしれない。また、ルーツ探しの結果、子どもに現実と言説のつじつまが合わない自己物語の生成を強いることになる場合も考えられる。「望まれて生まれた」という物語が上手く機能しない場合に、それを代替する別の物語が用意されていない点が今の社会の大きな問題ではないのか（伊藤 二〇〇九）。「望まれて生まれた」ことと自己肯定感を接続しない実践の生成が必要ではないのか。それを言語化していくことが今後のわれわれの仕事だろう。

一方、ルーツ探しをしたくない人にとっては、現在では支配的言説となった対抗的言説が抑圧的に機能する。そのため、ルーツ探しに関心がない子どもが、「ルーツを探すのは正常である」「ルーツ探しはアイデンティティにとって必要だ」という支配的言説に当てはまらない自分について「（自分は）異常なのかな？」という疑念を語る事例もあった（八章）。

ルーツ探しの必要性はルーツを隠されていたために「アイデンティティ」が混乱してしまった子どもの経験から立ち上げられた議論であり（厚生労働省雇用均等・児童家庭局家庭福祉課 二〇〇三）、その切実な要求や思いは尊重されるべきであると考える。しかし、一方で、ルーツ探しに関する社会的な意識の高まりは、当事者にルーツの欠如を意識させやすく、また「ルーツを探せ」という規範的な抑圧的な圧力、すなわち「アイデンティティ強迫」（上野 二〇〇五）ともなりうる可能性もあることを本書の事例はあらわしている。「アイデンティティ」の言説によって、それまでは存在しても問題化されなかった現象が、問題化される文脈が登場したともいえる。

このように、ルーツ探しをしたい人にとってもしたくない人にとっても葛藤があるにもかかわらず、「ルーツ探しを実際に行うかどうかは本人が決めることです」（厚生労働省雇用均等・児童家庭局家庭福祉課 二〇〇三：一三六）という個人の自己決定という言説が既存の図式への批判的検討を封じこめてきたのではないか。

3　新たなカテゴリーの創出と純粋な関係の反転

とはいえ、子どもは葛藤を抱えるだけの無力な存在ではない。養親子関係に関しては、社会規範の内面化と相対化を同時に行ないながら、関係性をマネジメントしていた。また、法律や運用の場面で、「アイデンティティ」と出自が強固に結び付けられてきているが、「生みの親について知るか／知らないままでいるか」「生みの親と会うか／会わないか」は子どもの選択のうちにある。特に子どもが成人後に生みの親とどのような関係性を構築するか／しないかは子どもがある程度コントロール可能なことであり、実践のなかで新しい動きが萌芽的に見られた。

生みの親と再会して交流を続けたいと思えば、生みの親を「ＤＮＡレヴェルの仲間」という新しいカテゴリーを創出して位置付け、自分の定位／生殖家族に完全に包摂せず、かつ排除もしないという第三の道を選ぶこともできる。また、生みの親と会いたくない、関わり合いたくない場合は「他人」と呼び、「他人」のままでいることもできる。子どもは生みの親との絆を新たに結び直すこともできるし、そうしないこともできる。

血縁関係はあっても、長期間交流のなかった生みの親との関係性の方が、ギデンズのいう「純粋な関係性」に近くなるといえる。

親子関係およびそれより広い血縁関係は、純粋な関係性の射程からは部分的に離れたところに留まりつづける。その両者は、外的な基準に実質的に結びつけられつづける。この場合の外的基準とはすなわち、関係の維持の鍵となる生物学的なつながりである。しかしそれらも、純粋な関係性を生み出している力の一部によって浸食され始めている。血縁関係から伝統的義務や拘束が剝ぎ取られているかぎりで、血縁関係の継続は上述した純粋な関係性の質にかかってくるようになる。血縁関係がその性格を薄めて形骸化することもあるだろうし、あるいはそれが親密な関係の再帰的な達成を通して再形成されることもあるだろう（Giddens 一九九一＝二〇〇五：一〇九－一一〇）。

つまり、血縁関係があるというただそれだけのことでは、生みの親との関係は維持できない。親密な関係を再び構築すれば、血縁関係は強固なものになるが、親密な関係が構築できなければ、血縁関係は形骸化するということである。

子どもの「アイデンティティ」の問いや葛藤は、生みの親と会ったことがなくとも発生し、生みの親と親密な関係があるか（あったか）否かとは独立して発生する。一方、生みの親との関係の構築については、単に血のつながりがあるという事実だけでは成り立たず、親密な関係を生みの親と改めて築かなければ成り立たないものであるといえる。

以上、親世代の行為と意識および子世代の行為と意識を分析してきた。親世代と子世代に共通する点は、専門家言説による葛藤があったとしても、自己決定という原則によってそれがみえなくなること、また、差異のジレンマがあっても、社会に対しては「普通である」という語りによって対処するため、葛藤が不可視化されることである。つまり、親世代の葛藤も子世代の葛藤も外部から見えづらい構造になっているといえる。

ここまで制度と当事者において「子どものため」に〈血縁〉が浮上する様相とその効果について論じてきた。本書の分析結果は、「子どものため」に血縁を重視する近年の社会動向を批判的に捉える視座を提供するだろう。「子どものため」という自明視されている理念が逆説的に当事者である子どもと、子どもを育てている親に葛藤を生み出している側面があることを明らかにしたからだ。

次章では、本書の発見をもとに、さらに理論的考察を試みたい。

第十一章　結論――本書の理論的示唆

前章では、四章～九章までの分析を踏まえて、〈子どものための養子縁組〉という特定の領域でいかにして〈血縁〉が浮上するかを明らかにし、「子どものため」に〈血縁〉が浮上する近年の社会状況を批判的に検討してきた。本書の最終章である本章では、本書の知見から〈家族〉社会学に対して理論的な示唆を提示したい。

一　一元的変化から多元的変化へ

一章にて、現代の親子の状況を把握する上で、血縁が後期近代の論点および家族変動の論点のひとつになっていること、具体的には、①「血縁が重視されなくなる」「血縁が重視されるようになる」という相反する指摘があること、②両者に共通する要因として、後期近代化という社会変動、また、特に後者の要因として生殖補助医療などの先端技術の登場が指摘されていること、③家族変動の議論では、「家族形態＝家族意識」という前提に立った枠組みを用いていることを確認した。そして、これらの議論の課題は、経験的データを用いた検証が不十分であること、非血縁親子において「子どものため」に血縁が浮上する点について扱っていないこと、今までの枠組みや概念では、現代の血縁の動態について把握することが難しいことを指摘した（一章）。そこで、本書では、現代の事例を分析するための枠組みや概念を新たに構築し、〈子どものための養子縁組〉という具体的な事例を検証してきた。ここでは、そこから得られた知見から、一章で挙げた論点にそって示唆を提示したい。

1　諸領域における〈血縁〉の偏在、規範の組み換え、新しい意味の誕生

まず、指摘できることは、従来の議論のように、「血縁が重視されるようになる」「血縁が重視されなくなる」という相反する議論のどちらが、現代社会・現代家族の分析としてより適切なのかを判断しようとするよりも、むしろそれらが同時進行し、重なり合っていることに着目することが重要だということである。なぜなら、「血縁の重視」と「血縁の軽視」は、作用‐反作用のように連鎖したり、制度や当事者のなかで同時に存在したりすることがあるからである。われわれはその過程と、その過程で生み出されるものに着目することで、「血縁が重視されなくなる」「血縁が重視されるようになる」という二分法の隘路から逃れ、親子と血縁をめぐる多元的な状況や新しい意味の誕生を把握できるのではないか。

(1)　諸領域における〈血縁〉の偏在

後期近代の議論では、絶対的な規範が消失し、親子関係が多様化するにつれて、血縁の有無よりも関係の質が重視されるようになる（＝血縁が重視されなくなる）という指摘と（Giddens 一九九二＝一九九五：一四五‐一四九）、同時に、家族の境界を画定する際に、血縁が決定的な基準であると考えられる（＝血縁が重視される）という指摘があった（Allan et al. 二〇〇一：八三；Nelkin & Lindee 一九九五＝一九九七：二一六）。

ここでは、絶対的な規範の消失が説明項、血縁に対する意識の強弱が被説明項になっている。まず、制度について、被説明項のほうから「血縁の重視」と「血縁の軽視」のどちらに分類されるか確認してみよう。本書で取り上げた、非血縁親子に関する制度（第三者が関わる不妊治療、普通・特別養子縁組、里親）について確認すると、制度によって「子どものため」／親子関係／〈血縁〉の結びつきにバリエーションがあった（五章）。

既存の「家族形態＝家族意識」という前提・枠組みでは、非血縁親子はすべてその形態から「血縁を軽視」する親子関係と解釈され、その差異が問われなかった。しかし、本書で取り上げた事例について、血縁への態度を確認する

と、「実親子への同化」と「実親子からの異化」という大きい二つのカテゴリーに分類できた。しかし、ここで重要なことは、同化／異化の違いは、血縁へのこだわりの強弱の差なのではなく、血縁へのこだわり方の違いに過ぎないということである。なぜなら、同化／異化の方が血縁へのこだわりが強い／弱いと判断する根拠がないからである。つまり、ここから示唆されることは、現代の非血縁親子に関する制度は「血縁の重視」と「血縁の軽視」のどちらか片方のみに分類されるわけではないことである。

また、各制度が、〈血縁〉と何を結び付けるかには違いがあった。それは、各制度が、それぞれの上位にある医療制度や福祉制度（また、本稿では扱わなかったが、教育制度などが関連する場合もあるだろう）との影響関係のなかで作られるからである。非血縁親子に関する制度においては、さまざまな〈血縁〉が偏在し、共存しているといえる。

次に、上述した制度について、説明項である絶対的な規範の消失を考えてみると、どの制度においても、生みの親が愛情をもって育てるという親のありかたが、依然として最も優先順位が高い規範であった（その意味でなら絶対的な規範はあるといえる）。しかし、後述するが、それ以外の場合（生みの親が愛情をもって子どもを育てる以外の場合）は、制度によって、規範の優先順位が異なっていた。

また、制度のレヴェルでは、（血縁関係そのものではなく）法律で、親子関係を確定することで、家族の境界も画定し、子どもの一義的な養育者があいまいになるのを避けている。特に、子どもの保護と養育を目的とした特別養子縁組では、里親制度や普通養子縁組と異なり、親子関係（親子の権利義務）の複雑化による子どもの養育の不安定化を避けることが立法の趣旨のひとつだった。

（2）規範の順位の入れ替え

どの制度においても、生みの親が愛情をもって育てるという親のありかたが最も優先順位が高く、絶対的な規範としてあるが、それ以外の場合については、制度によって、養育者として確定する優先順位が異なっていた。例えば、普通養子縁組では、親権は養親に移るものの、子どもとの法律関係は生みの親も育ての親も同等であったが、本書で詳述した特別養子縁組については、一組の親子の形成という条件のなかで、育ての親を法律上の親とするために、規範の順位の入れ替えが観察された。

特別養子縁組の立法過程をみると、育ての親との排他的で強固な親子関係を作るため、生みの親との法律関係を切断すると同時に、「生みの親と簡単に切断してはダメだ」「生みの親が子どもを育てることが原則だ」という規範上のバックラッシュが起こった。法言説においては、生みの親と離すことを正当化する（非〈血縁〉に対抗する）ため、逆説的に、生みの親が育てていない子どもをスティグマ化する効果があった。その結果、特別養子縁組でも、生みの親が愛情をもって育てるということが最も優先順位が高いが、従来の「愛情のない生みの親＞愛情のある育ての親」という優先順位が、特別養子縁組では「愛情のある育ての親＞愛情のない生みの親」という優先順位となり、優先順位の二番目と三番目が入れ替わったといえるだろう（愛のない血縁より、血縁のない愛）（野辺 二〇〇六）。このような規範の順位の入れ替えがあったが、それは特別養子縁組という一部の制度のなかでの変化であり、社会における親子に関する規範がすべて変化したことを意味するわけではない。例えば、里親の場合は、生みの親と子どもとの法律関係が残り、生みの親が子どもの引取りを要求すれば、育ての親から子どもを引き取れる可能性があるため、特別養子縁組と比較すれば、「愛情のない生みの親＞愛情のある育ての親」という優先順位の傾向がある。このように、制度によって、規範の優先順位が異なり、これらの制度が並存しているのである。

(3) 新しい意味の誕生

同時に、特別養子縁組を構築する際に、出自を知る権利という観点から、生みの親を「親」や「家族」としてではなく、「アイデンティティ」の上で重要な存在として、位置づけ直す認識枠組みが構築された。生みの親と子どもの法律関係を消滅させるときに、子どもの「アイデンティティ」という〈血縁〉の新しい意味が浮上したと指摘できる。換言すれば、生むことと育てることの分離は、〈血縁〉と「アイデンティティ」の接続を伴ったということである。

このように、規範の組み換えと同時に、新しい意味の誕生が観察できた。

他にも、新しい意味の誕生が観察できる。生殖補助医療が登場する以前は血縁の分節化は起こらなかった。しかし、血縁の分節化が可能になり、血縁の種類と程度に多様性が生じてくると、〈制度レヴェルというより言説レヴェルであるが〉「実子」カテゴリーが変容し、拡張し始めた。第三者の提供精子や提供卵子で生まれた子どもに対して、「愛されて生まれたのなら実子」「望まれて生まれたなら実子」というレトリックが用いられ、「実子」の意味が現在拡張されつつある。ここでは従来の血縁を精子／卵子／子宮に分節化する生殖補助医療の登場によって、むしろ愛情というレトリックが多用されるという興味深い現象がみられるのである。

（4）「子どものため」と専門家言説

最後に、「子どものため」に〈血縁〉が浮上する背景について考察しよう。「子どものため」に〈血縁〉が浮上する背景には専門家言説があった。専門家言説が求められるのは、生みの親が子どもの養育をするのが当たり前とみなされる社会では、子どもが生みの親と離れ、生みの親以外の大人が子どもの養育を全面的に代替するような場合には、子どもには特別な配慮とケアが必要だと考えられるからである。非血縁の親子関係の形成には、告知やルーツ探しなどの特有の課題があると認識されたことに加えて、非血縁親子の子どもが要保護児童である場合は、「一般」の児童と比較してより特別なケアが必要だと認識され、子どものケアに関する専門家言説が流入する。しかし、このような専門家言説には親や子どもの不安を鎮める機能だけではなく、不安を煽る機能もあるのである。

以上、示唆してきたように、制度・領域ごとに、その独自の論理と実践に着目して検証すれば、「血縁の重視か／血縁の軽視か」というような問いの立て方や、「血縁の重視から血縁の軽視へ」あるいは「血縁の軽視から血縁の重視へ」というような単線的な・一元的な変化を前提とした枠組みでは解けない、現代の〈血縁〉の動態を把握できるだろう。このような分析を通じて、〈血縁〉が社会のなかで偏在し、重複し、住み分けられている状況や、当該社会・時代で優勢な〈血縁〉のあり方、また、それが産出されるタイミングや主体を把握できるのではないか。

2　当事者による〈血縁〉の運用——役割、ライフコース、場面

先行研究では、親密性の変容とは、親子関係においても、信頼関係や互いに対する思いやりや気遣いという関係の質が重視されるようになることであり、血縁への回帰とは、親子関係を形成する際に、血縁関係が求められる（不妊治療が選好されたり、子どもと生みの親との関係が強化されたりする）ことを指していた。

では、当事者は血縁より愛情をより重視しているのだろうか、あるいは、愛情よりも血縁を重視しているのだろうか。従来の研究では、非血縁親子の当事者がライフコース、役割、場面ごとに、血縁をどのように意識し、語り、求めるかを丁寧に検証してこなかった。しかし、本書の当事者へのインタヴュー調査の分析から示唆されることは、親子関係において、血縁を意識し、語り、求める様相は、役割、ライフコース、場面によって異なる形をとるということである。また、愛情と血縁は、当事者の意識や語りのなかで結びつかなかったり、結びついたり、結びつく場合は、共振したり、対立したりしていた。

(1)　親の立場

本書のインタヴュー調査では、不妊当事者が実子を求める場合は、子どもと親子関係を築くうえで、実子でないと「一〇〇％の気持ちが持てない」という理由を語る場合もあれば、「親の血筋を継ぎたい」「親から繋いできた生命を自分のところで止めたくない」「夫の子が欲しい」「出産したい」などを主たる理由として語ることもあった。つまり、子どもに愛情を持つために血縁という基盤が必要な場合と、血縁（親の血縁の場合もあれば、配偶者の血縁の場合もある）そのものを求める場合とがあり、それは個人のなかでも混在していた。また、養子縁組を選択する当事者は、生物的事実としての血縁は相対化する（せざるをえない）が、一方で血縁関係がなくとも血縁関係がある親子関係と同質の関係、すなわち「血縁なき血縁関係」（樂木 二〇〇四：二〇〇六）を求めていた。このような血縁と愛情がからみあった当事者の意識と語りを、当事者が血縁と愛情のどちらを重視しているのかという二分法で判断するのは困難で

はないか。

　また、生殖補助医療の登場は、確かに、「血縁関係のある子どもをもつ／血縁関係のない子どもをもつ」という選択肢を作り出し、技術が開発される前は諦めるしかなかった実子を持つという選択を可能にした。しかし、本書中で確認したように、不妊治療を受ける人びとが「実子を持ちたい」と語る時に用いる血縁や遺伝子という言葉にはさまざまな意味があるため、先行研究が指摘したような、「獲得後に形成される関係」より「器としての家族の獲得」を重視する意識（出口 一九九九：一五二）が社会のあらゆる層に浸透しているかどうかという点には留保が必要である（ただし、この論点については、本書の調査から示唆できることは非常に限られており、さらなる調査・研究が必要である）。

　また、親子関係を構築する場面では、子どもの発達、子どもの心理、子どもの人権などのレトリックを用いて、心理学、精神医学、小児医学などを引用した専門家言説が流通している。専門家言説に接触することで、育ての親は不安を感じ、遺伝や生育歴などの子どもの出自を意識せざるをえない状況になっている。ここから示唆を引き出すなら、親子関係の多様化によって生じた規範の消失や迷走が、そのまま育ての親たちの不安に直接繋がっているというよりも、それらを媒介する専門家言説の存在である。子どもに対する親の責任が増加し、子どもの発達が子育ての成功の基準となる一方で（Cheal 二〇〇八：一〇三－一〇五）、よい子育ての基準があいまいな状況のなかで、ますます親たちは専門家に頼るようになっている（Allan & Crow 二〇〇一：二〇二）。親たちは、専門家言説を媒介して、従来の規範、例えば、親が子どもを育てることが、親の子どもに対する愛情表現であり（山田 一九九九a）、愛情を受けなかった（とされる）子どもは、「異常な子ども」とする（Rose 一九八九＝二〇一六：二六五：内田 二〇〇一：一九八）ような規範に触れているとも指摘できる。

（2）子どもの立場

　一方、子どもの立場から考えられることは、子どもが抱く「自分は誰なのか」「自分は何なのか」という実存に対する問いや存在論的不安は、後期近代論で指摘されているような、規範の多様性や家族の境界の曖昧性だけが原因なのではない。確かに、規範の多様性や並列によって生じる認知的不協和（普通なのか／普通じゃないのか）は、子どもの葛藤の背景にあるだろう。しかし、それだけが葛藤の原因なのではなく、従来の家族規範（「子どもは親から愛されるべき」という規範）と、新しい規範（「自分の遺伝子を知るべき」という規範）も「自分は誰なのか」「自分は何なのか」という実存に対する問いや存在論的不安のものであり、この二つの規範によって当事者に葛藤が生じていた〔1〕。

以上は、「血縁にこだわる／血縁にこだわらない」というような単純化した枠組みではとらえることができない当事者たちのリアリティだろう。

親子形態が多様化し、血縁と親子関係の結びつきが所与のものでなくなり、血縁が選択可能なものとなれば、それは取捨選択や駆け引きの対象となる。ベックのいう個人化という社会変動によって、このような選択性が増大した結果、選択のプロセスにおける個人のさまざまな戦略を分析することが二一世紀の社会学の課題の中心になったとも指摘される（Roseneil & Budgeon 二〇〇四：一三五）。このような指摘をふまえれば、「血縁にこだわるか／血縁にこだわらない」という問いの立て方より、当事者がどのような場合に、血縁を意識し、語り、求めるのかという（性）質を問うほうが重要なのではないか。

二　〈血縁〉の家族社会学へ

ここまでの考察をふまえて、本書の家族社会学に対する理論的な示唆は、血縁を強調する議論と血縁を捨象する議論を架橋する視座の必要性である。ここでは、特にケアと「アイデンティティ」という論点について考えてみたい。先行研究では、ケアは血縁を捨象する議論と、「アイデンティティ」は血縁を強調する議論と接続されて考えられることが多かったように思われる。しかし、本書の知見からは、ケアと血縁との結びつきや、「アイデンティティ」と愛情との結びつきも同時に考察するという論点が示唆できるだろう。

1　ケア

近年では、「親密圏」（齋藤 二〇〇三）、「ケアの絆」（Fineman 一九九五＝二〇〇三；二〇〇四＝二〇〇九）、「家族のオルタナティブ」（牟田 二〇〇九）という用語で、血縁によらないケアや親密性が、「生みの親が子どもを育てる」親子に代わる新しい関係性として提唱されている。

これらの議論の共通点は、ケア関係に、血縁は必ずしも必要ないと指摘し、血縁を脱主題化している点である。血縁を主題化しない理由は、①そもそも血縁によらない親密性・ケアを構想あるいは可視化する目的があるため、②実際に子どもと養育者との間に血縁関係がなければ、血縁によらない親密性・ケアが供給されているとみなすため、という理由が考えられる。確かに、大人が血縁関係のない子どもを養育することは可能であるし、実際に、すでにさまざまな形で行なわれてきた。しかし、特に血縁関係はない依存的な子ども（乳幼児）と大人の間で、親密性・ケアが供給されている場合、〈血縁〉はどう活用され、当事者の行為を規定するのだろうか。現在主題化されているこれらの新しい議論は、理論的にも経験的にも依存的な子どものケアについては未だリアリティのある議論を展開していないように思える。

例えば、既述したが、本書のインタヴュー調査によれば、育ての親が子どもの発達や情緒に何か不安を感じていたり、子どもに障害に起因すると考えられる問題行動があったりする場合は、原因や対処法を専門家言説にしばしば求めていた。子どもを引き取った時点で障害が明らかでない場合でも、「生みの親が手放したこと」あるいは子どもが引き取られる前に「施設で育ったこと」が原因で、後に何らかの「障害」が出てくる可能性があると、養子縁組の現場では指摘されていることがその背景にある（厚生労働省雇用均等・児童家庭局家庭福祉課 二〇〇三）。

このように、子どものケアに悩む親たちは、子どもに対する適切なケアを志向するために、（主に医学、精神医学、心理学の）専門家言説を求め、その過程で、専門家言説に埋め込まれた〈血縁〉（遺伝、生育歴）を意識し、語ることにもなっていた。つまり、本書の分析によって明らかになったことは、親密性やケアを媒介して〈血縁〉が浮上する数々の局面であった（六章・七章）。

本書の経験的研究の知見を踏まえると、現在、家族社会学に求められている課題は、血縁によらない親密性・ケアへと一足飛びに関心を移すのではなく、血縁を基礎とした法制度や専門家言説などと、血縁によらない親密性・ケアが相互にどのように影響を与え合うのかを精緻に分析することではないだろうか（野辺 二〇一二a：二〇一六b：野沢 二〇〇九）。[2]

2 「アイデンティティ」

養子の「アイデンティティ」については、主にエリクソンのアイデンティティ理論に依拠して、養子は遺伝や家系に関する知識の欠如により自己の連続性や一貫性の感覚を持てず「自分は何者なのか」という葛藤を抱えること、出自について知ることは子どもの心理的安定につながり、「アイデンティティ」確立に寄与することなどが主張されてきた（Kroger 二〇〇〇＝二〇〇五：九七：鑪ほか編 一九八四：一二六）。

このことから、「アイデンティティ」に血縁が関与していることが議論されてきた。しかし、本書の分析で明らかになったように、「アイデンティティ」には、愛情もまた関わっている。愛情は、「正常な子どもと異常な子ども」を分ける要因にもなっており（Rose 一九八九＝二〇一六：二六五）、親の愛情を受けなかった（とされる）子ども、特に赤ちゃんの頃に愛情のこもったケアを受けていない子どもは、のちに何か問題がでてくるという考え方が普及しており（厚生労働省雇用均等・児童家庭局家庭福祉課 二〇〇三：田中 二〇〇四）、「異常な子ども」としてスティグマを受けることになる（内田 二〇〇一：一九八）。さらに、親による子育てが親の愛情の証左となっている現在の社会の状況では（山田 一九九九a：五五）、「育ててもらえなかった」ことは「愛されなかった」ことを意味することになってしまい、このことが子どもの「アイデンティティ」に大きな影響を与えている（八章）。

さらに、近年では、血縁の種類と程度に多様性が出てきたことにより、「どんな生まれ方をしても、愛されて生まれたなら実子」という愛情を強調する言説も出てきていることを指摘したが（五章）、このような状況をふまえて、今後、子どもの「アイデンティティ」に、血縁のみならず、愛情がどのような影響を及ぼすのかについても、さらなる検討が必要だろう。

三　本書の意義——本書が構築した分析枠組みの応用可能性

1　二分法を超えて

従来の研究においては、「血縁あり／なし」という指標を「血縁意識の強／弱」を解釈する際に用いてきた。このような解釈図式のもとで、養子縁組による親子関係は非血縁親子であるため、血縁意識が弱く、逆に養子縁組しないことは血縁意識が強いものとして解釈されてきた。これは養子縁組に限らず、不妊治療による親子関係や里親子などの他の非血縁親子についても用いられる解釈図式である。本書はこのような研究者の解釈図式を再考した。

再考する上では、第一に、行為と意識を等値しない立場を取った。それは血縁を志向しても／しなくても、制約条件の存在により、選好通りの行為を行なえるわけではないこと、また、行為のプロセスで当事者が血縁についてさまざまな意味づけ（直し）を行なうからである。本書は当事者の「一次理論」（盛山 一九九五）の解明に焦点を当てるアプローチを用いたことで、従来の生物的事実としての血縁のある／なしと血縁の強弱に着目する研究では分析することのできなかった、〈血縁〉が浮上する局面、その時の他の知との結びつき、その効果など、〈血縁〉が浮上するダイナミズムについて分析することができた。

本書の取った立場は、現代の家族変動をとらえる際の二分法の枠組みに対する批判にもなるだろう。二分法の枠組みとしては、「新しい家族／従来の家族」「近代家族の強化／近代家族の解体」「近代家族／ポスト近代家族」というような枠組みがあるが、このような枠組みを用いては、特別養子縁組のようなどちらにも完全に分類できないような第三の類型は分析できなかったと考えられる。なぜなら、本書でみたように、特別養子は実子と養子の境界線上の新しいカテゴリーであり、「血縁なき血縁関係」を構築し、「普通なのか／普通じゃないのか」という曖昧さについて当事者が葛藤を抱えていたからである。これらは従来の枠組みでは明らかにすることのできない知見である。家族の実態としては、従来の二分法では、白か黒かはっきり分けられないグレーゾーンが多く、分けようとすると、捨象するものが多すぎるのではないか。現代では、このようなグレーゾーンを分析できる枠組みが必要とされているのではないだろうか（野辺 二〇一六b）。

また、私たちが今後、取り組むべきテーマとして、非血縁親子において、いかに〈血縁〉が顕在化／潜在化するかを検証することが考えられる。今まで、非血縁親子に対しては、血縁関係がないことから逸脱視され、差別されるというイメージか、血縁から自由な「新しい親子」であるというイメージの二つの極端なイメージしかなかった。しかし、非血縁親子において、いかに血縁が意識され、求められ、語られるのかを検証することで、二つの極端なイメージからは浮かび上がってこない当事者のリアリティが見えてくる。それについて知見を積み重ねることが、私たちが今度、どのように多様な親子を社会で承認・支援するべきかという議論の出発点になるはずだ。それには、本書が構築した枠組みや概念が有用なツールのひとつになるだろう。

2 「子どものため」と血縁の交錯

本書のもうひとつの意義は、非血縁親子に共通する「子どものため」に血縁を志向する近年の動向を当事者の視点から批判的に再考したことである。このような動向については批判がほとんど存在していなかった。その意味で、社会学的な研究を通じて初めて警鐘をならした本書の意義は小さくないだろう。

〈血縁〉はそれ自体ではなく、他の知や言説と交錯して力をもつ。本書では〈血縁〉と交錯する言説として特に「子どものため」に着目した。この「子どものため」を相対化する視点を取ったことで、「子どものため」に養子縁組しないというロジックが不妊当事者に存在すること、専門家言説間の緊張関係や、当事者のリアリティとのズレが浮かび上がってきた。さらに、「子どものため」という言説の対象でありながら、子どもの声が聴かれることはほとんどなかった。子どもの語りを直接聞き取った社会学的な研究はほとんど存在しないため、その意味において本書は類似の研究の出発点となることを願っている。

四　今後の課題と展望

本書が構築した分析枠組みは血縁と養子縁組に対する先行研究に再考を迫るにとどまらず、他の事例、例えば第三者の関わる生殖補助医療によって生まれた子ども、里親、ステップファミリーの子ども、性的マイノリティの家族など、従来の枠組みでは上手く分析できないような事例にも応用可能な分析枠組みである。

また、異なる非血縁親子の比較から、理論的な議論をより発展させることができるだろう。非血縁親子の内部をみるといくつかの差異（変数）がある。例えば、①子どもは父母双方とも血縁関係がないのか／父親か母親のどちらかとは血縁関係があるのか、②子どもと生みの親（あるいはドナー）と親族関係があるのか／ないのか、③子どもは乳児期から育てられているのか／ある程度成長した子どもの中途養育なのか、④子どもと育ての親との間に法律上の関係があるのか／ないのか、⑤子どもと生みの親（あるいはドナー）に交流があるのか／ないのか、などで違いがある。

このように非血縁親子間および内部の多様性も考慮し、その共通点と相違点を検討することで、多様化する家族と子どもの福祉の両立、ケアの再分配問題（野沢 二〇〇九）、「ケアの絆」（Fineman 一九九五＝二〇〇三；二〇〇四＝二〇〇九）、「純粋な関係性」（Giddens 一九九二＝一九九五）という家族社会学の喫緊の論点に貢献できるだろう。

さらには他の社会との比較も理論的示唆を得るのに有効だろう。筆者は今後、留学経験のある韓国を比較対象として〈子どものための養子縁組〉に関するフィールドワークを行なうことを考えている。韓国は日本よりも「血縁に対する志向性が強い」と評されてきた社会である。「比較社会学的変動論」（船橋 二〇〇六）に基づいた比較研究を行なうことによって、日本の状況をより相対化できるのではないかと考えている。

最後に本書の限界と今後の課題について論じておきたい。本書は質的な研究として限界を抱えている。

第一に、アクセスの難しさから、生みの親にはインタヴュー調査を行なっていない。生みの親が子どもを自分で育てない際には、養子縁組以外にもいくつかの選択肢、例えば、子どもを児童養護施設に預ける、里親に委託する、親族に育ててもらう、また、中絶するという選択肢も社会的には存在している。複数の選択肢のなかで、養子縁組が選択されたり／されなかったりするプロセスも検討していく必要がある。また、子どもを養子に出した生みの親が、その後、子どもに対してどのような思いをもっているのか、子どもと再会することについてどのように考えているのか、子どもと再会した場合はどんな関係を構築するのか／しないのか、なども分析・考察に含めていく必要性がある。

また、本書にはジェンダーの視点が不十分という限界もある。本書の調査対象者は親世代も子世代も調査対象者が女性に偏っている。また、ジェンダーを変数として考慮した分析は九章のみである。養子縁組におけるジェンダーの問題はすでに指摘されているが（小松 二〇〇九）[3]、これも今後の課題となるだろう。また、本書では親子関係に焦点を当てているため、養子縁組の意思決定や子育てをめぐる夫婦関係などには焦点を当てていない。

以上で列挙したような、本書の事例には含まれていないような事例や論点を分析・考察に含めることで、本書の射程を広げていく必要がある。

注

第一章

〔1〕後期近代の文脈ではなく、前近代から近代への過程で、家族において血縁が重視されるようになったことを指摘する研究もある。例えば江原由美子は「近代化過程が社会一般における血縁関係の重要性を後退させたとすれば、家族においては全く逆に、血縁関係の重要性は増大し、純粋化していく傾向が指摘できる。『本当の母親』『産みの母親』『血のつながり』といった観念は、現代においても決して力を失ってはいないのである」(江原 一九八八:一九四)と指摘している。

〔2〕ギデンズの議論に対して、パートナー関係の質は、変化したと認められたとしても、他の家族関係の質、特に親子関係の質の変化については疑問が提示されている(Allan, et al. 二〇〇一:八二九:Jamieson 一九九九:四八八)。また、親子関係における純粋な関係性の特質が十分説明されていないという批判や、不安定化する家族が子どものケア機能を十分に果たせるのかという疑問、特に自立前の子どもにとって関係が終わることは辛いことであるという批判や、階層差による違いについての指摘もある(Allan et al. 二〇〇一:八二八:Jamieson 一九九九:四八八)。

〔3〕伝統、保守、本質への回帰の例として取り上げられる血縁が関わる事象としては、「国民」「民族」「人種」などさまざまな事象がありえるが、本書が対象とするのは親子関係(特に未成年子と親との前期親子関係)であるので、ここからは、親子関係の議論に絞って検証して行きたい。

〔4〕そもそも、家族社会学における前期親子関係の研究は、しつけ研究、子どもの社会化研究に集中してきた。そこでは、研究の関心が、家族の役割・勢力・情緒を三本柱とする静態的な内部構造研究に傾斜し(木下 一九九六:一三七:山根 一九九九:二三三)、社会変動との関連で親子関係を論じるダイナミックな視点と分析力は失われていった(山根 一九九九:二三三)。また、取り上げられる親子関係は、常に実親子関係なのであり、親子関係における血縁は所与のものとして扱われ分析の対象とはならず、実親子を対象とする研究は「親子=実親子」という定義をむしろ強化するものであったと指摘されている(渡辺 一九九九:九二-三)。家族社会学においては、血縁を相対化して親子関係を捉える視点や枠組みが弱く、血縁はあまりにも自明視されてきたといえる。

〔5〕ただし、特別養子縁組は二〇一三年から増加傾向にあり、二〇一三年は四七四件、二〇一四年は五一三件、二〇一五年は五四四件であった。

〔6〕例えば、法制審議会の議論を遡って確認すると、一九五〇年代においては、養子と実親との日常生活上の関係および法律関係を断ち切り、養子に実子だと思い込ませるほうが養親子関係にとって良いという考え方もあった(野辺 二〇〇六)。

〔7〕本書では遺伝子本質主義と遺伝子決定論を同じ含意をもつ概念として扱う。これらの概念の異同については加藤（二〇〇七）を参照。

〔8〕社会学や人類学などの学問においては、血縁は社会関係の基礎となるものとして概念化され、地縁の対語であった（江守編 一九七四：一）。ただし、そこで言及されている前近代の血縁意識は近代における血縁意識とは異なると指摘されている。前近代では血縁関係は生物的要因だけでなく、婚姻居住規則にも、もとづいていたからだ（江守 一九七四：三二）。そこでは、生物的な血縁関係が存在すれば、社会的にその人びとの間柄が親族であるとみなされるわけではなく、「自分たちの成員権を主張するすべての集団を、共通の出自に基礎付けられたものとしてみている」かぎり、共同体は社会学的には血縁共同体と規定されてきた（江守 一九七四：三八）。

〔9〕上杉富之（二〇一二）によると、生殖補助医療によって生じた母の分割や父の分割という事態に対しては、否定的に捉える「逸脱／崩壊説」と肯定的に捉える「多様化／生成説」があるという。前者は、親の分割は自然の親子関係や家族関係からの逸脱であり、こうした逸脱は既存の親子や家族制度そのものを崩壊させるため、生殖補助医療を厳しく規制するべきだという傾向がある。一方、後者は、生殖補助医療のなかでも特に代理出産や卵子提供の利用が親子・家族関係を多様化させ、柔軟にさせる可能性をもつと評価し、現在の親子や家族制度に代わる新たな制度を生成させる生殖補助医療を積極的に利用すべきだと考える傾向があるという。上杉によれば、世界の生殖補助医療先進各国の論調は、かつては前者が主流であったが、最近では、前者は説得力を失い、後者が徐々に支持を集めているという（上杉 二〇一二：二一五－一六）。

〔10〕親子関係の身体的つながりに「血」を使うかどうかは恣意的であり、社会によっては「肉」であったり「骨」であったりする。血縁（consanguinity）はローカルな場ではいろいろな方法で記述される（Carsten 二〇〇〇a：二二）。つまり「身体的構成要素＝血」という観念は通歴史・通文化的なものではない！　また、日本において「血」が系譜関係の表象に使用されるのは近世半ば頃であり、それが「万世一系」のような正統性の象徴と関連づけられるのは近代の新しい現象ではないかという指摘がある（岩本 二〇〇二a）。『皇室典範』などにおける近代の皇族カテゴリーと婚姻規則の変遷を分析した李英珠も日本において「血」の混交は生物学的交配のみでなく同じ家への所属によっても起きると観念されていたのではないかと指摘している（李 二〇〇一：二六）。

〔11〕与那覇によれば、①今日とは異なり明治期には「日本の伝統的家族制度は血縁を重視せず、西洋の血統主義とは対立する」という認識がかなり広くみられ、②民法典論争から『明治民法』編纂に至る言論活動を通じて「血族」の意義を説いた穂積八束も、日本の伝統的家族が現実の生物的血縁に立脚しているとは考えておらず、むしろ生物的な意味での非血縁者をも包含しうる観念としての「血族」を強調していたことを明らかにした（与那覇 二〇〇六：一〇七）。穂積八束は「血統」を観念として捉え、家族

の統合力の象徴として使用することで、「日本の伝統は血統を重んずる」が、「現実の日本の家族には生物学的非血縁者が含まれる」という二つの命題を調停する語法を編み出したという（与那覇 二〇〇六：一〇四）。つまり穂積にとっては人びとが「血縁」の系譜を辿り「祖先ヲ一ニスル」という自覚を抱くことが重要なのであって、それが生物的な系譜と本当に一致するかは二義的な問題だった（与那覇 二〇〇六：一〇五）。与那覇は、家族集団の一体性が観念としての「血」の共有という形で明治期に象徴化されたのであると指摘している（与那覇 二〇〇六：一〇七）。

（12）遺伝子だけではなく、精子や卵子などについても同じ指摘ができるだろう。「精子ないし卵子のみの単一的な連続性が、それのみにとどまらず、社会関係としての親子関係全体を規定的に代表する象徴として、社会に定着した」（清水 一九八九：六五）と指摘されているが、実際に人びとがどのような場面で、何を達成するためにそれらの言葉を使うのかを、われわれは分析する必要がある。

（13）門野は親子関係に関して、「子産み規範」「親子の血のつながり」「母親による妊娠・出産」「親子の愛情による絆」という構成要素を導出している（門野 二〇〇六）。

（14）民俗生殖理論の研究では、さまざまな民族がどのように親と子が「生物的」につながりをもつと考えているのかを分析している。そして、社会によって、「生物的親」と「生物的子」のつながりを表象する身体的構成要素が多様であることが報告されている（栗田 一九九九：三六五）。

（15）親子間の身体的構成要素のつながりを否定する事例として、民族誌的によく知られているのはオーストラリアとメラネシアのトロブリアンド諸島の社会である（清水 一九八九：五八）。よくあげられる事例として、ミクロネシアのヤップの生殖観がある。ヤップ社会では男女の性的な結合は妊娠とは何のかかわりもないことが強調される（清水 一九八九：五五）。

（16）ストラザーンの論点は、二〇世紀後半のイギリス文化において自然とは選択の対象であり、もはや与件ではないということ、自然と技術は代替的であるということである（Strathern 一九九二）。

（17）一方、新明は血縁に関して「親本能や子本能の如きものを一応受け入れてよい」（新明 一九三七：九）とも言及している。

（18）DNA鑑定は、「子どもの利益」になる限りで積極的に活用されることが指摘されている（椿 一九九六）。

（19）「母性」に対する批判はさまざまな角度から行なわれてきた。例えば、親、特に母親が子どもの将来にわたるアタッチメントに必要であるという概念は通歴史的、通文化的なものではない（Ambert 一九九四：五三二）。母性剥奪理論は伝統的な家父長制イデオロギーに適合するため、非常に魅力的だが、西欧の専門家が産出するこのようなパラダイムは他の社会や現代には有害だという批判がある（Ambert 一九九四：五三一）。

（20）これらの二つの規範的言説は、階層によって異なる用いられ方をしており、ジェンダーや親の状況も重要な変数である（Edwards et al. 一九九九）。また、二つの規範的言説が衝突する他の事例としては、子どもを「もっとモニタリングせよ／モニタリングするな」という規範的言説の存在が指摘されている（Ambert 一九九四：五三七）。

〔21〕ステップファミリーなどの混合家族にとって最も困難な適応は適切な境界を確定することだと指摘されている（Braithwaite, et al. 二〇〇一：二二五）。

〔22〕現代社会においては、自分は何者なのかという「アイデンティティ」と、自分は何に属しているのかという社会関係には高い賭け金がかかっていると指摘されている（Brodwin 二〇〇二）。

〔23〕上杉（二〇一二）は、子どもを持とうと希望しても、生物的な理由からカップル以外の第三者の関与が必要になるアメリカの同性カップルを事例にして、ドナーの位置づけを検討している。生まれた子の親権や監護権をめぐる争いを避けるため、ドナーや代理母を完全に親子・家族関係のなかに包摂する、すなわち完全な法的親子・家族関係を認めるわけにもいかなかった。そこで、同性カップルはドナーや代理母を親子・家族関係から排除せず、かといって完全には包摂しない第三の道を模索しているという（上杉 二〇一二：二二〇）。上杉によれば、同性カップルたちの試みは、見方によっては、生殖補助医療という先端技術を利用して伝統的な「血の（自然的）つながり」に基づく親子の関係性を再現し、核家族を形成しようと試みているといえなくはないが、同性カップルたちが実践している「多元的親子関係」や「相互浸透的家族」は、たんなる伝統への回帰と見なすべきではなく、伝統的な関係性の包摂をも視野に入れた、より多元的かつ複数的な新たな社会・文化のあり方を構想するものであるという（上杉 二〇一二：二二三－四）。

第二章

〔1〕もちろん、親族間の養子縁組や、自分の婚外子と養子縁組するなど、血縁のある者の間の養子縁組も存在するが、ここでは、血縁関係のない者の間の養子縁組を念頭において議論する。なぜなら、本論で対象とする養子縁組の議論は、主に他児養子を念頭においているからである（三章）。なお、既述したが、誰を親族とみなし、他者とみなすかは、文化や時代によって異なる。

〔2〕家族や福祉に関する政策や支援の場面では、日本人は血縁を重視し、そのような意識や態度は、日本の文化や伝統であるという言説が頻繁に登場する（岩本 二〇〇六）。与那覇潤は、一般の日本人が「自分たちは血のつながりを重視している」という「誤った」自画像を抱いていることに疑問を持ち、日本人が日本社会における家族と「血」との関係をいかに論じてきたかについての言説分析を行なっている。具体的には、明治期の親族法制の編纂過程とそこに現われた家族論を分析対象とし、当時の人間の主観に沿った血統観・血縁観の展開を明らかにしている（与那覇 二〇〇六：八九－九〇）。

〔3〕上層の家では、妻は男児を産むのが役割で、育てることは役割ではなかったとされる。江戸時代の離婚理由「七去」の一つには「子なきは去る」がある。上層の家では男児を確実にもつために妾などが持たれた。

〔4〕養子縁組に限らず、家の成員である非親族の位置づけをめぐっても同形の議論がある。有賀・喜多野論争では召使・奉公人など、家に住み込みで仕える非親族をどう解釈するかが焦点となったが、この論争も、どの部分に着目して解釈を行なうかという違いによって生じた論争だったといえる（米村 一九九九）。

〔5〕例えば、里親制度の発展をはばむ理由として、「たしかに家族の閉鎖性は強く、日本人は家の存続を重んじ、血縁関係に重点をおく」（松本 一九七七：六）と、家意識の残存という説明がなされている。

〔6〕「イエ制度の崩壊を通して〈血〉のイデオロギーから解放されたわけではない」「イエよりも、むしろ現代家族の方が〈血〉のイデオロギーの上に真っ直ぐに立って成立しているのであ」る（葛野 二〇〇〇：一〇九）という指摘もある。

〔7〕家が残存しているのかどうかは不妊治療による子産みのプレッシャーの場面でも解釈が分かれている。例えば、「『イエ』イデオロギーが次第に薄らいできた今日では、『子を産むことの強制』よりも『母性』によって女性が自分自身を縛っている状況の方が『不妊治療』をめぐる問題としての根が深い」（柘植 一九九六：二三〇）という解釈と、「われわれの社会に残るイエ意識を育てた家族制度は、（中略）半世紀近くも前に廃止されながら、今なお、こと『子産み』に関して女性を拘束し続けているように思われる」（浅井 一九九六：二六八）という解釈があるように、家の残存をめぐっては、反対の解釈が存在する。

〔8〕坂本佳鶴恵は、「家について語る場合には、国による個人支配を背景として、一元的に家族成員を序列化する〈家〉、地域的多様性と主体的集団としての独自性をもつ『家』、学的な構成概念としての家のいずれかを用いるのかが明確でなければならない」（坂本 一九九〇：五八）と主張し、家について論じる従来の研究が〈家〉と『家』と家を暗黙のうちに同一のもの、あるいは無矛盾な類似物とみなして、同義に用いていることが少なくないと批判している（坂本 一九九〇：五八）。このような混乱は養子縁組と血縁を論じる議論にも当てはまるだろう。

〔9〕ちなみに、養子縁組見直しに関する法制審議会（四章にて後述）の基礎資料として、一九八二年に法務省民事局が養子縁組および離縁に関する全国的な実態調査を実施している。これによれば、未成年（〇～一九歳）養子七四六件中、実子を養子とした事例が五件、妻の子を養子とした事例が五一〇件、夫の子を養子とした事例が四八件（これらは連れ子養子と呼ばれる）、その他の事例（孫との養子縁組はここに含まれる）が一八三件であり、日本ではなんらかの親族関係のある子どもとの養子縁組が多かったことがわかる（三浦 一九八三）。

〔10〕また、明治民法上の家から非親族が除外されたことに「血縁の志向性の強化」を読みとる論者も存在する（広井 二〇〇二：中野［一九五九］一九六八：一四一）。

〔11〕日本において、養子は親族から選択されることが多いが、父方母方、夫方妻方、男女の区分、世代規制などが極めてあいまいであると指摘されている（上野 一九八八：一九七）。

〔12〕ちなみに、農家の養子縁組のあり方は、家の再生産が農業生

産によって行なわれるため、再生産の諸条件に規定されるという（大藤 一九九六：二七一）。

〔13〕実子による継承が実現するかどうかは男子数の多少に影響されると指摘されている（黒須・落合 二〇〇二）。

〔14〕これらの論点については、養子縁組の社会的機能、例えば、家の継承戦略やコミュニティの再生産戦略などに着目する研究も行なわれてきた（黒須・落合 二〇〇二など）。

〔15〕未成年養子縁組の減少に対する問題化は主に児童福祉的な観点からなされてきた。「施設から家庭へ」という先進国の児童養護の潮流に逆行する日本の未成年養子縁組の減少は、日本の施設養護中心の児童養護政策の証左として、また家庭養護に対する人びとの意識の低さとして、改善すべき現状であると批判されてきた（養子と里親を考える会編 二〇〇一）。

〔16〕統計上の未成年養子縁組の減少に対しては、血縁意識の強化以外にも、さまざまな解釈がある。例えば、人口学的要因（出生率のデータから少子化による養子となる子どもの減少）、規範的要因（家と跡継ぎに関する意識調査から家規範の弱化、子育て観の意識調査から子ども願望の弱化）、制度的要因（未成年養子縁組に消極的な政策主体）などである。これらさまざまな要因が養子縁組減少の説明項として提示されているが、経験的なデータによって実証されていないため、検討の余地がある。まず、人口学的要因について考えてみると、養親候補者に養子縁組したいという選好があっても、養子となる子どもがいないという状況が想定できる。そのため、養子縁組の減少についての解釈では、未成年人口や養保護児童の減少という人口学的要因も指摘されてきた。養子縁組はコミュニティ内の人口の不均衡（子だくさんの家と子なしの家の両方の存在）によって発生する面があるため（黒須・落合 二〇〇二）、人口政策による「生殖の統制」により婚内で数少ない実子を育てることが一般的な現代日本において（田間 二〇〇六）、養子の供給源が多くない事実は未成年養子縁組数が減少する重要な要因だと推測される。しかし、一九五〇年から二〇一〇年までの間に未成年者の総人口は五七・二％減少したが、戦後、要保護児童の数はそのように減少してはいない（驚くことに、戦後、乳児院の数・定員数も児童養護施設の数・定員数も減少せずに、一定に保たれている！）。ゆえに子どもの数が減っているという人口学的要因だけで養子縁組の減少を説明することは難しいと考えられる。さらに、考察すると、親族の子どもと養子縁組することは子どもの数の減少・キョウダイ数の減少により説明できるかもしれないが、要保護児童数は減少していないため、要保護児童と養子縁組することが要保護児童数の減少により説明できるとは考えにくい。しかし、養子にできる子どものカテゴリーが変化したとはいえるかもしれない。次に、家意識の弱化だが、「他人の子どもを養子として家を継がせたいか」という質問に対しては「継がせない」という意見が戦後増加しているが（統計数理研究所 各年度）、成人を養子とする件数は大きく減少していないため、家の後継ぎとして未成年子を養子にする傾向は弱化しているとしても、家意識自体が弱化しているという認識自体には留保が必要である（湯沢二〇〇一b）。また、子育て観については、

現代は「子どもが忌避される時代」（本田 二〇〇七）であるという指摘がある。しかし、既婚女性に対する意識調査をみると、「結婚したら子どもをもつべき」という意見は年度を追うごとに減少しているものの、「結婚したら子どもをもつべき」という意見に賛成する割合は六六・六％、反対する割合は二八・九％で、「結婚したら子どもをもつべき」という意見に賛成する既婚女性の方が圧倒的に多い（国立社会保障・人口問題研究所 二〇一七）。結婚しても必ずしも子どもをもつ必要はないか聞いたところ、「賛成」とする者の割合が四二・八％（「賛成」二二・五％＋「どちらかといえば賛成」二〇・三％）、「反対」とする者の割合が五二・九％（「どちらかといえば反対」二〇・一％＋「反対」二二・八％）となっており、反対する者の割合の方が多い（内閣府 二〇〇九）。また、有配偶女性の子どもの数をみれば、四五～四九歳で子どもがいない有配偶女性は一九九二年に三・七％、二〇〇二年に四・〇％、二〇一〇年に七・四％であり、子どもがいない既婚女性は増加傾向にあるものの、現代でも少数派であるといえる（国立社会保障・人口問題研究所「第14回出生動向基本調査」http://www.e-stat.go.jp/SG1/estat/GL08020103.do?_toGL08020103_&tclassID=000001040174&cycleCode=0&requestSender=search, 二〇一三年三月一日閲覧）。これらのデータをみると、既婚女性に子どもをもつことが忌避されているとまでは言い難い。また、人びとが子どもをもつことを忌避するようになったとすれば、養子縁組や里親だけではなく不妊治療も増加しないと考えられるが、不妊治療を用いて子どもをもつカップルは増加しており、体外受精による出生児数は二〇〇〇年で一万二二七四人、二〇〇五年で一万九一一二人、二〇一〇年で二万八九四五人と増加している（日本産科婦人科学会「ARTデータブック」）。

〔17〕家族社会学の家族変動論では「家族形態＝家族意識」という対応関係が想定されることが多いが、ある家族形態を取っている理由が規範のためなのか状況のためなのか（光吉 一九八六：三九：杉岡 一九九〇：一〇）、または選好による選択なのか、貧困などの経済的要因やエスニシティなどの文化・社会的要因といった構造的制約にもとづく選択なのか（渡辺 一九九五）などの違いについては、家族形態だけを観察してもわからない（盛山 一九九三）。

〔18〕小熊英二は、「日本に血統イメージが強いという指摘はまちがいではないだろうが、その『血統』が何を指すかは、それほど明確なわけではない。日本における血統とは、生物学的な純血意識、中国・朝鮮型の父系血統、イエ集団の系譜という、三つのものの混合である。日本の同化政策論が、『血統意識』の弱さでなく、強さを示していると先に述べたが、より正確には、それは『血統意識』の強さとあいまいさの結合の産物というべきだろう」（小熊 一九九五：三九一）と述べているが、この辺りのあいまいさが血縁について分析する際の困難であろう。

〔19〕従来の養子縁組の研究においては、養子縁組における養親子関係に注目が集まり、実親子関係には関心が薄かった。例えば、従来の養子縁組研究の論点のひとつは、養親子関係を親族関係ととらえるか、親方子方関係ととらえるかという点であったが（長

谷川 一九八八)、ここでは養子縁組における養親子関係の本質や定義に関心があつまり、実親子関係についての関心はみられない。
〔20〕開放的養子縁組は、実親と養親が直接交流するような養子縁組を指し、半開放的養子縁組とは、実親と養親が直接交流はせず、第三者機関が介在するような養子縁組を指す(桐野 一九九八)。
〔21〕アメリカでは、開放的養子縁組は当事者間での匿名性が強く保障されてきた従来の養子縁組とは異なる新しい養子縁組のスタイルである。一九八〇年代頃から、実親と養親候補者が養子縁組の成立前から交流を持ち、養子縁組成立後も養子縁組あっせん団体などを通して、あるいは直接、手紙や電話を通じて交流したり、お互いを訪問したりする実践が急速に広まった。この実践では、養子になった子どもは自分が養子であることを知るだけでなく、実親との間に一定の関係性を保ちながら成長していくことになる(原田 二〇〇八:五四八)。戦後になって、未婚での出産に対する偏見が弱まり、それを隠す必要性が小さくなり、実親、特に実母たちは、匿名性を放棄してでも、子どもがどんな家庭に養子にいくのか、子どもがその後どう暮らしているのか知りたい、子どもと会いたいという希望をもつようになったという。実母たちが匿名性のために養子縁組の決断ができないと、養子に出される子どもが減ってしまうおそれがある。養子可能な乳児を確保するために、実母の希望をできるだけ聞き入れて、養子縁組の決断を促進しなければならない事情が開放的養子縁組が広がる背景にあったという(原田 二〇〇八:五五一)。
〔22〕特別養子縁組に関する先行研究は、制度や運用に関わる技術的な問題点を指摘するものがほとんどである。例えば、制度に関しては、養子になれる子どもの六歳という年齢制限は子どものサービスを受ける権利を狭めること、養親と養子の試験養育期間が終わった後に実親が養子縁組の同意を翻すことが可能であり、養子縁組に関する実親の同意の時期が遅すぎること、裁判の審判書に事件本人すべての本籍・現住所が明記され、それが実親・養親両方に送付されるなど当事者のプライバシーが守られていないこと、などが問題点として挙げられている(岩崎 二〇〇一)。また、運用面に関しては、児童相談所の養子縁組に対する取り組みに格差があること、里親制度が養子縁組の試験養育期間六ヶ月充足のために利用されており、里親制度と養子縁組制度が混在していること、民間団体が第二種社会福祉法人の届出を行わずにあっせんを行なっていること、などが指摘されている(鈴木 二〇〇一)。
〔23〕例えば、柏木惠子は誰が親なのかという点が流動化してきた現代において、「誰を親とするかを決めるうえで最重要なことは、自らの意志にかかわりなく大人の意志と医療技術によって誕生してくるものいわぬ子どもの健やかな成長・発達・幸福が保証されなければならないことである。そのためには、子どもをもつことを強く求め、その子の最大の幸福を願い養育の責任をもつものこそ、血縁いかんを問わず『親』であり、それ以外のものは親たる権利を主張すべきではないであろう」(柏木 二〇〇三:三〇八)と述べ、「血縁モデル」から「養育モデル」への転換を主張している。
〔24〕なお、養子縁組の当事者には生みの親もいるが、本書では生

みの親へのインタヴュー調査は行なっていない。生みの親についての先行研究としては、白井（二〇一四）の研究がある。

〔25〕海外には実子（実子として育っている子ども）と養子を比較した研究もある。養子が親の期待を満たしているか、学校で学業達成しているか、友達に受けいれられているか、自尊心が高いか、行動障害や神経症の兆候がないかについて実子と比較する研究である（Hoopes 一九九〇：一五三）。このような研究は養子と実子に違いがないことを養子縁組の「成功」とみなすものである。研究結果としては、実子と養子には違いがない／違いがあるという正反対の知見がある（Hoopes 一九九〇：一五八－九）。

〔26〕大阪府および兵庫県の各児童相談所と連携して養親・里親をあっせんしている家庭養護促進協会が開いた「養子を育てたい人のための講座」の受講生へのアンケート調査（一九九八）で、養親に対して養育の意味について尋ねたところ、「子どもを持ち、育てることによって自分が成長する」という答えが八一・二％、「家族の結びつきを強める」が五四・七％、「自分の生命を伝える」は一七・六％、「自分の志を継いでくれる後継者をつくる」は一〇・六％、「家の存続のため」は六・五％、「老後の面倒をみてもらう」は〇・八％、と経済的・実利的な目的で子どもをもとめる動機は少なかった。これは、あっせんの段階で、経済的・実利的な目的で子どもを求める希望者を断っているためだと考えられる。

〔27〕古澤頼雄ら（一九九七）が特別養子縁組で養子を育てている三四組の養親たちに、子ども観、育児不安、親になることへの感情を尋ねたアンケート調査によれば、養子を育てている母親は実子を育てている母親よりも、「子どもを育てることは人生最高の楽しみの一つである」「親であることに充実感を感じる」という母親が多く、養育や養親子関係を肯定的にとらえている。配偶者との関係を見ても、養子を育てている母親や父親は、実子を育てている母親や父親よりも配偶者間の情緒的な結びつきが強く、子どもの養育を中心に情緒的に凝縮した家庭を形成していることがわかる。

〔28〕家庭養護促進協会大阪事務所の岩崎美枝子が行なった実際に養子を養育している養親へのアンケート調査（一九九七）によると、養親たちは、「血縁の親子と比較して〔自分たちの親子関係は〕どうか？」という質問に対して、「血縁の親子と同じ」が六五・八％、「血縁の親子以上」が一六・七％と、答えており、「血縁の親子に及ばない」は三・三％しかない。

〔29〕ちなみに、養親たちの告知に対する意見についても調査が行なわれている。岩崎美恵子が特別養子縁組成立家庭に対して行なった調査（一九九七）によると、告知に対しては肯定的な意見が多い。しかし、実際は告知を行なっておらず、意識と行動に差異がある。例えば、告知について、「うちあけることについてどう思うか」という質問に対して、「うちあけた方がよい」が五九・二％、「うちあけない方がよい」が一〇・〇％、「わからない」が二四・二％、「その他」が五・八％、と「うちあけた方がよい」という意見の方が多い。しかし、実際に告知をした養親は二七・五％であり、していない養親が七〇・八％と圧倒的に多く、意識

と行動に差異がある。また、古澤頼雄ら（一九九七）の調査でも、告知をするつもりであると一〇〇％の養親が答えたが、実際に告知している養親は半分以下で、実親と交流がある養親も半分以下である。もっとも、どちらの調査においても、回答者の子どもがまだ幼いため告知をしていないということが考えられる。

〔30〕ちなみに、米国においては「ルーツ探し search」という観点から養子の実親の存在に対する「アイデンティティ」が主題化されてきた。米国の文献におけるルーツ探しの定義を最大公約数的にまとめると、養子が養子縁組事情や実親の個人情報を求めたり、実親との対面を企図したりすることを意味する。日本の養子縁組とは異なり、米国の養子縁組では実親の情報が原則として非公開であったため、養子がなぜルーツ探しをするのか、どのような特徴をもつ養子がルーツ探しをするのかなどを明らかにすることは、実親情報の開示を争点とする政策や運動を支えるまさに政治的な問題でもある（野辺 二〇一一）。実親の情報が開示されない養子縁組に対する社会の対応は時代とともに大きく変化してきた。一九五〇年代までは養子縁組の情報を非公開にすることは肯定的に考えられ、論点ですらなかったが、一九七〇年代に入り、ルーツを求める養子の社会運動が起こった（Carp 二〇〇二）。一九七〇年代当時のルーツ探しを正当化する研究は、ルーツ探しをする養子は精神的に問題があり、ルーツ探しができなければ（＝実親の情報が養子に開示されなければ）精神的な問題が解決できないというものであったが（Carp 二〇〇二）、現在ではルーツ探しをすることは青年期の自然な好奇心であり、実親の情報や実親との対面を求めることは正常なことであるという考え方が優勢になり、法整備やソーシャルワークの方針に大きな方向転換を迫っている（Brodzinsky 一九九八）。しかし、その一方でルーツ探しをしない養子がなぜルーツ探しをしないのかについては十分明らかにされてこなかった。養子の大部分がルーツ探しをしないことがすでに指摘されてきたが（Kadushin & Marthin 一九八八：五八四）、ルーツ探しをしない養子の「アイデンティティ」を明らかにすることは、ルーツ探しの正当性を支える「心理学的なニーズ」というイデオロギーを崩してしまう可能性がある（Carp 二〇〇二）。

〔31〕例えば、厚生労働省のマニュアルでは「後に、本当のことを打ち明けた時に、隠していたことで親に不信感を抱いたり、実子でないことに引け目を感じてしまうこともあります」「真実を告知したあとも、よい親子関係が保たれ暮らしているという例は数多くあります」（厚生労働省雇用均等・児童家庭局家庭福祉課 二〇〇三：一三五）と、親が告知をしなかったり、遅くなってから告知をしたりすると親子関係が悪くなることを説明し、子どもが小学校を卒業するまでに養親自身が告知することを推奨している（厚生労働省雇用均等・児童家庭局家庭福祉課 二〇〇三：一三四－五）。

〔32〕ちなみに、第三者が関わる生殖補助技術の場合は、生い立ちや自分の出生の家族の代わりに遺伝的ルーツや遺伝的知識という用語が用いられ、同形の主張がなされる。

〔33〕エリクソンの理論に対する批判的検討は上野編（二〇〇五）参照。

〔34〕子どもの権利条約は、母子関係を子どもの人格形成の基礎と考える母子関係論を基礎に据えていると指摘されている（野澤一九九六：三七）。母子関係論に対しては批判も多いが、子どもの権利条約そのものが批判的に再検討されることは少ないようだ。

〔35〕海外では、養子の葛藤については、主に心理学的なアプローチから、喪失、トラウマなどの概念を用いて、子どもが実親から離されたことから発生する心理的困難や養親家庭での不適応が説明されることが多かった（Leon 二〇〇二）。心理学的アプローチをとる養子研究の多くは臨床的であるため、研究者は精神病理学的な説明モデルを使用してきた（Wegar 二〇〇〇）。しかし、養子の葛藤を治療の対象として客体化する説明モデルでは、養子と社会との相互行為や養子の主体的な対処を主題化することは困難である（野辺二〇〇九）。

〔36〕ジェンダーと密接に関連している「身体」についても同様の視点がある。身体について差異化という視点が可能になった背景について、荻野美穂は「新たな身体観が一定の妥当性をもつようになったのは、ここで見てきたようなフェミニズムの理論的成果ばかりでなく、同性愛、トランスジェンダー、性同一性障害と性転換手術、インターセックスなど、性の二元論の相対化を迫るような現象やその当事者の可視化、あるいは生殖テクノロジーや臓器移植（脳死、ヒト間、異種間）、免疫系の研究のように、身体あるいは自己と他者の境界の自明性をゆるがすような技術や理論が普及しつつあることとも、密接に関係している」（荻野 二〇〇二：二九）と指摘する。生殖補助医療が進化している現代においては、血縁についても同型の指摘ができるだろう。

〔37〕ここで「意味の社会学」に属するとされている研究は、ウェーバーの理解社会学、シュッツやバーガーの現象学的社会学、ガーフィンケルのエスノメソドロジー、ブルーマーのシンボリック相互作用論である（西原 一九九八）。また、本書はインタヴューデータを解釈・分析する上で、ゴフマン、ホックシールド、レインなどから多くを学んでいる。

〔38〕渡辺秀樹は、家族の多様化についての議論は、「人々が〔画一的〕な家族的出来事を〔宿命〕として経験するのではなく、〔多様〕な家族的出来事を〔選択的〕に経験する方向に変化しつつある、ということを共通の意味として含んでいるように思う」（渡辺 一九九五：四九）と述べ、結婚と出産に関する統計データの分析を通じて「仮に家族の実態が意思決定の結果であるとすれば、状況制約的多様性から選択的画一性へ移行しつつあるのが現在である。現代家族の多様化仮説の中心的含意である選択的多様化の時代は、まだやって来てはいない」（渡辺 一九九五：六五）と判断している。また、「選択性の増大は、必ずしも多様化につながらない」（渡辺 一九九五：六〇）と述べている。

〔39〕野々山久也は、「家族ライフスタイルの多様化は、むしろそれが個人の選好動機に基づいて選択された家族ライフスタイルなのか、それとも規範拘束的または集団拘束的に強いられた、あるいは状況妥協的に已むなく受け入れざるを得なかった生活様式なのかという区別が重要となる。すなわち現時点においては、それは自主的かつ主体的な選択であったのか否かを、量的にではなく、

むしろ質的に問うことによってのみ明らかにされることになる」（野々山 一九九九：一七三－四）と述べている。本書の分析は野々山が提起した問いを養子縁組という事例で検証する試みだといえよう。

（40） 養親希望者が常に不妊当事者とは限らないが、実態として子どものいない夫婦が養子縁組をすることが多く、制度の運用の場面でも養親候補者として実子のいない不妊当事者が想定されているため、本書では養親候補者として子どもが欲しい不妊当事者を念頭においている（六章）。

（41） 個別の養親・里親の意識調査、不妊治療体験者の意識調査や研究はあっても（家庭養護促進協会 一九九八：フィンレージの会 二〇〇〇）、これらを「なぜ養子縁組という選択肢が選択／排除されるのか」という視点から分析・考察した研究はほとんどない。

（42） 親子関係は親や子の年齢などによって、把握する枠組みが異なることが考えられ、定位家族においては、自分の育てられ方、現在の父母に対する思い、現在の父母との関わり方の観点が、また生殖家族においては、親の子育て意識、親の子育て行動、親と子との関係、親としての社会化、親による子育て評価、子どもからみた親評価、などの観点が必要であると指摘されている（高田 二〇〇〇：六）。

（43） 荻野美穂は後に精子提供で生まれたことを知った子どもが「アイデンティティ・クライシス」に陥り、生みの親を探す事例を例にとり、親だけでなく、子どもも「血縁性と親性の一致という近代家族的な親子意識」（荻野 二〇〇五：四五）を相対化することはそれほど簡単ではないのではないかと指摘している。

（44） 親子関係の先行研究では、「子どもの発達にとっての親」という研究と、「親にとっての子ども」という研究の二つに分断されてきた（高田 二〇〇〇）。

第三章

（1）「家族の代替」とは、家族を全面的に失った子ども（いわゆる孤児・棄児など）に対して家族の養育機能を代替することであり、具体的なサービスとしては児童養護施設や里親などがある。「家族の補完」とは、親の就労がもたらす家族の養育機能の欠落を補完することであり、具体的なサービスとしては保育園や幼稚園などがある。「家族の支援」とは、家庭での養育の困難を緩和することであり、具体的なサービスとしては子育てのための環境作りから、子育てにおけるエンパワーメント活動を含む（庄司 一九九八：二七－三一）。なお、庄司洋子は今日における家族機能の代替は孤児や棄児への衣食住の提供だけを意味するのではなく、子どもの家族の現状に即して家族機能を代替しながらも、家族関係がもたらす子どもの人格発達への影響を視野に入れた独自の専門的機能も期待されており、家族機能の補完との境界領域を拡充しつつあると指摘している（庄司 一九九八：二八）。

（2） 厚生労働省による「『家庭的養護』と『家庭養護』の用語の整理について」では、「家庭養育という用語との関係や、国連の代替的養護の指針での用語の区別などを踏まえ」、里親などには

「家庭養護」の言葉を用いると述べられていることから、原文の家庭的養護という文言を家庭養護に改めた（厚生労働省「『家庭的養護』と『家庭養護』の用語の整理について」）。

〔3〕二〇一三年一二月五日に、民法の一部を改正する法律が成立し、嫡出でない子の相続分が嫡出子の相続分と同等になった。

〔4〕ただし、非嫡出子である実子を嫡出子にする目的で養子縁組する場合などの例外もある（養子が実子である事例）。

〔5〕現在、児童相談所で養子をあっせんする場合は、特別養子縁組が前提となっている。しかし、特別養子縁組の要件が整わない場合は普通養子縁組で縁組を行なったり、里親として子どもを引き取り、一定期間養育した後に、普通養子縁組をしたりする事例も存在しており、実際には、普通養子縁組も「子どものため」に活用されているといえる。

〔6〕このような「歴史法社会学的」な視点による研究には、例えば、日本人の「弱い法意識」が「つくられた伝統」であることを明らかにした研究などがある（佐藤 二〇〇四：一六一）。

〔7〕我妻ほか（一九五九a）、我妻ほか（一九五九b）の二つの座談会を資料とした。我妻ほか（一九五九a）の座談会の参加者は、我妻栄（東京大学名誉教授）、中川善之助（東北大学教授）、奥野健一（最高裁判所判事）、小澤文雄（東京高等裁判所判事）、村上朝一（最高検察庁公判部長・前法務省民事局長）、唄孝一（都立大学助教授）である。我妻ほか（一九五九b）の座談会の参加者は、市川四郎（最高裁家庭局長）、加藤一郎（東大教授）、鮫島龍男（家裁次席調査官）、立石芳枝（明大女子部教授）、谷口知平（大阪市立大教授）、千種達夫（東京地裁判事）、平賀健太（法務省民事局長）、我妻栄（東大名誉教授）である。氏名の順およびかっこ内の所属は原文のままである。

〔8〕法制審議会身分法小委員会の委員長であった加藤一郎は一九八二年に養子法の改正が審議された経緯について、①すでに二度検討されながらも結論が出ずに残された問題であること、②養子縁組については諸外国で大きな改正が行なわれ、今後の基本的な方向が示されていること、③判例で夫婦養子などが問題になり、また、特別養子縁組が菊田医師に関連して問題にされたこともあり、養子縁組の再検討が必要であると認識されたことをその理由として挙げている（加藤 一九八三：一四）。

〔9〕当時、法制審議会の委員であった民法学者の故中川高男氏から議事録を見せていただくことができた。記して深謝申し上げたい。

〔10〕国会会議録は、国立国会図書館のホームページを利用して資料を集めた。「特別養子」のキーワードで出てきた会議録六二件を資料として分析した。

〔11〕「養子と里親を考える会」は「家庭に恵まれない子どもの幸せを考え、養子制度および里親制度の改革、その他家庭に恵まれない子どもの福祉増進をはかる」ことを目的として発足した会である。『新しい家族』は法制審議会が養子法改正審議を開始した一九八二年に創刊され、制度の制定前は制度の内容についての議論を行ない、制定後は実際の制度の運用・実態について調査・提言している媒体である。この『新しい家族』を分析資料としたのは、

この雑誌の記事が法務省や法学者による論文に引用されるなど、制度の形成過程に一定の影響力をもっていたと考えられるからである。

〔12〕なお、第三者が関わる不妊治療は、精子提供、卵子提供、代理出産の事例を考えれば、子どもは同居親の片方もしくは双方とは血縁関係があることになる（精子・卵子のいずれも同居親のものではない場合のみ、非血縁親子ということになる）。

〔13〕本書の六〜九章の分析では事例ごとに類型化をして分析を行なうが、本書で扱う事例が代表例というわけではなく、本書で扱う事例がその類型にあてはまる事例のすべてを網羅しているわけでもない。本書の目的は、現実にありうるすべての事例を説明しようとしたり、「平均的」な事例を紹介しようとするものではなく、本書で扱うデータについてならば説明できる領域密着理論の構築を目指すものである。

〔14〕これらの比較の手法については、佐藤（二〇〇八）を参照した。

〔15〕本書の分析（七章）では、①実親子間に法的な権利義務関係があるか否か（普通養子縁組／特別養子縁組）、②日常生活の交流レヴェルで、実親と養子の交流があるか／ないか（閉鎖的養子縁組／開放的養子縁組）という二つの軸（二章）についても分析に含めた。

〔16〕このように判断した理由の一つは、本書の調査協力者のなかには自分が特別養子なのか、普通養子なのか知らない事例や、特別養子・普通養子という養子縁組の類型があること自体知らない事例があったからだ。そのため、本書は特別養子という法的類型自体よりも、特別養子縁組の立法を画期点にして形成された「一組の強固な親子関係」「親子関係とアイデンティティの分離」（四章）という認識枠組みが当事者に与える影響の方を重視している。また八章の分析の結果、法的類型よりも、養子になった年齢、告知がなされた年齢、生みの親との再会経験の有無という変数の方が、親子関係と自己の構築に着目して分析を行なう本書にとって重要な変数であることが明らかになったという理由もある。とはいえ、統計をみると、特別養子か普通養子かによって、養子になった年齢や背景、養親との関係（親族関係の有無）に差異が存在することは明らかである。普通養子縁組で養子となった事例と特別養子縁組で養子となった事例との詳細な比較は今後の課題としたい。

第四章

〔1〕日本の（特別）養子縁組を政治学の立場から分析した研究では、日本の養子縁組は運用の部分、具体的には養子縁組あっせんの部分で法的規制がないため、自由主義的であると指摘されている（Hayes & Habu 二〇〇六＝二〇一一）。しかし、二〇一六年に「民間あっせん機関による養子縁組のあっせんに係る児童の保護等に関する法律案」が成立したことで、今後、一定の規制がかけられることになる。

〔2〕また、養子縁組へのアクセシビリティは実親側から見れば、中絶、福祉制度（ひとり親家庭への支援や児童養護施設）へのア

クセスビリティ、養親側から見れば、不妊治療や里親制度へのアクセスビリティと関係している（六章）。そのような意味で、養子縁組制度・政策については他の制度との関連の考察も必要である。

〔3〕法制審議会での議論は一九五四年まで遡る。一九五〇年代の法学者たちには、「前近代的＝家のため」「近代的＝子どものため」という認識枠組みが共有されていた。これは、法学者の中川善之助が提唱した「家のための養子縁組↓親のための養子縁組↓子のための養子縁組」（中川　一九三七）という発展段階の理念型の影響が大きい（三章）。そのため、戦後の法の近代化を推進する潮流のなかで、養子縁組も近代化、すなわち「子どものため」の制度へ改革する必要性が主張されていたのである。戦後直後の家族法の大きな課題は、家制度の払拭と新しい憲法の理念に合致する「家族の近代化」であった。家族法のなかから家制度的な要素を消去する作業が行なわれ、その動きは養子法にも及んだ。婿養子、遺言養子など家の継承や家督相続など、家制度のために存在する条文は削除され、特に子どもの保護に配慮した条文として、「未成年者を養子とするには、家庭裁判所の許可を得なければならない。但し、自己又は配偶者の直系卑属を養子とする場合は、この限りではない」（民法第七九八条）という条文が民法に挿入された。民法改正前までは、すべての縁組が単に届出のみを要件としていたので（旧民法八四七）、養子縁組を偽装して行なわれる児童の人身売買事件が問題とされていた。そのため、戦後の改正法では、未成年者養子には家庭裁判所の許可を要するとし、児童の保護が図られた。

〔4〕特別養子縁組の立法は、児童福祉としての緊急なニーズがあるため、検討されているわけではなかった。法務省民事局の大森の解説によれば、「未婚の女性がその出産した子を自ら養育する場合が多くなっているので、今や、養子の給源としての非嫡出子の占める割合は大きくな」く、また「少産化傾向のもとでは、嫡出子が養子の給源になる余地もあまり大きくはない」（大森　一九八三：一九）からである。ちなみに、この当時は養子縁組全体のうち、六六・八％が成人養子縁組であり、全体の三分の一弱を占める未成年養子縁組のうち、七四・八％がいわゆる連れ子縁組（配偶者の子との縁組）であった。特別養子縁組の立法は、「子を育てられない親と子に恵まれないために養子を望む親との出会いの場を提供する」ことを目的としていた（大森　一九八三：二〇－二一）。

〔5〕「親子関係不存在確認の訴え」とは、親子関係が存在しないことの確認訴訟のことである。（戸籍法一一三条）。親子関係が存在しないことを確認する利益が認められる限り、誰からでも、期間の制限なく提起できる。

〔6〕我妻栄（東大名誉教授）の発言。

〔7〕実子特例法とは、実親が戸籍を届け出る前に実親子の法的断絶を認め、養子を「実子」として届け出ることを特別に認める法律である。議論の火付け役となった菊田自身は「出産しても母の戸籍に入籍せずに縁組できる養子法、すなわち断絶養子法を制定しなければならない」（菊田　一九七九：三四）と主張している。

なお、一九八七年に成立した特別養子縁組では実親の戸籍に入籍せずに養子縁組をすることはできず、実親の戸籍に出産の事実は残る。
〔8〕立法の経緯や成立した法律の内容については法務省から解説論文が何本も出ているので、それらを参照されたい。例えば、土屋（一九八七a：一九八七b）、細川（一九八七）など。
〔9〕加藤一郎（東大教授）の発言。
〔10〕同右。
〔11〕同右。
〔12〕中川高男（明治学院大学教授）の発言。
〔13〕同右。
〔14〕一九七九年四月二七日衆議院法務委員会での法務省政府委員香川保一の発言。
〔15〕野田愛子（東京高等裁判所判事）の発言。
〔16〕同右。
〔17〕一九八七年八月二五日　衆議院法務委員会での千種秀夫政府委員の発言。
〔18〕同右。
〔19〕一九八七年九月三日　参議院法務委員会での千種秀夫政府委員の発言。
〔20〕一九八二年の法制審議会での審議が始まると、イギリス、フランス、西ドイツ（当時）、イタリア、スウェーデン、アメリカの養子縁組について調査がなされている。
〔21〕加藤一郎（東大教授）の発言。
〔22〕法制審議会民法部会第二一回会議（一九八五年一〇月二九日）における鈴木禄弥委員（民法学者）の発言（法制審議会民法部会第二一回会議議事速記録二九－三〇ページ）。
〔23〕当時、法務省民事局の官僚と電話で意見交換をしていたというソーシャルワーカーによると、法務省へ養子縁組の実態に関するバックデータなどを提出したことはないそうである（『新しい家族』二〇一四：三六）。
〔24〕民法学者の高梨公之も実親・実子という言葉について、「『実の』というと『真実の』という連想は当然であって、縁組による親子は本来の親子ではなく擬制されたに過ぎないものという感じが払拭されないのである」（高梨　一九八二：一二）と述べている。
〔25〕法務省は一九四九年の人工受精児の誕生から一九八三年の体外受精児の誕生後も、生殖補助医療の法的規制を行なわない姿勢を変えなかった。二〇〇一年に入って法制審議会で生殖補助医療についての審議が始まったが、法整備は未だ行なわれていない。

第五章

〔1〕司法統計で確認すると、一九九八年に特別養子縁組の審判がおりた認容件数三七五件のうち、あっせん有りは二九八件、あっせん無しが七七件であった（司法統計　一九九八年）。なお、一九九九年以降の司法統計では「集計事務の簡素化」のため、このような養子縁組の内訳の情報が公開されていない。
〔2〕厚生省児童家庭局（一九八七）「特別養子制度における家庭裁判所との協力について」（http://www.mhlw.go.jp/bunya/

kodomo/pdf/tuuchi-25.pdf, 二〇一三年一一月六日閲覧）。

〔3〕ただし、子どもが六歳前からすでに養親となる夫婦に監護されている場合は、特別養子縁組の申し立てをする際に八歳未満であればよい（民法八一七条の五）。

〔4〕厚生労働省雇用均等・児童家庭局（二〇一五）「児童養護施設入所児童等調査結果」（http://www.mhlw.go.jp/file/04-Houdouhappyou-11905000-Koyoukintoujidoukateikyoku-Kateifukushika/0000071184.pdf, 二〇一七年二月一九日閲覧）。

〔5〕「福祉行政報告例」（厚生労働省 二〇一五）によると、養育里親に委託された児童の措置解除五九〇件中、養子縁組が理由の措置解除は八五件であった。

〔6〕一七一人の内訳をみると、「不妊治療をしていた」が二三・四%、「すでにやめていた」が六五・五%、「不妊治療を続けるかやめるか迷っていた」が一一・一%と、養親希望者が講座に出席する前に不妊治療を行なっていたことがわかる（家庭養護促進協会 一九九八）。

〔7〕里親になることを申請した動機を「その他」を含めて七選択肢のなかから一つ選択するものである。多い順に、①子どもがいないので里親となって子育てしてみたい（三四・七%）、②親との生活ができない子どもへの理解から、里親になって協力したい（二三・四%）、③養子縁組したい（一八・四%）、④生活にゆとりがあるので何か社会に役立つことをしたい（三・三%）、⑤実子・養子に兄弟姉妹が欲しいから（三・三%）、⑥身近に里親や里子がおり、やってみようと思った（一・七%）、⑦その他（六・三%）、回答なし（八・八%）となっていた（庄司 二〇〇一：七）。

〔8〕ソーシャルワーカーでもある櫻井奈津子は、里親制度について「現状として、長期的な養育を引き受け、委託解除後も児童との擬似的な親子関係を継続する養育家庭の存在によって、こうした児童のニーズがまかなわれてきたのであるが、このような長期にわたる児童養育は、養育家庭と公的機関における児童養育の責任分担をあいまいにし、結果的に養育家庭の個人的な資質に多くを頼ることとなった〔中略〕養子縁組を前提としない以上、制度上は養育里親そのものが子どものパーマネンスを保障する場にはならない。むしろ、実親等による養育を支援するための、施設等を含めたケア・チームとして位置づけられるべきであろう。〔中略〕しかし、養子縁組を前提としない里親としての役割をどこに求めるのかという前提があいまいなまま、養育家庭は養子縁組や施設養護で対応しきれなかった児童への受け皿に終始する結果となった」（櫻井 二〇〇三：二五）と述べている。

〔9〕厚生労働省雇用均等・児童家庭局（二〇〇二）「里親制度の運営について」。

〔10〕厚生労働省雇用均等・児童家庭局（二〇〇二）「『里親の認定等に関する省令』及び『里親が行う養育に関する最低基準』について」。

〔11〕子どもの発達に関して母子関係を重視する研究の流れは、この時から強まったという（大日向 二〇〇〇）。

〔12〕もっとも、これらの議論などへの批判は、「親が子に手をかけ

られない捨て子の多いような社会で『母性剝奪』の危険を警告することは意味があっても、そうでなくとも母と子が密室にこもっているような社会になってまで同じ警告を繰り返し続けるなんて、こっけいを通りこして危険」（落合 一九九四：一八一－二）というように、ホスピタリズム論を専業主婦がいるような家庭にまで拡張したことを批判したのであって、ホスピタリズム論を内在的に批判したわけではなかった。ホスピタリズム論が無批判に輸入された点についての批判は土屋（二〇一四）参照。

〔13〕「一旦建設された養護施設について、これを維持するには一定の在籍児童数確保が必要だ、という事情も介在していると思われる」（久冨 一九九〇：一九一）という指摘もある。

〔14〕ただし、二〇一六年の児童福祉法改正により、養子縁組に関する相談・支援が、児童相談所の業務として位置付けられ、政府は、特別養子縁組制度の利用促進の在り方について検討し、その結果に基づいて必要な措置を講ずることになった。

〔15〕なお、民法の親権制限制度が改正され、二〇一二年四月一日から施行された新たな親権制限制度では、従来の親権を奪う親権喪失に加え、最長二年間、一時的に親権の行使を制限する「親権停止」が創設された（民法八三四条の二）。

〔16〕ただし、二〇〇四年の児童福祉法改正によって、親権のうち、監護権、教育権、懲戒権が里親に付与されることになった（児童福祉法第四七条三）。

〔17〕和泉広恵は、「里親と委託された子どもは、血縁関係がないだけでなく、里親と子ども（または実親）の都合で関係が解消される可能性がある。酷な話だが、里親が子どもとの関係の悪化によって委託の解除を願い出れば、子どもは最終的に、その決断を覆すことができない。逆に、子どもが里親を虐待などで訴えれば、措置変更となることもあるだろう。実親が突然の引取りを要求したときにも措置変更の可能性が高い。このように、里親家族は、親子関係の解消が想像の範疇にある、つまり、親子の限界が常に開かれているという特異な性質を持っている」（和泉 二〇〇六：一六九）と里親子関係の特徴を述べている。

〔18〕一九九八年の司法統計によると、特別養子の認容件数三七五件中、子どものいる養親が四七件、子どものいない養親が三二八件であった。

〔19〕例えば、「日本では、家庭に帰る可能性のない子どもが選ばれて里親に委託される傾向が顕著です。それは、家庭を必要とするより多くの子どもの一時的保護のために、この制度が十分活用されていない。外国とは、この点が非常に違っています」（菊池 二〇〇七：一五二）という指摘がある。

〔20〕変化は具体的には、①里親の理念の変更、②民間団体の活用、③里親の認定条件をひとり親でも認めたこと、④五年ごとの再認方式を導入したこと、⑤毎年一度の里親研修の導入、⑥里親と通所施設の二重措置を認めたこと（里子を保育所に預けられるようになった）、⑦里親制度の対象が虚弱児や知的障害児に拡大されたこと、などがある（厚生労働省 一九八七「里親等家庭養育運営要綱」）。「里親及びファミリーホーム養育指針」（厚生労働省二〇一二）（http://www.mhlw.go.jp/bunya/kodomo/syakaiteki_

yougo/dl/yougo_genjou_09.pdf 二〇一七年二月一九日閲覧）

〔21〕「里親及びファミリーホーム養育指針」（厚生労働省二〇一二）（http://www.mhlw.go.jp/bunya/kodomo/syakaiteki_yougo/dl/yougo_genjou_09.pdf 二〇一七年二月一九日閲覧）

〔22〕また、体外受精は、男性不妊の要因である造精機能障害ばかりでなく、女性不妊の大きな要因の一つである卵管性不妊に対応するので、主に男性不妊に対処する人工受精よりも適応が広いということも強調された（横山・難波 一九九二：二三七－八）。

〔23〕「〔代理母とＡＩＤを〕単純に比較してはならないが、代理母を父系存続のための技術として捉えて批判するのならば、ＡＩＤは母系存続のための技術として見るのかということに関する考察が欠けている」（柘植 一九九六：二五一－二）という指摘もあるが、当事者たちのどの程度、父系存続、母系存続という意識があるのかは調査を要する。なぜなら、不妊治療を選択する際には、まず、不妊当事者の不妊原因によって選択できる治療内容がある程度決定するからだ。父系存続を希望しても、男性不妊の場合は叶えられないため、実際に選択する治療と選好との間には齟齬があり得る。

〔24〕http://www.itotec.com/hunin/hunin.html, 二〇一三年三月一日閲覧

〔25〕①対象者：⑴特定不妊治療以外の治療法によっては妊娠の見込みがないか、又は極めて少ないと医師に診断された法律上の婚姻をしている夫婦、⑵治療期間の初日における妻の年齢が四三歳未満である夫婦、②対象となる治療：体外受精及び顕微授精（以下「特定不妊治療」）、③給付の内容：⑴特定不妊治療に要した費用に対して、一回の治療につき一五万円まで、⑵⑴のうち初回の治療に限り三〇万円まで助成、⑶特定不妊治療のうち精子を精巣又は精巣上体から採取するための手術を行なった場合は、⑴及び⑵のほか、一回の治療につき一五万円まで助成、④所得制限：七三〇万円（厚生労働省ホームページ、http://www.mhlw.go.jp/stf/seisakunitsuite/bunya/0000047270.html, 二〇一七年四月二七日）。

〔26〕http://plaza.umin.ac.jp/~jsog-art/2011data.pdf（二〇一三年一二月五日閲覧）

第六章

〔1〕例えば、養子縁組の申請用紙の申込記入例では「不妊治療したが子どもに恵まれず」という文言が書かれていることがある。また、民間のあっせん団体のなかには、不妊治療を受けずに養子縁組を申込みした夫婦には不妊治療を受けなかった理由を問うところもある。このように運用の場面では不妊治療経験のある不妊カップルが養親候補者として想定されている。なお、法律的には、特別養子縁組であれ、普通養子縁組であれ、養親の要件として不妊であることや、不妊治療経験があることは求められていない。実子がいても養子縁組をすることはもちろん可能である。竹井恵美子（一九九九）は特別養子縁組をした養親として、子どものない里親希望者に対して当然のように不妊というストーリーが押し付けられることに疑問を呈しているが、そもそも特別養子縁組は

不妊カップルの対応策としても構想されていた面があり、運用の場面でも不妊カップルが養親として想定されている。

〔2〕さらにいえば、第三者が関わる不妊治療の第三者も親族か非親族かに区別できる。本書では、第三者内の区別については分析を行なわないが、この点について分析した論考に白井（二〇一三）がある。本書のインタヴュー調査で養子縁組を選択した事例のなかで、「親族間の養子縁組を考えたか」という質問に対して「考えた」と語った事例は〇事例であったが、白井（二〇一三）の調査によれば、不妊女性のなかには養子あるいは配偶子（精子・卵子）ドナーが「親族ならば許容する」と回答した者がいたという。

〔3〕本書の親世代の調査対象者のうち「自分は養子縁組したくなかったが、嫌々した」と語った事例は〇事例であった。しかし、このような事例が現実に存在しないとはいえない。子ども世代のインタヴュー調査からは、「自分の親（養母）は養子を取りたくなかったのに、跡継ぎが欲しいという姑からの圧力に負けて自分を養子に取ったようだ」という語りが一事例あったからだ。

〔4〕不妊治療に対する意識や行為の規定要因は、不妊当事者の不妊原因と子どもをもつことへの願望の強さであると考えられる。しかし、柘植（一九九九）はそれ以外の要因の存在も無視できないと指摘している。例えば、①技術の成功率・安全性・費用などの医学・医療の質の評価と、②技術に付随する文化的・社会的意味と患者の有する価値との整合性の両面から判断が行なわれていると指摘している（柘植 一九九九：二一六）。

〔5〕不妊治療には、その過程で「自分には子どもが必要だ」「子どものいない人生は考えられない」という意識が加速され、不妊治療から降りて、別の人生を歩むという選択が、当事者にはますます見えなくなっていくという傾向があると指摘されている（江原ほか 二〇〇〇：一八五）。

〔6〕出産・育児が義務ではなく選択になるにつれて、人びとは出産・育児を選択してもしなくてもよくなった。そのため、わざわざ出産・育児を選択する場合は、当人の育児に対する価値が高く、育児の質についても高いレヴェルを周囲もしくは自分自身が求めるようである。つまり、育児に対する価値が低い人のみが養子縁組を選択しないのではなく、育児に対する評価が高い人も育児の質が高くなり（すぎ）、養子縁組を選択しないと考えられる。

〔7〕子どものいない人生に進んだ事例のなかには、不妊だということ「養子を育てればいいじゃない」と「簡単に言われる」ことについて、「〝子どもがいるのが家族〟という考え方があり、不妊を全然認めていない」（⑭さん）とそのような発言に対して抵抗感を語る事例もあった。

〔8〕また、里親を選択した理由について宗教的な理由を語る事例もあった。ある天理教の里親は「他人の子を世話するのが社会奉仕」と語り、あるキリスト教の里親は「キリスト教の考え方だと家族は血筋だけではない。開かれている」「子どもは神様から授かるもの。神様から預かっている。自分の子にはしない」と語っていた。

〔9〕インタヴュー調査を進めていくと、養子縁組を選択しなかった二三事例は、養子縁組が（A）ほとんど視野に入らなかったグループと（B）ある程度考えてみたグループに分けられることがわかった。もっとも、「養子縁組したい」という選好があったのか否かを分析者の側から「客観的」に判断することが難しいことも同時にわかった。例えば、当事者が「養子縁組も考えた」と語ったとしても、実際の行動は、インターネットなどで情報を集めた、夫と「養子縁組もいいね」と話し合ったレヴェルから、実際に里親登録をし、児童養護施設に通ったというレヴェルまでかなりの幅があったからだ。

〔10〕もっとも、①の本人の選好は、②③④と完全に独立しているわけではない。本人の選好は②本人の状況、③人間関係、④制度の条件を反映して形づくられる面もある。例えば、本章で語りを引用したが、不妊治療による妊娠・出産の確率が限りなく低かったり、妊娠・出産によって母体に危険が生じたりするような場合は、「不妊治療はしたくない」という選好が形づくられることもあり、養子縁組が課す条件をみて、「そんな条件があるなら養子縁組をしたくない」という選好が形づくられることもありえる。さらに、②本人の状況や③人間関係については時間の経過とともに変化することが考えら、それに伴って、本人の選好も変化することが考えられる。

〔11〕上記の変数ごとに、養子縁組が選択／排除される条件をまとめると、①自分が産んだ子と近い形（排他的、非解消的、親密的）で子どもを育てたいという願望があること、②不妊治療による妊娠・出産の可能性が限りなく低いこと、③夫婦の意見が一致すること、④養子縁組を希望した際に制度が課す条件をパスできること、という点が抽出できるだろう。夫婦間の意見調整については、本書のインタヴュー調査では、夫は養子縁組したがったが妻が反対したという事例はなかった。一方で、妻は養子縁組したがったが夫が反対したという事例はあった。なお、不妊原因がどれくらいはっきりしているか、不妊原因が夫婦どちらにあるかによって意見の不一致をめぐる力関係は覆せる場合があることもわかった。例えば、養子縁組の決定に関して、夫に不妊原因がある場合、妻の要求が通る事例があった。とはいえ、夫に不妊原因があったとしても、夫が養子縁組に反対する事例もあった。不妊治療に関しても、「夫に原因があったらなら、不妊治療を頑張らなかった」という事例や「夫に原因があったので、姑から不妊治療について強く言われなかった」という事例があった。親世代の親の反応については、実際に養子縁組をした事例中、事前に実／義親に相談した、許可を取ったという事例は少なく、多くが事後報告であった。親が反対したから養子縁組をあきらめた、あるいは親が養子縁組を勧めるので養子縁組をしたという事例はなく、親は反対だったが養子縁組をしたという事例はあった。それゆえ、親の意見は養子縁組という選択にほとんど影響を及ぼしていないことが推測される（なお、養親となった一八事例中、一七事例は実親・義親とは別居している）（野辺二〇一四）。

〔12〕例えば白井千晶が不妊当事者に行なったアンケート調査では、不妊治療者に対して「養子縁組・里親を考えたことがあるか」と

いう質問に対しては、「ない」が六九%、「ある」が三一%で、「養子縁組・里親を考えたことがない」理由として、最も多かった理由は、「ほしいのは自分と配偶者の子どもである」という理由(六七・五%)であった(白井 二〇一一)。

〔13〕樂木章子は民間団体が提供する養親候補者のための研修の分析を通じて、「自分の子」という観念が「運命的なつながり」という観念と結びついていることを指摘している。樂木は、研修が養親候補者から引き出そうとする「その子どもと親子として宿命づけられている」という感覚は「血はつながらなくとも自分の子である」という根拠の構成に大きく寄与すると指摘している(樂木 二〇〇四:一五三;二〇〇六:一六三)。

〔14〕なお、誰かとの関係性を語らずに、単に「自分の遺伝子を残したい」と語る事例は本書の調査対象者のなかにはいなかった。ちなみに、卵子提供を受けた女性に対するインタヴューを読むと、「夫が自分の遺伝子を受け継いだ子どもを育てたいといっている」ため、卵子提供を受けて出産しようとする事例もあるようだ(http://www.babycom.gr.jp/ranshi/ranshi-3.html, 二〇一三年二月二四日閲覧)。

〔15〕養子縁組に際して、申込者(養親候補者)が子どもにつけられる条件はあっせん団体によって異なる。児童相談所によっては性別と障害のある/なしの希望を出せるところもあるが、民間団体には子どもの条件を一切受け付けない、すなわち「子どもに対して無条件」という条件を課すところもある。このことによって、運命的なつながりが演出されている(楽木 二〇〇四:二〇〇六)。

第七章

〔1〕なお、本書は当事者の分析については、「実子のいない夫婦が子どもを育てる目的で乳幼児と養子縁組を行い、養親が養子に告知を行い、継続的に養親子が実親と交流がない」タイプの養子縁組を主に取り上げると述べたが、比較のために実親と交流のある事例も取り上げている(三章)。

〔2〕本書が扱った一八事例では、普通養子縁組(実親子間に法律上の関係がある)では、すべての事例で実親子間に交流がなく、特別養子縁組(実親子間に法律上の関係がない)では、実親子間に交流がある事例と交流がない事例があった。

〔3〕発達障害は、「コミュニケーションの障害、対人関係や社会性の障害、学習の障害、さらに多動・不注意・衝動性」(厚生労働省省雇用均等・児童家庭局家庭福祉課 二〇〇三:九五)と解説されている。

〔4〕愛着障害は、「身体、知性、社会性の目覚しい発達を遂げる最初の一年は、赤ちゃんにとって大人への信頼を学ぶ最も大切な時期でもあります。赤ちゃんが自分の要求を泣くことで知らせ、親がその泣き声を聞き分けて、要求を的確に満たすこと——例えば授乳、抱いてあやす、オムツを替えるなど——で、満足感・幸福感を経験し、その人を信頼することを学びます。泣いても放置されたり、複数の大人がいつも違った対応をすると、感情を司る脳神経回路が強化されず、人間関係に無関心になり、良心や社会性が育ちにくくなることがあります」(厚生労働省雇用均等・児童家庭局家庭福祉課 二〇〇三:六八-九)と解説されており、さ

らに「愛着の絆の発達する的確な時期を逃すと、修復に長い時間と大きな努力が必要になります。一体一で子どもの生理的・心理的発達に沿った子どもの養育ができる里親が求められています」（厚生労働省雇用均等・児童家庭局家庭福祉課 二〇〇三：六九）と解説されている。

〔5〕生みの親の情報をどのくらいどのように養親候補者に開示するかは、養子縁組のマッチングの成否に影響を与える大きな要因であり、あっせん団体ごとに独自の戦略がある（Hayes & Habu 二〇〇六＝二〇一一）。

〔6〕例えば、「大人が子どもに良かれと思って行う判断が、いつも子どもの権利や利益につながるとは限りません」（厚生労働省雇用均等・児童家庭局家庭福祉課 二〇〇三：二八）、「子どもの意見を表明する力量形成のためには、子どもの自己主張に対して耳を傾ける『傾聴』、意見に対する『尊重』および適切に『応答』する姿勢が大切です」（厚生労働省雇用均等・児童家庭局家庭福祉課 二〇〇三：七七）と厚生労働省が発行した里親養育マニュアルに書かれているが、この考え方は告知やルーツ探しについても踏襲されている。

〔7〕「子どもはできるだけ一貫した家庭で、愛されているという実感をもって成長することが必要」（厚生労働省雇用均等・児童家庭局家庭福祉課 二〇〇三：一三七）とマニュアルで指導されている。

〔8〕例えば、「子どもに対しては、実親のことを悪くいわないこと、否定的にいわないことが大事」（厚生労働省雇用均等・児童家庭局家庭福祉課 二〇〇三：一一一）、「子どもの過去を否定しない、その子どもが語る親への思いにはそのまま共感的に耳を傾けても、里親側から子どものアイデンティティの源である実親の批判をしない等は基本」（厚生労働省雇用均等・児童家庭局家庭福祉課 二〇〇三：七三）と指導されている。

〔9〕生みの親が望めば、子どもと生みの親の交流を積極的におこなうことを親に課している養子縁組あっせん団体もある。そこでは、「産みの母には感謝すべし」という規範が形成されているという（樂木 二〇一〇：一三）。だが、産みの母の方から子どもとの面会をあっせん団体に求めてきた例はほとんどないようであり、実際、産みの母には、養子縁組によって予期せぬ出産を過去のものとし、新しい人生に踏み出した人が多いと指摘されている（樂木 二〇一〇：一四）。また、何らかの理由によって、産みの母が感謝の念に値しないと親と子どもに映る行為をとるような場合には、親は子どもと生みの親との接触を控えることで、「産みの母には感謝すべし」という規範を維持しようとする試みがみられるという（樂木 二〇一〇：一四）。

〔10〕ブロジンスキーによれば、開放的養子縁組は一般に養子に出した子どもと交流を望む産みの母に利益があり、子どもに対する影響については限られたデータしかないという（Brodzinsky 二〇〇五：一四八）。

〔11〕もっとも、親は養子が実子とどのように異なるのかについて明確な認識があるわけではない。それは、親のほとんどに実子がいないため、比較ができないからである。例えば、㉕さんは、

「〔養子と実子の〕違いはやっぱり生んでる、生まない、それだけだと思うんですよ。育てていくのは一緒だし、悩みも一緒ですからね。中学校の懇談会に行っても小学校の懇談会に行っても、親たちから出る言葉って一緒ですから。〔中略〕養子だからこうだ、実子だからこうだって実子を知らないんで。時にはね実子だったらどうだかなって思うことはありますけどね」（㉕さん）と語っていた。

〔12〕乳児院や児童養護施設で育った子どもも、何か問題が出てくると考えられている。児童養護施設の子どもについて研究した田中理恵は、家族崩壊とその子のパーソナリティは別の問題であるにもかかわらず、同じだと考えられていることに警鐘を鳴らしている（田中 二〇〇四）。

〔13〕心理学の専門家と提携し、心理学的基準にしたがって子どもを統治するのが、母親の意思となったとローズは指摘する（Rose 一九八九＝二〇一六：二二九）。過小評価されてきた母親であることの喜びや労働（子どもと話すこと、子どもと遊ぶこと、子どもに本を読み聞かせること、子どもとお絵描きをすること）は、社会的に評価された科学的な専門知の部門になり、母親自身を向上させる可能性を秘めたものとなったとローズは指摘する（Rose 一九八九＝二〇一六：二二八）。

第八章

〔1〕インタヴュー調査において、ルーツ探しについて尋ねる際には、「生みの親のことを知りたいと思ったか／思わなかったか、それはなぜか。知りたかったとすれば、何を知りたかったか。それはなぜか」「生みの親に会いたいと思ったか／思わなかったか。それはなぜか」と調査対象者に質問をした。また、生みの親の定義について尋ねる際には、一般的な「生みの親というもの」ではなく調査対象者個人にとっての生みの親に対する認識を尋ねた。具体的には「生みの親はあなたにとって家族／親か」「家族／親だとすれば、あるいは、家族／親ではないとすれば、それはなぜか」「生みの親はあなたにとってどんな存在か」と質問した。

〔2〕本書の対象者のなかにはそもそも普通養子縁組／特別養子縁組という法律上の区分を知らない者もいた。「就職の際に戸籍を取ったら、養子であることに気づいた」と語った事例では、その語りから普通養子であると筆者が判断した。しかし、このように戸籍をみて養子であることに気づくというのは普通養子縁組の特徴であろう。特別養子縁組も戸籍を見れば「民法八一七条の二による裁判確定」と記載されているので、養子であることがわかる。ただし、この文言の意味を知らない者にとっては養子であることがわからないため、本人が戸籍を見ても養子であることに気が付かない可能性がある。このような違いが養子の親子関係や「アイデンティティ」にどのような影響を及ぼすのかについては今後の課題としたい。

〔3〕日本における養子縁組の位置づけを再確認すれば、養子は養親に対して実子と同様の権利と義務（相続と扶養）をもち、養子と実子との間に法的な差別は存在しない。しかし、法的に平等であることは養子に葛藤が存在しないということと同じではない。

あからさまな制度的差別が存在しないことが、かえって当事者の葛藤や違和感の言語化を困難にしているという皮肉な状況がさまざまな事例において指摘されている（橋本 二〇〇二）。

〔4〕個人に葛藤や違和感があっても、それが社会問題として定義されず、クレイム申立てに至らないならば、その過程を分析しなければならないだろう（草柳 一九九六）。

〔5〕本書で扱っている子どもはほとんどが普通養子縁組で養子となっているが（三章）、ここで普通養子と特別養子の違いを考察すると、特別養子の場合は家庭裁判所が出す審判所に養子縁組を認容した理由が書かれている点であろう。養子縁組を認容した理由についてどこまで詳しく書かれているかはケースバイケースであるが、もし特別養子が望む／望まないに関わらず審判所を読んだ場合、養子となった理由をあいまいな理解のままにするということは不可能になるかもしれない。

〔6〕さらに、規定要因として④対面後の実親との人間関係も考えられる。本書のインタヴュー調査では、対面したグループのAさん、Cさん、Hさん、Jさんのうち、後の実親子関係の交流について葛藤を抱えたと語る事例もあったが、対面という経験自体を「会わなければ良かった／知らなければ良かった」と後悔として語った事例はなかった。対面がネガティヴなものだった場合、あるいはAさん、Cさんから語られたような経験を持たない養子の場合、実親を定義するカテゴリーとしてほかのカテゴリーが使用あるいは創出される可能性も考えられるだろう。

〔7〕忠誠葛藤とは、子どもが養親と実親のどちらかに忠誠心（信頼の気持ち）を持たなければならないとする葛藤のことをいう。子どもの忠誠葛藤は養子・里子だけではなく、離婚家庭・再婚家庭の子どもにも広くみられる「問題」であるとされている（厚生労働省雇用均等・児童家庭局家庭福祉課 二〇〇三：一一〇－一）。

〔8〕ステップファミリーの研究によれば、家族境界のあいまいさはストレッサーになるが（野沢 二〇〇四：二三四－五）、養子の実親に対する定義のように、どのようなカテゴリーを創出してこのようなストレスを回避しているのかは、家族の境界が流動化していると言われる現代においてひとつの論点となるだろう。

〔9〕養護施設に入所経験がある子どものスティグマに関する研究においても、子どもたちが自己に押し付けられた「養護施設における子どものスティグマの問題は表面化し難い構造になっている」ことが指摘されている（田中 二〇〇四：一五二）

〔10〕再会した実親と顔かたちが似ている場合は、実親と身体的つながりが容易に感じられるが、感情的なつながりがそれに続くとは限らないとイギリスの人類学者カーステンは指摘している（Carsten 二〇〇〇b：六九二）。

〔11〕自分の知らない出自が自己の「本質」のように感じられる社会風潮は、人びとが「真の自己」とみなすのは、当事者が「他の誰も知らない私」「誰にも見せたことのない私」と考える「自己」のことである（石川 一九九二：二五）ということが関わっているかもしれない。

〔12〕ルーツ探しの動因としては、自己決定という理念の影響も指摘されている。カーステンは「養子の再会の動機は遺伝子本質主

義の実践のように見えるが、実際は少し異なる」と主張する。カーステンによれば、子どもは遺伝子にこだわって生みの親と再会したいのではなく、生みの親と再会することで過去に対するエージェンシーの感覚を回復したいのだと指摘している（Carsten 二〇〇〇b：六八九）。

第九章

〔1〕本書で扱っている養子縁組によって形成される家族のように、生殖家族が常に「生殖」によって形成されるわけではないが、ここでは家族社会学の通常の用語法にしたがって、「生殖家族」という用語を用いる。

〔2〕子どもが社会的な状況のなかで、他者との相互作用を通じて、価値や行動のパターンを学習する過程は「子どもの社会化」（渡辺 二〇〇〇：四二－三）といわれる。もちろん、それには定位家族の親子関係だけが影響しているのではない。子どもの社会化には学校、仲間集団、マスメディアなど多様な社会化のエージェントが関わっている。では、子どもの社会化に定位家族での親子関係はどの程度関係しているのだろうか。子どもの社会化に関する研究のなかには社会化過程の帰結を、親の行動パターンと比較するという重要な研究課題がある。例えば価値観における親と子の一致・不一致、それを規定するさまざまな要因を探り、そのなかで親子関係がどれだけの規定力を相対的にもつかを探るというテーマである（渡辺 二〇〇〇：五三）。具体例として、階層研究における親と子の階層の比較、特に学歴や職業の比較などが挙げられる。地位の世代間移動や階層の再生産という論点で議論されているものである（渡辺 二〇〇〇：五三）。

〔3〕ただし、親へのインタヴュー調査では、養子を二人以上育てている親も多かった（七章）。

〔4〕この語りには「他人の子」を育てた自分の両親に対する賞賛と感謝が含まれているのかもしれない。

〔5〕正確に言えば、Gfさんは Gfさんの親の親族の子どもである（＝親族間養子）ため、親と親族関係があるという意味においては血縁関係がある。

〔6〕ここでは、次のバーガー＆ルックマンの引用が理解に役立つだろう。「習慣化された行為も個人にとってはその有意味的な性格を保持しつづけることはいうまでもない。――もっとも、そこに含まれた意味は彼の一般的な知識在庫、つまり彼によって自明視されており、手もとにあって彼の将来の計画実現のために役立つ知識在庫、のなかにルーティーンとして貯えられることになるのではあるが。習慣化は選択範囲を狭めるという重要な心理学的結果をもたらす。たとえば、理論的には木切れからいかだを作るという計画を実現するには無数の方法があるかも知れないにもかかわらず、習慣化はこれらの方法を一つに限定してしまうのである」（Berger & Luckmann 一九六九＝［一九七七］二〇〇三：八三）。

〔7〕子どもをもつことや不妊治療に対する意見にはジェンダー差があることがわかっている。例えば、結婚観や出産観については男性の方が保守的であることがわかっている（NHK放送文化研

究所 二〇一〇）。不妊治療に関しては、女性よりも男性の方が「利用する」「配偶者が認めれば利用する」と回答する者が多い（厚生労働省 二〇〇三）。また、養子縁組に関しては、「子供がないときは、たとえ血のつながりがない他人の子供でも、養子にもらって家をつがせた方がよいと思いますか、それとも、つがせる必要はないと思いますか？」という問いに対しては女性よりは男性の方が「つがせる」と回答する人が多く、二〇一三年の調査（数理統計研究所 ホームページ）で男性二八％、女性一四％である（もっとも、この質問文だと、子どもが未成年を指しているのか成人を指しているのかははっきりとわからない）。このように、既存の意識調査を確認すると、子どもをもつこと、不妊治療すること、養子をとること、のすべてにおいて、女性より男性の方が肯定する傾向があることがわかる。

〔8〕ただし、親世代のインタヴュー対象者全員に「あなたは親の実子ですか？」と質問したわけではない。本文中に引用した事例は、インタヴュー中に、対象者から自発的に出てきた語りである。

第十章

〔1〕また、特別養子縁組の立法に際しては、欧米社会では、養子縁組が慣習として存在していなかったからこそ、孤児救済という社会政策的な養子縁組がストレートに持ち込めたという指摘もある（三島 一九八八：二五四）。つまり、養子縁組を福祉制度として制度化する必要性が生じた時、抵触する慣習がなかったため、社会政策的な養子縁組がスムーズに導入できたということである。

〔2〕教育社会学者の内田良は、「子どものため Chilren First」のもとで展開しているのは、むしろ「専門家のため Professionals First」であると指摘する（内田 二〇〇七：二七二）。

〔3〕ただし、法務省民事局参事官室が一九八六年に発行した『「養子制度の改正に関する中間試案」に対する意見集』には福祉関係団体の意見として、全国児童相談所長会、（財）全国里親会、全国民生委員児童委員協議会心配ごと相談所委員会幹事会、社会福祉法人全国社会福祉協議会、養護施設協議会、乳児福祉協議会からの意見聴取が行なわれている。

〔4〕土屋（二〇一四）によれば、里親制度の理論的根幹となっているホスピタリズム論も欧米での知見が無批判に日本に輸入されたものだという。

〔5〕「どんな状況でいつごろから話すか」については、①遅くとも小学校を卒業するまでに、②親子の関係がよい時に、③里親が自らチャンスを見つけて告げることが望ましいとされている（厚生労働省雇用均等・児童家庭局家庭福祉課二〇〇三：一三四）。

〔6〕また、ここで付言すれば、現代では、生殖補助医療の発展によって、血縁の種類と程度に多様性が生じてきたと考えられているため、それらすべてを肯定するために「どんな生まれ方をしても、望まれて生まれてきたのなら良い」「どんな生まれ方をしても、愛されて生まれてきたのなら良い」という語り方も生じてきている。このような言説の状況をみると、親子関係の多様化と言説の画一化が同時進行しているのかもしれない。ちなみに、精子提供で生まれたある子どもは「『ＡＩＤをやってまであなたを生んだ

のだから、あなたは愛されて生まれてきた子どものはず』『生まれたことを親に感謝していないのか』『産んで育ててもらったのに、親を非難するのか』『生まれてこない方がよかったというのか』とか言われて、一時期は人に話すのがこわくなった。自分が悩んでいること自体を否定されているようだった」という葛藤を語っている（第三者の関わる生殖技術について考える会 (http://daisansha.exblog.jp/15099666, 二〇一三年一二月二八日閲覧)。

〔7〕ちなみに、産婦人科医のなかには「胎児虐待」という用語を使用する事例もあるようである（光田信明、二〇一一、「社会的リスクと周産期医療――胎児虐待という観点から」http://www.jaog.or.jp/sep2012/know/kisyakon/41_110209.pdf, 二〇一三年三月一日閲覧）

〔8〕「問題経験」（草柳 二〇〇四）について触れる時にはしばしば緊張が伴う。当事者が話す／話さないということには、①気にしているから言う、②気にしているから言わない、③気にしていないから言う、④気にしていないから言わない、ことが考えられ、非当事者側が当事者に尋ねる／尋ねないということには、①気にしているから聞く、②気にしているから聞かない、③気にしていないから聞く、④気にしていないから聞かない、ということが考えられる。さらに、これらの事例の組み合わせが考えられるため、相手の気持ちの読みあいが双方で始まれば緊張が発生する。

〔9〕児童養護施設で育った子どものスティグマについて研究した田中理恵は、子どもが自分のスティグマを軽減するための特効薬とは「普通」を志向することだと指摘している（田中 二〇〇四：一五〇）。

〔10〕最近の養子縁組の研究は、産みの母の重要性を強調し、生物学が家族の決定的な特徴だという考え方を強化しているとウィットは指摘する（Witt 二〇〇五）。ウィットによれば、遺伝子本質主義とは、遺伝子が「アイデンティティ」を決定するという考え方であり、その考え方に従えば、遺伝的な出自は自己物語を完成させるために必要とされる（Witt 二〇〇五）。このような考え方に従えば、養子のルーツ探しや再会には遺伝子本質主義の影響があるという主張は正しい。しかし、一方で、不十分でもある（Carsten 二〇〇〇b）。確かに、養子たちが「遺伝子について知りたい」と語る時、「遺伝子」という言葉は自己の「本質」を含意している場合がある。とはいえ、ルーツ探しや実親との再会がこのような動機のみで説明できるわけではなく、本書で指摘したように、「望まれて生まれるべき」という社会規範も強力に作用しているのである。

第十一章

〔1〕本書のインタヴュー調査では、語られなかったが、「自己決定すべき」という規範も、出自がわからない子どもの葛藤の背景にある可能性がある（子どもは生みの親についての態度をもっと自分で決定したい）。

〔2〕そもそも「家族のオルタナティブ」「親密圏」「ケアの絆」という概念においては、血縁にこだわらない形の親密性やケアを提案すること、そのための事例を提供することに力点が置かれてお

り、血縁に着目する本書のような研究は保守反動的に見えるかもしれない（宇田川 二〇一二）。しかし、血縁を扱わない研究は、当事者のリアリティをとらえているとは言い難く、それゆえにオルタナティヴとしての関係性の構想も実現可能性の低いものになってしまう恐れがあるように思われる。

〔3〕養子縁組には実親として未婚の母、また養親として不妊女性がクローズアップされること、養子は女児が人気であることなどから、「養子縁組の女性化」（Freeark et al. 二〇〇五）という用語を提起する論者も存在する。

あとがき

本書は、二〇一四年に東京大学大学院人文社会系研究から博士号を授与した博士論文「養子縁組の社会学――血縁をめぐる人々の行為と意識」に大幅な加除修正をしたものである（初出論文は巻末に掲載）。

やっと重い荷物を降ろしたような気がする。何事にも人並み以上時間がかかる私だが、この研究をまとめるまでに、予想以上に時間がかかってしまった。

この研究の出発点は、二〇年前に遡る。実は私の初発の関心は韓国の国際養子たちのルーツ探しにあった。一九九〇年代後半に、韓国に語学留学した私は、そこでルーツ探しをする母国訪問中の国際養子に出会い、大きな衝撃を受けた。当時、語学学校のクラスメイトには国際養子たちが何人もいた。あまり知られていないかもしれないが、韓国は朝鮮戦争後から世界各地（米国、欧州、豪州など）に子どもを養子として送り出している。受入国で成長した子どものなかには、生みの親を探したり、文化的なルーツを学んだりするために、韓国に戻ってくる者もいる（詳しくは、野辺陽子「韓国における国際養子縁組の現況」『新しい家族』四〇号をご覧いただきたい）。彼らの多くは乳児期に韓国を離れ、韓国語が全く話せないため、韓国に戻ってきた後、語学学校で韓国語を学んでいた。私は語学のクラスで彼らと親しくなるうちに、「なぜ彼らは生みの親を探すのだろう」「血縁とは何なのだろう」と養子縁組に関心を持つようになった。

母国訪問中の国際養子のすべてがルーツ探しをするわけではないが、ルーツ探しをしている者のなかには非常に大きな葛藤を抱えているケースもあった。彼らはなぜルーツ探しをするのだろうか。そもそもルーツとは一体何なのか、ここまで子どもにルーツ探しを強迫する社会とは何なのか。私は、親子、血縁、「アイデンティティ」についておぼろげながら考えていくようになった。そして自分で養子縁組について調べてみたいと考えるようになった。

日本に帰国してから大学院に入学し、養子縁組の研究を開始した。そして、外国のことを研究する前に、まずは日本のことを知らなければならないと考え、日本の養子縁組（国際養子縁組ではなく国内養子縁組）についても研究を始めた。大学院で研究を始めてみると、本書のなかでも述べたが、近年、急速に子どもと血縁が新たな形で接続され始めているようにみえた。なぜ、子どもと血縁を（再）接続しようとするのか。それは誰が主張しているものであり、誰にとってのメリットなのか。それは本当に「子どものため」になっているのか。いつしか私の素朴な関心は、家族の多様化、個人化といわれる時代に〈血縁〉が浮上するのはなぜなのか、という社会学的な問いへと変化していった。

その過程で考え抜いたことをまとめたのが、本書のもとになっている博士論文である。（国際養子のルーツ探しという当初のテーマから、ずれたとはいえ）自分のなかで解きたい問いとして常にあり続けた、親子、血縁、「アイデンティティ」について考え抜いたことを、いったんまとめることができ、ほっと胸をなでおろしている。

本書では、最近の出自を知る権利をめぐる動きを批判的に検討した。養子の当事者運動が管見の限りなく、経験的な研究の蓄積も充分でなく、他国にはない戸籍制度をもつ日本で、理念先行的に出自を知る権利の議論が一人歩きしている状況を危惧していたからである。とはいえ、ここで改めて主張したいことは、当事者は多様であり、見過ごされている当事者の声をすくい上げ、対抗的言説として示せば、救われる当事者がいるかもしれない一方で、苦しくなる当事者もまたいるということである。出自を知る権利については、「生みの親について知る必要はない」という支配的言説に対して、「ルーツ探しはアイデンティティにとって必要だ」という対抗的言説が出てきた。しかし、現在では、その対抗的言説が支配的言説となっている。本書はこの言説の抑圧性を指摘したが、本書の主張もいずれ支配的言説となれば、それによって苦しむ当事者がいるかもしれない。

価値が多様化している現代社会では、すべての当事者の声を反映させるような仕組みを作ることは非常に困難である。当事者の多様性を前提にして、最低限、われわれが整備すべき仕組みを提示すること、また、対抗的言説と支配的言説の循環構造から逃れる方向を模索すること。これらが私に残された課題であり、次に挑みたい課題でもある。

三〇歳を超えて、東京大学の大学院に進学した私だったが、東京大学社会学研究室では、（思いのほか）周囲になじむことができ、学問の世界を思いきり堪能・耽溺することができた。すばらしい教員、学生などに囲まれ、最高の環境で、最高のトレーニングを（なんと十年以上も！）受けられたことを本当に感謝したい。

博士論文を書き上げる過程で、多くの方々からご指導と励ましをいただいた。まず、論文指導および論文審査をして下さった上野千鶴子先生。養子縁組という「マイナーな」テーマを持って飛び込んできた得体の知れない社会人院生を快く受け入れ、ものになるかわからない研究の種に、豊穣な土壌を用意し、芽が出るよう、光を射し、水を与え、時には厳しい雷を落としながらも、大事に育てて下さった。私は社会学の理論と方法のほとんどを上野先生から学んだ。また、養子縁組だけではなく、隣接領域の不妊治療にも目を配るよう、視野を広げてくださったのも上野先生である。先生から学んだ多くのことを胸に刻み、今後も、真摯に研究を続けて行きたい。

また、上野先生が退官された後に、指導教官を引き受けてくださった赤川学先生。赤川先生は私の博士論文の仕上げをサポートしてくださった。赤川先生は、安易に既存の枠組みでデータを解釈しようとする私に、データに密着し、自分で議論を立ち上げていく研究者の真摯な姿勢を教えてくださった。赤川先生のご指導がなければ、十年以上にわたる長い院生生活に終止符が打てなかっただろう。

博士論文の副査をお引き受けくださった武川正吾先生、白波瀬佐和子先生、出口剛司先生。武川正吾先生からは、博士論文の理論的な枠組み、白波瀬佐和子先生からは、経験的データの扱い方、出口剛司先生からは、当事者の語りの解釈について、貴重なコメントをいただいた。先生方から核心を突くコメントをいただいたことで、博士論文の完成度が高まった。いただいたコメントのすべてを反映できたか自信がないが、この時にいただいたコメントがなければ、博士論文は完成しなかったはずである。記して深謝申し上げたい。

社会学研究室では、教員からだけではなく、学友からも多くの刺激とサポートを得た。私のなかで、東京大学の思い出といえば、博士論文執筆のために数年間籠もった地下院生室である。多くの院生から貴重なアドバイスを受けたが、特に土屋敦さん、佐藤雅浩さん、米澤旦さんからは折に触れ、研究内容だけではなく、研究に取り組む姿勢についてもアドバイスをいただき、大変感謝している。

そして研究発表の機会を与えて下さったミクロ社会学研究会（通称、はげ研）と、伊藤智樹先生、佐藤恵先生、水津嘉克先生、三井さよ先生にも感謝したい。ミクロ社会学研究会からは、「論文の魂」という言葉で、フィールドに取り組む熱い心と冷静な分析という「研究者の志」を学んだと思う。

日比野由利先生と生殖テクノロジーとヘルスケアを考える研究会みなさまには、研究会で鍛えていただくとともに、日進月歩で進む生殖補助医療の現状のみならず、それらをグローバルな関係から読み解いていく広い視点を学ぶことができた。

藤崎宏子先生と藤崎ゼミのみなさまにも大変お世話になった。議論の場を求めて他大学からやってきた私を快く受け入れてくださったおかげで、家族研究のメッカのお茶の水女子大学で、家族社会学、福祉社会学についてのみならず、質的データの分析について多くを学ぶことができた。

ＤＦＳ研では、現代の家族をめぐる論点について議論することで、大きな刺激と示唆を受けることができた。さらに、家族社会学の射程の広さや蓄積の厚さについても学ぶことができたと思う。

養子と里親を考える会、里親子支援のアン基金プロジェクト、Fine、babycom、フィンレージの会、絆の会、環の会のみなさまには、インタヴュー調査をする上で、ご協力いただいた。記して深謝申し上げたい。

そして、何よりも、インタヴュー調査にご協力いただいた当事者の方々。「他の人の役に立つなら」と貴重な経験とご意見を語ってくださった当事者の方々には、言葉では言い尽くせないほどの感謝をしている。本書で取り上げられなかった方も含めて六〇余名の当事者の方々のご協力なしにこの博士論文を完成させることはできなかった。ひとりひとりのお名前を挙げることはできないが、心より感謝申し上げたい。

また、家計経済研究所、小平記念日立教育振興財団からはインタヴュー調査に対して助成を受けた。助成によって博士論文を完成させることができた。また、出版に関しては、日本学術振興会の平成二九年度科学研究費補助金（研究成果公開促進費・学術図書：課題番号一七HP五一八九）の助成を受けた。心よりお礼申し上げたい。

新曜社の渦岡謙一さんにも大変お世話になった。出版のタイミングと地方の大学への就職が重なったことで、当初の予定から二年ほど出版が遅れてしまい、その間、渦岡さんには大変ご迷惑をかけてしまった。また、編集を引き継いだ清水檀さんには、この間、丁寧な編集作業をしていただき、大変感謝している。

最後に、研究者仲間として、また家族として常にサポートを惜しまない高橋康二に感謝する。いつも、ありがとう。

野辺　陽子

二〇一八年十一月

初出一覧

本書の各章は、以下の既発表論文をもとに大幅に加筆修正したものである。

●はじめに～第三章
書き下ろし

●第四章・第五章
「特別養子制度の立法過程からみる親子観――『実親子』と『血縁』をめぐるポリティクス」（野辺陽子ほか『〈ハイブリッド〉な親子の社会学――血縁・家族へのこだわりを解きほぐす』七四－一〇五頁、青弓社、二〇一六年）

●第六章
「なぜ養子縁組は不妊当事者に選択されないのか？――『血縁』と『子育て』に関する意味づけを中心に」（『季刊家計経済研究』（93）、五八－六六頁、家計経済研究所、二〇一二年）
「不妊と多様な選択」（baby.com（http://www.babycom.gr.jp/pre/funinn/youshi4.html）、二〇一二年）
「養子縁組と生殖補助医療」（甲斐克則編『生殖医療と医事法』三二五－三四三頁、信山社、二〇一四年）

●第七章
「不妊治療の代替策としての養子縁組――養親と養子双方の観点から」（日比野由利編『グローバル化時代における生殖技術と家族形成』一一三－一三〇頁、日本評論社、二〇一四年）
「非血縁親子における『親の複数性・多元性』の課題――養子縁組における生みの親を事例に」（『比較家族史研究』（29）、一二九－一四五頁、比較家族史学会、二〇一五年）

●第八章
「養子縁組した子どもの問題経験と対処戦略――養子の実践と血縁親子規範に関する一考察」（『家庭教育研究所紀要』（31）、八八－九七頁、日立財団、二〇〇九年）
「養子という経験を理解する新たな枠組みの構築へ向けて」（『新しい家族』（53）、三四－三九頁、養子と里親を考える会資料室、二〇一〇年）
「実親の存在をめぐる養子のアイデンティティ管理」（『年報社会学論集』（24）、一六八－一七九頁、関東社会学会、二〇一一年）

●第九章～第一一章
書き下ろし

www.mhlw.go.jp/toukei/saikin/hw/jinkou/tokusyu/konin16/dl/gaikyo.pdf, 2017/9/24 閲覧）
厚生労働省雇用均等・児童家庭局，2009,『児童養護施設入所児童等調査結果の概要』
内閣府，2009,「男女共同参画社会に関する世論調査（平成 21 年 10 月調査）」
最高裁判所，2009,「平成 21 年 司法統計 家事事件編」裁判所ホームページ，（2011 年 6 月 2 日取得，http://www.courts.go.jp/sihotokei/nenpo/pdf/B21DKAJ02.pdf）.
国立社会保障・人口問題研究所，2013,「人口統計資料集（2013）嫡出でない子の出生数および割合：1925 ～ 2011 年」
――――，2013,「人口統計資料集（2013）有配偶女性の年齢（5 歳階級）別出生率：1930 ～ 2010 年」
総務省，2005,「平成 17 年国勢調査　最終報告書「日本の人口」上巻－解説・資料編」

【議事録など】

法制審議会民法部会第 21 回会議（1985 年 10 月 29 日）
第 103 回参議院法務委員会（1985 年 11 月 26 日）
第 109 回衆議院法務委員会（1987 年 8 月 25 日）
第 109 回参議院法務委員会（1987 年 9 月 3 日）

【雑誌】

養子と里親を考える会 編『新しい家族』各年度，養子と里親を考える会資料室.

【新聞記事】

「血縁なくても幸せ親子　不妊治療 10 年、迎えた養子」,『朝日新聞』，2016 年 4 月 12 日.

横田和子，2001，「産みの親から育ての親へ，いのちと願いを引き継いで――特別養子縁組の取り組みから」『月刊福祉』2月号，42-4.
横山美栄子・難波貴美子，1992，「日本の家族と生殖技術」お茶の水女子大学生命倫理研究会『不妊とゆれる女たち――生殖技術の現在と女性の生殖権』学陽書房，225-47.
與那覇潤，2006，「穂積八束と消えた『家属』――『誤った』日本社会の自画像をめぐって」『比較日本文化研究』10: 89-112.
米倉明，1984，「日本の養子・里親問題――その現状と問題」『新しい家族』5: 26-31.
――――，1987，「特別養子制度の成立をどう受け止めるべきか（中）」『ジュリスト』895: 86-94.
米村千代，1999，『「家」の存続戦略――歴史社会学的考察』勁草書房.
米沢普子，1986，「養子縁組サービス――ケースワークの重要性」『新しい家族』8: 34-6.
善積京子，2003，「スウェーデンにおける婚外子と父」孝本貢・丸山茂・山内健治編『父――家族概念の再検討に向けて』早稲田大学出版部，158-82.
――――，2012，「スウェーデンの養育訴訟――『子どもの最善の利益』をめぐる父母の攻防」『ソシオロジ』57(1): 3-20.
Young, Jock, 1999, *The Exclusive Society: Social Exclusion, Crime and Difference in Late Modernity*, SAGE Publications（= 2007，青木秀男・伊藤泰郎・岸政彦・村澤真保呂訳『排除型社会――後期近代における犯罪・雇用・差異』洛北出版.）
――――，2007, *The Vertigo of Late Modernity*, Sage（= 2008，木下ちがや・中村好孝・丸山真央訳『後期近代の眩暈――排除から過剰包摂へ』青土社.）
養子と里親を考える会編，2001，『養子と里親――日本・外国の未成年養子制度と斡旋問題』日本加除出版.
湯沢雍彦，2001a，「まえがき」養子と里親を考える会編『養子と里親――日本・外国の未成年養子制度と斡旋問題』日本加除出版，1-6.
――――，2001b，「養子制度の概要と日本の実情」養子と里親を考える会編『養子と里親――日本・外国の未成年養子制度と斡旋問題』日本加除出版，1-31.
湯沢雍彦ほか，2006，『要保護児童支援のための国際国内養子縁組斡旋事業の調査研究』こども未来財団.

【統計・調査】

法務省『法務年鑑』各年度
厚生労働省『福祉行政報告例』各年度
裁判所『司法統計年報』各年度
最高裁判所事務總局家庭局『家裁月報』各年度
統計数理研究所「国民性の研究」各年度

厚生労働省，2003a，「生殖補助医療技術についての意識調査 2003」
――――，2003b，「精子・卵子・胚の提供等による生殖補助医療制度の整備に関する報告書」
――――，2005，「平成 18 年度「婚姻に関する統計」の概況」
――――，2011，「平成 23 年度 福祉行政報告例」
――――，2016，「平成 28 年（2016）人口動態統計の年間推計」（http://www.mhlw.go.jp/toukei/saikin/hw/jinkou/suikei16/dl/2016suikei.pdf, 2017/9/24 閲覧）
――――，2017，「平成 28 年度 人口動態統計特殊報告「婚姻に関する統計」の概況」（http://

上野千鶴子, 1994,『近代家族の成立と終焉』岩波書店.
────, 2002,『差異の政治学』岩波書店.
上野千鶴子編, 2001,『構築主義とは何か』勁草書房.
────, 2005,『脱アイデンティティ』勁草書房.
上野和男, 1988,「東アジアにおける養子の比較研究」大竹秀男・竹田旦・長谷川善計編『擬制された親子―養子』三省堂, 181-205.
上杉富之, 2002,「新生殖技術時代の人類学――親族研究の転換と新たな展開」『民族學研究』66(4): 389-413.
────, 2012,「複数化する親子と家族――ポスト生殖革命時代の親子・家族関係の再構築」河合利光編『家族と生命継承――文化人類学的研究の現在』時潮社, 207-25.
van Balen, Frank, Jacqueline Verdurmen & Evert Ketting, 1997, "Choices and Motivations of Infertile Couples," *Patient Education and Counseling*, 31(1): 19-27.
我妻栄, 1959,「養子二題」『ジュリスト』185: 22-3.
我妻栄ほか, 1959a,「＜座談会第二回＞親族法の改正――法制審議会民法部会小委員会における仮決定及び留保事項（その二）に関連して」『法律時報』31(11): 65-78.
────, 1959b,「親族法改正の問題点（下）」『ジュリスト』186: 2-19.
環の会, 2008,『環の会が提唱している「テリング」に関する検討と提言』独立行政法人福祉医療機構助成事業報告書.
渡辺秀樹, 1995,「現代家族、多様化と画一化の錯綜」山岸健編『家族／看護／医療の社会学――人生を旅する人びと』サンワコーポレーション, 47-66.
────, 1999「戦後日本の親子関係――養育期の親子関係の質の変遷」目黒依子・渡辺秀樹編『講座社会学2 家族』東京大学出版会, 89-117.
────, 2000,「発達社会学から見た親子関係」藤崎宏子編『親と子――交錯するライフコース』ミネルヴァ書房, 42-58.
Wegar, Katarina, 1997, *Adoption, Identity, and Kinship: The Debate over Sealed Birth Records*, Yale University Press.
────, 2000, "Adoption, Family Ideology, and Social Stigma: Bias in Community Attitudes, Adoption Research, and Practice," *Family Relations*, 49(4): 363-70.
Witt, Charlotte, 2005, "Family Resemblaces: Adoption, Personal Identity, and Genetic Essentialism," Sally Haslanger & Charlotte Witt eds., *Adoption Matters: Philosophical and Feminist Essays*, Cornell University Press, 135-45.
山田昌弘, 1994,『近代家族のゆくえ――家族と愛情のパラドックス』新曜社.
────, 1999a,「現代社会における子育ての『意味』の危機」『家族社会学研究』11: 49-57.
────, 1999b,「愛情装置としての家族――家族だから愛情が湧くのか、愛情が湧くから家族なのか」目黒依子・渡辺秀樹編『講座社会学2 家族』東京大学出版会, 119-51.
山口亮子, 1999,「面接交渉権と子どもの利益――日米の比較」『上智法学論集』42(3/4):299-327.
山根真理, 1999,「親子関係研究の展開と課題」野々山久也・渡辺秀樹編『家族社会学入門――家族研究の理論と技法』文化書房博文社, 226-54.
安田裕子, 2005,「不妊という経験を通じた自己の問い直し過程――治療では子どもを授からなかった当事者の選択岐路から」『質的心理学研究』4: 201-26.
────, 2007,「精子・卵子・胚の提供による生殖補助医療で親子関係を築く人々への支援――子どもへの告知に焦点をあてて」『家族教育研究所紀要』29: 57-66.

田渕六郎, 1998,「『家族』へのレトリカル・アプローチ――探索的研究」『家族研究年報』23: 71-83.
高田洋子, 2000,「未成年子の親子関係研究のレビューと課題――実証研究を中心に」神原文子・高田洋子編『家族社会学研究シリーズ④ 教育期の子育てと親子関係――親と子の関わりを新たな観点から実証する』ミネルヴァ書房, 3-26.
高梨公之, 1982,「親子の意味とその構成――人工授精子、体外受精子、完全養子について」『秋田法学』2(1): 5-32.
竹井恵美子, 1999,「血縁家族という幻想――養子里親の経験から」『女性学年報』20: 77-87.
竹内みちる・樂木章子, 2006,「養子の暗いイメージは、いかにして形成されたのか――その歴史的考察」『集団力学』23: 81-9.
田間泰子, 1985,「つくられた母性愛神話――近代西洋医学と精神分析」『女性学年報』6: 16-25.
――――, 2001,『母性愛という制度』勁草書房.
――――, 2006,『「近代家族」とボディ・ポリティクス』世界思想社.
田中理恵, 2004,『家族崩壊と子どものスティグマ［新装版］――家族崩壊後の子どもの社会化研究』九州大学出版会.
樽川典子, 1994,「里親たちの親子関係序論――親子関係の解釈装置」『社会学ジャーナル』19: 133-44.
鑪幹八郎ほか編, 1984,『アイデンティティ研究の展望Ⅰ』ナカニシヤ出版.
戸田貞三, 1970,『新版 家族構成』新泉社.
床谷文雄, 1986,「養子制度の改正に関する中間試案の問題点」『判例タイムズ』583: 20-5.
椿寿夫, 1996,「実親子関係とDNA鑑定・序説」『ジュリスト』1099: 29-35.
坪内玲子, 1992,『日本の家族――「家」の連続と不連続』アカデミア出版会.
――――, 2001,『継承の人口社会学――誰が「家」を継いだか』ミネルヴァ書房.
土屋敦, 2014,『はじき出された子どもたち――社会的養護児童と「家庭」概念の歴史社会学』勁草書房.
土屋文昭, 1987a,「『民法等の一部を改正する法律』の概要」『法律のひろば』40(12): 4-10.
――――, 1987b,「養子法の改正について」『判例タイムズ』38(29): 4-26.
柘植あづみ, 1995,「生殖技術に関する受容と拒否のディスクール」浅井美智子・柘植あづみ編『つくられる生殖神話――生殖技術・家族・生命』サイエンスハウス, 56-89.
――――, 1996,「『不妊治療』をめぐるフェミニズムの言説再考」江原由美子編『生殖技術とジェンダー』勁草書房, 219-53.
――――, 1999,『文化としての生殖技術――不妊治療にたずさわる医師の語り』松籟社.
――――, 2000,「生殖技術と女性の身体のあいだ」『思想』908: 181-98.
――――, 2005,「生殖補助医療に関する議論から見る『日本』」上杉富之編『現代生殖医療――社会科学からのアプローチ』世界思想社, 138-58.
――――, 2012,『生殖技術――不妊治療と再生医療は社会に何をもたらすか』みすず書房.
内田良, 2001,「児童虐待とスティグマ――被虐待経験後の相互作用過程に関する事例研究」『教育社会学研究』68: 187-206.
――――, 2007,「支援は誰のためか――児童虐待の防止活動から臨床教育社会学の立場を考える」『愛知教育大学教育実践総合センター紀要』10: 269-76.
宇田川妙子, 2012,「ジェンダーと親族――女性と家内領域を中心に」河合利光編『家族と生命継承――文化人類学的研究の現在』時潮社, 149-77.

佐藤郁哉，2008，『質的データ分析法──原理・方法・実践』新曜社.
佐藤岩夫，2004，「歴史から法を読み解く──歴史法社会学」和田仁孝・太田勝造・阿部昌樹編『法と社会へのアプローチ』日本評論社，146-68.
澤田省三，2000，「特別養子縁組制度の現状と課題」『至学館法学』1: 19-49.
Schneider, David, 1984, *A Critique of the Study of Kinship*, University of Michigan Press.
盛山和夫，1993，「『核家族化』の日本的意味」直井優・盛山和夫・間々田孝夫編『日本社会の新潮流』東京大学出版，3-28.
────，1995，『制度論の構図』創文社.
仙波由加里，2005，「特定不妊治療費助成事業の現状と課題」『F-GENS ジャーナル』4: 85-92.
清水昭俊，1989，「『血』の神秘──親子のきずなを考える」田辺繁治編『人類学的認識の冒険──イデオロギーとプラクティス』同文館，45-68.
下重暁子，2015，『家族という病』幻冬舎.
新明正道，1937，「血縁論」河出孝雄編『家族制度全集 史論篇 第三巻 親子』河出書房，1-17.
白井千晶，2004，「男性不妊の歴史と文化」村岡潔ほか『不妊と男性』青弓社，151-92.
────，2011，「不妊当事者の経験と意識に関する調査 2010」報告書（http://homepage2.nifty.com/~shirai/survey03/2010report.pdf，2013.02.18）.
────，2013，「不妊女性がもつ非血縁的親子に対する選好について－親族的選択原理を手がかりに」『社会学年誌』54: 69-84.
────，2014，「妊娠葛藤・子の養育困難にある女性の養子に出す意思決定プロセスと公的福祉──特別養子縁組で子を託す女性の語りから」『和光大学現代人間学部紀要』7: 55-75.
────，2016，「当事者アンケートから見た卵子提供を受けて母親になった女性の経験」『アジア太平洋研究センター年報』13: 34-42.
庄司順一，2001，「里親の意識および養育の現状について」『新しい家族』38: 2-15.
────，2003，『フォスターケア──里親制度と里親養育』明石書店.
庄司順一・益田早苗，2001，「日本の里親制度の現状と課題」養子と里親を考える会編『養子と里親──日本・外国の未成年養子制度と斡旋問題』日本加除出版，81-101.
庄司洋子，1986，「現代の児童問題の特質と児童相談所・施設の役割」『月刊福祉』69(16): 42-50.
────，1998，「家族・児童福祉の視座」庄司洋子・松原康雄・山縣文治編『家族・児童福祉』有斐閣，13-34.
Shorter, Edward, 1975, *The Making of the Modern Family* Basic Books（= 1987，田中俊宏ほか訳，『近代家族の形成』昭和社.）
副田義也，1986，「子どものための福祉政策」『世界の子どもの歴史 11』第一法規出版，230-47.
Stone, Linda, 2004, "Introduction," Robert Parkin & Linda Stone eds., *Kinship and Family: An Anthropological Reader*, Blackwell Publishing, 331-41.
Strathern, Marilyn, 1992, *After Nature: English Kinship in the Late Twentieth Century*, Cambridge University Press.
杉岡直人，1990，『農村地域社会と家族の変動』ミネルヴァ書房.
水津嘉克・佐藤恵，2015，「生きづらさを生き埋めにする社会──犯罪被害者遺族・自死遺族を事例として」『社会学評論』66(4): 534-51.
鈴木博人，2001，「日本の養子縁組斡旋をめぐる問題」養子と里親を考える会編『養子と里親──日本・外国の未成年養子制度と斡旋問題』日本加除出版，33-56.

小熊英二，1995,『単一民族神話の起源 ──〈日本人〉の自画像の系譜』新曜社.
大日向雅美，2000,『母性愛神話の罠』日本評論社.
────，1988,『母性の研究』川島書店（再録：2009,「母性概念をめぐる現状とその問題点」天野正子・伊藤公雄・伊藤るり・井上輝子・上野千鶴子・江原由美子・大沢真理・加納美奈子編『新編日本のフェミニズム 5 母性』岩波書店，41-67.）
奥野修司，2002,『ねじれた絆 ── 赤ちゃん取り違え事件の十七年』文藝春秋.
大森政輔，1983,「法制審議会民法部会身分法小委員会における養子制度の検討について」『民事月報』38(5): 3-38.
小沢牧子，1986,「母子関係心理学の再検討 ── 母性中心主義との結合をめぐって」『和光大学人文学部紀要』21: 123-39.
Parkin, Robert & Linda Stone eds., 2004, *Kinship and Family: An Anthropological Reader*, Wiley-Blackwell Publishing.
Ragone, Helena, 2004, "Surrogate Motherhood and American Kinship," Robert Parkin & Linda Stone eds, *Kinship and Family: An Anthropological Reader*, Wiley-Blackwell Publishing, 342-61.
樂木章子，2004,「養子縁組 ── 血縁なき親子関係をつくる」『現代のエスプリ』441: 147-54.
────，2006,「家族：血縁なき『血縁関係』」杉万俊夫編『コミュニティのグループ・ダイナミックス』京都大学学術出版会，239-70.
────，2010,「『養親─養子』家族における『産みの母』の位置 ── 核家族への示唆」『集団力学』27: 1-16.
Rose, Nikolas, 1989, *Governing the Soul: The Shaping of the Private Self*（= 2016，堀内進之助・神代健彦監訳『魂を統治する ── 私的な自己の形成』以文社.）
Roseneil, Sasha & Shelley Budgeon, 2004, "Cultures of Intimacy and Care Beyond 'the Family' : Personal Life and Social Change in the Early 21st Century," *Current Sociology*, 52(2): 135-59.
Rothman, Barbara, 1989, *Recreating Motherhood: Ideology and Technology in a Patriarchal Society*, Carol Mann Agency（= 1996，広瀬洋子訳『母性をつくりなおす』勁草書房.）
才村眞理編，2008,『生殖補助医療で生まれた子どもの出自を知る権利』福村出版.
齋藤純一，2003,「まえがき」齋藤純一編『親密圏のポリティクス』ナカニシヤ出版，ⅰ-ⅷ.
斎藤真緒，2006,「今日における子どもをもつ意味変容 ── イギリスにおける Parenting Education の台頭」『立命館人間科学研究』11: 125-35.
斉藤安弘，1973,「家族福祉の研究 ── 主として里親制度を通して」山下俊郎古稀記念論文編纂会『子ども ── その発達・保育と福祉』玉川大学出版部，379-94.
斎藤嘉孝，2009,「不妊の対応策としての養子縁組・里親制度の可能性 ── 斡旋事業および人びとの意識をめぐる検討」『西武文理大学研究紀要』14: 35-41.
坂本佳鶴恵，1990,「扶養規範の構造分析 ── 高齢者扶養意識の現在」『家族社会学研究』2: 57-69.
────，1997,『「家族」イメージの誕生 ── 日本映画にみる「ホームドラマ」の形成』新曜社.
桜井厚，2005,「調査研究のテーマは、どのように決まるか」桜井厚・小林多寿子編『ライフストーリー・インタビュ ── 質的研究入門』せりか書房，12-7.
櫻井奈津子，2003,「里親制度推進にあたっての課題 ── 東京都養育家庭制度における実践から」『世界の児童と母性』54: 22-5.

97.
――――，2010,「養子という経験を理解する新たな枠組みの構築へ向けて」『新しい家族』53: 34-9.
――――，2011,「実親の存在をめぐる養子のアイデンティティ管理」『年報社会学論集』24: 168-79.
――――，2012a,「なぜ養子縁組は不妊当事者に選択されないのか？ ―― 『血縁』と『子育て』に関する意味づけを中心に」『季刊家計経済研究』93: 58-66.
――――，2012b,「不妊と多様な選択」(baby.com (http://www.babycom.gr.jp/pre/funinn/youshi4.html, 2017年5月7日閲覧).
――――，2013,「不妊治療の代替策としての養子縁組 ―― 養親と養子双方の観点から」日比野由利編『グローバル化時代における生殖技術と家族形成』日本評論社，113-30.
――――，2014,「養子縁組と生殖補助医療」甲斐克則編『【医事法講座 第五巻】生殖医療と医事法』信山社，325-43.
――――，2016a,「特別養子制度の立法過程からみる親子観 ―― 『実親子』と『血縁』をめぐるポリティクス」野辺陽子・松木洋人・日比野由利・和泉広恵・土屋敦『〈ハイブリッドな親子〉の社会学 ―― 血縁・家族へのこだわりを解きほぐす』青弓社，74-105.
――――，2016b,「〈ハイブリッド〉性からみる「ハイブリッドな親子」のゆくえ ―― 融合・反転・競合」野辺陽子・松木洋人・日比野由利・和泉広恵・土屋敦『〈ハイブリッドな親子〉の社会学 ―― 血縁・家族へのこだわりを解きほぐす』青弓社，174-98.
野辺陽子・松木洋人，2016,「はじめに」野辺陽子・松木洋人・日比野由利・和泉広恵・土屋敦『〈ハイブリッドな親子〉の社会学 ―― 血縁・家族へのこだわりを解きほぐす』青弓社，9-14.
野々山久也，1999,「現代家族の変動過程と家族ライフスタイルの多様化 ―― 任意制家族の生成に向かって」目黒依子・渡辺秀樹編『講座社会学2 家族』東京大学出版会，153-90.
野澤正子，1996,「1950年代のホスピタリズム論争の意味するもの ―― 母子関係論の受容の方法をめぐる一考察」『社會問題研究』45(2): 35-58.
野沢慎司，2004,「ステップファミリーのストレスとサポート」石原邦雄編『家族のストレスとサポート』放送大学教育振興会，225-42.
――――，2009「家族下位文化と家族変動 ―― ステップファミリーと社会制度」牟田和恵編『家族を超える社会学 ―― 新たな生の基盤を求めて』新曜社，175-201.
野沢慎司・茨木尚子・早野俊明・SAJ編，2006,『Q&Aステップファミリーの基礎知識 ―― 子連れ再婚家族と支援者のために』明石書店.
野沢慎司・菊地真理，2014,「若年成人継子が語る継親子関係の多様性 ―― ステップファミリーにおける継親の役割と継子の適応」『明治学院大学社会学部附属研究所年報』44: 69-87.
沼正也，1959,「養子法の改正方向 ―― 特別養子制度を発端として」『法律のひろば』12(9):6-9.
落合恵美子，1989,『近代家族とフェミニズム』勁草書房.
――――，1994,『二一世紀家族へ ―― 家族の戦後体制の見かた・超えかた』有斐閣.
大藤修，1996,『近世農民と家・村・国家 ―― 生活史・社会史の視座から』吉川弘文館.
小川正恭，2012,「親族論の後退と復活 ―― 日本の事情」河合利光編『家族と生命継承 ―― 文化人類学的研究の現在』時潮社，45-69.
荻野美穂，2002,『ジェンダー化される身体』勁草書房.
――――，2005,「近代家族と生殖技術」『大阪大学日本学報』24: 39-47.

ア州の事例を中心に』風間書房.
三島とみ子, 1988,「ヨーロッパの養子と我が国の養子」大竹秀男ほか編『犠牲された親子——養子』三省堂, 249-56.
光吉利之, 1986,「異居親子家族における『家』の変容——親家族と『あとつぎ』家族」『社会学雑誌』3: 36-55.
三浦正晴, 1983,「我が国における養子縁組の実態」『戸籍』462: 15-36.
宮腰奏子, 2009,「社会的養護体制の現状と今後の見直しの方向性について」『新しい家族』52: 2-34.
Modell, Judith, 1994, *Kinship with Strangers: Adoption and Interpretations of Kinship in American Culture*, University of California Press.
森和子, 2004,「『親になる』意思決定についての一考察——実子を授からず里親になった夫婦の語りを通して」『家族関係学』23: 103-15.
————, 2005,「養親子における『真実告知』に関する一考察——養子は自分の境遇をどのように理解していくのか」『文京学院大学人間学部研究紀要』7(1): 61-88.
————, 2006,「養子の出自を知る権利の保障についての一考察——オーストラリア・ニュージーランドにおける実践から」『文京学院大学人間学部研究紀要』8(1): 21-51.
森岡正博, 2002,「生殖技術と近代家族」『家族社会学研究』13(2): 21-9.
両角道代, 2003,「スウェーデンの人工生殖法——非配偶者間人工生殖における『子の福祉』について」『法の支配』131: 87-95.
村瀬嘉代子, 1992,「発達・臨床心理学からみた血縁の意味」川井健ほか編『講座・現代家族法 第3巻』日本評論社, 363-85.
牟田和恵, 2009,「家族のオルタナティブと新たな生の基盤を求めて」牟田和恵編『家族を超える社会学——新たな生の基盤を求めて」新曜社, i-vi.
武藤香織, 2001,「『新しい遺伝学』の家族社会学——家族・親族の医療化と病名告知を手がかりに」『哲学』106: 93-121.
中川淳, 1987,「特別養子制度の法律案要綱を読んで」『法律のひろば』40(4): 73-80.
————, 1994,『現代家族法の研究』京都女子大学.
中川高男, 1973,「特別養子法(実子特例法)私案」『時の法令』846: 13-9.
————, 1976,「実子特例法について」『法の支配』26: 49-71.
中川高男ほか, 1976,「(座談会) 実子特例法について」『法の支配』26: 4-40.
中川善之助, 1937,「養子制度論」河出孝雄編『家族制度全集 史論篇第三巻 親子』河出書房, 145-77.
中野佳澄, 2013,「非血縁の人々が家族になる過程——そこからみえる家族の本質とは」島根大学法文学部卒業論文.
中野卓, 1959,「『家』のイデオロギー」(再録：光吉利之・松本通晴・正岡寛司編, 1986,『リーディングス 日本の社会学3 伝統家族』東京大学出版会, 132-44.)
Nelkin, Drothy & Susan Lindee, 1995, *The DNA Mystique: The Gene as a Cultural Icon* (= 1997, 工藤政司訳『DNA伝説』紀伊國屋書店.)
NHK放送文化研究所, 2010,『現代日本人の意識構造(第七版)』日本放送出版協会.
西原和久, 1998,『意味の社会学——現象学的社会学の冒険』弘文堂.
野辺陽子, 2006,「変容する親子規範——特別養子制度からみる血縁規範のゆくえ」東京大学大学院修士論文.
————, 2009,「養子縁組した子どもの問題経験と対処戦略」『家庭教育研究所紀要』31:88-

小堀哲郎, 2005,「養子縁組・生殖医療・ボランタリズム ── 里親制度をめぐるいくつかの課題」『秋草学園短期大学紀要』22: 37-50.
小松満貴子, 2009,「養親・里親の適格と傾向に関する一考察 ── ジェンダー問題の視点から」『新しい家族』52: 139-44.
古澤頼雄, 2005,「非血縁家族を構築する人たちについての文化心理学的考察 ── その人たちへの社会的スティグマをめぐって」『東京女子大学比較文化研究所紀要』66: 13-25.
古澤頼雄・富田庸子・鈴木乙史・横田和子・星野寛美, 1997,「養子・養親・生みの親関係に関する基礎的研究 ── 開放的養子縁組 (Open Adoption) によって子どもを迎えた父母」『安田生命社会事業団研究助成論文集』33: 134-43.
厚生労働省雇用均等・児童家庭局家庭福祉課, 2003,『子どもを健やかに養育するために ── 里親として子どもと生活をするあなたへ』日本児童福祉協会.
Kroger, Jane, 2000, *Identity Development: Adolescence Through Adulthood*, Sage Publications Inc..(= 2005, 榎本博明訳,『アイデンティティの発達 ── 青年期から成人期』北大路書房.)
栗田博之, 1993,「赤ちゃんはどこから来るの? ── 人類学史上の『処女懐胎論争』について」須藤健一・杉島敬志編『性の民族誌』人文書院, 233-51.
────, 1999,「親と子の絆」野村雅一・市川雅編『技術としての身体』大修館書店, 354-74.
黒須里美・落合恵美子, 2002,「人口学的制約と養子 ── 幕末維新期多摩農村における継承戦略」速水融編『近代移行期の家族と歴史』ミネルヴァ書房, 127-60.
草柳千早, 1996,「『クレイム申し立て』の社会学再考 ── 『問題経験』の社会学に向けて」『現代社会学理論研究』6: 29-42.
────, 2000,「『社会問題』という経験 ── 夫婦の姓をめぐって」好井裕明・桜井厚編『フィールドワークの経験』せりか書房, 161-75.
────, 2004,『「曖昧な生きづらさ」と社会 ── クレイム申し立ての社会学』世界思想社.
葛野浩昭, 2000,「人類学からみた親子関係の多様性」藤崎宏子編『親と子 ── 交錯するライフコース』ミネルヴァ書房, 107-31.
李英珠, 2001,「通婚規則からみた皇室の『純血性』 ── 近代日本の『家』と『血縁』」『日本民俗学』225: 1-34.
Leighton, Kimberly, 2005, "Being Adopted and Being a Philosopher: Exploring Identity and the 'Desire to Know' Differently," Sally Haslanger & Charlotte Witt eds., *Adoption Matters: Philosophical and Feminist Essays*, Cornell University Press, 146-70.
Leon, Irving, 2002, "Adoption Losses: Naturally Occurring or Socially Constructed?," *Child Development*, 73(2): 652-63.
前田泰, 1986,「養子制度の改革に関する中間試案の検討 ── 英米法との比較から」『判例タイムズ』617: 27-35.
丸山茂, 2003,「『父』という問題構成」孝本貢・丸山茂・山内健治編『父 ── 家族概念の再検討に向けて』早稲田大学出版部, 3-22.
────, 2004,「文化の革新としての次世代再生産」『国立女性教育会館研究紀要』8: 3-12.
松本三和夫, 1998,『科学技術社会学の理論』木鐸社.
松本武子, 1977,「わが国の里親制度」松本武子編『里親制度 ── その実践と展望』相川書房, 1-20.
南貴子, 2010,『人工授精におけるドナーの匿名性廃止と家族 ── オーストラリア・ビクトリ

Jamieson, Lynn, 1999, "Intimacy Transformed?: A Critical Look at the 'Pure Relationship'," *SOCIOLOGY*, 33(3): 477-94.
門野里栄子, 2006,「生殖技術の受容と〈近代家族〉の構成要素」『甲南女子大学研究紀要 人間科学編』42: 53-62.
Kadushin, Alfred & Judith Martin, 1988, *Child Welfare Services*, Macmillan Publishing Company.
梶井祥子, 2006,「家族意識の変容過程 ── 親の離婚を経験した子どもの事例調査から」『北海道武蔵女子短期大学紀要』38: 39-60.
柏木惠子, 2001,『子どもという価値 ── 少子化時代の女性の心理』中公新書.
────, 2003,『家族心理学 ── 社会変動・発達・ジェンダーの視点』東京大学出版会.
家庭養護促進協会,〔1991〕2004,『真実告知事例集 うちあける (改訂版)』家庭養護促進協会大阪事務所.
────, 2004,『ルーツを探る』家庭養護促進協会大阪事務所.
家庭養護促進協会編, 2000,『あたらしいふれあい 第三編 親子になろう!』晃洋書房.
家庭養護促進協会神戸事務所, 1998,『養親希望者に対する意識調査 ──「養子を育てたい人のための講座」受講者へのアンケート調査報告』.
────, 2007,『真実告知ハンドブック ── 里親・養親が子どもに話すために』エピック.
加藤一郎, 1983,「養子制度の改正問題と外国法」『ジュリスト』782: 14-5.
加藤秀一, 2007,「遺伝子決定論、あるいは〈運命愛〉の両義性について ── 言説としての遺伝子 /DNA」柘植あづみ・加藤秀一編『遺伝子技術の社会学』文化書房博文社, 21-62.
河合利光, 2012,「家族・親族研究の復活の背景」河合利光編『家族と生命継承 ── 文化人類学的研究の現在』時潮社, 15-44.
川島武宜, [1957] 1975,『イデオロギーとしての家族制度』岩波書店.
貴田 (左高) 美鈴, 2007,「里親制度における政策主体の意図 ── 1960 年代から 1980 年代の社会福祉の政策展開に着目して」『名古屋市立大学 人間文化研究』8: 83-97.
菊地博, 1986,「特別養子制度の試案、離婚制度等研究会の提案について」『判例タイムズ』577: 2-6.
菊池緑, 1997,「里親家庭の子どもたち」平湯真人編『施設でくらす子どもたち』明石書店, 127-70.
────, 2007,「日本で里親制度が利用されない理由とは? ── 国際比較研究を通して言えること」『子どもの虐待とネグレクト』9(2): 147-55.
菊田昇, 1978,「実子特例法の提唱と嬰児殺の防止 ── 中谷教授の論文に反論する」『ジュリスト』678: 130-8.
────, 1979,「血縁と子供の幸福」『法学セミナー増刊』10: 34-5.
金城清子, 1997,「生命誕生をめぐるバイオエシックス ── 生殖技術と家族」『時の法令』1559: 58-73.
木下栄二, 1996,「親子関係研究の展開と課題」野々山久也・袖井孝子・篠崎正美編『いま家族に何が起こっているのか ── 家族社会学のパラダイム転換をめぐって』ミネルヴァ書房, 136-58.
桐野由美子, 1998,「意識調査を通してみた日本の子どものための養子縁組 ── その1:当事者と非当事者の比較」『関西学院大学社会学部紀要』81: 129-41.
Kirk, David, 1964, *Shared Fate: A Theory of Adoption and Mental Health*, Ben-Simon Pubns.
絆の会, 1997,『家族づくり ── 縁組家族の手記』世織書房.

久留都茂子, 1960,「虚偽の出生届と養子縁組」中川善之助教授還暦記念家族法大系刊行委員会編『家族法大系Ⅳ(親子)』有斐閣, 217-30.
久冨善之, 1990,「里親と里子」『〈教育〉――誕生と終焉』藤原書店, 187-92.
本田和子, 2007,『子どもが忌避される時代――なぜ子どもは生まれにくくなったのか』新曜社.
Hoopes, Janet, 1990, "Adoption and Identity Formation", David Brodzinsky & Marshall Schechter eds., *The Psychology of Adoption*, Oxford University Press, 144-66.
星野信也, 1986,「養子制度改正試案への提言――イギリスの養子制度の動向」『月刊福祉』69(8): 76-85.
細川清, 1987,「養子法の改正」『ジュリスト』894: 44-53.
家永登, 2004,「生殖革命と親子関係」清水浩昭・森謙二・岩上真珠・山田昌弘編『家族革命』弘文堂, 221-9.
飯塚理八・原普二・吉田豊, 1960,「非配偶者間人工授精(AID)の社会的側面」『産婦人科の世界』12(7): 32-8.
飯塚理八・林方也, 1970,「人工授精」小林隆監修『現代産科婦人科学大系 九《不妊症 避妊》』中山書店, 227-51.
井上眞理子, 2004,「『生殖補助医療』における親子関係」井上眞理子編『現代家族のアジェンダ――親子関係を考える』世界思想社, 91-119.
井上俊, 1997,「動機と物語」『現代社会学 1 現代社会の社会学』岩波書店, 19-46.
石川准, 1992,『アイデンティティ・ゲーム――存在証明の社会学』新評論.
石川稔, 1987,「親子法における血縁と養育――親子法の課題」『ジュリスト』875: 78-84.
伊藤幹治, 1982,『家族国家観の人類学』ミネルヴァ書房.
伊藤智樹, 2009,『セルフヘルプ・グループの自己物語論――アルコホリズムと死別体験を例に』ハーベスト社.
岩上真珠, 2003,『ライフコースとジェンダーで読む家族』有斐閣.
岩本通弥, 2002a,「イエ」小松和彦・関一敏編『新しい民俗学へ――野の学問のためのレッスン 26』せりか書房, 155-67.
――――, 2002b,「『家』族の過去・現在・未来」『日本民俗学』232:106-23.
――――, 2006,「民俗学からみた新生殖技術とオヤコ――『家』族と血縁重視という言説をめぐって」太田素子・森謙二編『〈いのち〉と家族――生殖技術と家族 I』早稲田大学出版部, 75-104.
岩崎美枝子, 1984,「里親開拓運動からみた養子制度」『新しい家族』4: 56-72.
――――, 1997,「特別養子法の改正は必要か――特別養子成立家庭アンケート調査報告をかねて」『新しい家族』30: 31-48.
――――, 2001,「児童福祉としての養子制度――家庭養護促進協会からみた斡旋問題の実情」養子と里親を考える会編『養子と里親――日本・外国の未成年養子制度と斡旋問題』日本加除出版, 57-79.
――――, 2004,『真実告知事例集 うちあける(改訂版)』(社)家庭養護促進協会大阪事務所.
――――, 2009,「2008 年里親制度改正と民間機関の役割および養子縁組里親の諸問題」『新しい家族』52: 123-38.
和泉広恵, 2003,「子育て規範と親子関係」土屋葉編『これからの家族関係学』角川書店, 135-58.
――――, 2006,『里親とは何か――家族する時代の社会学』勁草書房.

フィンレージの会，2000，『新・レポート不妊――不妊治療の実態と生殖技術についての意識調査報告』.
Fisanick, Christina, 2009, *Issues in Adoption (Current Controversies)*, Greenhaven Press.
Freeark, Kristine, E. B. Rosenberg, J. Bornstein, D. Jozefowicz-Simbeni, M. Linkevich & K. Lohnes, 2005, "Gender Differences and Dynamics Shaping the Adoption Life Cycle: Review of the Literature and Recommendations," *American Journal of Orthopsychiatry*. 75(1):86-101.
藤井勝，1997，『家と同族の歴史社会学』刀水書房.
藤原信行，2007，「近親者の自殺、意味秩序の再構築、動機の語彙」『Core Ethics』3: 301-13.
藤原里左，2006，『重度障害児家族の生活――ケアする母親とジェンダー』明石書店.
船橋惠子，2006，『育児のジェンダー・ポリティクス』勁草書房.
Giddens, Anthony, 1991, *Modernity and Self-Identity: Self and Society in the Late Modern Age*, Blackwell Publishing（= 2005，秋吉美都・安藤太郎・筒井淳也訳『モダニティと自己アイデンティティ――後期近代における自己と社会』ハーベスト社.）
————，1992, *The Transformation of Intimacy: Sexuality, Love and Eroticism in Modern Societies*, Polity Press（= 1995，松尾精文・松川昭子訳『親密性の変容――近代社会におけるセクシュアリティ、愛情、エロティシズム』而立書房.）
Goffman, Erving, 1963, *Stigma: Notes on the Management of Spoiled Identity*, Prentice-Hall, Inc.（= 1980，石黒毅訳『スティグマの社会学――烙印を押されたアイデンティティ』せりか書房.）
Grotevant, Harold, Nora Dunber, Julie Kohler & Amy Esau, 2007, "Adoptive Identity: How Contexts Within and Beyond the Family Shape Developmental Pathways," Rafael Javier, Amanda Baden, Frank Biafore & Alina Camacho-Gingerich eds., *Handbook of Adoption: Implications for Researchers, Practitioners, and Families*, SAGE, 77-89.
原田綾子，2008，「養子縁組のオープンネス――アメリカにおける『オープンな養子縁組』を中心に」『民商法雑誌』138(4/5): 547-68.
長谷川善計，1988，「序論」大竹秀男・竹田旦・長谷川善計編『擬制された親子――養子』三省堂，7-16.
橋本真琴，2002，「価値剝奪装置としての差別――『婚外子差別』を手がかりにして」『ソシオロゴス』26: 121-40.
服部篤美，1991，「日本――体外受精・胚移植」『比較法研究』53: 84-93.
Hayden, Corinne, 1995, "Gender, Genetics, and Generation: Reformulating Biology in Lesbian Kinship," *Cultural Anthropology*, 10(1): 41-63.
Hayes, Peter, & Toshie Habu, 2006, *Adoption in Japan: Comparing Policies for Children in Need*, Routledge（= 2011，土生としえ訳・津崎哲雄監訳『日本の養子縁組――社会的養護施策の位置づけと展望』明石書店.）
日比野由利，2016，「代理出産における親子・血縁」野辺陽子・松木洋人・日比野由利・和泉広恵・土屋敦『〈ハイブリッドな親子〉の社会学――血縁・家族へのこだわりを解きほぐす』青弓社，42-73.
平井晶子，2009，「変容する直系家族――東北日本とピレネーの場合」落合恵美子・小島宏・八木透編『歴史人口学と比較家族史』早稲田大学出版部，108-29.
広井多鶴子，2002，「〈家族〉の範囲（前）――明治前期の家族と親族」『高崎健康福祉大学紀要』1: 85-100.

Research, and Practice," David Brodzinsky & Jesus Palacios ed., *Psychological Issues in Adoption: Research and Practice*, Praeger publishers, 145-66.

Brodzinsky, David, Marshall Schechter & Robin Henig, 1992, *Being Adopted: The Lifelong Search for Self*. Anchor.

Brodzinsky, David, Daniel Smith & Anne Brodzinsky, 1998, *Children's Adjustment to Adoption: Developmental and Clinical Issues*, SAGE.

Carp, Wayne, 2002, "Adoption, Blood kinship, Stigma, and the Adoption Reform Movement: A Historical Perspective," *Law & Society Review*, 36(2): 433-59.

Carsten, Janet, 2000a, *Cultures of relatedness: New Approaches to the Study of Kinship*, Cambridge University Press.

———, 2000b, "'Knowing Where You've Come from': Ruptures and Continuities of Time and Kinship in Narratives of Adoption Reunions," *Journal of the Royal Anthropological Institute*, 6(4): 687-703.

Cheal, David, 2008, *Families in Today's World: A Comparative Approach*, Routledge.

Chodorow, Nancy, 1978, *The Reproduction of Mothering: Psychoanalysis and the Sociology of Gender*, University of California Press（= 1981，大塚光子・大内菅子訳『母親業の再生産──性差別の心理・社会的基盤』新曜社.）

出口顯，1999，『誕生のジェネオロジー──人工生殖と自然らしさ』世界思想社.

———，2015，『国際養子たちの彷徨うアイデンティティ──レヴィ＝ストロース「野生の思考」を読み直す』現代書館.

Edwards, Rosalind, Val Gillies & Jane Ribbens McCarthy, 1999, "Biological Parents and Social Families: Legal Discourses and Everyday Understandings of the Position of Step-parents," *International Journal of Law, Policy and the Family* 13(1): 78-105.

江原由美子，1988，『フェミニズムと権力作用』勁草書房.

———，2008，「ジェンダーとは？」江原由美子・山田昌弘『ジェンダーの社会学入門』岩波書店，1-8.

———，2009，「制度としての母性──激流の中のリプロダクティブ・フリーダム」天野正子・伊藤公雄・伊藤るり・井上輝子・上野千鶴子・江原由美子・大沢真理・加納実紀代編『新編 日本のフェミニズム 5 母性』岩波書店，2-37.

江原由美子・長沖暁子・市野川容孝，2000，『女性の視点からみた先端生殖技術』東京女性財団.

江守五夫，1974，「原始血縁共同体の親族構造──とくに血縁紐帯の社会的構造を中心として」青山道夫・竹田旦・有地亨・江守五夫・松原治郎編『講座 家族 6 家族・親族・同族』弘文堂，1-39.

Festinger, Leon, 1957, *A Theory of Cognitive Dissonance*, Row, Peterson & Company（ = 1965，末永俊郎監訳『認知的不協和の理論──社会心理学序説』誠信書房.）

Fineman, Martha, 1995, *The Neutered Mothe: The Sexual Family, and Other Twentieth Century Tragedies*, Routledge（= 2003，上野千鶴子監訳『家族、積みすぎた方舟──ポスト平等主義のフェミニズム法理論』学陽書房.）

———，2004, *The Autonomy Myth: A Theory of Dependency*, The New Press（= 2009，穐田信子・速水葉子訳『ケアの絆──自律神話を超えて』岩波書店.）

Finkler, Kaja, 2000, *Experiencing the New Genetics: Family and Kinship on the Medical Frontier*, University of Pennsylvania Press.

引用文献

【文献】

秋風千惠，2013，『軽度障害の社会学——「異化&統合」をめざして』ハーベスト社.

Allan, Graham & Graham Crow, 2001, *Families, Households, and Society*, Palgrave.

Allan, Graham, Sheila Hawker & Graham Crow, 2001, "Family Diversity and Change in Britain and Western Europe," *Journal of Family Issues*, 22(7): 819-37.

Ambert, Anne-Marie, 1994, "An International Perspective on Parenting: Social Change and Social Constructs," *Journal of Marriage and the Family*, 56: 529-43.

網野武博，2001，「里親」『世界の児童と母性』50: 50-1.

安藤藍，2017，『里親であることの葛藤と対処——家族的文脈と福祉的文脈の交錯』ミネルヴァ書店.

青山道夫，1951，「養子制度の新動向——家族生活と法律」『法律のひろば』4(9): 8-12.

有地亨，1993，『家族は変わったか』有斐閣.

有田啓子，2006，「Lesbian-mother の子育ては健全か——発達心理学分野の実証研究とそれをめぐる議論」『Core ethics』2: 209-23.

————，2007，「スティグマ化された家族の多様性の『発見』——英語圏の発達心理分野における Lesbian-family 比較研究の検討」『Core ethics』3: 13-26.

浅井美智子，1995，「生殖技術による家族の選択は可能か」浅井美智子・柘植あづみ編『つくられる生殖神話——生殖技術・家族・生命』サイエンスハウス，92-123.

————，1996，「生殖技術と家族」江原由美子編『生殖技術とジェンダー』勁草書房，255-84.

————，2000，「生殖技術とゆれる親子の絆」藤崎宏子編『親と子——交錯するライフコース』ミネルヴァ書房，59-82.

Bartholet, Elizabeth, 1999, *Family Bonds: Adoption, Infertility, and the New World of Child Production*, Beacon Press.

Beck-Gernsheim, Elisabeth, 1989, *Die Kinderfrage : Frauen zwischen Kinderwunsch und Unabhängigkeit*,（= 1995，木村育世訳『子どもをもつという選択』勁草書房.）

Berger, Peter, 1967, *The Sacred Canopy: Elements of a Sociological Theory of Religion*, Doubleday & Company（= 1979，薗田稔訳『聖なる天蓋——神聖世界の社会学』新曜社.）

Berger, Peter & Thomas Luckmann, 1966, *The Social Construction of Reality: A Treatise in the Sociology of Knowledge*, Doubleday & Company.（=〔1977〕2003，山口節郎訳『現実の社会的構成——知識社会学論考』新曜社.）

Berger, Peter & Hansfried Kellner, 1981, *Sociology Reinterpreted : An Essay on Method and Vocation*, Anchor Press/Doubleday.（= 1987，森下伸也訳『社会学再考——方法としての解釈』新曜社.）

Braithwaite, Dawn, Loreen Olson, Tamara Golish, Charles Soukup & Paul Turman, 2001, "'Becoming a family': Developmental Processes Represented in Blended Family Discourse," *Journal of Applied Communication Research*, 29(3): 221-47.

Brodwin, Paul, 2002, "Genetics, Identity, and the Anthropology of Essentialism," *Anthropological Quarterly*, 75(2): 323-30.

Brodzinsky, David, 2005, "Reconceptualizing Openness in Adoption: Implications for Theory,

ら　行

わ　行

た　行

な　行

さ　行

事項索引

な　行

は　行

ま　行

や　行

ら　行

わ　行

人名索引

著者紹介

野辺陽子（のべ ようこ）
1970年、千葉県生まれ。東京大学大学院人文社会系研究科 社会学専門分野 博士課程 単位取得退学。博士（社会学）。専門：家族社会学、アイデンティティ論、マイノリティ研究。高知県立大学地域教育研究センター講師。
著書：『〈ハイブリッドな親子〉の社会学：血縁・家族へのこだわりを解きほぐす』（松木洋人・日比野由利・和泉広恵・土屋敦との共著、青弓社、2016年）。
論文：「不妊治療の代替策としての養子縁組 ── 養親と養子双方の観点から」（日比野由利編『グローバル化時代における生殖技術と家族形成』日本評論社、2013年）、「非血縁親子における「親の複数性・多元性」の課題 ── 養子縁組における生みの親を事例に」（『比較家族史研究』29号、2015年）など。

新曜社

養子縁組の社会学
〈日本人〉にとって〈血縁〉とはなにか

初版第1刷発行　2018年2月15日

著　者　野辺陽子
発行者　塩浦　暲
発行所　株式会社　新曜社
〒101-0051　東京都千代田区神田神保町3-9
電話（03）3264-4973・FAX（03）3239-2958
E-mail：info@shin-yo-sha.co.jp
URL：http://www.shin-yo-sha.co.jp/

印　刷　長野印刷商工（株）
製　本　イマヰ製本所

ISBN978-4-7885-1558-1　C3036